华东政法大学
课程和教材建设委员会

主　任　何勤华
副主任　杜志淳　王立民　顾功耘　叶　青
委　员　刘宪权　张梓太　王虎华　杨正鸣　宣文俊
　　　　　王嘉禔　张明军　岳川夫　徐永康　穆国舫
　　　　　苏惠渔　游　伟　肖建国　刘丹华　殷啸虎
　　　　　林燕萍　何　萍

法理学专论

LAW

主　编　徐永康
副主编　苏晓宏
撰稿人　（以撰写章节先后为序）
　　　　徐永康　李桂林　顾亚潞
　　　　苏晓宏

图书在版编目(CIP)数据

法理学专论/徐永康主编. —北京：北京大学出版社，2008.8
（高等学校法学系列教材）
ISBN 978 – 7 – 301 – 14012 – 3

Ⅰ. 法…　Ⅱ. 徐…　Ⅲ. 法理学 – 研究生 – 教材　Ⅳ. D90

中国版本图书馆 CIP 数据核字（2008）第 097807 号

书　　　　名：	法理学专论
著作责任者：	徐永康　主编
责 任 编 辑：	朱梅全　丁传斌　王业龙
标 准 书 号：	ISBN 978 – 7 – 301 – 14012 – 3/D · 2087
出 版 发 行：	北京大学出版社
地　　　　址：	北京市海淀区成府路 205 号　100871
网　　　　址：	http://www.pup.cn
电　　　　话：	邮购部 62752015　发行部 62750672　编辑部 62752027
	出版部 62754962
电 子 邮 箱：	law@ pup.pku.edu.cn
印　刷　者：	北京飞达印刷有限责任公司
经　销　者：	新华书店
	730 毫米×980 毫米　16 开本　20 印张　381 千字
	2008 年 8 月第 1 版　2016 年 7 月第 3 次印刷
定　　　价：	32.00 元

未经许可，不得以任何方式复制或抄袭本书之部分或全部内容。
版权所有，侵权必究
举报电话：010 – 62752024　电子邮箱：fd@ pup.pku.edu.cn

目　录

绪　论 ……………………………………………………………… (1)

第一章　法律本体论 …………………………………………… (9)
第一节　法律的定义 …………………………………………… (9)
第二节　法的本质 ……………………………………………… (16)
第三节　法律的基本特征 ……………………………………… (28)

第二章　法律价值论 …………………………………………… (35)
第一节　法律价值的概念 ……………………………………… (35)
第二节　法律的正义价值 ……………………………………… (44)
第三节　法律的秩序价值 ……………………………………… (50)
第四节　法律的效率价值 ……………………………………… (55)

第三章　法律效力论 …………………………………………… (61)
第一节　法律效力的概念 ……………………………………… (61)
第二节　法律效力的理由 ……………………………………… (67)
第三节　法律位阶 ……………………………………………… (72)

第四章　法律要素论 …………………………………………… (79)
第一节　法律要素概述 ………………………………………… (79)
第二节　法律原则 ……………………………………………… (86)
第三节　法律规则 ……………………………………………… (93)
第四节　法律概念 ……………………………………………… (100)

第五章　法律行为论 …………………………………………… (110)
第一节　法律行为概述 ………………………………………… (110)
第二节　法律行为的结构 ……………………………………… (115)
第三节　法律行为的分类 ……………………………………… (117)
第四节　合法行为 ……………………………………………… (119)
第五节　违法行为 ……………………………………………… (123)

第六章　法律内容论 …………………………………………… (132)
第一节　法律内容概述 ………………………………………… (132)
第二节　权利和义务分类 ……………………………………… (137)

第三节　权利和义务的关系及意义 …………………………………（140）
　　第四节　权力 ………………………………………………………（143）
　　第五节　权利本位和义务本位 ………………………………………（148）

第七章　法律语言论 …………………………………………………（153）
　　第一节　法律与语言 …………………………………………………（153）
　　第二节　法律与文学 …………………………………………………（159）

第八章　法律推理论 …………………………………………………（167）
　　第一节　法律推理概述 ………………………………………………（167）
　　第二节　法律推理的种类 ……………………………………………（174）
　　第三节　法律推理学说 ………………………………………………（183）

第九章　法律解释论 …………………………………………………（190）
　　第一节　法律解释概述 ………………………………………………（190）
　　第二节　法律解释的主体 ……………………………………………（196）
　　第三节　法律解释的对象 ……………………………………………（199）
　　第四节　法律解释的范围 ……………………………………………（201）
　　第五节　法律解释的原则和目标 ……………………………………（205）
　　第六节　法律解释的方法 ……………………………………………（210）
　　第七节　我国的法律解释体制评述 …………………………………（217）

第十章　法律注释论 …………………………………………………（222）
　　第一节　法律注释概述 ………………………………………………（222）
　　第二节　法律注释的范围与对象 ……………………………………（228）
　　第三节　法律注释的技术规则 ………………………………………（231）

第十一章　法律续造论 ………………………………………………（237）
　　第一节　法律续造概述 ………………………………………………（237）
　　第二节　法律漏洞及其补充 …………………………………………（238）
　　第三节　利益衡量 ……………………………………………………（250）
　　第四节　不确定概念的价值补充 ……………………………………（252）

第十二章　法律的历史演化论 ………………………………………（256）
　　第一节　法的起源 ……………………………………………………（256）
　　第二节　法的历史类型和法系 ………………………………………（264）

第十三章　法律的现代转型论 ………………………………………（278）
　　第一节　法律的现代转型概述 ………………………………………（278）
　　第二节　法律的现代转型的目标、模式和道路 ……………………（283）

第三节　法律的现代转型中之法律全球化问题 …………………（287）
第四节　法律的现代转型之人权法问题 ……………………………（294）
第五节　法的现代转型中的其他重要问题 …………………………（301）

后　记 ……………………………………………………………………（314）

绪　论

一、法理学学科名称的演变

法理学是关于法和法律现象及其发展规律的一门理论法学学科,它是将古今中外各种类型与形式的法律及有关的法律现象进行哲学的、经验的和综合的研究,从中抽象或概括出法的一般概念、共同原理、基本范畴、主要功能、价值取向、内在结构、外部联系和普遍规律等,由此形成最高层次的法学理论形态。因此,它在整个法学学科中占有重要位置。

在旧中国,与此相关的学科叫做"法学通论"或"法理学"。当时的"法学通论"主要介绍西方法学家关于法的一般理论问题的观点,同时还简单地论述宪法、民法、刑法和诉讼法的基本内容,而"法理学"则主要介绍一些西方法学流派尤其是社会法学派的学说。我国现代最早的"法理学"名称和内容直接来自日本法学家穗积陈重等人的研究成果,而我国最早在法学论著中使用"法理学"名称的则是梁启超,他在分别写于1902年和1904年的《法理学大家孟德斯鸠之学说》和《中国法理学发达史论》的文章中都使用了这一名称。其后又有几本法理学著作问世,我国早期马克思主义法学家李达所著《法理学大纲》是这一时期该学科具有代表性的著作。

从20世纪50年代开始,我国法学界仿照斯大林时期形成的苏联理论模式,将国家和法两个现象结合起来研究,把这一学科称做"国家和法的理论",有时候也称做"国家和法权理论"或"国家和法律理论",使这一学科带有强烈的意识形态色彩。从内容上看,它们都既研究法的一般理论,也研究国家的一般理论,而且主要是研究国家的一般理论。这种状况一直持续到"文化大革命"结束后的几年里,其原因在于当时人们还未充分认识到在社会主义国家加强法制建设的重要性,仍然是单纯地把法律看成是维护国家权威、实现国家职能的工具。

随着认识的转变,在中共十一届三中全会前后,我国法学界展开了对法学研究对象问题的讨论。在讨论中,绝大多数人认为:法律是由国家制定或认可的,并由国家强制力保证实施的,因此,研究法律现象固然要联系国家制度进行考察,而不能孤立地进行,但联系考察的因素哪怕是最直接联系的内容,也并非就是研究对象本身,所以,国家制度并不适宜列为法学的研究对象。"国家和法的理论"这一门学科从名称到体系和内容都应该改变。随后,一些高校编写出版了名为《法学基础理论》的教材,"法学基础理论"作为学科名称,也逐渐得到了法学界的认同。在改变名称的同时,该学科的体系和内容也发生了很大变化,这突出表现在关于国家的一般理论问题的论述从该学科中消失了。至此,该学科实现了与政治学的脱离,而成为一门独立的法学学科。应该说,这是新中国法学研究取得的显著成就之一。这一成就的取得主要是由两个客观条件促成的:一是党中央做出了加强社会主义民主和法制建设的重大决策,为加强法学基础理论研究提供了必要性和可能性;二是我国社会科学领域中恢复了政治学的地位,从而明确了国家问题主要属于政治学的研究范围。

使用"法学基础理论"这一名称大体上是可行的,但这一名称也有一些缺陷。首先,与我们对法学各分支学科的习惯称谓如宪法学、民法学等相比,这一名称过于冗长。因此,在实际使用时,不少人已经习惯性地把它简称为"法理学"或"法理"。其次,这一名称容易引起人们对该学科性质的误解。不熟悉法学的人往往会以为"法学基础理论"是介绍法律的基本常识的,容易将其与"法学概论"这门课程相混淆。再次,这一名称与各国法学界所使用的通用名称也不一致,继续使用这一名称不利于我国法理学界和外国法理学界的交流和对话。基于以上考虑,近年内,我国出版的这方面的教材和专著大多采用了"法理学"这一称谓。

而在西方国家,这一学科通常被称为"法哲学"或"法理学"。在英语中,其对应的词分别为"Legal Philosophy"和"Jurisprudence"。特别是"Jurisprudence"一词,现在通常都是和中文的"法理学"互译的。

二、法理学的发展历史

产生法理学的前提是有了法学。从法学的出现看,当人类社会开始出现法律现象时就有了法律思想的萌芽,但这并不意味着法学是和法同时产生的。法学作为一门独立的学科是法发展到一定阶段的产物。根据一般的看法,我国大约在春秋战国时期已经形成了比较系统的有关法律的学说,而西方社会则至迟在罗马帝国时期已产生了法学。

随着法学的形成,法理学也在悄悄地萌芽。因为在法学产生的同时,甚至在法学产生之前,就出现了从总体上观察法律现象的法律思想。西方的法理学思想最早可以追溯到古希腊和古罗马的法律思想,如古希腊曾经孕育出苏格拉底、柏拉图和亚里士多德等著名的法律思想家,他们有关伦理、正义、法治等学说成了后世许多法律思想和理论的渊源。在古罗马出现了有关法与法律适用的实用性知识,一些思想家还在古希腊自然法理论的基础上进一步发展了国家和法律的学说。中国先秦思想家也有许多关于法的概念和作用的论断,对此后两千多年法律的发展产生了重要影响。不过,上述这些思想在当时主要还是掺和在哲学、政治学和整个法学之中,并没有形成一门系统而独立的法学学科。

作为一门独立的法学学科的法理学,是人类社会发展到近代的产物。近代以来,先后产生了两种不同类型的法理学,即资产阶级法理学和马克思主义法理学,它们的产生是法学自身的发展需要和社会革命的需要共同促成的。当法学发展到一定的程度,原先作为一个整体的法学必然要分化出多门、多级的法学学科。在近代社会,生产力和科学技术的突飞猛进,引起社会面貌和社会结构发生巨大的变化,社会生产和社会生活日益复杂化,用以调整社会关系、管理社会的法律自然迅速向前发展,其突出表现就是法律开始分化为若干个相对独立的法律部门。随着法律分化为各个具体的法律部门,法学也分化为各个具体的部门法学,而完整的法律体系的形成客观上又要求各部门法学相互协调,构成统一的法学体系。这样,就需要有法理学这种基础性、指导性的法学理论学科来对各具体法学学科加以指导,贯穿于各个法学学科。同时,法理学又是适应社会革命的需要而产生的,在17—18世纪,适应西方资产阶级革命的需要,资产阶级法理学应运而生;在19世纪中叶,适应世界无产阶级革命的需要,马克思主义法理学应运而生。

资产阶级法理学的产生有其特定的历史背景。在西欧封建社会中后期商品经济关系发展的过程中,出现了一个作为后来资产阶级前身的独立的市民阶层,它迫切需要获得自由权和平等权。在其发展壮大并以一个新兴阶级的面貌登上历史舞台之后,它发动了资产阶级革命,并在意识形态领域把矛头直指原来一统天下的神学世界观。当时,资产阶级思想家所能找到的思想武器,一是古希腊人创造的自然理性法思想,二是欧洲文艺复兴运动中产生的人文主义思想,它们都蕴含着自由、平等的思想素材。于是,资产阶级思想家就用人文主义思想"嫁接"自然理性法观念,创造出古典自然法学,它标志着资产阶级法理学的产生。而把法理学作为体系性的一般理论法学予以确立的,是英国分析实证主义法学的代表人物约翰·奥斯丁(John Austin,1790—1859)。在《法理学的范围》一书中,他这样表示:"法理学的对象,是实际存在的由人制定的法,亦即我们径直而且严格地使用'法'一词所指称的规则,或者,是政治优势者对政治劣势者制定的法。"[1]界定法理学的范围,就是区别实际存在的由人制定的法和其他各种各样的社会现象的关系。必须将"应当存在的法"从法理学的范围剔除出去,而只研究实际存在的法律。只有这样,法律科学的存在才能有稳固的根基,也只有这样,人们才能实证地、客观地、中立地观察社会中的法律现象。

西方法理学的发展往往是和不同的法学流派的兴衰联系在一起的。在每一特定的历史时期,总有某一个或某几个法理学流派占据着主导地位,透过这些流派的兴衰过程,我们可以发现西方法理学的发展轨迹。

---

[1] 〔英〕约翰·奥斯丁:《法理学的范围》,刘星译,中国法制出版社2002年版,第13页。

大致而言,西方法理学的发展经历了以下阶段:(1)17—18世纪资产阶级革命时期,占主导地位的是古典自然法学派。该学派的代表人物早期有荷兰的格劳秀斯和英国的霍布斯,之后有荷兰的斯宾诺莎、英国的洛克和德国的普芬道夫,再后在法国有孟德斯鸠和卢梭,而在美国则有杰斐逊、潘恩和汉密尔顿等。古典自然法学派顺应了处于上升期的资产阶级发展商品经济和夺取国家政权的需要,成为资产阶级反对封建主义、神学世界观的强大思想武器,同时也为资本主义国家初期的民主和法制建设提供了理论指导。(2)19世纪自由资本主义时期,占主导地位的是功利主义法学派和分析主义法学派。进入19世纪后,激进的自然法学思想开始不再适应资本主义的需要,取而代之的是以英国的边沁为代表的功利主义法学和以英国的奥斯丁为代表的分析主义法学,它们都把批判的矛头指向古典自然法学派,否定自然法,只承认实在法。(3)19世纪末20世纪初至第二次世界大战时期,占主导地位的是社会法学派。社会法学派注重运用社会学的观点和方法研究法律,注重研究法律与其他社会因素的相互作用,特别是法律在社会生活中的作用、法律的社会目的和社会效果,认为法律必须适应社会的需要,并根据满足这种需要的程度判断法律的好坏。在社会法学派的各个支派中,以美国著名法理学教授庞德为代表的实用主义法学的理论成就最高,其法律思想的核心内容是主张把法律作为社会控制的工具,通过法律实现社会控制。(4)第二次世界大战以来,占主导地位的是社会法学派、新分析法学派和新自然法学派。这三大法学流派呈现出三足鼎立的局面,各自从不同角度适应了当代西方社会的发展需要,于是得以共存。

马克思主义法理学是马克思和恩格斯在领导和参加无产阶级革命斗争的过程中创造的。19世纪40年代以后,马克思和恩格斯奠定了马克思主义法理学的理论和方法论基础。1845—1846年,他们共同撰写了《德意志意识形态》一书。在该书中,他们对黑格尔的唯心主义法哲学思想进行了彻底清算,第一次完整系统地论述了自己的历史唯物主义法学思想,深刻揭露了资产阶级法律的虚伪性和不合理性,科学地回答了法的本质、法的价值、法的历史发展过程等有关法的基本理论问题。他们指出:法是统治阶级以国家的形式组织自己力量的一种重要手段,它是以国家意志表现出来的统治阶级意志,而统治阶级意志的内容则是由统治阶级的物质生活条件所决定的。随后他们在《共产党宣言》、《哥达纲领批判》、《家庭、私有制和国家的起源》、《反杜林论》和《法学家的社会主义》等著作中,又进一步丰富和发展了他们的法律思想。马克思和恩格斯虽然不是职业的法学家,也很少有纯粹的法学著作,但他们对新法学的创立所作的贡献却是极其巨大的。

三、我国法理学的研究状况

新中国成立后,由于长期使用苏联的法学教科书,受苏联法学理论影响很大,我国法理学的发展并不快。在经过了一个时期断断续续的探索后,我国的法理学研究在1978年"文革"彻底结束、中国社会进入了以经济建设为中心和改革开放的历史时期以后也开始走上了正常发展的道路。根据一些学者的研究,进入新时期以来,我国法理学的发展又可以分为三个阶段:一是从1978年到1991年第一次思想解放高潮的拨乱反正阶段,这一阶段主要是以教材形式体现出来的对法学理论和法制建设基本问题、基础问题的研究。二是从1992年到2000年第二次思想解放高潮的理论变革阶段。这一阶段法学家们围绕建立和发展社会主义市场经济体制、建设社会主义法治国家的时代主题,从法理学自身的变革和创新,法制观念和法律精神的转换,适应市场经济的法律体系的构建和法律制度创新,到依法治国、建设社会主义法治国家的理论与实践,都作了深入细致的研究与论证。三是从2001年至今第三次思想解放高潮的全面创新阶段,在这一阶段法理学研究的深度和广度都有很大拓宽,理论的创新程度也有很大提高。①

纵观近年来我国的法理学研究,已在众多的领域取得了明显的成果。随着建立社会主义市场经济体制和加强社会主义民主政治建设的大政方针的确立,现实社会实践给法学理论提出了许多具有重大实践意义和理论价值的新课题,学者们以强烈的社会责任感和参与热情,投身于这些课题的研究,提出了一系列既有理论含量又具有实践操作意义的观点、主张和理论,为国家的立法、执法和司法活动提供了坚实的理论基础。研究者的视野进一步扩大,吸纳其他学科最新成果的态度也更加积极开放,法理学的观念、思维方式、研究手段均得到更新。在对一些现实问题的研究过程中,法理学界解放思想、更新观念的趋势更加明显,一些存在多年的思想理论禁区被打破,一些重大而持久的学术争鸣主题成了法理学研究的重点和热点,从而既拓展了法理学的研究范围、活跃了法理学的理论研究,也带动了各部门法学的发展,又为改革开放的实践提供了较为充分的理论指导。这一时期受到法理学界普遍关注并富有成就的主题主要涉及以下一些方面:

关于依法治国,建设社会主义法治国家的理论与实践问题研究。法理学界研究的相关理论和实践问题包括:建设社会主义法治国家的理论基础和指导思想;依法治国,建设社会主义法治国家的历史意义和综合价值;法治国家的目标

---

① 参见张文显主编:《马克思主义法理学——理论、方法和前沿》,高等教育出版社2003年版,第23—26页。

模式;依法治国的主体、对象、客体和标准;依法治国与以人为本的协调统一问题;法治国家的生态环境;建设社会主义法治国家与法制改革;法律调整机制对于和谐社会建设的重要性;坚持以人为本的科学发展观和以立法统筹经济社会发展的关系问题等。

关于建立社会主义市场经济体制中的法律问题。我国社会主义市场经济体制的逐步建立,涉及一系列的法律问题,也引起了我国法律从观念、规范、制度到体系的重大转变和根本性重构。在对市场经济的法律内涵的全面理解基础上,法理学界对市场经济实质上就是在法制基础上的"法治经济"的命题基本上达成了共识,并进而对社会主义市场经济建设所涉及的一系列重大法律问题展开了研究,其中包括市场经济法律体系的构成及基本内容、市场经济条件下的法与利益的相互关系以及公平与效益(率)的关系问题、市场经济条件下的契约自由问题,以及市场经济条件下的法律移植与法制现代化问题等。

社会主义民主政治建设中的法律问题的研究。法理学界在对民主与法制(法治)作一般意义探讨的基础上,围绕着对中国社会主义民主政治建设和政治体制改革具有重大理论与实践意义的主题,研究了如何通过建立有效的法律制度肃清政治领域的腐败现象,加强廉政建设;如何通过理性的法制建构对权力实施有效的制约和监督;如何理解人权、健全人权和公民权利保障机制等。

对法理学基本理论问题的深入研究。这种研究涉及一系列法的基本理论问题,特别是对权利义务的关系问题,即有关权利义务的基础、来源、价值、重心等,有关法律观念、法律文化与法的精神,法制、法治等基本概念的解析,进行了持久、系统的研究,对我国法治的发展产生了较大影响,同时也使法理学自身的科学性得到了加强。

四、法理学的研究方法

如同其他学科一样,法理学作为一门重要的法学学科,研究方法是极为重要的,没有科学的研究方法,便难以取得良好的研究效果。从中外学者研究法理学的情况看,法理学的研究方法也不是简单划一,而是多种多样的。

在我国,马克思主义哲学即辩证唯物主义和历史唯物主义是包括法理学在内的一切科学的方法论基础。除了马克思主义哲学这一法理学方法论的核心和基础外,法理学还有其自身的研究方法。

常见的法理学的研究方法主要有:

(1)社会调查的方法。一切从实际出发是唯物主义的一条根本原则,也是法理学研究经常使用的一种方法。法理学研究必须着眼于实际,脱离实际的法理学是毫无价值的。为此,法学工作者应经常深入社会,进行广泛的社会调查,全面掌握社会经济、政治、文化、教育、科技等方面的发展情况,了解国家立法、执法、司法、守法和法律监督的现状,在全面占有各种统计资料的基础上,有的放矢地进行研究。

(2) 历史考查的方法。对各种法律思想和法律制度都必须进行历史考察,分析它们产生、发展的历史状况。在评价任何一种法律思想和法律制度的优劣时,都不能孤立地就其本身进行讨论,而必须联系它们产生、发展的社会历史条件,研究它们是在何种社会条件下产生的,在特定的历史条件下其实际作用如何。在此基础上,进一步研究这种法律思想和法律制度对当前的法制建设有无借鉴意义。

(3) 分析和比较法律的方法。对法律进行分析和比较,是两种重要的法理学研究方法。分析法律,就是注释和解释法律,就是对法律的内容、法律条文的含义和深层次的立法意图进行分析论证。西方法哲学界19世纪兴起的分析主义法学和二战后复兴的新分析法学都以注重分析法律规则或法律规范而得名。比较法律,就是对不同国家或地区的法律或者同一国家或地区不同历史时期的法律进行比较研究,弄清其各自的特点和功能。它既是法学的一个分科即比较法学,也是一种重要的法学研究方法。无论是分析法律还是比较法律,都必须联系其产生和存在的社会条件,而不能单纯就法律本身进行分析或比较。

近年来,在法学的研究方法上,我国法理学学者还开始引入一些新的分析方法和概念工具研究法理学论题,如经济分析方法和案例分析方法、社会学的实证分析方法,使法理学研究更显生机与活力。

有的学者认为法理学的研究方法主要可分为哲学的方法、经验主义的方法和综合研究的方法。关于哲学的方法,我国法理学者主要是使用马克思主义哲学即辩证唯物主义和历史唯物主义的方法研究法理学,而西方国家学者有使用新康德主义哲学的,也有使用实用主义哲学的,或者其他。关于经验主义方法,主要是从某一个具体的法律制度、法律事件、司法判例或案例入手,通过细致的透视研究,从中提炼出有关法的普遍性概念、原理和规则的认识成果,或是以具有经验性基础的一般性法学理论作为评价和指导的原则,分析各种法律现象,引导解决具体的法律问题。我国学者使用较多的有案例研究和归纳方法。关于综合研究的方法,则有社会调查的方法、历史考察的方法、经济分析的方法、比较分析的方法、语义解释的方法等。①

还有学者认为,像唯物辩证法、历史考察方法、社会调查方法、分析方法等等,并不是法学的特殊研究方法,因为它适用于一切社会科学、哲学的研究。这些方法主要是对法律整体的认识方法,而不是"法律方法",最多对法律方法存在指导意义或"方法论"意义,或仅对法学中的认识论成分有意义,或对建构合

---

① 参见刘作翔主编:《法理学》,社会科学文献出版社2005年版,第23—27页。

理规则体系的"经验"有意义。之所以高扬这些方法,与我们习惯于将法学定位为"规律学"有关。而法学作为以"规则学"为主体的学问体系,其最终落脚点应该在于应然规则体系的预设,或是一种"事后的合理化"——对社会规范的理性建构,在于法律运作体系的组建以及法律运作的技术,这才是"法律方法"的核心。换句话说,法律方法的核心不是"认识的",而是陈述的方法或规定的方法。具体来说,它包括规则预设与合理化的方法、法律解释方法、法律漏洞之弥补的方法、法律推理方法、法律利益分析方法、法律适用的逻辑模式等等。当然,对法律整体的认识方法也可涉及。无论如何,"法律方法"应成为法理学的重要内容。① 仔细思考这些观点,对我们理解和运用法理学的研究方法无疑是大有帮助的。

【思考题】

1. 法理学这一学科的名称是如何变化的?
2. 简述资产阶级法理学的发展轨迹。
3. 简述马克思主义法理学产生的意义。
4. 法理学自身的研究方法主要有哪些?

---

① 参见周永坤:《理论创新与结构重组——法理学的青春危机及其消解》,载《法学》2000 年第 3 期。

第一章　法律本体论

【本章提要】　法律是法理学的研究对象,弄清法律的外在特征和内在规定性是法理学的重要研究课题。法律本体论所涉及的问题包括法律的定义、法律本质以及法律的基本特征。法律具有其不同于其他社会规范系统的内在规定性,这就是法律的本质。法律的本质包括国家意志性、物质生活条约制约、经济以外因素的影响这三个层次。法律的本质决定了法律的外部特征,即法律与其他社会规范系统相比在外部表现上的特殊性。

第一节　法律的定义

一、法和法律的词源和词义

我国学者在研究法律的含义,寻求法律的定义时,通常都是从"法"和"法律"的词源以及语言意义来进行考察的。

汉字"法"的古体为"灋"。据我国第一部字书《说文解字》解释:"灋,刑也。平之如水,从水;廌,所以触不直者去之,从去。"据此可以考察中国古代的法观念:"刑"的含义是制裁、惩罚;廌为神话传说中的一种独角神兽,据说其性中正,能辨是非曲直,审判时,它能用角去触理曲的人,被触者即败诉或有罪。根据许慎的这种解释,古代的"法"包括以下几层意思:首先,法即是刑,是一种惩罚;其次,因为能辨别曲直的神兽与平之如水的寓意,法具有公平、公正、正直的含义。

对于古体"灋"字是否有公平、公正、正义的含义,有论者持怀疑态度。蔡枢衡认为上述观点中所含"平之如水"是"后世浅人所妄增",因为水的含义是指把有罪者置于水上,随流漂去,即今之驱逐。朱苏力也认为,古体"灋"字有水的偏旁,但这并不意味着公平。他认为,水的特征之一是"水往低处流"。在先秦文献中,没有发现强调水"平"这一特征的文字,相反,强调水流动、自高向下流动之特性的文字很多。因此,他认为,水旁意味着古人强调法自上而下颁布。这两种解释都有其合理之处,但其权威性尚比不上许慎的上述解释,还没有得到学术界的公认。在许慎提出其对法的字义的解释之后,人们之所以愿意接受其说法,是因为在近代中国特定的历史条件下,人们希望将中国古代的法比附西方的法,可以借此进行托古改制,赋予法以公平正义的含义,从而使变法运动具有其正当性。

虽然就古体的"灋"是否有"公正正义"之义存有争议,但有一种观点在当今中国学界已成为共识,即中国古代法即是刑、刑即律,刑与法、与律可以通用。这无论是从上述词源上的考据还是从其他途径都可以得以佐证。例如,《盐铁论·诏圣》载:"法者,刑罚也。所以禁强暴也。"《大戴礼记》载:"礼者禁于将然之前,而法者禁于已然之后"。据《尔雅·释诂》记载,秦汉时,"法"、"律"二字已经同义,意为常规、均布、划一。《唐律疏议·名例》明确解释道:"法,亦律也","律之与法,文虽有殊,其义一也"。又称战国李悝"集诸国刑典,造《法经》六篇……商鞅传授,改法为律"[①]。

"法"在词义上除了刑罚、整齐划一的意思之外,还与王权相联。《韩非子·定法》说:"法者,宪令着于官府,赏罚必于民心;赏存乎慎法,而罚加乎奸令者也,此臣之所师也。"而且法、刑同礼一样,只不过是统治者治理国家的一种手段,且由于"德主刑辅"的观念已成中国古代治国思想的正统,所以,刑律与德、礼相比,虽然地位不及后者,但它们一起构成了统治者实施其统治的重要手段。法自君出,法出自于国家政权,与王权紧密相联,构成了中国法律文化中"王法"的典型表述。

虽然汉字"法"、"律"已有两千年以上的历史,但作为独立合成词"法律"却是在清末民初由日本传入我国的。

在西方语言中,"法"、"法律"的含义比汉语更加丰富。除了英语中与汉语的"法律"相对应的"law"这个词语之外,西方法观点集中体现在两组词语之中:Jus 以及与 Jus 同义的希腊语 Tosikalov、法语 Droit、德语 Recht 和 Lex;Lex 以及与之同义的希腊语 Youos、法语 Loi、德语 Gesetz。其中,Jus 的基本含义有两种:一是法,一是权利。罗马法学家塞尔苏斯的著名定义"法乃善与正义科学"所采用的就是第一种含义;拉丁格言"错误不得产生权利"所采用的就是第二种含义。Lex 的含义相对简单,其原意是指罗马主政时期国王制定的法律和共和国各立法机构通过的法律。一般说来,Lex 具体而确定,可指任何一项立法,而 Jus 则除具有法、权利的意思之外,同时又有正义、衡平、道德的意思。这种语言现象在希腊、罗马、日耳曼等语族具有相当普遍的意义。上述两组词,在汉语中尚没有直接的对应语。为了表达 Jus 和 Lex 这两个词语的意思,我国有的法学家主张用"法"和"法律"这两个词语,表达法与法律的二元论思想:法是客观存在的,不以人的意志为转移的普遍正义原则;法律则是由国家机关制定和颁布的具体行为规则。而在英语中,与前者对应的有自然法、客观法等词,与后者相对应的则有人定法、实在法和主观法。

[①] 《唐律疏议》,刘俊文点校,中华书局 1983 年版,第 2 页。

二、法律的定义

我们这里所指的"法律"取实在法的意义。在我国现行法理学教科书中,"法律"有广义与狭义之分,狭义上的法律特指全国人大及其常委会制定的法,如《刑法》、《民法通则》、《劳动法》等,至于其他有权机关制定的规范性法律文件则称为法规、规章、条例等,不属于狭义上的法律的范畴;广义上的法律,则是指法律的全体,包括一切有权机关制定的规范性法律文件。

对于法律的定义,存在着西方非马克思主义的和以马克思主义为指导的两种定义方法。

(一) 西方非马克思主义的法律定义

1. 实证的定义方法

这种定义方法界定的是"实然法",即实际存在的法是什么。这种方法在西方法律思想史上由来已久,不仅实证主义法学者(包括分析法学和法律社会学)从此角度切入,而且自然法学家提出的"实在法"(人为法或人定法)的定义也属此类。

(1) 命令说。英国近代思想家霍布斯认为:法律"对于每一个臣民说来就是国家以语言、文字或其他充分的意志表示命令他用来区别是非的法规;也就是用来区别哪些事情与法规相合、哪些事情与法规相违的法规"[1]。霍布斯将国家的命令作为法律的核心要素,表明了他对于法律的国家强制性的强调。

(2) 规则说。中世纪神学家托马斯·阿奎那认为:"法是人们赖以导致某些行动和不做其他一些行动的行为准则或尺度。"[2]霍布斯的定义强调法律在判断"是非"、"违法或合法"之中的作用,更多的是站在国家的角度认识法律的功能,而阿奎那则强调法律对于人们行为的指引作用。作为一种理性的标准,法律指引人们以适当的行为达成自己适当的目的,这也是规则说的可取之处。

(3) 判决说。如美国法学家格雷认为:法只是指法院在其判决中所规定的东西,法规、判例、专家意见、习惯和道德只是法的渊源。而大法官霍姆斯曾说:"我所谓的法律,不过是关于法院事实上将做什么的预测而已,而不是别的什么。"[3]

(4) 意志说。这种定义方法把法律归结为一定主体的意志。意志说,既可适用于专制条件下,也可适用于民主条件下。在中世纪,法律被认为是神的意志。法律也被认为是君主个人的意志。在专制社会里,"朕即国家",法律自然

---

[1] 〔英〕霍布斯:《利维坦》,黎思复译,商务印书馆1985年版,第206页。
[2] 〔意〕托马斯·阿奎那:《阿奎那政治著作选》,马清槐译,商务印书馆1963年版,第104页。
[3] Oliver Wendell Homles, The Path of Law, 10 *Harvard Law Review* 457(1897), p.469.

反映的是君主或皇帝的意志。古罗马法学家乌尔比安曾说：君主喜欢的东西就具有法律性质。而在近代资产阶级革命之后，法律则被认为是作为社会主体的人的意志的体现，其中最为著名的就是卢梭的"公意论"，即"法是公意的宣告"①。把法律归结于人的精神方面，即意志，是法律定义的一种重要方法，也揭示了法律与人的精神以及愿望之间的紧密联系，因为意志实际上就是意志主体针对他人行为、要求他人做出一定行为或不做出一定行为的愿望或要求。

（5）权力说。韩非子曾指出："法者，……设置于官府，而布之于百姓者也。"该说从权力角度下定义，将法律与政治联系起来，视法律为政治权力的产物。

（6）社会控制说。庞德说："我把法理解为发达的政治上组织起来的社会高度专门化的社会控制形式——一种通过有系统有秩序地适用社会强力的社会控制"②。法律是依照一批在司法和行政过程中使用的权威性法令来实施的高度专门形式的社会控制，包括法律秩序、据以做出司法或者行政决定的权威性资料、根据或指示，以及司法和行政过程。

上述定义有以下共同的特点：

第一，真正的法或严格意义上的法不是自然法，而是国家制定的法律，即"国家法"。这种法律真实存在并能为经验所感知，称为"实在法"或"实证法"（positive law）。只有以经验可感知、可分析的现象作为研究对象，才能建立起真正的科学。自然法学以"应然法"为研究对象，不可避免地会堕入形而上学的泥潭。例如，哈特坚持法律实证主义的基本立场，划分"实然法"与"应然法"，并坚持认为科学的法理学只应该研究前者。

第二，从纯粹技术性、工具性的角度看待法律。这几种定义方法都认为，法律与道德之间没有必然联系，人们不能从道德价值上评判法律的良与恶，不能因某一法律有悖于道德就否认它为法律。这就是实证主义法学倡导的"恶法亦法"的命题。这种思想是资产阶级掌握国家政权之后的一种必然现象，19世纪西方法学在功能上实现了转换，从为资产阶级提供革命的思想武器转变到为资产阶级提供一种更为精致的治理工具，从法律的善恶评价转向法律的结构分析和效力分析。例如，凯尔森提出："在这些研究里所使用的法的概念没有任何道德含义，它仅指出社会组织的一个特定技术。法律问题，作为一个科学问题，是社会技术问题，并不是一个道德问题……有的法律秩序，从某种观点看是非正义的。"③这种学说推动了现代西方的立法活动，使西方国家的法律在此后几十年

---

① 〔法〕卢梭：《社会契约论》，何兆武译，商务印书馆1980年版。
② 转引自张文显主编：《法理学》，高等教育出版社、北京大学出版社1999年版，第45页。
③ 〔奥〕凯尔森：《法与国家的一般理论》，沈宗灵译，中国大百科全书出版社1996年版，第5页。

时间里得到迅速发展,成为一个庞大的体系。然而,这种学说过于关注法律自身,导致否认、割裂了法与其他社会事物,尤其是与政治、道德的联系,在揭示法的技术性和工具性的同时否认了法的价值性和目的性,强调了法的独立性却否认了法与其他社会系统之间的关联性。20世纪下半叶,价值法学的复兴是人们对实证主义法学进行反思的结果。

第三,法律是可实证观察与检验的现象。实在法是由一些基本的单位构成的,这种基本单位是规则,或者是命令,或者是判决中所包含的普通法规则,或者是行为主义法学所主张的行为。凯尔森定义说:"法是人的行为的一种秩序(order)。一种'秩序'是许多规则的一个体系(system)。法并不是像有时所说的一个规则,它是具有那种我们理解为体系的统一性的一系列规则。"①格雷、布莱克关于法律的认识也具有上述特点。

2. 应然的定义方法

这种思路的定义是从法律的本源、法律的基础下定义的。

(1) 正义说。该说将法律目的归纳于正义,认为在国家制定的实在法之上存在着更高的参照标准,它是法律的来源,是判断法律好坏、良恶的标准。法律也是实现正义的手段或工具。亚里士多德说:"要使事物合于正义,须有毫无偏私的权衡,法恰恰是这样一个中道的权衡"②。而《法学总论》开宗明义地提出:"正义是给予个人他应得的部分的这种坚定而恒久的愿望";"法学是关于神和人的事物的知识;是关于正义和非正义的科学"。③ 古罗马法学家凯尔苏斯直言法律是"善和公正的艺术"。格劳秀斯认为,法是道德行为的规则,它责成人们做出公正的行为。

(2) 理性说。将法律与理性联系在一起并认为法律源自于理性或者是理性的体现,这是西方思想的传统。法律是调整人类行为的准则和尺度,法律在本质上源自于理性,"理性是人类行为的第一原理"④。在西方历史的不同时期,理性的含义是不同的。例如,在古希腊、古罗马,理性是与自然划等号的,合乎理性就是"和自然相一致地生活"。到中世纪,理性与上帝联系在一起,理性被看成是神意或神的理性的体现,其基本内容是基督教教义。而到近代,在古典自然法学家那里,理性是指人的理性,人取代上帝成为一切社会制度的目的,成为衡量制度好坏、良恶的判断标准的来源。例如,西塞罗说:"法律不是由人的才能想出来的,也不是什么人民的决议,而是凭借允行禁止之智慧管理整个世界的永恒之物。他们说,那第一的和终极的法律乃是靠理性令一切或行或止的神明的灵

---

① 〔奥〕凯尔森:《法与国家的一般理论》,沈宗灵译,中国大百科全书出版社1996年版,第3页。
② 〔古希腊〕亚里士多德:《政治学》,吴寿彭译,商务印书馆1965年版,第169页。
③ 〔古罗马〕查士丁尼:《法学总论——法学阶梯》,张企泰译,商务印书馆1989年版,第5页。
④ 〔意〕托马斯·阿奎那:《阿奎那政治著作选》,马清槐译,商务印书馆1963年版,第104页。

智","存在过源自万物本性、要求人们正确行为和阻止人们犯罪的理性,它成为法律并非始自它成文之日,而是自它产生之时,它是同神明的灵智一起产生的。因此,真正的第一条具有允行禁止能力的法律是至高的尤皮特的正确的理性"。① 洛克认为,自然法就是人的理性,是立法者以及一切人的永恒的规范,以自然法为渊源的人类必须以人类理性为最高准则。

上述定义方法具有以下特点:

第一,从"应然"角度给法律下定义的主要是自然法学的代表人物。无论古代斯多葛学派、西塞罗的自然法思想,还是近代古典自然法学,都把法归结为某种不变的来源或本质。例如,孟德斯鸠提出:"法是由事物的性质产生出来的必然关系";"有一个根本理性存在着。法就是这个根本理性和各种存在物之间的关系,同时也是存在物彼此之间的关系";"在法律制定之先,就已经有了公道关系的可能性"。② 这里,孟德斯鸠强调了"法"与"法律"二者的区别。"法"是指本质的、必然的联系,而"法律"则是指人定法。

第二,自然法学家区分"自然法"与"实在法"。自然法源自于人类的理性,"单纯渊源于我们生命的本质",具有永恒性、普遍性和不变性。实在法则是在特定社会中产生于公民间的关系。强调自然法与人为法的两分,意在表明自然法的理想性、完善性与人为法的现实性与不完善性,从而为实在法的改革提供了必要性与可能性,同时也为实在法的发展提供了理想的摹本。

第三,由理性产生的道德原则具有正义性,是评价善恶的标准,因而它具有更高的地位和效力。如果实在法与自然法相违背,它就不具备法律品质,也就不具备法律的效力。这就是著名的"恶法非法"论。"恶法非法"这一命题更多地意味着否定恶法的道德性,赋予恶法统治下的人们以反对恶法的道德权利。

(二)我国现行法律定义的比较分析

我国学术界在坚持马克思主义辩证唯物主义和历史唯物主义的基础上,吸收西方法理学的优秀成果以及现代法理学的研究成果,在法律的本质与法律的定义方面作了许多有益的探索。我国现有权威教科书提出了以下几种有代表性的法律定义:

"法律是由国家制定、认可并依靠国家强制力保证实施的,以权利和义务为调整机制,以人的行为及行为关系为调整对象,反映特定物质生活条件所决定的统治阶级(在阶级对立社会)或人民(在社会主义社会)意志,以确认、保护和发展统治阶级(或人民)所期望的社会关系和价值目标为目的的行为规范体系。"③

---

① 〔古罗马〕西塞罗:《论共和国、论法律》,王焕生译,中国政法大学出版社1997年版,第217—218页。
② 〔法〕孟德斯鸠:《论法的精神》,张雁深译,商务印书馆1961年版,第4—5页。
③ 张文显主编:《法理学》,高等教育出版社、北京大学出版社2003年版,第46页。

"法律是由国家制定或认可,并由国家强制力保障施行的,以权力和义务的形式表达其要求的规范或规范体系。"①

上面所列举的法律定义可大致反映出我国法理学研究中给法律下定义的基本进路:

(1) 法律是一种规范系统。在法律是规范、命令还是社会关系等选项中,我国法理学教科书基本上都选择了法律是规范或规范系统这一看法,而且大多数研究者也持此种认识。这反映了20世纪占主导地位的法律观念,也是20世纪法理学的最重要成果之一。

(2) 法律是由国家制定或认可并由国家强制力保证实施的。这说明了我国法律定义具有很强的实证的一面,法律与国家政权之间具有不可分离的关系。正是这一点说明了法律与其他社会规范体系(如道德、习俗、宗教)之间的区别。

(3) 法律以权利和义务为其内容。权利和义务是理解和把握法律内容的核心。法律定义中包括了权利和义务的内容,但法与权利并不应该混同。不能把所有包含权利义务内容的社会规范都称为法。所以,在给法律下定义时,必须将权利和义务与其他要素结合起来,才能正确地阐明法律的内涵。

(4) 上述后一种定义与前一种定义的差别在于,没有明确说明法律与界定统治阶级意志、法律与社会物质生活条件之间的关系,也没有把法律的目的、作用和价值作为法律定义的组成部分。

对此,我们认为,后一种定义的方法更为可取。原因如下:

第一,法律定义应力求简明,只要把法律与其他社会规范系统区别开来的相关要素包括进来就可以了。后一种定义突出揭示了法律区别于其他社会规范的最重要的要素,即它是由国家制定或认可、由国家强制力保障实施、以权利和义务为内容的规范系统,足以全面揭示法律的特征。

第二,这个定义采取了实证的定义方法。在法律定义的探究中,存在着自然法学、分析法学、法律社会学等不同的研究进路。自然法学固然强调自然法与实在法之分,也强调自然法对实在法的指导与约束力,但阿奎那、霍布斯、孟德斯鸠、卢梭等人都是从实证进路定义实在法的。法律的定义不应该把自然法与实然法混为一谈,"只要人们仅仅满足于把形而上学的观念附着在这个名词上的时候,人们就会始终是百思不得其解;而且,纵使人们能说出自然法是什么,人们也并不会因此便能更好地了解国家法是什么"②。霍布斯一方面指出"自然律是理性所发现的戒条或一般法则",同时也指出法律(民约法或市民法)"对于每一个臣民说来就是国家以语言、文字或其他充分的意志表示命令他用来区别是非

---

① 刘作翔主编:《法理学》,社会科学文献出版社2005年版,第45页。
② [法]卢梭:《社会契约论》,何兆武译,商务印书馆1980年版,第49页。

的法规;也就是用来区别哪些事情与法规相合、哪些事情与法规相违的法规。"①

总之,法律定义的研究不同于法律本质的研究,后者更多地是探究法律背后的支配性、决定性因素,而前者则是在研究法律区别于其他相似事物的特征。我国法理学坚持马克思主义的基本立场,坚持辩证唯物主义和历史唯物主义,认为法律最终受社会物质生活条件的制约。但是,法律的物质制约性只是一种"应然",这并不意味着一切实在法都是社会物质生活条件的反映。

第三,该定义坚持了我国法理学界所强调的马克思主义法律观的关键性因素,法律是国家意志的产物,只有国家机关依照法定程序制定的规范性法律文件才能称为"法律",没有上升到国家意志的各种社会规范则不宜被称为"法律"。法律社会学将法律还原为各种习惯、习俗和礼仪等等,尽管其目的是想以此防止立法的专横与恣意,但它也会导致法律概念的泛化和法律的泛化。在我国各地区之间、城乡之间发展不平衡的情况下,放弃法律的国家意志性和国家强制性会导致某些地方性、封建宗族性因素成为地方秩序的主宰力量。如果将所有的社会规范都视为"法律",将会降低法律的权威,危害法制的统一,阻碍统一市场的形成和维护。

第四,在上述几方面的因素已经可以充分必要地界定法律的情况下,再加上其他关于法律的阶级本质、法律的目的、价值与作用的因素,有画蛇添足之嫌。例如,法律反映着"统治阶级的意志",法律的内容是"由统治阶级的物质生活条件决定的",法律"确认、保护和发展对统治阶级有利的社会关系和社会秩序",这三个因素在阐述法律的本质、法律的作用时固然很重要,但把它们纳入到法律的定义之中,显得过于冗长,失却了定义的简明性。而且,只要在法律的定义中涵括了法律的国家意志性,上述三个因素都可以从国家观中引申阐发出来。法律的定义应该具有一定的开放性。

因此,我们可以认为,法律是由国家制定或认可,并由国家强制力保障施行的,以权利和义务的形式表达其要求的规范或规范体系。

第二节 法 的 本 质

一、关于法律本质研究的讨论

(一) 法律本质论与非本质论

自 20 世纪 90 年代末以来,我国法理学界对于法律本质的研究出现了本质论与非本质论两种相对立的观点。前者认为法律没有本质可言,法理学对法律

---

① 〔英〕霍布斯:《利维坦》,黎思复译,商务印书馆 1985 年版,第 206 页。

本质的研究不具有现实意义,后者则认为对法律本质的研究是法理学研究的出发点,是法学理论研究的基石。

在哲学中,对世界是否可以认识和把握的问题存在着两种对立的观点,即可知论和不可知论。可知论认为事物是可认识的,因为一切事物都是由其本质决定的,本质决定了一事物与他事物之间的区别。事物的本质是一事物区别于他事物的内在规定性。不可知论认为,事物是不可认识、不可把握的,之所以如此,是因为事物内部不存在稳定的、确定的规定性,要把握其内在规定性是不可能的。

在我国法理学界,本质论法学一直处于主导地位。20世纪50年代以后,"法律本质"成为中国法理学的核心概念,"法律的本质是统治阶级的意志"成为正统的法学观念。进入80年代之后,在法律本质问题上出现了阶级性与社会性之争,但是这种争论仍然停留在旧的研究范式之中,争论双方都认为法律有一个固定不变的本质。

90年代末,中国法理学界在一段时间出现了"法的本质是一种实在还是虚无"的讨论,在传统的法律本质论之外出现了法律的非本质论。法律的非本质论者对于本质论的反对意见体现在以下两点:

第一,"法律"仅仅由于使用的方便而具有"家族相似性",它们并非指的是同一个东西。"法律"这个概念可以指代法典,也可以是指家庭法、习惯法、法官创造的法等;它们仅仅有共同的名称而已,并没有一个共同的、不变的本质,法律的"本质"实际上是由使用者加入"法律"这一对象的。

第二,法律本质论把法律本体归结为意志论,在历史上的不同时期分别归结为君主的意志这种个人意志和国家意志或者社会公意这种集体意志。但是,有论者认为,意志是与人类的行为相伴随的,无法离开人类的行为而独立存在,所以,将法律的本质归结为意志是没有意义的。而且即使有所谓的意志,集体之中的个体成员的意志彼此之间也会产生矛盾与冲突,无法形成统一的集体意志。① 法律非本质论作为一种新的学术观点,将包括习惯在内的社会行为规则都纳入到去本质化之后的法律的"范畴"之内,有利于防止国家立法的专断与专横,有利于批判"统治阶级意志论"的法律本质观。

尽管法律非本质论受到了广泛关注,但这种带有强烈后现代色彩的学术观点,在我国法学界并没有得到广泛承认。原因是多方面的。其一,从思想传统上讲,我国法学界一直坚持法律本质论,后现代主义的反本质论在法学界还没有取得优势地位。尽管将法律本质单纯归结为统治阶级意志的做法引起了普遍反对,但是,大多数学者的研究进路不是去否定本质论,而是在批判传统观点的基

---

① 参见法律文化研究中心:《法律的本质:一个虚构的神话》,载《法学》1998年第1期,第7—8页。

础上,以新的法律本质论取代旧的本质论。马克思主义的辩证法和认识论认为,任何事物都有本质,正因如此我们才能把握住千差万别的世界万物,科学研究也才成为可能。我国法理学是以马克思主义为指导的,自然也坚持认为作为一种社会现象的法律具有其内在规定性,否则人们就无法将它与道德、习惯、宗教等其他社会现象相区分,法学也就无法成为一门独立的学科了。其二,法律本质论在理论上具有合理性。人类自古以来坚持本质论,坚持本质与现象的二元论,坚持对本质的可知论,是基于人类对于知识的确定性的追求。对普遍而确定的知识的坚定信念以及对它的追求,构成了人类探求真理、探索知识的动力。而且也正是坚信本质的存在,使得人类才有志于克服法律现象的偶然性,使人类有望以法律背后的决定性、支配性因素克服法律发展中的任意与专断。将法律的本质纯粹归结为统治阶级意志,这是一种错误的理论化的结果。在经历了错误的理论与实践之后,我们可以对法律本质做出更为合理的总结。

因此,在本书中,我们仍然采用本质论法律观,并在本章以下部分继续讨论法律的本质问题。之所以采取本质主义法律观的立场,理由如下:

第一,我国法理学界的主导话语仍然是本质主义的,如果放弃关于法律本质的传统立场,将会全盘颠覆现有法理学体系,在理论研究上就不再仅仅是对法律本质的探究的进路上的变化,而是全部法理学话语的转化。

第二,我国仍然处于法制现代化阶段,法治建设需要我们大力倡导民主、自由、人权等法律价值。各种非本质主义法学的理论的逻辑发展会对这些现代法律价值构成直接威胁。

第三,采用本质主义法理学,有利于我们追求正义的社会秩序。人是有理性的动物,人类可以为自己立法,为自己设定未来目标,也有能力采取适当手段实现这些目标。法律是一项目的性的事业,承载着人类或某个特定的民族的理想与追求。这正是现代主义法学的主旨。现代主义法学属于本质主义法学的阵营。

(二)法律本质研究的应然进路与实证进路

法律本质研究涉及的第二个问题是,法律本质研究应该采取实证的进路还是应然的进路。法律本质研究的应然进路和实证进路关涉的是法律本质存在和表现的不同状态。所谓"应然"就是超越实际状况的某种理想状况,它是人们根据人性、理性、社会性或者普遍价值而设定的理想状态和追求目标。以应然的进路研究法律的本质,其目的是以法律之上或者法律背后起支配作用的某种普遍价值或理想限制立法权力,防止立法专横,使公民权利的保障有所依靠。实证进路就是研究实然,研究现实事物的存在状况,以实证的进路研究法律的本质,就是从对于法律现象的描述与归纳中总结出法律本质。

关于法律本质的研究,我们可以从中世纪著名哲学家托马斯·阿奎那的思想中得到有益的启示。阿奎那认为:"法律不外乎是由那统治一个完整社会之'君主所体现的'实践理性的某项命令","不外乎是对于种种有关公共福利事项的合理安排,由任何负有管理社会的责任的人予以公布"。① 这里,所谓"君主"或者"负有管理社会之责任的人",是指掌握国家政治权力的人,尤其指主权者。由此可见,阿奎那作为一位神学自然法学家,一方面承认法律或实在法是主权者发布的命令,同时也提出这种命令也受到两种限制,即要以共同福利为目的,要受到理性的支配与控制。从实证的角度讲,法律是负有管理社会之责任的人或者君主的命令;其他任何机构或者个人都无权制定并颁布法律。从应然角度讲,它是为着共同福利,并且受到理性的支配;之所以称此为"应然",是因为这是一种理想或者要求,实际上很多法律的制定并非出于实践理性,也不是为着共同福利。一方面,他认为法律(人定法)是某种命令或准则;另一方面,他也探究了法律背后的支配与约束力量,认为这是法律的目的、价值或者来源。由此可见,阿奎那在上述论断中把实证因素与应然因素结合起来共同界定法律的本质。

仿照阿奎那的思路,我们对法律本质研究的两个进路分别加以讨论。

实证进路是从对于法律现象的描述与归纳中总结出法律本质。从现象上讲,不同经济、政治、社会、文化条件的法律会具有不同的现实表现形式,无论是在法律的内容还是在法律的形式上,都带有许多时代性、地方性的特点。如在阶级对立、阶级矛盾激化的时期,法律强调反映和维护统治阶级意志的内容占据上风;在和平时期,法律更强调法对经济、政治、社会发展的推动和促进作用的方面则为主导。然而,透过不同时代、不同地区、不同国家法律在内容和形式上的差异性,我们可以发现:"无论什么时代的法律制度,都是人们为了一定的需要而创设的,因而与人的需求、愿望相关,法也必然会体现出人的意志。法的这种意志性通过国家创制法律的形式表现出来——没有意志渗透其中,立法目的、立法动机与立法效果等名词本身就不可能存在。"② 因此,把法律看成是意志的产物,就意味着承认法律是主体为了满足个人的或社会的需要、达成其目的而创制出来的。不管法律承载着何种价值、包含着何种内容、以何种形式出现,都具有一个共同的本质:它是人类意志的产物。事实上,意志是指人们在改造外部世界的客观过程中,为实现某种目的而存在的主观心理状态,以及外向的针对他人行为的指向。意志来自人的欲望与冲动,指向他人行为,为了一定目的而意欲他人做出一定行为或不做一定行为。

从古到今,都有思想家认识到这一点,他们的区别在于把法律看成是谁的意

---

① 〔意〕托马斯·阿奎那:《阿奎那政治著作选》,马清槐译,商务印书馆1963年版,第85页。
② 胡玉鸿:《马克思主义法本质观之重述》,载《学习与探索》2006年第3期,第101页。

志:神学自然法认为是神的意志,封建专制时代认为是君主的意志,卢梭则认为是社会的公意。前两者带有明显的时代的局限性,不具有普遍性,而社会公意说则带有对人民主权的向往,具有理想的色彩,也不能普遍化。如果要提出一种可以涵盖不同国体下法律现象的普遍概括,那么,就应该认为法律是国家的意志。实现从个人、阶级、社会意志向国家意志的转换,从而以普遍意志、共同意志的形式反映出来,同时也因为依靠国家强制力保障实施而获得外在权威,这是一切法律的共同本质。当然,统治阶级只有在不同程度上吸收其他阶级的意志,反映其他阶级的利益,才能实现统治阶级意志向国家意志的转换。由此看来,法律是国家意志的产物,这是实证进路的逻辑结果。

除了上述实证进路之外,我们还应该考虑到应然的进路。对于法律本质的思考,是人类思想的基本倾向:人类不满足于现实的法律现象的繁多杂芜,渴望探求某种超越法律现实的东西;不满足于个别而具体的法律现象,渴望某种普遍性的东西;不满足于在立法者意志的任意支配与控制之下,而是渴望对于作为人类创造物的法律受到某种具有普遍性、永恒性、客观性的价值或规律的支配与控制。在今天,认识和把握法律的本质,其目的在于使法律成为人的自主与自由的保障。

法律现实与理想、个别法律现象与普遍本质之间的紧张关系,构成了法律本质研究的基本矛盾。马克思、恩格斯在《共产党宣言》中宣称:"你们的观念本身是资产阶级的生产关系和所有制关系的产物,正像你们的法不过是被奉为法律的你们这个阶级的意志一样,而这种意志的内容是由你们这个阶级的物质生活条件来决定的。"[①]在这里,马克思和恩格斯揭露了资产阶级立法和法律的阶级偏私性:资产阶级没有能够把法当做社会共同意志与利益的关系的整体,而是把"法"等同于("奉为")只是按资产阶级的意志制定的"法律"。真正的法律应该反映事物的本质,反映客观的社会规律,肯定人在一定历史条件下所能有、从而应当有的自由与权利,而不只是片面地以立法者、以统治阶级的意志与利益为标准。

我们不能从社会现实中法律的专横与偏私性现象出发,不加分析地以偏概全。现代立法确实面临着立法非民主化的危险,一些机构利用立法的权力,将部门利益和地方利益法律化,从而使法律沦落为部门利益和地方利益的保护者。与此同时,从现代立法程序看,代议制下的法律确实出自于"少数人"之手,即使他们所制定的法律得到了"人民的拥护",也只不过说明少数人的意志碰巧与多数人的利益相符合而已。

但是,对法律的本质的研究不能是对立法程序的现象学描述,否则就不能弄

---

① 《马克思恩格斯选集》第1卷,人民出版社1995年版,第289页。

清法律本质研究的主旨。以上那些不管是西方还是社会主义国家的法学家们,对法律所下的定义或所作的解释,都有一个重要的共同点,那就是把法律与统治者意志、强制力等紧密地结合在一起。但是,这种关于法律的定义,对于法律现实的描述并不能让人感到满意:它们既没有回答统治者为什么可以按照自己的意志来立法,也没有能说清楚统治者的强制与入室抢劫犯的强制有什么不同。而且不管是"统治阶级意志论"还是"少数立法者意志论",都把法律的制定看成是个人或少数人恣意的产物,而缺少现代法观念所强调的法律的规范性:立法者创制法律,同时也受到法律的约束。

总之,法律本质的研究应该具有超越性。要研究法律的"一般"本质,而不是某时某地"特定"法律的本质。要研究法律的应然,探求法律背后起支配决定作用的力量,而不是对法律实然的简单肯定。超越性是作为追求对法的认识的广阔视野的法哲学所具有的特征,作为法哲学的命题的法的本质问题,必须具有超越性。通过对法律本质的研究,确定法律的应然,进而把应然变成现实,或者将应然转化为现实的政治制度和法律制度。这正是马克思区别法与法律,并借助于法的关系批判资产阶级法律的要旨所在。

二、法与法律的区别

(一)西方法哲学关于法与法律关系的学说

在西方法律思想史上,长期存在着将法与法律区别开来的思想传统。在自然法学中,法与法律的区别体现为自然法与实在法的二元论,其中自然法是正义或者理性的体现。马克思主义经典作家也在其研究中将法与法律区别开来,在其思想的早期阶段,法体现为精神关系的内在规律,在历史唯物主义阶段,则体现为社会物质生产与生活的内在规律。这样,他们都将法律的本质归于高于实在法之上的某种恒定的因素,如正义、理性或者社会规律。

总体上讲,西方在法与法律的关系问题上存在着三种学说:第一种,分析法学拒绝二元论的思想,否定法与法律的二分。第二种,自然法学坚持自然法与实在法的二分。第三种,法律社会学,法律社会学研究者均反对自然法学的形而上学进路,但也有从社会连带之中发现"客观法"的努力,也可看做是一种法与法律二元的观点。

1. 自然法学的法与法律二元论观念

这类学说坚持法与法律的区分。法被界定为"客观精神"、"人类理性体制",法律则是实在法、是法的外化和表现。这种观点以自然法学派为代表,哲理法学的观念也大致相似。其主旨可以总结为以下几点:

第一,区分法与法律。自然法观念将自然法看成是一种客观普遍的法,它可以体现为客观存在的调整自然界秩序的法则,也可被当做是人的理性;法律,即人定法或实在法。如东罗马帝国拜占庭皇帝查士丁尼下令编纂的《法学总论》中写道:"自然法是自然界教给一切动物的法律。因为这种法律不是人类所有,而是一切动物都具有的,不问是天空、地上或海里的动物";"我们的法律或是成文的,或是不成文的,……成文法包括法律、平民决议、元老院决议、皇帝的法令、长官的告示和法学家的解答","不成文法是习惯确立的法律,因为古老的习惯经人们加以沿用的同意而获得效力,就等于法律。"①自然法一般认为,法律是法(自然法)的外化。

其二,法律根源于法。法在自然法学那里就是自然法,而自然法则是理性的体现。例如,西塞罗就认定:"法律是根据最古老的、一切事物的始源自然表述的对正义的和非正义的区分,人类法律受自然指导,惩罚邪恶者,保障和维护高尚者。"②

其三,法是法律的衡量标准,恶法非法。自然法认为,法律作为一种行为准则能使人辨是非、知善恶,因此,它应该与人们的价值观念,尤其是人们的道德观念相一致,不能有悖于道义。在这种意义上,法或自然法实质上就是关于正义与非正义、善与恶的道德准则,成为人类行为和人类制度正义与否的最终评价标准。与自然法相符者为良法,与之相悖者为恶法。

2. 法律社会学关于法与法律的观点

法律社会学反对自然法学的形而上学思维,把法律与社会现实联系起来。法律社会学基于反对分析法学将法律视为纯粹规则体系的做法,划分"活法"(living law)、"行为中的法"(law in action)或"事实上的法"(law as facts)与"纸上的法"(law in paper)、"本本上的法"(law in book)或"国家法"。实际上,这种思想并不必然同法与法律的二元论思想相对立。

法律社会学的基本观念与社会学的基本思想有直接关联。社会学以实证科学自居,认为知识的取得只能依赖于对社会现象的观察和实验,社会学试图从人类社会的现象中总结出一定的规律性认识,使之服务于社会秩序和社会进步。与之相应,有的法律社会学家力图从社会之中发现立法所需要遵循或摹写的社会关系。例如,法国社会连带法学的创立者狄骥提出,社会连带是一个永恒不变的客观事实:人们必然生活在社会中,必然具有社会连带关系。既然如此,社会连带关系就构成了包括法在内的一切社会规范的基础,决定着社会规范的内容,也决定着社会规范的功能。因此,法学研究应该以社会连带关系为中心。他进一步认为,从社会连带关系以及人们的"社交感"和"公平感"中产生出来的法律

---

① 〔古罗马〕查士丁尼:《法学总论——法学阶梯》,张企泰译,商务印书馆1989年版,第6、7页。
② 〔古罗马〕西塞罗:《论共和国、论法律》,王焕生译,中国政法大学出版社1997年版,第219—220页。

规范是"客观法"。"这种客观法高于国家制定的'实在法',即使最高的立法者也要受到这种'客观法'的约束,否则,实在法将归于无效。"①由此可见,那种认为法律社会学完全否定法与法律二元划分的观念是缺乏根据的。

这种在社会之中寻找"客观法"的努力,是人类为实在法寻求确定而可靠的知识依据的一贯做法的延续。这种思维方式在其他学派之中也有体现。例如,德国法学家萨维尼所创立的历史法学派,就试图从社会历史和社会环境中发现支配法律发展的"民族精神",实际上也坚持了法与法律的二元论传统。

(二) 马克思关于法与法律的关系的论述

马克思也坚持法与法律的区别,但是,在不同时期,马克思对于"法"的含义的理解随着其思想的变化而变化。

马克思早期汲取了自然法学和理性法学的某些观点,认为法或法的本质,是无意识的自然规律,它是指客观法则。法律是法的表现,是这种无意识的自由的自然规律的有意识的表现,是事物的法的本质的普遍和真正的表达者。因此,事物的法的本质不应该迁就法律,恰恰相反,法律应该适应事物的法的本质。他在《论离婚法草案》中说:"立法者应该把自己看做一个自然科学家。他不是在制造法律,不是在发明法律,而仅仅是在表述法律,他把精神关系的内在规律表现在有意识的现行法律之中。如果一个立法者用自己的臆想来代替事情的本质,那末我们就应该责备他极端任性。"②在这里,马克思所说的事物的法的本质,并不是其历史唯物主义阶段所指的社会物质生产与生活的内在规律,而是指"精神关系的内在规律"。但是,其法与法律的二元思想清楚无疑:法是独立于人定法之外的客观法,是客观的法则,立法或者法律应该是这些客观法的外化或表现。

后期马克思在法与法律的关系上,坚持法与法律的二元论,但此时"法"的含义发生了变化。马克思在创立历史唯物主义之后,批判了黑格尔在国家与法的关系上的唯心主义观点。他指出:"法的关系正像国家的形式一样,既不能从它们本身来理解,也不能从所谓人类精神的一般发展来理解,相反,它们根源于物质的生活关系"③。此时,他把决定于社会物质生活条件的"法"(或"法的关系"),作为从社会物质生活关系中派生出来的一个特殊的社会关系,即法权关系,看做是独立于法律与立法者之外的客观社会存在。这样,客观存在的物质生活关系就成为法律的背后决定性因素。立法不应该也不能是一种任意活动,而应该是对于客观存在的"法"的确认。

---

① 张文显:《二十世纪西方法哲学思潮研究》,法律出版社2006年版,第101页。
② 《马克思恩格斯全集》第1卷,人民出版社1956年版,第183页。
③ 《马克思恩格斯选集》第2卷,人民出版社1995年版,第32页。

三、法律的本质

(一) 法律的国家意志性

意志是指人们自觉地确定目的,根据目的支配、调节自己的行为,并通过克服困难实现预定目的的心理活动能力。意志是一种精神力量,属于人的自我意识,并且具有高度的自觉性、自主性和明确的目的性。人是有意志的动物,这表现为两个方面,一是人可以根据自己的需要选择一定的目的,并且可以为了达到该目的而选择采取必要的行动;二是能够阻止和克制与预定目的相违背的行动。

法律在本质上表现为一定的意志,它体现了法律的创制者对通过法律所要达到的社会目标有一种清晰的、明确的价值追求,将这种有利于社会目标之实现的价值观固化为一定的行为规范。

意志在法律运行中的作用表现在两个方面:

第一,法律是意志的产物,如果没有人的意志的作用,法律就不可能被创制,也不能得以实施。任何法律实践活动,包括立法活动或者法律创制活动,都不是一种无目的的活动。法律是人们为了实现一定的理想和社会目标而创制的。富勒曾提出,法律是一项目的性事业,其目的在于使人类的行为服从于规则的治理。耶林也提出:"目的是全部法的创造者。每条法律规则的产生都源于一种目的,即一种事实上的动机。"[①]目的构成了人类行为的动因,而意志则将这种动机转化为行为。

第二,意志应该受到其他因素的限制,以防止立法者的恣意导致专横。在西方法哲学史上,永恒法在阿奎那那里被认为是神的意志的体现,而神是具有理性的,因此,永恒法是意志性与理性的完美结合。在君主政体下,法律则是君主意志的体现。但是,人订立的法律完全可能违背"真正的法"所应该追求的目的——求得公共幸福,因而需要以一定的外在的标准对它构成限制与约束。这种约束包括理性,理性体现在永恒法和自然法之中。"如果意志要想具有法的权能,它就必须在理性发号施令时受到理性的节制。正是在这个意义上,我们应当理解所谓君主的意志具有法的力量这句话的真实含义。在其他的意义上,君主的意志成为一种祸害而不是法。"[②]当然,这种以神性来限制和约束立法者的途径只具有中世纪思想的特征。经过卢梭的改造,法律的意志论取得了其近代和现代的形式,成为民主政治的基石。而马克思在批判资产阶级法律时,批判它是统治阶级意志的体现。

从上述几位思想家的经典论述中,我们可以看到,他们都承认法律是意志的

---

① 转引自张宏生、谷春德主编:《西方法律思想史》,北京大学出版社1990年版,第353页。
② 〔意〕托马斯·阿奎那:《阿奎那政治著作选》,马清槐译,商务印书馆1963年版,第105页。

体现,也是意志的产物。他们之间的区别在于:法律所反映的意志是谁的意志,即是单个人的意志,还是少数人集体的意志,还是社会的共同意志。

如果说意志是为了实现主体的理想和目标的心理活动,那么,单个人的意志难免是出于个人的利益,而且由于社会资源的有限性和稀缺性,人与人之间的利益必然会存在矛盾,这样,个人与个人之间为了实现各自利益而产生的意志完全有产生冲突与矛盾的可能。法律的作用在于将不同的甚至是对立的意志统一起来,形成一个统一的意志,借以防止因为个体或群体之间由于意志的不同而导致社会冲突和动荡。因此,法律作为立法者意志的体现,一方面为了达成社会的稳定与秩序,不可能不考虑社会各阶级、各利益群体的意志,从而在法律的框架中实现利益的协调与妥协;另一方面,在法律中也会出现如下现象:不同利益群体或阶级的利益在法律实践中被体现的程度是不同的,法律会更多地体现一种意志而抑制另一种意志。

当社会的利益分化表现为两个对立阶级的利益冲突时,法律的意志性就会演变成"统治阶级意志性",法律在具有意志性的同时,也具有了阶级性。统治阶级利用自己政治上的优势地位,将本阶级的意志体现为法律的要求与法律规范,用以确认、保障统治阶级在政治、经济、思想意识形态上的统治地位。此时法律只不过是法律化了的统治阶级的意志。例如,作为人类历史发展特定阶段的资本主义社会,其法律就是资产阶级意志的体现。资产阶级在掌握国家政权成为统治阶级之后,为了巩固自己的政治统治权,改变了中世纪法制不统一的局面,建立起统一的政府,实行统一的法制,从而把本阶级的整体意志上升为法律,获得全体社会成员一体遵循的效力。

对于法律的阶级性,不能作过于简单、极端的理解,认为统治阶级可以专断地、任意地制定法律。

第一,法律的阶级性并不意味着法律只是统治阶级意志的体现。任何法律制度都具有一个基本的社会功能,那就是通过分配社会的重要资源和解决纠纷,从而使社会成员能够在现有法律框架之内形成大体有效的法律秩序和社会秩序,如果统治阶级完全不顾及被统治者的利益要求,那么,统治阶级的政治统治成本就会过于高昂,甚至在被统治者的反抗之中现有的统治秩序会难以为继。

第二,意志性并不等同于阶级性。意志性只是说明了法律是人的心理活动能力的结果,法律是国家立法机关将特定的利益诉求法律化的结果。在阶级对立激化的国家,由于统治阶级与被统治阶级的利益以及这种利益的诉求产生了激烈的分化与对立。在这种情况下,法的阶级性更加突出,在奴隶社会、封建社会是如此,资本主义社会早期的阶级对立也极为严重。但是,在资本主义社会后期,特别是在20世纪下半叶,资本主义进入福利国家时期,通过国家干预缩小社会差别,阶级之间的不平等与对立已经大为缓和。

在我国法理学界,从 20 世纪 80 年代开始,法律的阶级性受到广泛的质疑。这主要是在 1949 年以后的三十多年时间里,法律一直被看成是阶级斗争的工具。这一极"左"思潮下出现的法律本质观念产生了极为严重的后果:法律成为立法者无视市民社会需要的任性的主观意志形式,人治和集权盛行,民主与法制被抛弃,法律成为政治国家的单纯的附庸物,甚至可以把不符合立法者意愿的一切都统统归结为被统治阶级利益而予以打击。因此,"统治阶级意志论"是从"统治阶级"出发而对于法律的政治武断。从 80 年代开始,随着人们对于法律的统治阶级意志论的反思与清算,在批判法的阶级性同时法律的意志性也受到连累,法律的意志性受到质疑。这是不正确的,法律是意志的产物,是立法者实现某些理想与社会目的的手段而创制出来的制度,这本身并没有好坏的问题。如果创法的意志能够充分地集思广益,能够为着公共的福利而不是立法者个人或少数人的利益,那么,这种立法者的意志同样应该受到肯定和认可,也会受到人们的自觉遵守与服从。

（二）物质生活条件的制约

法律具有意志性,这是法律本质之一。从法律的创制过程看,法律不是思维活动或认识活动的产物,而是意志行为的产物。但是,立法者的意志应该受到一定约束,应该在立法者的意志之上设定形式上和内容上的标准。之所以如此,是因为不受约束的意志必然会使法律沦为立法者的主观任意,成为个人或少数人的任意专断。这是我们所不能接受的。

20 世纪 80 年代以来,我国法理学界在经过反思与讨论之后,逐步认识到,法律除了具有意志性之外,还具有社会性,应该是意志性与社会性的统一。

对于这一点,马克思主义经典作家在其著述中作过多次回答。

马克思发现,社会的经济现象是一切现象的基础。马克思曾经总结说:"我的研究得出这样一个结果:法的关系正像国家的形式一样,既不能从它们本身来理解,也不能从所谓人类精神的一般发展来理解,相反,它们根源于物质的生活关系,这种物质的生活关系的总和,黑格尔按照十八世纪的英国人和法国人的先例,称之为'市区社会'"[①]。法律根源于市民社会,这里马克思找到了理解法律、国家产生的基础。

第一,市民社会是国家和法律的基础。按照马克思、恩格斯的观点,"在过去一切历史阶段上受生产力所制约、同时也制约生产力的交往形式,就是市民社会"[②]。它是随着私有制的出现和社会分工的发展而产生的,包括个人在生产力发展的一定阶段上的一切物质交往。"在生产、交换和消费发展的一

---

① 《马克思恩格斯全集》第 13 卷,人民出版社 1962 年版,第 8 页。
② 《马克思恩格斯全集》第 3 卷,人民出版社 1960 年版,第 40 页。

定阶段上，就会有相应的社会制度、相应的家庭、等级或阶级组织，一句话，就会有相应的市民社会。有一定的市民社会，就会有不过是市民社会的正式表现的相应的政治国家。"① 在这里，市民社会是法律的基础、本原，法律是市民社会的需要和表现，这表明马克思的法哲学观是建立于坚实的唯物主义基石之上的。

马克思、恩格斯在他们于1845年合撰的《德意志意识形态》中第一次明确地阐发生产力决定"交换形式"、"市民社会"决定上层建筑的历史唯物主义基本原理，并以此作为依据，深刻揭示法的产生、发展及其消灭的历史运动规律性。有关生产关系，特别是所有制的各种不同形式对法律制度的影响，同样亦可以从中觅得其基本规律性的内容。因为严格说来，"宗教、家庭、国家、法、道德、科学、艺术等等，都不过是生产的一些特殊的方式，并且受生产的普遍规律的支配"②。这也是前述法的社会性的必然产物。法既然要体现其社会性的内容，就必然要从社会的结构中获得其支撑要素。那么，这种根本性的要素是什么呢？马克思主义认为："人们在自己生活的社会生产中发生一定的、必然的、不以他们的意志为转移的关系，即同他们的物质生产力的一定发展阶段相适合的生产关系。这些生产关系的总和构成社会的经济结构，即有法律的和政治的上层建筑竖立其上并有一定的社会意识形式与之相适应的现实基础。物质生活的生产方式制约着整个社会生活、政治生活和精神生活的过程。不是人们的意识决定人们的存在，相反，是人们的社会存在决定人们的意识。"③

马克思揭示的法律的物质制约性的原理是：物质生活条件，尤其是其中的生产方式，是制约法的内容的决定性因素。法律是统治阶级创制的，通过国家的意志而得以普遍化。但是，马克思、恩格斯进一步揭示出，这种国家意志是由市民社会的不断变化的需要决定的，其内容是由生产力和生产关系决定的。不同时代的法律之所以会具有不同的内容，如奴隶制法、封建制法、资本主义法和社会主义法之所以在内容上各有不同，就是因为它们反映了不同时期的物质生活条件，体现了社会生产力对法的根本要求。即使在某个阶段，可能会出现偶然性的因素，使物质生活条件对法律的制约似乎也并不那么明显，但正如恩格斯所指出的："在这里通过各种偶然性而得到实现的必然性，归根到底仍然是经济的必然性。"④

（三）经济以外因素对法律的影响

当然，物质生活条件作为法的决定性因素，是从终极性、整体性这个层面而言的，并不意味着其他因素与法无关，或对法的内容不产生制约力量。实际上，恩格斯晚年曾专门指出："根据唯物史观，历史过程中的决定性因素归根到底是

---

① 《马克思恩格斯选集》第4卷，人民出版社1995年版，第532页。
② 《马克思恩格斯全集》第42卷，人民出版社1972年版，第121页。
③ 《马克思恩格斯选集》第2卷，人民出版社1995年版，第32页。
④ 《马克思恩格斯选集》第4卷，人民出版社1995年版，第733页。

现实生活的生产和再生产。无论马克思或我都从来没有肯定过比这更多的东西。如果有人在这里加以歪曲,说经济因素是唯一决定性的因素,那么他就是把这个命题变成毫无内容的、抽象的、荒诞无稽的空话。"① 在恩格斯看来,上层建筑的各种因素之间实际上也是相互作用的。政治的、哲学的、宗教的等各种因素,也都在影响着法律的内容与发展。如果忽略或舍弃了这些因素的作用,那就无法解释为什么由同样相似的社会物质生活条件所决定的法律或法律制度会出现如此之大的差异。以往那种将经济基础作为决定法的唯一因素的观念,本身就背离了马克思主义经典作家的初衷。

如果将经济条件理解为法律的阶级意志内容的唯一决定因素,实际生活中无数现象就无法理解了。一个简单的事实是:几个国家或一个国家在不同地区、不同时期,虽然就其经济制度或经济发展水平来说是相同的,但是,它们的法律却可以表现出不同的形式。如果忽视这些经济以外因素的影响,就不能解释这种法律所体现的统治阶级意志的内容。例如,在美国,路易斯安那州的法律倾向于民法法系传统,而其他州则属于普通法法系传统。这两种现行的法律制度有很大的差别。这种情况,只能从历史原因中找到解释。总之,无论是分属西方两大法系的国家的法律制度的差异,还是同一法系之内各国法律制度(如法国和德国)的差异,都只能从经济以外的因素中得到说明。

第三节 法律的基本特征

一般来讲,事物的特征突出表现在它与相似事物相比较而呈现出的现象上的独特之处。没有比较就没有特征可言,彼此之间没有相似之处事物就没有可比性,研究其特征也没有任何意义。比较作为一种方法,是科学地认识对象所必需的一种方法。

法律的特征是法律与其他社会规范系统相比所具有的特殊规定性。如果说法律本质是法律的内在规定性的话,那么,法律的特征则是由其内在规定性所决定的外在表象上的特殊之处。在社会系统中,为了调整人们的行为,维护良好的社会秩序,人类形成了各种社会规范系统。其中,包括法律、道德、宗教、习惯、礼仪、纪律等等。它们都是社会规范,为社会成员在不同领域的行为设定了行为的标准,成为指引、评价人们行为的尺度,并通过特定的手段和方法促成社会成员遵循这种行为模式。它们在具有相似性的同时,也各有其表象上的特殊性,可以供我们识别某种社会规范属于何种性质的规范系统。在此,可以把法律的特征总结为以下几个方面:

---

① 《马克思恩格斯选集》第 4 卷,人民出版社 1995 年版,第 695—696 页。

一、法律是由国家制定或认可的

法律是由国家制定或认可的,这一特征是法律的国家意志性的外在表现。与道德、宗教规范、政党或其他社会组织的规章以及习惯礼仪等诸多社会规范系统相比,只有法律才是国家意志的产物,是由国家制定或认可的。制定是指国家机关通过立法活动产生新规范,认可则是国家对既存的行为规范予以承认,赋予法律效力。

法律与其他社会规范之间在内容上并不存在天壤之别。道德、宗教规范、政党的政策或习惯规范可以经过国家特定机关的立法程序成为法律规范,或者经过特定方式的认可而被赋予法律效力。国家可以经过立法或特定机关的认可将道德、宗教、习惯、习俗、礼仪规范纳入法律之中,从而使法律与其他社会规范的内容在一定程度上具有共同之处。此时,国家的创制性就成为法律区别于其他社会规范的关键。

对于习惯法之所以成为法律的机制,一直是法理学关注的重点领域。所谓习惯,其本身是经由社会成员日积月累的遵守而形成的行为规则。法律社会学学者认为是习惯自觉地为社会成员所遵守,是社会中的"活法"。其他一些研究者也从强调法律的社会性的目的出发,认为习惯虽然不是由国家制定出来的,但与制定法一样也起着调整社会生活的作用,没有理由不认为它也是"法"。在此,我们不否认上述观点以及理论研究的合理性,但要强调的是,他们混淆了法律与习惯之间的界线,没有认清"习惯"与"习惯法"之间存在着界线。在得到国家立法机关或司法机关的认可之前,还不具有法律的效力。"当其还没有法律制裁的外在形式的时候,习惯,仅仅是实际存在的社会道德的一种规则。这一规则,普遍地被公民或臣民所遵守。我们可以认为,习惯具有一种力量,但是这一力量,仅仅来自普遍的对违反习惯的谴责舆论。"[1]国家对习惯的认可分为立法认可和司法认可两种方式。立法认可,就是在制定法条文中赋予某些领域的习惯以法律效力。例如,《瑞士民法典》第1条规定:"(1)凡本法在文字上或解释上有相应规定的任何法律问题,一律适用本法。(2)如本法没有可以适用的规定,法官应依据习惯法,无习惯法时,应依据他作为立法者所制定的规则裁判之。(3)于此情形,法官应遵循公认的学理与惯例。"其中第2款的规定意味着,当存有法律空缺时授权法官认可习惯为习惯法,这是世界上通过立法认可习惯之法律效力的最为著名的例证。当然,第2款也直接规定法官可以"作为立法者"而制定规则并据以裁判,这一点也为法学界所普遍关注。司法认可则是指在英美法系国家,司法机关在以习惯为裁判的理由的情况下,在判例法中将习惯纳入法

---

[1] 〔英〕约翰·奥斯丁:《法理学的范围》,刘星译,中国法制出版社2002年版,第38—39页。

律之中,使之成为习惯法。

法律的国家创制性说明了法律的统一性、权威性和普遍适用性。在每个国家,只存在着唯一的法律体系,该国主权管辖范围内的一切公民、组织、团体和武装力量都必须遵守或服从其规定。这是由国家主权的性质决定的,国家主权具有对内的至上性和对外的独立性,在主权管辖范围内的一切人和事,都应该受到本国法律的管辖,这是国家主权的题中之义。法律由国家主权者或者主权者选举产生或任命的机构所制定,它是主权的产物,也是主权的体现。因此,法律在一国主权范围内理所当然地应该具有权威性,受到普遍的遵守和服从。

二、法律是调整人们行为的规范

法律是调整人们行为的规范,这一说法的含义可以从以下几个方面加以说明。

法律调整人们的行为,也就是调整社会关系,这两种说法意思是一致的。因为社会是指以物质生产为基础而结成的人们的总体,社会关系即人与人的关系。人的行为既体现社会关系又反过来影响社会关系。法律调整总是指向人们的行为,是对人们行为所设立的标准。法律从来不向也不可能向自然对象发号施令,而只能通过对人类行为的规范和调节进而作用于自然对象。

法律通过调整行为而达到调整社会关系的目的,思想观念并不是法律的调整对象。因为道德、宗教更多的是调整人们的思想、心灵、意念和欲望等方面,通过对行为人的精神影响与控制,进而影响人们的行为动机,对行为产生间接的影响。法律与此不同,它是以行为作为直接的调整对象,一切非行为的东西,只有在同行为发生具有法律意义的联系时,才可能作为需要考虑的情节而进入法律调整的领域,思想或意识上的东西本身不能单独作为法律调整的对象。正如马克思所言:"惩罚在罪犯看来应该是他的行为的必然结果,——因而也应该是他本身的行为。他受惩罚的界限应该是他的行为的界限。犯法的一定内容就是一定罪行的界限。因而衡量这一内容的尺度也就是衡量罪行的尺度"①,"凡是不以行为本身而是以当事人的思想方式作为主要标准的法律,无非是对非法行为的公开认可。……对于法律来说,除了我的行为以外,我是根本不存在的,我根本不是法律的对象。我的行为就是我同法律打交道的唯一领域"②。

三、法律以规定人们的权利、义务为其调整的机制

法律调整人们行为的方式是为人们的行为提供一个模式、标准和方向,从而

---

① 《马克思恩格斯全集》第1卷,人民出版社1956年版,第141页。
② 同上书,第16—17页。

为人们的行为划定自由行为的界限。从这种意义上讲,法律以权利义务为内容,是对一定权利义务关系的确定。

法律的这一特征具体体现在:作为法律基本构成单位的法律规范,提供了三种行为模式,即"可为"、"当为"、"勿为",这实际是赋予社会主体一定法律权利、施加一定的法律义务。其中,法律规定的义务是必然遵从的行为模式,而权利则是可以由权利主体自由选择的行为模式。对于行使权利的行为,法律予以合法保护,权利主体可以选择行使权利也可以放弃权利。而对不履行义务或违反法定义务的行为,法律规定了强制手段督促义务主体履行其义务,或者对拒不履行义务者予以法律制裁。肯定性法律后果和否定性法律后果,对保护法律调整机制的实现都起到十分重要的作用。

四、法律是由国家强制力保证实施的

一切社会规范系统都必须有某种强制措施保障该规范的实施。如果没有强制力保证其实施,规范就无以约束人们的行为。法律以外的社会规范也都具有不同性质、形式和程度的强制力,这是各种社会规范的共同之处。但是,法律的强制力与其他社会规范的强制力不同,法律是由国家强制力保证其实施的。这构成了法律区别于其他社会规范系统的又一重要特征。

法律的国家强制性特征体现在,法律所规定的权利和义务是由专门国家机关以强制力保证实施的,国家的强力部门包括军队、警察、法庭、监狱等有组织的国家暴力。当法定的机构按照法定的程序依事先公布的法律认定某种行为的违法性之后,就可以对违法者进行强制性制裁。

任何社会的法律都不能把对其实施寄希望于全体社会成员的自觉、自愿的遵守。社会中总会有一部分人违反法律,而社会中大部分人也都会在其一生中出现不同程度的违反法律的行为。更重要的是,如果没有国家强制力的保证,合法行为得不到保障,违法行为得不到国家强制力的制裁,法律所设定的权利和义务就必然会形同虚设。

当然,法律依靠国家强制力的保障,这并不意味着任何法律的实施过程都必须直接借助于国家强制力的维持。一个大体上有实效的法律制度,总会在一定程度上与社会的道德观念相符合,与人们寻求一种和谐稳定的秩序的愿望相契合,从而大部分社会成员都会自觉自愿地遵守法律的规定。假如法律只能依靠国家强制力来维持,那么,它就会沦为赤裸裸的暴力。正如哈特所说:"如果这个制度是公平的,并且真正关心它对之要求服从的所有人的重大利益,它可以获得和保有大多数人在多数时间内的忠诚,并相应地将是稳固的。但是,它也可能是一个按照统治集团的利益管理的褊狭的和独断的制度,它可能成为愈加具有

压迫性和不稳定的制度,并包含着潜在的动乱威胁。"① 由此可见,国家强制力只能说是保证法律实施的最后一道防线,对于大多数情形来讲它是一种存而不用的但又必不可少的防范手段。

【本章阅读材料】

【法作为规范体系】 法是人的行为的一种秩序(order)。一种"秩序"是许多规则的一个体系(system)。法并不是像有时所说的一个规则,它是具有那种我们理解为体系的统一性的一系列规则。如果我们将注意力局限于个别的孤立的规则,那就不可能了解法的性质。将法律秩序的各个特殊规则联结起来的那些关系,对法律的性质来说,也是必不可少的。只有在明确理解构成法律秩序的那些关系的基础上,才能充分了解法的性质。

——〔奥〕凯尔森:《法与国家的一般理论》,沈宗灵译,中国大百科全书出版社1996年版,第3页。

【法作为强制秩序】 当制裁已在社会上组织起来时,对破坏秩序所适用的灾祸就在于剥夺所有物——生命、健康、自由或财产。由于所有物是违背他本人意志而被剥夺的,所以这种制裁就具有一种强制性措施的性质。这并不意味着在实现制裁时必须使用武力。这种武力只有在适用制裁遭遇抗拒时才是必要的。如适用制裁的权威拥有充分权力,使用武力只是例外的情况。凡设法以制定这种措施来实现社会所希望有的人的行为,这种社会秩序就被称为强制秩序(coercive order)。它之所以是这样一种秩序,就因为它以强制措施来威胁危害社会的行为。作为这样一种秩序,它就显示出与其他一切可能的社会秩序的对照,其中有些秩序规定以奖赏而不是以惩罚作为 sanction,特别是有些秩序根本不规定任何 sanction,而依赖直接动因的技术。同制定强制措施的秩序不同,其他秩序的实效并不依赖强制而依赖自愿服从。但这种对照并不像表面上那么显著。这是因为奖赏技术,作为间接动因技术来说,处于作为强制手段的、通过惩罚的间接动因技术,与自愿服从技术的直接动因这两者之间的地位。自愿服从本身也是一种动因、即强制的一种形式,因而就不是自由,但这是心理学意义上的强制。如果强制秩序与并无强制性的、依赖自愿服从的秩序,只有在一种秩序规定了强制措施作为制裁,而另一种秩序却并未如此规定这一意义上才有可能加以对比。而这些制裁也只是这种意义上的强制措施,即违反这些本人的意志而剥夺他们的所有物,必要时使用武力。

在这一意义上,法是一种强制秩序。

——〔奥〕凯尔森:《法与国家的一般理论》,沈宗灵译,中国大百科全书出版社1996年版,第18—19页。

---

① 〔英〕哈特:《法律的概念》,张文显等译,中国大百科全书出版社1996年版,第197页。

【法、道德、宗教】 既然承认法是一种强制秩序的特种社会技术,我们就能将它与其他社会秩序加以鲜明对比,那些社会秩序追求的部分目的与法一样,但却使用了很不同的技术。法是一个手段(means),一个特种的社会手段,而不是一个目的。法、道德和宗教三者都禁止杀人。但法之完成这一任务是通过规定:如果一个人犯杀人罪,那么由法律秩序所选定的另一个人就应对杀人者适用由法律秩序所规定的某种强制措施。道德则使自己限于要求:你勿杀人。如果一个杀人者受到同伴们的道德上的抵制;如果许多人之所以不去杀人,与其说是想逃避法律惩罚,倒不如说是由于逃避同伴们的道德谴责。但法与道德之间的巨大差别依然存在,即:法的反应在于秩序所制定的社会有组织的强制措施,而道德对不道德行为的反应或者是不由道德所规定,或者是有规定,都是不是社会有组织的。从这方面说,宗教规范比道德规定更接近法律规范。因为宗教规范以一种超人权威的惩罚去威胁杀人者。但是宗教规范所规定的制裁具有一种先验性,尽管宗教秩序规定了制裁,然而不同社会有组织的制裁。这种制裁也许比法律制裁更加有效,然而它们的实效预定要有对超人权威的存在与权力的信仰。

——〔奥〕凯尔森:《法与国家的一般理论》,沈宗灵译,中国大百科全书出版社1996年版,第20页。

【法律的普遍性要素】 法律在本质上是对专制权力行使的一种限制,因此它同无政府状态以及专制政治是敌对的。为了防止具有为数众多而又相互抵触的意志的无政府状态,法律限制了私人的权力。为了防止一个专制政府的暴政,法律控制了统治当局的权力。它试图通过将秩序与规则性引入私人交往以及政府机构运转之中的方法而在上节所描述的两种社会生活的极端形式之间维持一种折衷或平衡。一个完整与充分发达的法律制度,对于无政府状态和专制政治这两种截然相对的形式来讲,是处于等距离的位置。通过一个行之有效的私法制度,它就可试图划定私人或私人群体的行为范围,以防止或反对相互侵犯、过分妨碍他人的自由或所有权的行使和社会冲突。通过一个行之有效的公法制度,它就可努力限定与约束政府官员以权力,以防止或救济对应予保障的私人权益领域的不恰当侵损、便会在这样一个社会制度中得以实现,在该制度中,已经成功地排除了私人和政府专制地或暴虐地行使权力的可能性。

要把有序关系引入私人与私人群体的交往之中,并引入政府工作之中的法律企图,若没有规范就无从实现。规范这一术语源出于拉丁文 norma 一词,它意指规则、标准或尺度。规范的特征——从该概念同法律秩序相关的意义上讲——在于,它包含着一种允许、命令、禁止或调整人的行为与行动的概括性声明或指令。在一般使用这一术语时,其中并不包含对个别的特定的情形所需要的具体而特别的处理方法。

——〔美〕博登海默:《法理学——法哲学及其方法》,邓正来等译,华夏出版社1987年版,第224页。

【思考题】

1. 试述中国古代"法"、"律"、"刑"之间的关系。
2. 什么是法律？法律在广义上和狭义上的两种含义是什么？
3. 试述法律的本质。
4. 试述法律的基本特征。

【参考书目】

1. 〔意〕托马斯·阿奎那:《阿奎那政治著作选》,马清槐译,商务印书馆1963年版。
2. 〔法〕卢梭:《社会契约论》,何兆武译,商务印书馆1980年版。
3. 〔英〕霍布斯:《利维坦》,黎思复译,商务印书馆1985年版。
4. 〔英〕约翰·奥斯丁:《法理学的范围》,刘星译,中国法制出版社2002年版。
5. 〔英〕哈特:《法律的概念》,张文显等译,中国大百科全书出版社1996年版。
6. 〔美〕博登海默:《法理学——法哲学及其方法》,邓正来等译,华夏出版社1987年版。

第二章 法律价值论

【本章提要】 法律价值是一个关系范畴,是人对法律的一种价值评价的产物,包括法律所追求的价值和法律本身所具有的价值两个方面。由于人的需要存在多样性,法律价值了也具有多元性,多元的法律价值构成了法律价值体系。法律价值体系由正义、秩序和效率这三个基本价值构成,而它们又与其他价值相联系。

第一节 法律价值的概念

法律价值问题在法理学中占据着重要地位。美国著名法学家罗斯柯·庞德曾经说过:"价值问题虽然是一个复杂的问题,它是法律科学所不能回避的。即使是最粗糙的、最草率的或最反复无常的关系调整或行为安排,在其背后总有对各种互相冲突或互相重叠的利益进行评价的某种准则","在法律史的各个经典时期,无论是在古代或近代世界里,对价值准则的论证、批判或合乎逻辑的适用,都曾是法学家的主要活动。"[①]英国学者彼得·斯坦和约翰·香德所著的《西方社会的法律价值》[②],作为有关法律价值问题的专门性论著,自20世纪90年代以来在中国产生了广泛影响。而以自然法学为代表的西方法理学也被称为"价值论法学"(value-oriented jurisprudence),从这个意义上看,古代、近代和现代自然法学家的自然法理论都可以归入价值论法学的范围,而当代西方学者罗尔斯的正义论和德沃金的权利论法学也可以归入到价值论法学的范围之内。

当代中国,对于法律价值的研究起始于20世纪80年代中期。在此之前,法律价值被视为资产阶级法学的概念而受到轻视乃至批判。当法理学经历了一定时期的发展之后,"法律价值"已经成为我国法理学的基本范畴之一。[③] 在法理学教科书中,法律价值论几乎成为法理学不可或缺的组成部分。

---

① 〔美〕罗斯科·庞德:《通过法律的社会控制 法律的任务》,沈宗灵、董世忠译,商务印书馆1984年版,第55页。
② 参见〔英〕彼得·斯坦、约翰·香德:《西方社会的法律价值》,王献平译,中国法制出版社2004年版。在此之前,该书的中译本于1990年由中国人民公安大学出版社出版。
③ 参见张文显:《法哲学范畴研究》,中国政法大学出版社2001年版,第187页。

一、法律价值的含义

"价值"这个概念是现代西方政治学和法学理论中经常使用的概念。对于"values"一词,《牛津法律大词典》所作的定义是:"它们是一些观念或普遍原则,体现对事物之价值、可追求的理想性等进行的判断。在存在争议的情况下,它们可能以这种或那种方式有力地影响人们的判断,这些价值因素包括:国家安全、公民的自由、共同的或公共的利益,财产权的坚持,法律面前的平等、公平,道德标准的维持等。另外还有一些较次要的价值,如便利,统一,实用性等。"[①]

法律价值是价值的一种特殊类型,既具有价值的一般性,也具有其特殊性。对于法律价值,我国学者还没有提出一个得到普遍认可的概念。日本学者川岛武宜提出,在各种社会领域、社会集团、阶级等层次中,各种价值相互关联并形成为一定的体系。"在这些价值中,法律所保障的或值得法律保障的(存在着这种必要性的)价值,我们将其称为'法律价值'。"[②]

上述有关法律价值的概念中,包括以下几个方面的特性:

第一,法律价值是一种关系范畴,表征的是社会主体对法律制度这种客体之间的关系,是一种用来体现作为主体的人或人的团体与作为客体的法之间的需求与需求之满足关系的范畴。从工具性角度讲,法律价值是用来表征法律这种工具可以服务于人类个体与人类社会的哪些理想、哪些社会目的。从目的性角度讲,法律价值是用来表征法律有哪些为人类个体与人类社会所重视、所珍视的性质与属性。

第二,法律价值与人的主观评价密不可分,因而具有主观性。法律价值所表征的是满足主体的需求的程度,它既指法律价值中的主体认同成分,又指法律在发挥其作用的过程中主体的价值体验。

法律价值以作为主体的人之存在为前提条件。法律是人类为了满足个体以及人类群体的某些基本需要、实现其目的而创制出来的。法律价值,也是因为法律可以满足人的基本需求,人们从自己的需求以及法律满足人的需求的能力与属性方面进行评价的结果。从另一角度讲,处于不同时代、不同社会、不同阶级的社会条件的人,对于法律的需求不同,法律对主体的满足程度也不同。这也正是在人类社会发展的不同阶段,其法律的指导原则呈现出多样性,并且随着时代的发展、社会制度性质的变化而发生变迁的重要原因。例如,古代法律维持等级制度,以特定人群或阶级之间的不平等为其价值取向;现代的法律则普遍确认了平等原则,这不仅是指"法律面前人人平等",更意味着公民在基本权利与自由

---

① 〔英〕沃克:《牛津法律大词典》,邓正来等译,光明日报出版社1988年版,第920页。
② 〔日〕川岛武宜:《现代化与法》,王志安等译,中国政法大学出版社1994年版,第246页。

方面的平等,平等主体的范围以及平等的内容得到扩展。再如,古代社会的法律普遍采用刑讯逼供以获得口供,而现代社会的法律一般都强调无罪推定的原则。这些法律原则的不同,是各个时代立法者的价值取向差异的表现。法律是人为创造的制度,人们是按照一定的需要和目标建构法律从而用法律满足其利益需要与价值追求。

第三,法律价值具有客观性。法律价值是主体需求的客体化、法律化。它是由法律的客观性和主体需求的客观性两方面决定的。法律本身具有可以满足主体需要的功能或属性,某些功能和属性对于不同社会、不同主体来讲是共同的。法律制度是众多社会规范系统中的一种;反过来讲,法律又是众多规范系统中最重要的一种,它是社会关系的主要调节器。法律之所以如此重要,是因为它具有某些重要的属性与功能,具有值得作为主体的人所重视、所珍视的性质,能够满足人类社会维持社会秩序、实现社会正义、保障个人自由的基本性质。再者,"尽管人们的法律价值观念和主张具有鲜明的差异或对立,但生活在同一时代、同一社会的人们总会有某种共同的价值标准。否则,就没有合作的基础,就没有和平。即使不承认在一个时代、一个社会有共同的法律价值,那也必须承认在同一个群体、阶级内部存在共同的法律价值观念和主张"①。

法律价值是主观性与客观性的统一。一方面,价值评价是与人的态度、意见相关的评价活动,与自然科学的认识活动属于两个不同的领域。不同时代、不同阶级、不同文化背景下的人们,完全可能会对法律应该符合哪些理想、应该追求哪些价值目的持不同的观点;他们也完全可能对于应该珍视哪些价值持不同的意见。所以,法律价值完全可能因文化背景不同而异,因主体的利益需要不同而异。但另一方面,我们不能脱离法律价值的客观性谈论它的主观性。从静态角度讲,在世界范围内,不同地方在不同时期先后都出现了法律这种特殊的社会规范系统,是因为它有某些共同的规范功能和社会功能,具有某种共同的属性。任何社会的人们进行法律实践都必须尊重和维护某些基本的属性。例如,从古到今,法律都必须考虑安全、秩序、公平与正义的价值,尽管不同社会在它们中的侧重点不同。从动态的角度讲,法律价值尽管在人类历史的不同时期也会发生变化,但是,现代法律价值具有一定的趋同性,正义、秩序、平等、自由等价值不再仅仅是"西方法律价值",而且也成为世界大多数国家的法律价值。

第四,法律价值的多元性。主体需求种类的多样性,以及主体需要的发展和变化,必然会导致作为客体的法律在满足主体需要方面的相应变化,从而使法律价值在具体的价值元素方面呈现出复杂多样的状态。特别是在现代社会,法律的价值多元性更加突出。例如,统计研究表明,国内学者所提出的法律价值达十

---

① 张文显:《法哲学范畴研究》,中国政法大学出版社 2001 年版,第 194 页。

几种之多,①包括自由、正义、秩序、安全、平等、效益、文明、法治、理性、权利、人权、人的发展、公平、效率和利益。法理学研究的任务并不是要将它们详尽地罗列,而是要特别选取其中比较重要的价值加以分析考察,并且还应该对它们之间的联系进行剖析,进而分析法律价值的内在结构。

第五,法律价值的取向性,即法律在不同时代的价值倾向性。它决定于不同时代的社会经济结构和主体需求特征。例如,庞德认为,在法律的不同阶段,法律的目的是不同的:在初始阶段,法律的唯一目的是维持治安或和平;在严格法时期,法律秩序所追求的首要目的乃是法律救济适用中的确定性;在衡平法和自然法阶段,法律则是以公平和正义为其主旨;最后,在法律的成熟阶段,其口号是平等和安全。② 这一思想的启发意义在于,人类社会在不同时期所面临的主要问题不同,人们需要用法律达成的目的也有所不同,因而此时对于法律价值的倾向性也要不同。

法律价值是一个多元多维多层次的庞大体系,存在冲突也就难以避免。法律价值的冲突是指不同法律价值之间存在的一种相互矛盾或互相排斥的状态。其表现有多方面,但在根本上主要有法律工具价值与法律目的价值的冲突、自由价值与秩序价值的冲突、效益价值与公平价值的冲突等方面。例如,安全与自由、确定性与公正性之间就在某些情况下会彼此冲突。要解决这些冲突,就需要做出权衡,兼顾诸种价值。

二、法律的目的性价值与工具性价值

法律的目的性价值是法律这种人为的社会制度所追求的社会理想、所要实现的社会目的。相对于这种社会发展的理想图景而言,法律是一种工具和手段。例如,法律可以用来促进自由、安全、秩序和社会福利,这些理想本身是人类所重视与珍视的,人们之所以要设定法律制度和其他制度,其目的就是要实现这些目的性价值。它们是创立法律体系的目的所在,也是立法的指导原则。因此,法律的目的性价值外在于法律,是法律所要促进的价值。反过来,在一定条件下,通过民主的立法程序,法律所要追求的这些价值会转化为法律体系本身的价值。例如,资产阶级启蒙思想家所倡导的民主、自由与人权,在资产阶级执掌政权之后,便得到了资产阶级公法与私法的确认,从而成为其法律制度的指导原则。从这种意义上讲,法律的目的性价值具有高度的"应然性"。它既是法律所应该追求的理想与目标,也是从外在角度评价法律的好坏与善恶的评价尺度。法律作为人类的创造物,在博登海默看来,就是要创造一种正义的社会秩序,正义与秩

---

① 参见葛洪义主编:《法理学》,中国人民大学出版社 2003 年版,第 56—57 页。
② 参见〔美〕罗斯科·庞德:《法理学》,邓正来译,中国政法大学出版社 2004 年版,第七章。

序构成了法律所追求的目的。而依彼德·斯坦和约翰·香德之见,法律的目的就是要追求和实现秩序、公平和个人自由。

法律的工具性价值是指法律作为一种特殊的规范体系,在实现各种政治和社会目的之中所具有的手段或工具性价值,这可以认为是沈宗灵先生所说的"法律本身具有哪些价值"。尽管在各种不同的社会中,法律可能会服务于完全不同的社会理想与政治目的,如平等或不平等、人道与非人道,但是,法律作为一种通用的手段或工具,应该具有有利于达成外在理想与目的所具有的工具便利性。我们可以从"实然"与"应然"两个方面来理解法律的工具性价值。从实然的角度看,法律作为一种社会规范系统,法律的存在总是意味着一定程度的自由、安全、正义和秩序的保障。虽然在恶法的统治下,统治者会利用恶法侵害人权,使自由、安全、正义和秩序都失去其基本的保障,人们必将期盼着法律的变革,以良法取而代之。但是,即使在这种情况下,法律所具有"相同情况同样对待"的价值也是形式正义最基本限度上的体现。假如没有法律,整个社会将处于无政府状态之下,不仅无正义的尺度可言,社会秩序、个人的安全与自由也不可能得到实现。因此,法律的存在本身就具有一定程度的价值,法律本身就是人们为了追求一定理想与社会目的的产物。法律的工具性价值,从其应然性看,体现为法律应该具有某些特定的形式特征。作为一种社会关系的调整系统,法律要想最好地发挥其功用,达成其保障自由、安全、正义和秩序的目的性价值,就应该具有内在的形式特征。在这个方面,引起广泛关注的是美国著名法学家朗·富勒(L. Fuller)所提出的八条法治原则和英国法学家约赛夫·拉兹的法治八条原则,他们所提出的八原则具有很大的相似性。富勒的八条规则包括:法律的一般性;法律的公布;法律不溯及既往;法律的明确性;避免法律中的矛盾;法律不应要求不可能的事情;法律的稳定性;官方行为和法律的一致性。拉兹提出的八条原则包括:所有法律应该是适用于未来的、公开的和明确的;法律应相对稳定;特别法(尤其是法律命令)应由公开的、稳定的、明确的、一般的规则所指引;司法独立应有保证;自然正义的原则必须遵守,公开的和公正的听证,没有偏见等等,对正确适用法律和法律指引行为能力的发挥,显然是必不可少的;法院应对其他原则的实施有审查权;法院应该是很容易为人接近的;不应容许预防犯罪的机构利用自由裁量权而歪曲法律。[1]

如果将工具性价值理解成法律为达成法律的目的性价值而应该具有的良好属性,那么,我们可以把富勒和拉兹的上述法治原则看成是法治的工具性价值。

---

[1] 参见沈宗灵主编:《现代西方法理学》,北京大学出版社1992年版,第215页。

在我国研究者的论著和国内一些教科书中,该价值被称为法律的形式价值。①
"对于实现法律的目的价值而言,法律的形式价值的确具有特别的重要性。如果一个法律制度不具备形式上的某些优良品质,我们完全有理由断定它不是'良法',即使它所追求的是良好的社会目的,这些目的也必然会归于虚幻。"②

对于法律的目的性价值与法律的工具性价值的理解,尽管并不是所有学者的一致意见,但是,从学者们的论述可以看出,这些分类实际上同法律的目的性价值与法律的工具性价值的分类具有很大程度的相似性。如沈宗灵先生认为,法律价值具有三种含义:第一,法律促进哪些价值;第二,法律本身具有哪些价值;第三,在不同类价值之间或同类价值之间发生矛盾时,法律根据什么标准对它们进行评价。③ 我们可以把沈宗灵先生的这种观点归纳为两点,即法律促进哪些价值和法律本身具有哪些价值,这两点可以分别同法律的目的性值与法律的工具性价值相对应。

在这里,我们要将法律价值的概念与法律作用或法律效用的概念、法律本身的各种属性相区别,否则,法律价值的研究就会被混同为法律作用的研究。法理学理论一般认为,法律具有规范作用和社会作用,而价值则应该被视为法律原则与法律精神内核或者指导原则。因此,把法律的工具性归结为"对社会利益进行确认和分配的价值"和"规范性和普遍性的价值"④则是对法律价值的误解,把法律价值误认为法律的作用或法律属性。

三、法律价值体系

(一)法律价值体系的含义

由于人类自身需要存在多样性,法律价值也具有多样性。例如,我们每个人都既有个人安全与人身自由的需要也有思想自由的需求,既有对良好秩序的需求,也有对正义的需求。为了表征这种法律价值的复杂性与多样性,需要"法律价值体系"这一概念。

法律价值体系是"一个人所持有的或一个团体所赞同的一组相关价值"⑤。法律价值体系可以看成是一组相关价值所组成的系统。就体系这个概念本身的含义来分析,我们可以看出法律价值体系具有以下几种含义:

第一,法律价值体系不是由单一的价值构成的。人类需求的多样性,决定了

---

① 参见姚建宗编著:《法理学———一般法律科学》,中国政法大学出版社2006年版,第233—234页。
② 同上书,第234页。
③ 参见沈宗灵主编:《法理学》,北京大学出版社2000年版,第72页。
④ 刘作翔主编:《法理学》,社会科学文献出版社2005年版,第470页。
⑤ 〔美〕普拉诺:《政治学分析辞典》,胡杰译,中国社会科学出版社1986年版,第187页。

其追求的目标的多样性，从而也就使得法律价值是多元的。这些法律价值从不同方面说明了作为个体的人与作为群体成员的人各方面的需求和追求的目标，而这些目的也就构成了法律的追求目标。我国法理学教科书中通常所列举的法律价值大多包括了正义、自由、平等、秩序、安全、效率、利益等等。

第二，法律价值体系不应该是各种法律价值的混合体，而应该是在认识上述各种价值之间的某种联系基础上构成的体系，诸种法律价值之间存在着主次之分。对于这一点，法理学界许多研究者都持赞同态度。但是，对哪种或者哪几种价值是主要价值还存在观点上的分歧。国内外学术界在这一问题上具有代表性的观点有以下几种：

孙国华先生主编的《法理学》教科书中，把法所中介的价值概括为：自由、秩序、正义、效益。[①]

沈宗灵先生认为，法律价值主要分为正义和利益。他认为："古今中外思想家、法学家提出过各种各样的法所促进的价值，但归纳起来，主要是正义和利益两大类价值。"[②]除了法律所促进的价值之外，沈宗灵先生还认为法律本身的价值包括理性、秩序、民主、自由与平等。

乔克裕、黎晓平在《法律价值论》一书中所列举的"当代的主要法律价值"包括自由、正义、秩序、安全、平等这五种价值。

在我国法理学界，关于法律价值体系问题，有两种西方理论观点产生了较大影响。

一种是美国法学家博登海默在这一问题上的观点具有代表性，也产生了较大影响。博登海默把法律价值主要归纳为正义与秩序两大类。他提出，可以根据两个基本概念来分析法律制度：秩序与正义，秩序表现为法律制度的形式结构，正义表现为法律制度的实质目的，正义中又包括了自由、平等、安全、共同福利等更具体的目的。法律就是秩序和正义的综合体。[③] 秩序与正义两者缺一不可，这是因为秩序的维持在某种程度上是以存在着一个合理的健全的法律制度为条件的，而正义则需要秩序的帮助才能发挥它的一些基本作用。为人们所要求的这两个价值的综合体，可以概括为一句话，即"法律旨在创设一种正义的社会秩序"[④]。

另一种则是英国学者彼得·斯坦和约翰·香德的观点，他们认为，秩序、公平和个人自由是西方现代法律制度的三个基本价值。人们都希望法律能保障社

---

① 参见孙国华主编：《法理学》，法律出版社 1995 年版，第 86—94 页。
② 沈宗灵主编：《法理学》，北京大学出版社 2000 年版，第 75 页。
③ 参见〔美〕博登海默：《法理学——法律哲学与法律方法》，邓正来译，中国政法大学出版社 1999 年版，第 206—339 页。
④ 同上书，第 318 页。

会秩序,但人们同时还希望法律能促进公平,希望法律保护自己的活动自由和言论自由不受立法机关不恰当的限制。他们承认,法律中存在的价值并不限于秩序、公平和个人自由这三种,如实用性是立法所要考虑的重要价值,但是,"与上面所说的三个基本价值相比,实用性的层次则稍低一些。……在法律上,实用性永远会被考虑在内,但这种考虑并非法律的首要价值。作为法律的首要目的的,恰是秩序、公平和个人自由这三个基本价值"[①]。

第三,法律价值体系作为一个整体,各种价值之间相互联系并共同构成一个法律制度的价值准则。法律价值之间的联系,可以体现为不同形式。第一种是包容关系。例如,笔者认为,正义就是由自由和平等这两个要素构成的,它所表征的是自由等实质性权利以恰当的方式加以平等分配。第二种是一种价值是另一价值的实现条件。例如,个人的安全与社会的安全是一种重要的价值,而这种价值的实现需要以秩序的存在为条件。第三种是矛盾统一的关系。例如,正义与秩序:如果没有秩序,就不可能有正义的实现;但是,有了秩序并不意味着正义的实现,秩序的达成可能是依靠非正义的手段达成的,如可能是依凭强力达成的非正义的秩序。所以,基于正义与秩序这两个价值的基础性,也基于二者之间的对立统一关系,博登海默就把正义与秩序视为两个基本的法律价值。

(二)法律价值体系的内容

笔者基本赞同博登海默就法律价值体系问题所提出的分析框架,认为法律具有两种基本价值,即秩序和正义,法律的目的就在于创设一种正义的社会秩序。秩序的价值在赋予或维系社会关系和社会体制的模式和结构,从而为人类的生活与活动提供必需条件,正义所关注的则是这些模式与结构的性质、内容和目的,是人们追求社会生活公正合理的实质、质量和理想。正义的社会秩序意味着安全、平等和自由。

人们之所以会希求一种正义的社会秩序,是因为不能接受无政府状态以及专制政体。无政府状态是没有秩序的状态。在无政府状态下,任何人不受他人或群体的权力与命令的支配。在无政府状态下,人们所追求的个人自治不可能得到实现,这是因为在每个社会中必定会有爱寻衅的少数人,如果没有规则,没有保证规则得到实施的强力作为最后保障手段,无政府状态必然就是一种无序的状态,是个人的自治、自由、安全难以实现的状态。这说明,要实现个人的安全、最低限制的自由就必定需要由法律所保障的秩序。

专制统治可能会呈现出两种形态。一种如博登海默所言,纯粹的专制统治可能是由专制君主或专制政府根据其自由的无限制的意志及其偶然的兴致或一

---

① 〔英〕彼得·斯坦、约翰·香德:《西方社会的法律价值》,王献平译,中国法制出版社2004年版,第4页。

时的情绪颁布命令与禁令。"为支持某种形式的专制统治,而愈来愈多地将模糊的、极为弹性的、过于广泛的和不准确的规定引入法律制度(特别是政治、刑法领域)中,这意味着放弃法律。这种状况必然会使人们产生危险感与不安全感。"[①]在此状态下,社会无秩序可言。专制统治也可能呈现为另一种状态,即专制可能导致有秩序,但所导致的是一种不可接受的秩序:一个人对其他人实施无限的专制的统治,并享有过大的权力,而被治者几乎处于被奴役的状态之下。

因此,法律这种人为的制度要防止出现无政府状态和绝对的专制状态这两种状况,一方面要以秩序为追求目标,另一方面也要追求一种正义的社会秩序,才能使个人的自由、平等、自主得到实现。

除了正义与秩序这两种价值目标之外,法律价值还应该包括效率。其原因有二:

原因之一在于,效率是一种重要的价值,是在人类文明的建设过程中必须要考虑的一个因素。人类社会物质文明和精神文明的发展,生活水平的提高,都是以人们用劳动创造的社会财富为基础的。运用有限的劳动生产资源创造尽可能多的社会财富,是社会发展的必然要求。例如,庞德主张,法律是一项社会工程,其目的在于在最少摩擦和最少浪费的情况下满足人的要求、保障利益和实施主张或欲求。这一说法包含着对于效率的考虑,在最少的成本和投入的情况下实现人类的需要。在各国法律发展史上,效率一直是人们在设计法律制度时要考虑的重要因素。在当代,效率原则也是法律分析的重要的方法,是世界各国通过法律变革寻求社会与经济发展的一种重要考虑因素。它要求应以恰当的方式安排社会的政治与经济制度,组织社会化大生产,以最少的投入取得最大的产出,或者以同样的投入取得比其他制度条件下更多的有用产品,创造出更多的财富和价值,实现资源优化配置。

原因之二在于,效率是一种相对独立的价值,不能被正义或秩序所包含。法律的传统价值关注的主要是使社会各方面的利益得以缓解,减少司法资源和社会总体的损耗,公平地保护社会各方面的利益,这是法律的传统使命。但是,在20世纪,随着国家对于经济生活干预程度的提高,经济法部门随之应运而生。法律不再仅仅局限于公平地分"蛋糕",而且还承担着新的使命:刺激和激励人们努力创造更多的财富,做大"蛋糕"。现在,法律已经采取不同的措施提高效率。例如,它确认最有效益的经济运行模式,保护产权关系,保障个人物质利益,保护知识产权等一系列法律,都有力地激起各经济主体提高经济效率、创造更多财富的愿望,并为经济效率的提高扫清了道路。

所以,在综合考虑各种价值的地位及其相互关系之后,我们可以在吸收博登

---

① 〔美〕博登海默:《法理学——法哲学及其方法》,邓正来等译,华夏出版社1987年版,第223页。

海默的观点的基础上,进一步提出:法律的目的就在于创设一种正义而富有效率的秩序。

第二节 法律的正义价值

一、正义的含义

正义是人类永恒的追求与理想。一切制度性权威的建立,其目的,一则是为了树立以制定规则和实施规则为核心的公共权威,进而维持社会秩序,达到定分止争的效果;二则是通过这种制度性安排,在这种社会秩序之中贯穿某种社会正义的理想或指导思想,从而使社会关系近于一种公平或正义的理想状态。

从实质上讲,正义观就是关于社会重大利益的恰当分配方式。自古以来,关于正义的问题的研究一直就是哲学、神学、政治学、法学等学科不可或缺的研究主题,甚至可以说,它就是这些理论研究领域的核心所在。这是因为,正义既关系到社会重大利益的分配方式,又关系到人的尊严。从前者讲,资源的有限性是人类社会所遭遇的一个永恒困境,在有限的资源条件下,如何维持人类社会的存在与存续,如何以最少的社会摩擦与消耗求得社会的发展,既需要有某种有关权利与义务划分的制度,更需要这种权利与义务划分的方式是社会成员可接受的。从后者讲,不管是在贫穷的社会还是在富足的社会中,权利与义务的划分方式涉及利益相关者在社会中的地位与社会评价,是否可以受到公平的对待关系到个人的尊严。所以,从古代柏拉图、亚里士多德,中世纪的奥古斯丁、阿奎那,近代古典自然法学家、功利主义思想家,到现代的各种流派的哲学和社会科学理论中,正义问题占据了其中理论研究的重心。

尽管正义问题受到历代思想家们的关注,但是,迄今还没有一种正义理论成为唯一的正统,取代一切其他理论观点。正义具有多面性,每一种正义理论都只能把握正义概念的某个侧面。正义理论具有高度主观性,不同时代、不同社会都可能产生不同的正义观,例如,在古代,不平等被视为"合乎自然";在现代,重大利益分配上的平等则已成为普遍的原则。又如,妇女在传统上一直被认为在智力上不如男人,因而不被准许参与政治过程;而在20世纪中叶以后,妇女被证实在许多职业和科学工作中都具有与男子同等的能力,她们享有与男子同等的政治权利则成为世界之大势。即使在同一时代,不同群体也会在何为正义的问题上持不同乃至相反的观点,如罗尔斯所提出的正义原则与诺齐克所主张的正义原则就相去很远。这些不同的正义观反映了正义的复杂多面性,丰富了我们对正义问题的认识,也有助于我们全面把握正义的含义。迄今为止,人类历史上产生过的重要正义理论包括以下几种:

第一,作为个人美德的正义。柏拉图认为,正义是个人的一种德性。每个人的灵魂都是由理性、激情和欲望构成的,一个人,如果其灵魂中的三个组成部分能各起各的作用,由理性控制和支配欲望与激情,那么,他就是正义的。而亚里士多德也认为,公正的行为根源于人们的品质。正义首先是一种个人的品质。"我们看到,所谓公正,一切人都认为是一种由之而做出公正的事情来的品质,由于这种品质,人们行为公正和想要做公正的事情。"①作为个人品质的公正,其本质在于关心他人利益。"在各种德行中,唯有公正是关心他人的善。"②

第二,正义是一种恰当的行为方式。这里并不必然涉及个人的品质,而只涉及个人外部行为或行为方式的合理性。例如,正义就是"把善给予友人,把恶给予敌人";"把各人所得的归各人";"以其人之道还治其人之身";"己所不欲,勿施于人","己之所欲,乃施于人"。

第三,正义是一种理想而公正的社会制度。社会制度的正义性是西方思想史的永恒主题,社会制度决定了该社会重大利益的分配方式,也决定了社会对于个人行为合理性与合法性评价的基本准则与标准。政治哲学和法律哲学的基本任务也就是寻求正义的社会制度的指导原则。社会的基本结构确定了人们的权利和义务,影响着他们的生活前景即他们希望达到的状态和成就。社会基本结构之所以是正义的主要问题,是因为它的影响十分深刻并自始至终。从法律的角度讲,正义并不是指个人的德行,也不是指人们之间的理想关系,它意味着一种体制,意味着对关系的调整和对行为的安排,以使人们生活得更好,满足人类对享有某些东西或实现各种主张的手段,使大家尽可能地在最少阻碍和浪费的条件下得到满足。

第四,正义是指合法性或法制(legality)。凯尔森在价值问题上持价值(正义)相对论的立场,认为正义的问题不能科学地予以回答。"一个纯粹法理论在宣称自己无力回答某一个法律是否合乎正义以及什么是正义的基本要素的问题时,丝毫不反对要求合乎正义的法律",因此不得不"将正义问题从主观价值判断的不可靠领域里撤回,而将其建立在一定社会秩序的可靠基础上。这一意义上的'正义'就是指合法性;将一个一般规则实际适用于按其内容应该适用的一切场合,那便是'正义的'。把它适用于这一场合而不适用于另一类似场合,那便是'非正义的'。这里所谓的'非正义的'与一般规则本身价值是无关的。这里仅讲一般规则的适用"③。一般性规则在其适用的所有场合中都得到严格的适用,这就是正义。这种"合法即正义"或"正义即合法"的观念,固然为判断行

---

① 〔古希腊〕亚里士多德:《尼各马可伦理学》,苗力田译,中国社会科学出版社1990年版,第88页。
② 同上书,第90页。
③ 〔奥〕凯尔森:《法与国家的一般理论》,沈宗灵译,中国大百科全书出版社1996年版,第6、14页。

为的合法与否提供了一个客观的标准,同时也在一定程度上为行为的正义性提供了标准,但是它会产生一个令人不安的结果:恶法本身不受到正义评价与判断,反而要求人们适用并遵守恶法并以此为正义的体现。

第五,正义是指形式上的平等。比利时法学家佩雷尔曼说,不管人们出自何种目的,在何种场合使用正义的概念,正义总是意味着某种平等,即给予某一特殊观点看来是平等的人,即属于同一范畴或阶层的人同样的对待,至于这个范畴属于什么则无关紧要。

二、正义的分类

什么是正义?评价个人、行为和制度正义与否的标准是什么?这是政治哲学和法律哲学一直努力回答并解决的问题。虽然正义问题有其复杂性与多样性,但自古以来思想家们的不懈努力,为我们提供了分析正义问题的各种视角,留下了丰富的精神遗产。可以认为,从这些不同的角度认识正义问题,我们可以比较全面地认识正义问题。

(一)个人正义与社会正义

个人正义适用于个人及其在特殊环境中的行动,指个人在处理他人的关系中应公平地对待他人的道德态度和行为准则。社会正义适用于社会及其基本的经济制度、政治制度和法律制度,指一个社会基本制度及其所含规则和原则的合理性和公正性。

尽管柏拉图在其名篇《理想国》中提出过个人正义与城邦正义的划分,但他认为,国家是扩大了的个人,因此,对国家和个人适用同一正义概念:"各守本分"。当一个国家的自由民中三个不同等级各守本分时,这个国家合乎正义,同样地,个人本性中三种不同品质各守本分时,这个人就合乎正义。

罗尔斯在《正义论》中正式地提出了个人正义与社会正义之分,"区分出个人正义与社会正义是罗尔斯的正义论的一个特色"[1]。他认为,社会正义不能同个人正义原则混淆起来,而且社会正义比个人正义更重要:只有首先确定社会正义原则才能进一步确定个人正义的原则,因为个人正义的原则首先是个人在一定条件下应对制度所负责任的原则。[2]

(二)分配正义与矫正正义

这是亚里士多德的政治学与伦理学理论对于正义理论的一项重大贡献。按照他的学说,正义意味着某种平等。这种平等的正义又分为两类。一是分配的正义,指根据每个人的功绩、价值来分配财富、官职、荣誉,如甲的功绩和价值大

---

[1] 沈宗灵主编:《现代西方法理学》,北京大学出版社1992年版,第112页。
[2] 参见〔美〕罗尔斯:《正义论》,何怀宏等译,中国社会科学出版社1988年版,第50、105—106页。

于乙的三倍,那么,甲所分配的也应大于乙的三倍。二是矫正正义,即对任何人都一样看待,仅计算双方利益与损害的平等。这类正义既适用于双方权利、义务的自愿的平等交换关系,也适用于法官对民事、刑事案件的审理,如损害与赔偿的平等、罪过与惩罚的平等。这两种正义的划分对后世的思想产生了重大影响。

有人认为,分配正义适用于立法或公法,矫正正义适用于司法或私法。分配正义与每个社会成员的应得如何有关。分配正义采纳比例原则,社会出身、财富或者品德不同,所享受的利益、责任和社会地位也相应不同。矫正正义适用于私人交易中,如买卖等自愿的相互交往场合和侵权等不自愿的相互交往场合下,如果一方由于另一方的不当行为而造成违约或侵权,一方不正当地有所得且另一方有所失,那么,法官就应该判决恢复原状,命令由于违反契约或因不当行为而获利的一方向遭受损失的一方做出数量相等的赔偿,其中的赔偿额根据损失大小加以确定。

分配正义和矫正正义构成了社会正义的基本结构,也就是社会的基本制度,特别是法律制度就包括了分配正义与矫正正义这两个基本的组成部分。其中,诉讼制度是为了实现矫正正义而设定的最重要的制度,当然,矫正正义的实现并不仅仅局限于诉讼制度。

(三)实体正义与形式正义

实体正义是法律或其他制度本身的正义,关系到制定什么样的规则来公正地分配重要权利与义务的问题。形式正义则是怎样实施这些规则以及当这些规则被违反的时候如何加以处置的问题。实体正义可以说是法律创制中的正义,而形式正义则是法律执行和适用中的正义。

可以认为,如果法律能够给予公民最大限度的权利和自由并且这些重要的权利和自由能够在社会中得到平等的分配,那么,该法律制度在权利与义务的分配之中就满足了正义的要求。罗尔斯所提出的两个正义原则可以被认为是指导分配的正义指导原则,也可以被认为是实体正义的原则。罗尔斯提出,一个社会的制度正义或者社会基本结构的正义原则是:第一,每个人都具有这样一种平等权利,即和所有人的同样自由并存的最广泛平等的基本自由体系。第二,社会和经济的不平等应这样安排:(1)在与正义的储存原则相一致的情况下,适合于最少受惠者的最大利益;(2)依系于在机会公平平等的条件下职务和地位对所有人开放。① 如果我们认可罗尔斯的正义原则,那么,按这两条原则创制出来的社会制度就是具备实体正义的社会制度。

同样可以认为,如果在一个法律制度被创制出来之后,能够严格地按照该法律制度的规定办事,那么,就符合了形式正义的要求。形式正义关注的是现行规

---

① 参见〔美〕罗尔斯:《正义论》,何怀宏等译,中国社会科学出版社1988年版,《译者前言》第6页。

则得到一体遵守,特别是官员在执行法律和适用法律的过程中,不得违反现行制度的规定,从而破坏规则的有效性、破坏制度的权威。形式正义意味着对所有的人平等地实施法律和制度,但这种法律和制度本身却可能是不正义的。但是,形式正义可以消除某些不正义。例如,一种法律和制度本身是不正义的,但如果它能够得到一体遵守和适用,那么,人们至少可以从现行的规则中预知自己行为的结果,从而安排自己的生活。相反,如果在实体不正义的情况下,实体法规则还得不到一体的适用,那就会造成更大的不正义。

(四) 实质正义与程序正义

实质正义侧重于权利与义务分配的结果的正义性,而程序正义侧重于关注达成分配结果的程序与过程的正义性。如果说正义是对于权利和利益的恰当分配方式,如果能以最大程度的自由在公民中平等地进行分配,那么,该制度就是正义的。在这里,并没有涉及由谁来主持分配、分配过程是否有利害相关者的参与、分配过程是否公开与透明这样的问题,而正是这些问题影响着分配决策过程的公平性,决定了分配的结果是否可以为人们所接受与认可。

对程序正义的关注是英美法的传统,无论是英国的自然正义原则,还是美国宪法的正当法律程序原则,都强调了程序正当性在法律运行各个环节中的重要性。无论是立法活动、执法活动还是司法活动,在关注结果的实质正义性的同时,都必须关注达成该结果的程序与过程的正当性。受英美程序正义原则的影响,20世纪下半叶大陆法系国家也开始重视程序正当性问题,程序正当性已经成为法哲学领域一种普遍思潮。

三、正义与自由、平等

正义是重大利益的恰当分配方式。"何种利益可供分配"以及"社会利益应该如何分配"这两个问题是正义问题的核心。

从社会制度的正义角度讲,正义包含了自由和平等两个维度。在西方历史上,罗尔斯将自由与平等两者纳入他的正义原则之中,完成了自由与平等的结合。而在此之前的西方思想史,往往将这两种价值分别论述。

自启蒙运动以来,西方出现了许多影响深远的思想家,他们对政治哲学和法律哲学都做出了重大贡献。"但是,究其实质,现代西方思想家追求的基本政治价值只有两个,即自由和平等。西方资产阶级革命推翻了封建制度,使社会发生了翻天覆地的变化,建立了新的政治法律制度,所有这一切的目的都是为了实现自由和平等。就此而言,现代政治法律制度既是自由和平等的保证,又是自由和平等的体现。"[①]

---

① 姚大志:《罗尔斯:从自由到平等》,载《开放时代》2003年第1期。

近代以降,以霍布斯、洛克和密尔为代表的思想家提出了许多重要理论,但是,他们实质上仅仅解决了自由的问题,而没有解决平等的问题。启蒙政治哲学的主题是自由,而密尔则是西方近代自由主义政治哲学集大成者,他于 1859 年出版的《论自由》解决了自由的价值问题,1861 年出版的《代议制政府》解决了自由的制度问题。当然,启蒙时代的卢梭的著作中也有关心平等的主题,但是,他并没有提出建设性的平等理论,他的平等观念是批判性的,主要目的是揭示不平等的起源,因此,卢梭并没有解决平等的价值问题和制度问题。

罗尔斯把正义看成是政治哲学的主题,并提出了"作为公平的正义"的理论。在继承了西方自由主义传统的基础上,进一步解决西方思想史上没有解决的平等问题。因为"正义总是意味着平等",所以,如果只解决自由问题而不解决平等问题,那么,正义理论仍然处于未竟状态。从启蒙运动开始到 20 世纪,西方的政治哲学和法律哲学已经解决了自由的理论问题与制度问题,而罗尔斯所要承担的历史使命就是将自由和平等的价值联系起来,确立政治社会中自由权利的分配原则以及平等权的分配原则。

罗尔斯将自由与平等的结合具体体现在其两个正义原则之中。

第一个原则:每个人都有享有和其他所有人同样的最广泛的基本自由的平等权利。

第二个原则:社会和经济的不平等将依下列原则安排:(1) 它们对每个人都是有利的;(2) 它们与职位相连,而职位对所有的人开放。

上述两个原则的侧重点不同:

第一个原则关系到自由和平等两种价值,被称为"最大的均等自由原则"。它涉及基本自由的分配问题。在每个政治社会中,公民所享有的基本自由应该尽可能广泛,同时,这些最为广泛的基本自由应该为每个人所平等地享有。在这里,基本自由包括:(1) 参与政治程序的自由,如选举权、竞选权等;(2) 言论和出版自由及其他表达自由;(3) 信仰和宗教自由;(4) 人身自由;(5) 法治概念中所规定的不受任意逮捕及对私人财产所享有的自由。

第二个原则也称为差别原则,它适用于社会基本结构中的另一部分,即社会合作中的利益和负担的分配。在现代福利国家政策指导下,国家利用其第二次分配的权力进行财富的再分配,这往往不是平等的分配。罗尔斯提出,此时,这种分配中的不平等必须是对最少受惠者最有利的。然而,即使不平等可以发生在第二次分配中,社会公职和地位也应该向所有的人开放,同时分配遵循机会平等的原则。

应该看到,现代西方政治哲学和法律哲学呈现一种纷繁复杂的局面。除了罗尔斯的正义理论之外,还有其他许多颇有影响的正义学说,如诺齐克的资格正义论、德沃金的资源公平论等等。但是,罗尔斯就正义与自由、平等之间内在关系的论述,对于我们在多样化的价值中把握法律价值的主线具有重要的启示意义。

第三节　法律的秩序价值

与法律永远相伴随的基本价值,便是社会秩序。消除社会混乱是社会生活有序进行的必要条件,而且就与正义的关系而言,尽管有秩序并不一定有正义,但是,没有秩序就不可能有正义的实现。所以,在一般意义上讲,秩序与正义具有同等重要的地位。

社会秩序要靠一整套普遍性的法律规则来建立。尽管包括法律、道德、宗教和习惯在内的各种规范系统都有助于达成社会秩序,但是,法律作为社会关系的主要调节器,是实现秩序的主要条件。

一、秩序的含义

"秩序"一词,根据《辞海》的解释,是整齐、守规则的意思。国内外许多学者对"秩序"有过不同的论述,概括起来可以说秩序实际上是一种自然与社会的运作状态,与稳定性、连续性和一致性相联系,使自然与社会生活都具有可预测性。

哈耶克认为,秩序意指"这样一种事态,其间,无数且各种各样的要素之间的相互关系是极为密切的,所以我们可以从我们对整体中的某个空间部分或时间部分所作的了解中学会对其余部分做出正确的预期,或者至少学会做出颇有希望被证明为正确的预期"[①]。

博登海默指出:秩序"意指在自然界与社会进程运转中存在着某种程度的一致性、连续性和确定性"[②]。

英国社会学家科恩(P. S. Cohen)对秩序的主要意义和规定性作了如下表述:(1)秩序与社会生活中存在的限制、禁止、控制有关;(2)它表明了在社会生活中存在着一种相互性——每个人的行为不是偶然的和杂乱的,而是相互补充他们的行为的;(3)它在社会生活中捕捉预言的因素和重复的因素——人们只有在彼此知道彼此期待的情况下,才能在社会上进行活动;(4)它能够表示社会生活各组织部分的某种一致性和不矛盾性;(5)它表示社会生活的某种稳定性,即在某种程度上长期保持它的形式。[③]

我们把自然界的秩序称为自然秩序,而把社会中存在的秩序称为社会秩序。

[①] 〔英〕弗里德利希·冯·哈耶克:《法律、立法与自由》第1卷,邓正来等译,中国大百科全书出版社2000年版,第54页。

[②] 〔美〕博登海默:《法理学——法哲学及其方法》,邓正来等译,华夏出版社1987年版,第207页。

[③] 参见张文显:《法哲学基本范畴研究》,中国政法大学出版社2001版,第193页。

自然秩序的形成与维持是自然界物质运动、变化和发展的规律的直接体现，其背后起决定与支配作用的是自然规律。宇宙天体的运行，四季的交替，物理运动与化学变化的规律，都受自然规律的支配。没有自然法则，自然秩序无以形成，无以维持。人类不能改变这些自然规律，但可以认识这些规律，并积极地利用这些规律，更好地造福于人类自身，同时也应该利用自然规律学会与自然万物和谐相处。

社会秩序是人们在共同的社会生产和生活过程中行为的有规则的重复性和再现性，它是人与人之间形成的社会关系的制度化和规范化。[①] 无论是商业、工业和专门性的活动，都需要专业分工与协作。而社会生活中，无论是在单位、社区还是家族中人与人之间的相处，都需要一定的社会秩序。家庭单位基本结构问题、缔结契约性协议的问题，以及财产的取得、处分和依法转移的问题都需要社会秩序。除此之外，许多社会都颁布了规定政治决策秩序和公民基本权利的根本法。随着社会进步、人口愈趋稠密、形式愈趋多样，社会规模都在扩大。这些都说明，在现代社会中，秩序的达成与维持需要更加精致的社会规范系统，需要我们认识社会才能有效地形成有正义的社会秩序。

由上可知，无论是自然秩序还是社会秩序，都意味着某种程度上关系的稳定性、结构的一致性、行为的规则性、进程的连续性、事件的可预测性。自然秩序是由规律形成的，而社会秩序则是由规则形成的。正如富勒所说，法律是要满足或有助于人们共同需要的一种合作努力，每一条法律规则都有旨在实现法律秩序某种价值的目的。这样，对于社会秩序的研究，就必定要归结到规则上来，归结到社会规范系统中最重要的法律上来。人类在处理问题及行为方式上常有一种惯性，如果某种方法在实施后产生了良好的效果，那么，他们就会在以后相似的情况下采用相似的处理方式，以避免不断地花费时间、精力、资源于解决方法的寻求上。同时，也正是"相同情况相同对待"这样一种处事方式，促使社会成员以稳定的方式彼此相待，促成社会成员彼此关系的一致性、行为的可预测性。这正是秩序的来源。

秩序是一个中性的概念，既不包括政治、道德倾向，也没有表现出对社会各方面利益的影响，无所谓褒贬。秩序对于社会生活必不可少，但也有正义的秩序和非正义的秩序之别。把"有利于统治阶级统治"注入"秩序"一词的内涵当中，虽然使得"秩序"具有鲜明的阶级色彩，但这仅仅反映了不同的社会制度对于法律的影响。当人们痛恨非正义的社会秩序时，不应该归咎于秩序本身，而应该归咎于法律规则体本身的非正义性。

---

① 参见杨震：《法价值哲学导论》，中国社会科学出版社2004年版，第174页。

二、秩序与和平、安全和发展

就人类的社会秩序而言,秩序之所以重要,是因为它与正义一样应该受到珍视,而且还因为它是和平、安全的上位价值。

(一)秩序与和平

亚里士多德提出,人是社会的动物。人类在生产和生活过程中,必定会与他人结成一定的社会关系,而且随着社会化大生产规模的扩张,社会结构的日益复杂,人所处的社会关系更加多样化。此时,人际之间关系网络必须具有一定的秩序。没有秩序的生产劳动,必定是效率低下的劳动,甚至根本就没有任何效率。没有秩序的社会关系,不能为人们提供任何信任感和安全感。在社会生产和社会生活中所形成的与人协作、配合实际上就是秩序的形成过程,同时也是秩序的体现。正如庞德所言:"我们今天所了解的人以及整个文明史上所知道的人,无论在现在和过去都一直是处在各种群体、集团或相互关系当中的,这些群体、集团或相互关系实质上包含着一种它们赖以存在的内部秩序。这种内部秩序是靠某种社会控制来维护的,也就是依靠其他人对每一个人施加压力来迫使其在维护文明社会方面履行义务,同时制止其反社会行为,即与社会秩序的基本原则相背离的行为。"①

秩序是和平的前提条件,秩序就意味着某种和平。和平之重要,在于维持和平是实现法律的其他价值的先决条件。没有和平,安全、财产、正义和自由都是空谈。没有和平,就无法相信自己是安全的、可以免于他人的攻击和伤害。正是因为这样,任何有人群的地方,人们都会设定某种维持和平的机制。在原始社会中,人们还没有构建出系统的法律规则体系来限制其行为,此时对于暴力冲突的控制是出于自发的原因,是社会习惯的基本功能。同态复仇、血亲复仇、神明裁判、共誓涤罪,这些古老的规则,无一不是以捍卫和平、恢复和平为宗旨的。其后,当社会发展到一定阶段的时候,以调整人与人之间的关系、使之控制在一定秩序范围内的法律系统就产生了,法律的首要目标,就是要使社会中成员的人身和财产得到保障,使人们以最少消耗来维持人际之间的关系。而到现代社会,和平不只限于国内,而且扩展到世界范围内,成为联合国等国际组织的首要宗旨。《联合国宪章》开宗明义地宣布以维持世界和平为其宗旨,以防止人类在20世纪上半叶两度遭遇世界大战之战祸的悲剧重演。可以说,避免并防止国内和国际的战争,力促和平,是人类的共同使命。

(二)秩序与安全

秩序的核心是安全。安全与秩序一样,有助于尽可能持久地使人们享有其

---

① 〔美〕罗斯科·庞德:《通过法律的社会控制 法律的任务》,沈宗灵、董世忠译,商务印书馆1984年版,第74页。

他价值,如生命、财产、自由和平等等。安全的需要伴随着人的一生:儿童时代安全的保障来自于家庭、父母所提供的生活确定性、稳定性和协调性;在成年之后,个人的安全体现在其生命、身体、财产和自由诸方面得到保障,除此之外,安全还体现为个人对政治群体、社会群体所构造的文化框架具有一种内在需要,在这种框架中,个人能发现对其精神和健康所必需的那种程度的内在稳定。

普遍的安全是法律承认和保障的社会利益。安全所包含的意思是多样的。

第一,在人身安全意义上,涉及生命的安全与自我保存,要防范极端的个人违法犯罪行为。安全的最基本层次是与人身安全联系在一起,进而与人的生命安全紧密相关的。寻求对生命的保护,力求生命安全是人的本能。人的生命的脆弱性使人们不得不寻求某种外在的保障,以使自己的生命安全和人身安全置于某种社会机制的保障之下。

第二,在17、18世纪古典自然法学家看来,安全更多地意味着人们希望和要求在他们的统治者面前——在那些掌握和运用政治上有组织的强力的人们面前享有安全。要通过制度设计,减少乃至消除来自于政府权力的滥用所引起的不安全感。在政治社会中,国家成为合法暴力的垄断者,在法律授权的范围内合理地行使这种社会有组织的强力是维持秩序保障公民安全所必需的。与此同时,由于权力机关对于暴力的合法垄断,如果其权力的行使不能得到有效的约束,反而会对公民的安全感造成极大的威胁,并且人类历史的经验与教训都表明,权力所造成的对公民的生命、财产、安全的损害更为严重,因为它是公民的权利再享有时的保障。

第三,在物质财富迅速增长、人们的生活水平提高的情况下,人们还要求他们的物质供给得到保障,免于恐慌,这是更高层次上的安全。在文明社会中,安全还表现为对于某些公害、风险和变化的抵御能力,其中最引人关注的是老龄、疾病、事故和失业。社会保险制度的目的就在于缓和常常伴随上述偶然事件而出现的问题的影响。

(三) 秩序与发展

秩序也是发展的条件。在人类谋求发展的过程中,也试图建立一种秩序,发展是一种在生存基础上的进步。如果生存非常需要秩序,发展则更离不开秩序。古今中外,凡是良好而又快速发展的社会无不是以稳定的社会环境为基础的。很难想象在战火纷飞、兵荒马乱、民不聊生的社会状况下,社会的经济、文化能得到较大的发展。相反,战争往往会直接导致社会的倒退,经济、社会和文化都会遭到巨大的破坏。

秩序作为一种价值,它是与和平、安全紧密相联系的。秩序与安全之间并不是并列的关系,秩序是安全的上位价值,它包含着安全这一价值。

三、秩序是法律的基本价值

秩序是法律的基础价值,秩序是法律的重要理想与目标。法律的目的固然包括正义,但也必定包括秩序。秩序为人际互动提供了一种基本的模式和基本结构。从总体上讲,秩序是一种状态,是作为主体的人之间有序的互动状态,同时也是人际互动所形成的社会关系的固化,因此秩序是受到社会结构支持的社会关系状态。

秩序不能自动生成,而是依赖于"将人类的活动置于规则支配之下"。这句话的意思之一是,秩序的建立离不开受强力支持的规则之确立;其意思之二是,在规则确定之后,要确立起规则的权威。要防止出现专横的统治,防止某个人、某个集团以完全专制与任意的方式行使其权力。没有法律无以形成社会秩序;但如果有法律却不足以控制统治者的权力、无以防止权力机关与权力个人的专横与专断,也将无法形成社会秩序。

法律的秩序价值对法律提出了相应的要求,而法律本身的产生、发展的过程也在法律技术和法律原则各个方面都出现了很大的变化,回应了秩序价值的基本要求。

第一,法律的基本功能之一就是防止和消除社会冲突。法律之所以会产生,就是当社会的各个阶级和集团的利益冲突构成了对社会秩序最为严重的危害的时候,为了避免社会各阶级和社会集团陷入冲突和斗争之中,两败俱伤,甚至同归于尽,而产生的一种社会权利和义务的分配机制和冲突解决机制。特别是在现代社会中,法律成为社会关系的主要调节器,以缓和乃至消解社会各阶级、各集团之间的矛盾和冲突。

第二,法律的明确性与确定性之维护。法律以明确的语言表达对于人们权利与义务的规定,以此明确社会成员依照法律的规定应当如何行为,使法律的遵守与适用成为可能。当然,使法律具备明确性和确定性的技术,在两大法系之间有较大的差异。在法典化国家,整个法律体系被划分成彼此之间具有有机联系的法律部门,各个法律部门之间既有合理分工,又保持彼此协调一致,由此而减少或消除法律的冲突。在英美普通法系国家,法律渊源包括制定法、判例法,作为一种历史悠久、具有生命力的法律体系,它在历史发展中逐渐形成了一整套解决法律冲突维持法律整体性的技术与方法。

第三,法律的稳定性。法律创制机关要在法律的适应性与法律的稳定性之间维持一种均衡。法律的适应性要求立法机关根据社会情势的发展,对法律作适当的修改。如果立法机关抱残守缺,跟不上时代发展的需要和要求,那么法律在社会生活中难以发挥其应有的作用,有法等于无法。另外,法律也不能频繁修改,使社会成员无所适从,否则必将会损害法律的权威。法律的稳定性是秩序价值的要求,因为规则的稳定、连续和一致性本身就是秩序所固有的含义,朝令夕改,不可能产生秩序。

第四,法律权威的培育与形成。法律的存在本身并不足以产生良好的法律秩序。只有当既定的法律规则得到普遍的遵守与适用时,纸面上的规则才能转变成现实生活中人们的行为的协调性,以及人际互动的可预测性。当然,法律权威并不是一种纯粹的道德权威,法律秩序的产生离不开法律的强制力,法律的实施固然不能完全依靠国家强制力,因为在大多数法律秩序中,大多数人都是对法律持内在观点的,但在每个社会中,必定有少数不合作者,让这部分成员服从法律不得不要诉诸国家强制力。除此之外,还必须产生一种健全的机制,防止执法机关和司法机关滥用权力,使公民的合法权利受到政治权力的威胁。从这种意义上讲,法治是维持法律权威的必要手段。

第四节 法律的效率价值

一、效率与公平、秩序的关系

"效率"一词可以在多种意义上理解,但有一种基本的意义:从一个给定的投入量中获得最大的产出,即以最少的资源消耗取得同样多的效果,或以同样的资源消耗取得最大的效果。一个有效率的社会,就是能够以最少的投入取得比别的社会更多的有用产品,就是能够以同样的投入取得比别的社会更多的有用产品,创造出更多的财富和价值的社会。

效率在本义上讲属于经济范畴,是市场经济的必然要求。市场经济的基本规律之一是自由竞争、优胜劣汰,这就使得每个市场主体必须有强烈的效率意识,使社会资源得到最佳配置,以最少的成本和资源投入获得最高的收益回报。

与秩序和正义一样,效率也是一个社会所追求的价值目标之一。一个良好的社会必须是有秩序的社会,必须是一个正义和公平的社会,也必须是一个高效率的社会。没有效率的社会无论如何不能被认为是一个完善的社会。

效率、正义和秩序三者之间具有一种辩证关系。三者之间并不是根本对立的价值。正义的社会制度有利于发挥人的积极性与创造性,有利于效率价值的实现。非正义的社会制度最终将会破坏人际关系的和谐,最终导致低效率甚至无效率。相应的,在没有秩序的社会中,社会资源将主要被消耗在人与人的摩擦和争斗之中,无效率可言。

也应该看到,效率是一种相对独立的价值,正义代替不了效率,秩序也是如此。例如,在设计司法制度时,必须赋予司法机关的裁判以权威性,以强制力保证司法判决的执行。只有这样,才能使司法制度完成其基本功能:解决社会纠纷,维护社会秩序。但是,我们不能忽视正义和效率这两种价值目标。在司法制度的设计中,正义和公平是首要的目标,然后才考虑效率的因素。在三个价值目的中,正义和公平处于首要的地位。如果只考虑节省诉讼的成本、提高结案的速度,那么就会违背司法的根本宗旨。丧失正义与公平的裁判将是对正当的人际关系的最大破坏,只能起到负面的作用。与此同时,司法制度在实现社会公平与正义的同时,也应该考虑到效率价值,诉讼的成本是一个应当考虑的因素,这里所讲的诉讼成本,包括时间成本、诉讼费用等。

西方国家在其司法制度的设计与演变过程中,经历了一个曲折的过程。为了保障司法制度的正义性,程序正义的思想被具体化为一系列繁复的诉讼程序。例如,英国的民事诉讼程序被认为是"设计最精巧的,凝集着人类智慧的科学制度",它几乎为可能发生的所有事件都提供了具有技术性和复杂性的结果。但是,由此而带来的弊端则是民众对复杂的诉讼程序的难以理解、掌握,更不用说运用。再加上诉讼的迟延和诉讼成本高昂,民众对诉讼制度的耗时费钱以及程序的繁杂颇有怨言。如果不考虑效率因素,终将会造成具体诉讼活动中的不公正,最大的受害者是诉讼当事人。① 正如杰诺维兹教授所言:"如果只有富人才能付得起钱利用这种制度,那么即使用公式精心保障的司法制度也基本上没有什么价值可言。"②因此,为了使民众更好地接近正义,在世界范围内产生了三"波"司法改革动向。第一波旨在改革现行制度为贫困者提供法律援助服务,这构成接近程序正义的核心内容,它以保障现实的双方当事人程序权利为前提,让贫困者得以利用程序规则。第二波旨在让消费者或者环境保护主义者有要求获得"扩散利益"的机会,这意味着用新的诉讼方式来满足新的社会要求,是权利社会化、民主化的体现。第三波是 20 世纪 70 年代随着人们不仅主张法律权利,而且对处理纠纷的一系列制度都普遍关注而兴起的,即以非正式的制度代替法院和司法程序。在此类纠纷解决方式中,为了体现当事人迅捷审理的要求,许多有关权利保障的程序设计都作了简化处理,如采用非正式的传唤方式、采用简易程序审理案件等。由此可见,司法改革的动向就是在制度设计中将正义与效率两者结合起来,而不是单纯地考虑程序正义,使公平与正义更为现实。

当然,正义、秩序和效率这三种价值之间的协调是极其复杂的,需要在三者之间进行权衡。单一原则并不能成为取舍的标准。例如,"效率优先,兼顾公平"的原则不免失之于偏颇,而中国学界对此原则的理解也存在失误之处。许多人在论证"效率优先,兼顾公平"这一原则的合理性时,都是以对"平均主义"、

---

① 参见〔日〕小岛武司:《诉讼制度改革的法理与实证》,陈刚等译,法律出版社 2001 年版,第 15 页。
② 〔英〕杰诺维兹:《英国民事诉讼中的基本程序保障》。转引自〔意〕莫诺·卡佩莱蒂等:《当事人基本程序保障权与未来的民事诉讼》,徐昕译,法律出版社 2000 版,第 40 页。

"大锅饭"的弊端作为主张效率优先的论据。实际上,"平均主义"、"大锅饭"反映了在特定的历史时期对于"平等"的错误理解,实际上不利于平等的实现,更谈不上公平价值的实现。计划经济既谈不上效率,也谈不上公平。因此,在经济体制改革中打破"大锅饭"是必要的,然而,把公平作为提高效率的代价则是错误的。从以平均主义、权力至上为核心的计划体制转换到以主体独立、自由竞争为核心的市场经济体制是必要的,但是将效率设定为优先于正义的首要价值则是错误的。

二、法律对于效率价值的意义

效率是法律的重要价值,没有效率的法律不能被认为是良好的法律。同时,现代法律也必须包含着以有利于提高效率的方式分配资源,并以权利和义务的规定保障资源的优化配置和高效使用的价值内涵。

具体来讲,现代法律可以从以下三个方面促进效率:

(1) 确认和保护政治自由以及经济、社会和文化权利,提高主体的积极性和创造性,促进社会的进步。效率的提高,离不开社会生产力的进步,而社会进步的决定性因素则是人的主体地位的确立,人的积极性和创造性的发挥。生产力的基本因素有三个,即劳动者、劳动资料和劳动技能。只有这三者有机结合,生产力才能得到发展。从法律角度讲,这三个要素分别由人权、物权、知识产权加以保护。只有这些权利得到法律的充分确认和保护,人的主体地位才能得到确立,才能充分利用劳动技能和劳动资料,创造出辉煌的物质文明。

(2) 确认、保护和创造最有效的经济运行模式,使之能容纳更多生产力。每种社会制度,每个国家都有其经济有效运行的最佳模式,当代中国经济运行的最佳模式是社会主义市场经济的模式。法律是社会经济关系的制度化表现,社会主义市场经济法制的重要使命就是按照现代市场经济的内在法权关系的要求,合理配置社会资源,规范社会主体的市场交换行为,形成有效的经济运行的法律制度模式,为社会主义市场经济的发展提供良好的法制环境,促进资源从低效率利用向高效率利用流转,以充分实现其自身的效益价值。

(3) 确认和保护产权关系,鼓励人们以效益的目的而占有、使用或转让财产。财产权利的确认是有效利用资源的前提,只有人们的财产权利得到了法律的有效确认和保护,才能做到物有其主,有效地排除对公民财产的非法侵犯和夺取,才能做到物尽其用,最大限度地发挥物的效用,促进资源的增值,增加社会财富的总量。所以,任何一个国家法律的核心都是财产权制度,所不同的是不同政治制度的国家,其财产权制度的内容不同。资本主义法律以私有财产权为核心,而社会主义法律以公共财产权为核心。法律在确认财产权的同时,还要创造财产权有效利用的机制,其中最主要的是为财产权的转移提供保障和便利。如果说财产权的法律确认和保障是有效利用资源的必要条件,那么,财产权的可转移性就是有效利用资源的充分条件。

(4) 承认和保护知识产权,解放和发展科学技术。科学技术是第一生产力。解放和发展生产力,首先是解放和发展科学技术。法律在这方面的主要作用是把科学技术活动及其成果宣布为权利,使"智慧的火焰加以利益的燃料",不断提高科学技术的经济和社会效益,使现代科学技术更好地为人类服务。

【本章阅读材料】

法律岂容"同命不同价"

重庆和江苏:两种不同的赔偿结果

三名重庆少女在同一场车祸中丧生,两名城市女孩各得二十余万元的赔偿,但父母在市区卖肉的另一名女孩因为是农村户口,最终只得到九万多元的赔偿。城乡户口不同带来的交通事故赔偿标准的巨大差异,最近经《中国青年报》报道后,引起舆论一边倒地对于"同命不同价"和相关司法解释的强烈质疑!

而本月(2006年2月——引者注)6日,因为交通事故在我省太仓市境内被撞身亡的王桃仁,虽然其户籍上登记为农业户口,但其家人还是按照城镇居民的标准向法院诉请了赔偿,太仓市法院最终认定王桃仁的死亡赔偿金,应按2004年江苏省城镇居民人均可支配收入每年10482元的标准计算20年,即为209640元。判决书中,法院陈述理由称:尽管王桃仁户籍上登记为农业户口,但原告提供了王桃仁的个体工商户营业执照,证明王桃仁生前并非以农业劳动作为其主要生活来源。

无独有偶,户口在农村的李某婚后进入海安县城打工,并在城里安了家,他因交通事故死亡后,2月13日,海安县法院也判决按照城镇居民的标准来计算李某的死亡赔偿金,计20多万。本报1月10日2版《农村户口矿工遇车祸身亡》一文,则报道了徐州市九里区法院,对在矿业公司工作一年多、并长期在公司集体宿舍居住的农村籍受害人,判决按照城镇标准赔偿损失的类似案件。

进城农民按农村标准赔:显失公平

进城务工、经商、居住的农民,在城市工作、生活中遭遇车祸,究竟按何种标准赔偿?记者多方采访证实,我省各地司法机关在审判实践中已达成基本共识:道路交通事故人身损害赔偿纠纷案件,受害人为农村户口,但在城镇生活连续一年以上,有稳定收入来源,有稳定居住地的,按照城镇居民的标准进行赔偿。

太仓市法院王桃仁一案承办法官告诉记者,道路交通人身损害赔偿案件,审判中所适用的法律,是我国的《民法通则》、《道路交通安全法》及最高法院《关于审理人身损害赔偿案件适用法律若干问题的解释》。2004年5月1日起实施的人身损害赔偿司法解释第29条规定,死亡赔偿金,按照受诉法院所在地上一年度城镇居民人均可支配收入或者农村居民人均纯收入标准,按20年计算。该条规定区分了城镇居民与农村居民两种不同的标准。法院在审理案件时,一般依据受害人持有的身份证来处理,如受害人是城镇户口,按城镇居民标准处理;如受害人是农村户口,则按农村居民标准处理。但司法实践中,随着我国城镇化进程的加快,以及户籍制度的改革,大量农民进入城镇打工或定居,他们的消费或收入已经不低于当地城镇居民的平均标准,如果仅以户口性质决定赔偿额的标准对农民来说显然有失公平。

同命不同价:一种不恰当的提法

江苏省高院民一庭法官介绍说,1992年国务院颁布的《道路交通事故处理办法》,首次提出了"死亡补偿费"的标准,当时是按照交通事故发生地平均生活费计算,补偿十年。"交通事故发生地",按照办法规定,是指交通事故发生地所在的省、自治区、直辖市。这样,实际上,每个省、自治区、直辖市的赔偿标准只有一个。以江苏为例,苏州和徐州的赔偿标准是一样的。这个沿用了十几年的标准在实践当中,一直没有产生过什么异议。到2004年5月1日,《道路交通安全法》、《道路交通安全法实施条例》以及人身损害赔偿的司法解释开始实施,《道路交通事故处理办法》随即废止。马荣说,考虑到我国幅员辽阔,农村和城市发展水平不一,司法解释区分城镇居民和农村居民的标准计算人身损害赔偿金额,具有一定的合理性。

但"同命不同价"的提法是不恰当的,人的生命是无法用价格标准衡量的。交通事故当中的死亡赔偿金,并不是对生命进行的价格衡量,而是一种财产损害补偿,是对受害人如果活着可能得到的经济利益的补偿。目前情况下,我国城镇居民的平均消费水平和收入水平均高于农村许多,因此司法解释在各省、自治区和直辖市的标准上又区分了城、乡两种标准。

城镇、农村居民区分标准:经常居住地

那么,我省对农村户口的受害人按照城镇标准赔偿的案例,是否违背了司法解释,其判决依据是什么?马荣解释说,司法解释区分了城镇和农村两种标准,但并没有对城镇居民和农村居民的概念进行明确界定。在审判实践中,不机械地依照户籍或身份证上的记载,而是按照"经常居住地"的标准区分城镇居民和农村居民,根据《最高人民法院关于适用〈中华人民共和国民事诉讼法〉若干问题的意见》第5条:"公民的经常居住地是指公民离开居所地至起诉时已连续居住一年以上的地方",对在城镇生活连续一年以上,有稳定收入来源,有稳定住地的农民工或失地农民,让他们获得与城镇居民相同的待遇和标准,是按照"公平"精神,在司法解释的规定下,行使法官自由裁量权的灵活做法。省内虽然没有相关的正式文件对此进行明确,但这种做法已在我省从事民事审判的法官中基本达成了共识。

记者注意到,重庆三女孩交通事故案中,受害者并没有到当地法院起诉,而是选择了与肇事一方私下解决的方式解决此事,这样看来,媒体报道、质疑的赔偿结果并不是法律的判决。

——孙敏:《法律岂容:同命不同价》,载《江苏法制报》2006 年 2 月 24 日。

【思考题】

1. 什么是法律价值?法律价值有哪些特征?
2. 试述法律价值体系的含义。
3. 试述法律价值体系的内容。
4. 法理学为什么要研究正义问题?人类历史上迄今已经提出了哪些正义理论?
5. 试述正义的分类理论。
6. 罗尔斯是如何用自由和平等这两个价值说明其正义原则的?
7. 试述秩序的含义。秩序对法律来讲有何重要地位?
8. 如何理解效率与正义、秩序的关系?法律对于效率有何积极作用?

【参考书目】

1. 〔美〕博登海默:《法理学——法律哲学与法律方法》,邓正来译,中国政法大学出版社 1999 年版。
2. 〔美〕罗斯科·庞德:《法理学》,邓正来译,中国政法大学出版社 2004 年版。
3. 〔美〕罗斯科·庞德:《通过法律的社会控制 法律的任务》,沈宗灵、董世忠译,商务印书馆 1984 年版。
4. 〔古希腊〕亚里士多德:《尼各马可伦理学》,苗力田译,中国社会科学出版社 1990 年版。

第三章 法律效力论

【本章提要】 法律效力是法律的重要属性,是法律得以实现其基本功能的前提条件。法律效力问题的研究包括三个层面。第一,法律效力的含义以及法律效力的范围。法律效力是法律的约束力和保护力,涉及对人的范围、对事的范围、时间范围、空间范围四个方面。第二,法律的效力来源,即法律为什么具有效力?法律管辖之下的人们为什么应当遵守和服从法律?对此,各种不同的法理学提出了四种不同的法律效力观,即体系效力观、伦理效力观、事实效力观和心理效力观。第三,法律位阶问题,即在一国法律体系中某个法律规范的地位等级问题,确定法律规范在地位等级上的结构性关系有利于解决法律规范之间的矛盾和冲突。

法律效力是法律的重要属性,是法律的存在方式。法律效力是法律实现其基本社会功能、建立和维护社会秩序的关键性因素,是法律权威的重要基础和根据。正是法律所具备的约束力才使它能调整社会关系,实现社会控制。

法理学研究法律效力,主要关注以下问题:法律效力的概念;法律效力的来源;法律效力的根据或理由;法律效力的范围。本章将围绕这些问题进行系统讨论。

第一节 法律效力的概念

一、法律效力的定义

对于法律效力的概念,近年来得到了我国法理学界的关注。学者们从不同角度提出了几个有代表性的定义。

第一,法律效力即法律生效的范围,指法律规范对什么人、在什么地方和什么时间发生效力。"法理学所称法的效力,通常指正式意义上的法的形式或渊源尤其是规范性法文件的一般法的效力,即在适用对象、时间、空间三方面的效力范围。"[①]

第二,法律效力是"法律及其部分派生文件、文书所具有的,以国家强制力

[①] 张文显主编:《法理学》,高等教育出版社、北京大学出版社2003年版,第64页。

为保证的,在所适用的时间、空间范围内,赋予有关主体行使其权利(或权力)的作用力以及约束有关主体履行其义务(或责任)的作用力之总和"①。

第三,法律效力是合法行为发生法律上效果的保证力,其中合法行为可分为立法行为和法的实施行为,而法的实施行为又可分为执法行为和守法行为。但是,这一定义存在着逻辑上的循环定义的问题。合法行为(无论是立法行为还是法的实施行为)之所以合法,是因为具有法律效力的法律的授权,不能用合法行为来定义法律效力。

第四,法律效力是法律在时间、地域、对象、事项四维度中所具有的国家强制作用力。

通过分析以上定义,我们可以看到,上述定义的分歧主要集中在以下几个方面:

第一,法律效力在性质上是指法律的约束力,还是"效力范围"?

从第一个定义的分析中,我们可以看到,定义者以"生效的范围"或者"效力范围"取代了"效力"这个词,因此,它并没有理清"效力"这个词的含义,从而也没有弄清"法律效力"这个词的含义。

法律效力从本质上讲是一种作用力,是法律对其管辖范围内的主体行为所具备的作用力,这种作用力可以分为强制力和保护力。

第二,"法律效力"一词中所称的"法律",其范围如何?

"法律效力"一词中所称的"法律"仅仅包括法律,还是既包括法律也包括法律派生性文件、文书和民事行为?如果如定义二所说的那样,认为规范性法律文件(如宪法、法律、行政法规)和非规范性法律文件(如结婚证、逮捕证)都在同一意义上具有法律效力,那么,就会产生概念上的混淆。

对此,张根大指出,我们通常所见的"法律效力"有三种意思。一是指"法律规范的生效范围。即法律规范对什么人、在什么地方和什么时间发生调整作用"。二是指裁判文书在法律上的效力。我国《民事诉讼法》有20个条款使用了"法律效力"这个词。例如,第89条规定:"调解书经双方当事人签收后,即具有法律效力。"三是指法律认可的效力。例如,一般而言,合同签订后,就具有法律效力。张根大将这三种意思分别归结为:"法律效力",这是法理学所研究的法律效力的基础;"法律上的效力";"法律认可的效力",这是民法学研究的内容。②

因此,虽然在我国许多规范性法律文件中,使用了三种意义上的"法律效力",但我们在法理学中所使用的"法律效力",其意思是指"法律的效力",而其

---

① 陈世荣:《法律效力论》,载《法学研究》1994年第4期,第59页。
② 参见张根大:《法律效力论》,法律出版社1999年版,第2—5页。

中的法律则是规范性法律文件,不包括非规范性法律文件。

综上所述,法律效力是法律对其调整对象所具备的约束力和保护力。

二、法律效力的表现形式

法律效力是一种作用力,它表现为法律的约束力和保护力。法律的功能就是调整社会关系,规范社会成员的行为,建立起合乎法律要求的秩序。在实现此种功能时,法律的作用力必不可少,以便为社会行为提供权威性指引,保障法律所规定的权利受到保护、法律所设定的义务得到履行。

法律的作用力可以表现为约束力和保护力两个方面,而这两种作用力则体现在三种类型的法律规范之中。按照法律调整行为的方式的不同,可以把法律规范分为授权性规范、义务性规范和职权性规范。

授权性规范是规定人们可以作为、不作为或者要求别人作为、不作为的规则。授权性规范的作用在于赋予人们一定的权利产生、变更或终止他们的法律地位或法律关系,为人们自主地安排自己的生活提供便利条件,使人们在权利领域可以自主地选择自己的行为方式,为权利主体提供自主选择的空间。这种自由体现为以下几个方面:第一,权利主体可以做出一定的行为或不做出一定的行为;第二,权利主体可以自主决定行使自己的权利,也可以放弃自己的权利,放弃权利的行使不受追究;第三,合法权利受到法律保障,任何其他人都不得干涉其权利的行使,当权利的行使受到阻碍时,国家机关必须对侵犯权利者给予强制性制裁。

义务性规范是规定法律主体必须为或不为一定行为的法律规范。与授权性规范不同,义务性规范的核心在于设定义务,对人们的行为进行约束,使基本的社会秩序得到维持,使人际互动得以保障。义务性规范是我国法律规范体系中的重要组成部分。例如,《反不正当竞争法》第11条规定:"经营者不得以排挤竞争对手为目的,以低于成本的价格销售商品"。义务性规范有两个特征:规定有关主体必须做出一定行为或不准做出一定行为;如果义务主体不依规范的要求履行义务,那么就要承担相应的法律后果。由此可见,义务性规范的最大特点在于其不利性和强制性。所谓不利性是指它限制或剥夺了义务主体的利益,如纳税的义务,虽然对社会来讲是有利的,但对纳税人来讲则是法律所规定的不利。所谓强制性是指义务规范所设定的义务是强行的,对于不履行义务的人具有强大的压力,违反义务性规范必然导致法律的否定性反应,甚至被施以法律制裁。在这里,法律效力就体现为对于义务主体的行为的约束和强制。

职权性规范是指兼具授予权利、设定义务两种性质的法律规范。这类规范大多数是有关国家机关组织及其活动的规则,其特点是:一方面,被指示的对象有权按照法律规则的规定做出一定的行为;另一方面,他们又有义务做出法律所规定的行为。因此,职权性规范中设定的行为模式,既是有关主体的权利,也是他的责任。

将法律效力的表现形式理解为约束力和保护力,有利于我们正确认识法律的社会功能。作为一种社会规范系统,法律必须通过设定义务来约束人们的行为,并且当义务主体不履行义务时,必须以强制手段促使其履行义务。但与此同时,我们也应该认识到法律除了其强制作用和制裁作用之外,还具有指引作用和保护作用,通过设定行为模式使人们知道自己的权利和义务。对于一个具有实效的法律制度来讲,大多数成员都会自觉遵守法律,服从法律,而不是因为法律的强制与制裁才会守法。另外,法律不仅仅是限制或约束人们的行为,它还为人们的行为提供便利,并对合法行为提供保护。

除此之外,认识到职权性规范的存在,有利于我们更好地监督国家机关及其工作人员依法办事,敦促他们正确地行使自己的职权。

三、法律的效力范围

在"法律效力是法律对其调整对象所具备的约束力和保护力"这一定义中,除了将法律效力的性质界定为"约束力和保护力"之外,我们还需要界定法律所调整的对象的范围。这主要是通过法律的效力范围加以界定的,即法律在什么时间、什么空间、对哪些人有约束力和保护力。

(一)法律对人的效力

法律对人的效力,指法律对哪些人有效力,适用于哪些人。在世界各国的法律实践中有四种确定法律对人的效力的原则。

(1)属人主义。法律适用于本国公民,不论其身在国内还是在国外;非本国公民即使身在本国领域内也不适用于本国法律。

(2)属地主义。法律适用于本国管辖地区内的所有人,不论是否本国公民,都受本国法律约束和保护。本国公民如果不在本国管辖地区范围内,则不受本国法律的约束和保护。

(3)保护主义。以维护本国利益作为是否适用本国法律的依据,任何侵害了本国利益的人,不论其国籍和所在地域,都要受该国法律的追究。

(4)以属地主义为主,与属人主义、保护主义相结合。这是近代以来多数国家所采用的原则。我国也是如此。这种原则的特点在于,既保护本国利益,坚持本国主权,又尊重他国主权,兼顾法律适用的实际可能性。

概括我国法律,对人的效力的规定包括两个方面:

(1)对中国公民的效力

中国公民在中国领域内一律适用中国法律。在中国境外的中国公民,也应遵守中国法律并受中国法律保护。但是,这里存在着适用中国法律与适用所在国法律的关系问题。对此,应当根据法律,区别情况,分别对待。

(2) 对外国人的效力

中国法律对外国人和无国籍人的适用问题,包括两种情况:一种是对在中国领域内的外国人和无国籍人的法律适用问题;另一种是对在中国领域外的外国人和无国籍人的法律适用问题。中国法律既保护他们在中国的法定权利和合法利益,也依法处理其违法问题。这是国家主权的必然要求。而外国人在中国领域外对中国国家或中国公民犯罪,按《刑法》规定的最低刑为三年以上有期徒刑的,可以适用中国刑法,但是按照犯罪地的法律不受处罚的除外。

(二) 法律对事的效力

法律对事的效力,指法律对什么样的行为有效力,适用于哪些事项。这种效力范围的意义在于:

(1) 告诉人们什么行为应当做,什么行为不应当做,什么行为可以做。例如,《合同法》第12条规定了合同应具备的主要条款,告诉人们在签订合同时必须把哪些内容规定进去;第52条规定了无效合同的情形,意在告诉人们什么样的合同不得签订;第54条规定了允许变更或撤销合同的情形,告诉人们在什么情况下可以变更或撤销合同。

(2) 指明法律对什么事项有效,确定不同法律之间调整范围的界限。例如,专利法是规定专利权的享有及保护的法律,它因此区别于其他民事法律和其他知识产权的法律。又如,《刑法》第7条规定:"中华人民共和国公民在中华人民共和国领域外犯本法规定之罪的,适用本法,但是按本法规定的最高刑为三年以下有期徒刑的,可以不予追究。"

(三) 法律的空间效力

法律的空间效力是指法律在什么空间内有效的问题。法律是以国家主权为基础的,法律的空间效力也是以国家主权范围为主要划分依据。我们可以从域内效力和域外效力两个方面分析法律的空间效力的规定性。

所谓域内效力是指法律在一国领域范围内的效力。在现实中,法律的域内效力分为两种情况。一是法律在全国范围内有效力,即在一国主权所及全部领域有效,包括属于主权范围的全部领陆、领空、领水,也包括该国驻外使馆和在境外航行的飞机或停泊在境外的船舶。这种法律一般是一国最高立法机关制定的宪法和许多重要的法律,最高国家行政机关制定的行政法规一般也在全国范围内有效。例如,中国宪法、全国人大及其常委会制定的法律以及国务院制定的行政法规,除本身有特别规定外,都在全国范围内有效。有的法律在一定区域内有效。这有两种情况,一是地方性法规仅在一定的行政区域内有效,如中国地方权力机关制定的地方性法规、自治法规;二是有的法律、法规虽然是由国家立法机关或最高国家行政机关制定的,但它们本身只在某一区域生效,因而也只在该地区发生效力,如全国人大常委会关于经济特区的立法就只适用于一定的经济特区。

所谓域外效力是指法律在一国领域范围外的效力。现代各国法律,一般规定不仅在国内而且在本国主权管辖领域外也有效。例如,涉及刑事、民事、贸易和婚姻家庭的法律。一国法律的域外效力范围,由国家之间的条约加以确定,或由法律本身明文规定。例如,《刑法》第7条规定:"中华人民共和国公民在中华人民共和国领域外犯本法规定之罪的,适用本法,但是按本法规定的最高刑为三年以下有期徒刑的,可以不予追究。""中华人民共和国国家工作人员和军人在中华人民共和国领域外犯本法规定之罪的,适用本法。"此外,我国的民事法律和经济法律也对其域外效力作了相应的规定。

(四)法律的时间效力

法律的时间效力是指法律效力的起止时限以及对其实施前的行为有无溯及力。

法律开始生效的时间,是指法从何时开始发生约束力。任何法律,都必须有生效的时间。从立法技术上讲,法律的生效时间可以有不同的方式。第一,自颁布之日起开始生效。有的法律规定自公布之日起生效,有的法律虽然没有规定自公布之日起生效,但不具体规定生效日期,就包含着公布后马上生效的意思。第二,法律公布后经过一段时间生效。这种生效方式的目的在于为该法律的实施做好充分的准备。第三,以法律公布后到达一定期限为生效时间。采取这种形式主要是考虑各地区距离立法主体所在地远近不同,交通、通讯条件不同,法律不能同时送达各地。这种形式较少采用。

法律终止效力的时间主要有三种情况:第一,法律明确规定的有效期限届满而自动失效。第二,有关国家机关颁布专门性文件宣布废止法律的效力。第三,因相关的新法律的规定而使与新法律相冲突的旧法律自然失效。第四,法律调整的对象不复存在,该法律自行失效。

法律的溯及力问题,是指新生效的法律对既往所发生的社会事件和主体行为是否适用,如果适用就有溯及力,如果不适用就没有溯及力。"法不溯及既往"是现代国家所采用的一般性原则,其法理依据是:"法律是指以规则来治理人们的行为,如果说以明天制定的法律来治理今天的行为,那完全是一句空话。"[①]因此,人们只应受到行为时已经存在的法律的约束,新生效的法律,人们在行为时是不知道的,因而无法遵守。要使社会生活具有可预测性,并使人们可以根据法律管理和安排自己的生活,就只能以事先公布的法律调整人们的行为。在刑法中,从有利于犯罪嫌疑人或者被告人的角度出发,通常又采用了"从旧兼

---

① 沈宗灵主编:《现代西方法理学》,北京大学出版社1992年版,第59页。

从轻"的原则。依此原则,如果在新刑法颁布以前发生的刑事案件,在新刑法生效之时还没有审结,那么,如果按新刑法定罪量刑对犯罪嫌疑人或被告人有利,则适用新法律;否则,就要适用旧刑法。

第二节 法律效力的理由

法律效力的理由涉及法理学一直关注的一个核心问题:法律为什么具有约束力?人们为什么要服从法律以及依据法律而制作的法律决定?回答这一问题,就不能仅仅局限在法律效力的范围这一立法技术层面上,而应该对它作深入的理论探讨。也正因为如此,对这一问题的回答依据法理学派别的观点上的差异会有所不同。

一、体系效力观

这是凯尔逊、哈特等分析法学家所坚持的法律效力理由的观点。凯尔森在其纯粹法学理论中提出,法律是由法律规则或法律规范构成的,因此,法律体系的效力问题涉及两个层面的问题:一是法律体系内部的法律规范的效力问题;二是法律体系的效力问题。

第一个层面,法律体系内部的规范或规则的效力理由问题。凯尔森认为,法律规范的效力理由只能在上级规范中寻找,如果某个规范是由更高级法律规范所授权的机关按照合法的程序创制出来的,那么,该被创造出来的规范就是有效力的,这样,法律规范或法律规则的效力理由就是一个法律体系内部的问题,只能在现行的法律体系范围内加以回答。法律体系内的所有法律规范或法律规则的效力必定会归结到一个最高或最终规范,这就是凯尔森所说的基础规范。这一理论对于现实具有一定的解释力,在他看来,一国法律体系的法律规则都直接或间接来自于宪法的授权,宪法直接或间接地设定了其他法律规范的创法机关与创法程序。只要是依宪法的规定,合格的机构依合法的程序创制出来的规范就具有法律效力,就是法律规范。更进一步地说,如果我们继续追问宪法的效力理由,那么就要上升到宪法之上的更高规范,这就是基本规范。基本规范可以表述为:"要遵守历史上第一部宪法的规定。"

第二个层面,法律体系的最高或最终规范(规则)的效力理由问题。可以认为,法律体系的效力最终取决于法律体系的最高规范或最终规范的效力。只有回答了"基本规范为什么具有效力?人们为什么应当遵守与服从基本规范的规定?"这一问题,才能回答法律体系的效力理由问题。对此,凯尔森提出,基本规范是最高的规范,其效力不是来自于更高的规范,因为它不是人们创制出来的。它之所以有效力,是因为人们的假定。在任何"大体上有实效"的法律体系中,人们都会具有这样一种实证主义思路,认为大体上应该遵守和服从现有法律的规定。

哈特的理论也采用了相类似的实证主义思路。他认为,应当把"在法律上有效"和"道德上正当"两者区别开。具体法律规范可能在道德上是不公平的,而同时在法中却是有效的。他也把法律效力归结于一个最终的规则,即"承认规则"。"承认规则"本身不存在效力问题。最终的承认规则不是被制定或宣布的,也不是"被假定的"。它的存在是个事实,"毫无疑问,承认规则实际存在于法官、官员和其他人的实践中"[①]。

无论是凯尔森还是哈特,他们在法律效力理由问题上都采取了一种实证主义立场。他们都把法律体系的效力归结于一个最高规范或最终规范,而最高规范或最终规范是与社会现实相联系的。

二、伦理效力观

这种观点认为,法律之所以具有约束力,应该得到人们的遵守与服从,是因为法律之外存在某种正义或道德准则。当人们说到一个规则有约束力时,意指它是值得尊重的,人们有道德义务去遵守它。总之,法律效力的理由,就在于它符合公认的道德价值。当法律符合普遍的道德准则或正义准则时,人们才会尊重和遵守它;否则,它就丧失了得到人们尊重与服从的道德依据,人们甚至还有道德上的权利和义务反抗它,该法律也就丧失了作为法的品质。伦理效力观的典型代表是自然法学派。这一主张的意义在于,法律需要在基本限度上满足基本的道德要求,使人们相信法律在道德上是正当的,从而相信自己服从法律或者依法办事具有道德上的自信。

伦理的效力观无论是在革命时期还是在和平时期,都有其价值。在资产阶级革命和无产阶级革命中,革命者都是以一定的道德价值对现存的法律制度进行批判,从道德上揭露旧制度的不合理性,进而主张人们具有反抗这种恶法的道德权利。即使是在和平时期,也不可避免地出现一些国家的法律制度公然蔑视文明社会公认的正义原则的情形,如推行种族歧视、下达屠杀无辜平民和儿童的命令等。此时,这些法律和命令就严重违反了人类公认的正义准则,尽管它们经法定的程序获得通过,但在道德上失去了权威性,也不会赢得人们的尊重。对这些恶法,伦理效力观同样具有积极意义。

但伦理效力观也面临着一些具体适用上的困难。(1)由谁判断某个法律是否合乎正义或普遍的道德准则?正义和道德的标准是什么?不同阶级的人有不同的道德和正义标准,他们对于法律善恶的评价是不同的。尽管有一些是文明

---

① 〔英〕哈特:《法律的概念》,张文显等译,中国大百科全书出版社1996年版,第110页。

社会所公认的非正义行为,如灭绝种族、民族、屠杀无辜平民和儿童等,但法律善恶的日常评价并不是一件容易的事情,并不总是能够得出众口一词的评价结果。(2) 伦理效力观的结果之一是,如果任何人都用某一法律不符合自己所遵奉的正义或道德标准这一借口作为违反法律的理由,那么法律的尊严就会遭到践踏,法律权威就无以树立,现代国家将会沦为无政府状态。

三、事实的效力观

社会法学派把法律效力归结为法律的实效,也就是法律得到社会成员的大体遵守或服从,法律效力的理由就是社会成员实际上或事实上在遵守或服从法律。那些从来没有取得实效或者丧失了实效的"法律",即使它们是由国家权威机关创制的,也不能被认为是真正有效的法律。在这里,法律或法律规则的实效构成了其效力的基础。

事实的效力观,其意图在于两个方面:一方面,国家创制的制定法,必须要重视实效,不能闭门造车,对于那些不能取得社会实效的制定法,应该及时予以修改;另一方面,立法者应该进行社会调查,把社会生活中的活法上升为国家法律,避免立法的专横。无论从二者中的哪方面讲,法律的实效都是事实的效力观所关注的问题的核心,有其积极的一面。

与此同时,事实的效力观也有值得商榷的地方。譬如,我国1954年《宪法》曾规定公民有迁徙自由,但根本没有人行使过这一权利,即这一法条从未产生过实效,那么,这一法律规定到底有没有效力呢?如果说它在没有取得实效的情况下就丧失了效力,与实际情况不符,因为在1954年《宪法》被废除或者该宪法条款被修改之前,它仍然是有效力的。因此,我们认为,法律效力和法律实效这两个概念不能等同起来。法律效力意指法律有约束力,人们应当像法律规范所规定的那样去行为,应当服从和适用法律规范。法律实效意指人们实际上在根据法律规范规定的那样在行为,法律规范实际上得到了服从和适用。一个法律规范在它有实效之前就具有效力,而且只有在有效力的情况下才可能有实效,但没有实效却不能意味着效力的必然丧失。

凯尔森对法律效力与法律实效的问题作了深入研究,并提出了一些有说服力的观点。他的观点可以总结为以下几点:

第一,法律效力与法律实效两者之间具有根本的不同。"法律效力的意思是法律规范是有约束力的,人们应当像法律规范所规定的那样行为,应当服从和适用法律规范。法律实效意思是人们实际上就像根据法律规范规定的应当那样行为而行为,规范实际上被适用和服从。"[①]

---

① 〔奥〕凯尔森:《法与国家的一般理论》,沈宗灵译,中国大百科全书出版社1996年版,第42页。

第二,法律效力与法律实效之间具有紧密关系。法律效力是建立在法律体系总体具有实效的基础之上的,特别是作为法律制度的根本法的宪法,一旦失去实效,以及以这一宪法为依据的法律规范、整个法律秩序丧失了它们的实效,那么,法律秩序和每个单个规范就马上失去其效力。"人们不能主张说,如果这个规范是其中一个必要部分的那个法律秩序已经丧失了其实效,从法律上说,人们行为还必须符合这一规范。合法性原则是受实效性原则所限制的。"①

第三,就单个法律规范而言,其实效之丧失并不表明法律秩序失去其效力。如果法律秩序总体上是有实效的,实际上被遵守和适用,那么,该法律秩序就被看做是有效力的。

第四,单个法律规范失去其实效,也并不必然表明它丧失效力。单个法律规范的效力取决于整个法律秩序的实效,如果该法律秩序总体上是有实效的,那么,单个法律规范不会因为一时失去实效而失去效力。

四、心理的效力观

北欧现实主义法学家奥里维克鲁纳(Karl Olivecrona)和罗斯(Alf Ross)等人认为,法律效力并不是来源于道德,不是来源于国家的强力,不是来源于被统治者的同意,而是归结于个人心中存在的受到法律约束的情感,即来自于法律对人民施加的心理影响和人们(主要是官员)接受其约束的心理态度。如果法律确实对人们的行为有影响,人们(特别是官员)感觉到自己的行为受到法律的约束,那么,法律就有效力。

罗斯试图抛弃法律效力中自然法学的先验方法和分析法学的纯规范性方法,力图把法律效力置于可观察的经验现象之上。但是,他没有像事实效力观那样把法律效力置于人们遵守法律、官员实际地适用法律的事实(实效)之上,而是以人们(特别是法官)的实际的未来的行为和情感,避免自然法学和分析法学的"形而上学"陷阱。"在对未来的司法活动进行预测时,对司法态度进行纯粹的行为主义解释是不够的。还必须考虑法官心目中所具有的那些特定的规范观念以及当时的一般法律意识。"②仅仅观察人们(包括法官和一般社会大众)是否遵守和适用法律是不够的,还必须考察他们在遵守和适用法律时的心理态度,是保持自觉自愿的态度还是保持抵触的情绪。如果法官和一般民众自觉守法,从心底认同法律,法律就是有效力的。"总之,一个大意为一条法律规则是有效的定论,是就执法人员的行为态度而言的。那些规则之所以有效——即在执法人员的心目中的确起到了影响作用并在解决法律争议时得到了适用,是因为执法

---

① 〔奥〕凯尔森:《法与国家的一般理论》,沈宗灵译,中国大百科全书出版社1996年版,第135页。
② 〔美〕博登海默:《法理学——法哲学及其方法》,邓正来等译,华夏出版社1987年版,第158页。

人员感觉到或认可到这些规则具有社会效力。"①

五、对法律效力理由所涉各种因素的分析

法律是有效的,就意味着该法律应该被遵守和适用,具有约束力。研究法律效力理由问题,寓示着需要进一步探讨法律为什么值得遵守和服从、私人或政府官员是否应当遵守或适用它的问题。

上述法律效力观从四个角度回答了这些问题,并且在各种理论中颇有代表性。伦理的效力观代表了自然法学的进路,把合道德性看成是法律的效力之源。其他三种进路,则可以认为是实证主义的进路,它们之间并不是完全分离的。凯尔森坚持体系效力观,但他同时认为,法律体系的效力取决于法律体系的实效,特别是取决于法律体系中作为根本法的宪法的实效。哈特认为,一个国家法律体系的效力和范围取决于法律体系的承认规则,"一个承认规则是否存在,它的内容是什么,即在任何特定的法律制度中,其效力标准是什么,这个问题……被看做是一个经验的事实问题"②,承认规则既不是有效力的,也不是无效力的,它的存在是一个事实。法律体系以及法律体系中的具体规则的效力归结于事实问题。但是,这种经验的事实,包括了实效的因素,也包括了心理的因素。"法庭或其他机关在确认该制度中的特殊规则时,对未明确说明的承认规则的使用具有内在观点的特征。"③所谓内在观点,就是适用承认规则的法官从内心接受这条规则,并认为自己应该受到其约束。如果人们对一种制度在相当长时间持一种普遍漠视的态度,那么,该制度要么难以开始实施,要么会遭到废弃。所以,哈特将实效与心理因素结合起来,作为法律制度或法律规则效力的基础。

马克思主义对于法律的效力来源,遵循着一条不同的进路。法律效力的来源可分为直接来源和间接来源两个层次。其直接来源是国家的权力,在这里国家权力主要表现为国家的强制力。统治阶级制定法律的目的,是为了按自己的价值标准分配社会中的权利和义务,建立和维护对自己有利的社会关系和社会秩序,实现自己的统治目的。但"法律的生命在于它的实行"④,因此,统治阶级为了实现这一目的,必须保证法律在社会生活中得以贯彻和落实。而要保证法律的实行,就必须利用手中已经掌握的国家权力对符合法律规定的行为予以肯定和保护,对非法行为予以否定和制裁。当然,国家强制力是一种潜在的力量,并不是在法的实行的每一步都具体体现出它的暴力性。国家只是在出现了违法和犯罪行为时才对行为人动以军队、警察、监狱、法庭等暴力设施的。因此,法律

---

① 张文显:《二十世纪西方法哲学思潮研究》,法律出版社 1996 年版,第 445—446 页。
② 〔英〕哈特:《法律的概念》,张文显等译,中国大百科全书出版社 1996 年版,第 256 页。
③ 同上书,第 103 页。
④ 〔美〕罗斯科·庞德:《法理学》第 1 卷,美国西方出版公司 1959 年版,第 353 页。

的效力直接来源于国家的强制力。国家的强制力隐藏于法律效力之后,是法律效力的强有力的后盾。法律效力的间接来源(在这里是最终来源)是一定的社会物质生活条件。根据历史唯物主义的观点,一定的社会物质生活条件决定了一定的法的内容,决定了该法律制度是否能取得长久的效力。

法律效力的直接来源与间接来源既有区别,也相互联系,统一于法律效力之中。法律出于享有立法权的国家机关之手,法律效力是国家权力的体现,其作用力由国家强制力予以保证。但是,如果要更深入说明"法律为什么应当得到遵守和服从",则应该追溯至对法律强制力背后的支配力量,即社会的物质生活条件的分析,因为它从终极意义上决定着国家意志是否能够获得约束力和保护力。

第三节 法 律 位 阶

一、法律位阶的含义

法律位阶是法律等级的形象说法,是指法律规范在法律体系中的等级地位。

与"法律位阶"相对应的另一概念是"法律效力位阶"。后者代表了一种不同的观点,即"法律效力位阶又称为法律效力等级或法律效力层次,是指由于制定主体、制定时间和适用范围不同,不同法律的效力地位或效力高低呈现出不同,由此形成的法的效力等次"[1]。在我国现行法律中,也有相似的表述。例如,现行《宪法》"序言"规定:"本宪法以法律的形式确认了中国各族人民奋斗的成果,规定了国家的根本制度和根本任务,是国家的根本法,具有最高的法律效力。"将《宪法》在一国法律体系中表述为等级地位最高、调整范围最广、是一国法律体系的基础、属于最高位阶的法律,理解为《宪法》具有最高的法律效力,将《宪法》与普通法律的位阶不同说成《宪法》与普通法律的效力不同。同时,在描述法律体系时将法律规范的等级体系理解成"法的效力等级体系"。

但是,也有一些研究者持不同观点,认为"法律位阶或法律等级地位与法律效力等级是有区别的",而且"法律效力等级"这一说法存在着不妥当之处。[2]

根据法律效力的定义,法律效力是法律对其调整对象所具备的约束力和保护力,也就是法律所具有的作用力。在这里,不同的法律(如宪法与法律、法律与行政法规)在特定的时间、空间针对特定的人,只存在有无约束力的问题,并不存在作用力强弱上的差异。正如我国《宪法》所规定的"一切国家机关和武装力量、各政党和各社会团体、各企业事业组织"和"中华人民共和国公民"都"必

---

[1] 葛洪义主编:《法理学教程》,中国政法大学出版社 2004 年版,第 133 页。
[2] 参见邓世豹:《法律位阶与法律效力等级应当区分开》,载《法商研究》1999 年第 2 期;许秀华:《法律位阶论》,载《南京人口管理干部学院学报》2003 年第 4 期。

须遵守宪法和法律"。在这里,宪法和法律虽不处于同一位阶,但对不同社会主体均相同地具有约束力,社会主体必须同样地予以遵守。我们不能说宪法具有最高效力,就必须严格遵守,法律的效力较低,就可以不严格地遵守。因此,将法律位阶界定为法律效力等级的观点和现行法律效力的理论之间存在逻辑上的不一致,是不能成立的。

尽管法律位阶不等于法律效力等级,但是,法律位阶仍然表达了法律规范之间的等级关系,它表现的是法律规范体系内部一个法律规范同其他法律规范之间的联系。由于法律规范的创制机构在国家机构权力体系中的地位不同,法律规范具有不同的等级,使法律体系成为一个由不同等级的规范构成的统一体。在大陆法系国家法律体系中,宪法规范地位最高,其他法律基于制定主体的地位不同形成了一个金字塔形的法律位阶体系。

法律位阶的思想最早产生于凯尔森的纯粹法学中,也在他那里得到了充分的表述。在凯尔森看来,法律的结构呈现出一个规范的等级体系,除了最高级的规范和最低级的规范之外,每个规范都有一个上级规范和一个下级规范,每个法律行为都既适用上级规范,也创造着下级规范。例如,议会的立法行为就是在适用宪法规范,同时又创造着议会制定法。这样,法律规范的适用与创造将法律体系中的所有规范联系成为一个有机的体系,每个法律规范都处于等级体系中的某个位阶上。"只要一个法律规范决定着创造另一个规范的方式,而且在某种范围内,还决定后者的内容,那么,法律就调整着它自己的创造。由于法律规范之所以有效力是因为它是按照另一个法律规范决定的方式被创造的,因此,后一个规范便成了前一个规范的效力的理由。调整另一个规范创造的那个规范和另一个规范之间的关系,用空间比喻语来说,可以表现为高级和低级的一种关系。决定另一个规范创造的那个规范是高级规范,根据这种调整而被创造出来的规范是低级规范。"[1]我们可以把凯尔森所说的上级规范称为高位阶的规范,把下级规范称为低位阶的规范。

按照凯尔森的思想以及当代立法学的原理,低位阶的法律规范的创造在三个方面取决于上级规范:创法机构必须得到高位阶规范的授权,成为适格的创法主体;创法机构必须遵守高位阶规范的程序性规定,在创法程序上合法;创法机构必须符合高位阶规范的实体性规定,不得制定与高位阶规范内容上相冲突的规范。

不同位阶的法律规范在调整与适用范围上存在差别,或者说不同位阶的法律规范其效力范围不同。因为高位阶的法律规范决定低位阶法律规范的内容,低位阶法律是高位阶法律的适用,低位阶法律的适用范围就是高位阶法律调整

---

[1] 〔奥〕凯尔森:《法与国家的一般理论》,沈宗灵译,中国大百科全书出版社1996年版,第141页。

范围的一部分,高位阶法律的适用范围比低位阶法律的适用范围广泛,或者说高位阶的法律其效力范围较广。低位阶的法律规范是高位阶法律规范的展开、具体化,因而不同位阶的法律规范在数量上也不相同,下一层法律规范比上一层多。因此,整个法律体系呈金字塔状。

综上,法律位阶是指不同的法律由于其制定主体间的隶属关系以及制定程序的不同,在不同位阶的法律之间发生冲突时,确定哪部法律有效、哪部法律无效的制度。其中,虽有抵触却仍然有效的法律称为上位法,因有抵触而无效的法律称为下位法。上位法与下位法的差别主要取决于它们各自制定主体在权力等级体系中的地位的不同。这个定义与法律效力等级概念的不同表现在以下几个方面[①]:第一,法律位阶制度是解决法律有效与无效问题的制度,而不是研究法律间何者效力大、何者效力小或者何者效力强、何者效力弱的问题的制度;第二,法律位阶制度适用的前提是法律间存在冲突,只有当不同位阶上的法律发生冲突时,我们才需要运用法律位阶制度以确定各自的效力;第三,法律位阶所解决的法律冲突是发生在存在隶属关系的制定主体所制定的及适用不同程序制定的法律之间的法律冲突。

法律位阶制度是解决法律冲突的重要方法。在司法实践中出现的法律冲突根源于不同的原因,包括新法与旧法间的冲突、普通法与特别法间的冲突、同级别制定主体制定的法律间的冲突、不同地区的法律间的冲突等,这里所罗列的法律冲突类型都与源于法律位阶的冲突有着根本的不同,不能按法律位阶的原则解决。但是,法律位阶制度是解决法律冲突的重要办法,任何法律冲突的解决应当首先考虑用法律位阶意义上的解决办法予以解决,在适用法律位阶意义上的解决办法不能解决冲突时才需要考虑其他法律冲突解决办法。

二、当代中国法律的位阶

当代中国法律位阶是与我国法律渊源以及立法体制紧密相关的。

根据我国《宪法》和《立法法》的规定,立法按国家机关的级别可以分为中央国家机关的立法、地方国家机关的立法。其中,地方国家机关的立法又包括省级国家机关的立法和市级(包括省、自治区人民政府所在地的市和经国务院批准的较大的市)国家机关的立法。而按国家机关的性质则可以分为国家权力机关的立法和国家行政机关与军事机关的立法。这样,就形成了我国由宪法、法律、行政法规、军事法规、地方性法规、自治法规、行政规章、特别行政区法所构成的法律渊源的基本框架。

上述不同法律制定主体权力的隶属关系是确定法律规范位阶的基本依

---

① 参见许秀华:《法律位阶论》,载《南京人口管理干部学院学报》2003年第4期,第35页。

据。我们可以把法律创制主体之间的关系总结为两个方面。第一,由于我国是单一制国家,在各级国家权力机构之间,中央高于地方,地方隶属于中央。第二,从我国政权组织形式看,人民代表大会制度是我国的根本政治制度,人民代表大会集中统一地行使国家权力。人民代表大会常务委员会由同级人民代表大会产生并对其负责;地方各级人民政府由同级权力机关即人民代表大会及其常委会产生并对其负责;中央军事委员会由全国人民代表大会产生并对其负责。

确定当代中国法律位阶时应遵循两条原则:当中央立法与地方立法发生冲突时,中央立法处于优位、上位,地方立法无效;当同级权力机关与行政机关、军事机关立法发生冲突时,权力机关的立法处于优位、上位,其他机关的立法无效。

根据这两条原则并结合相关法律规定,我国的法律位阶按从高到低的顺序排列,具体可以包括以下几个层次:宪法处于第一层次即最高位阶;基本法律处于第二层次;基本法律以外的其他法律处于第三层次;行政法规处于第四层次;地方性法规、自治条例和单行条例处于第五层次;规章包括部门规章、地方政府规章处于第六层次。

三、法律位阶制度之实现

法律位阶制度是保证国家法律的统一性的重要前提。为了使其得到实施,我们确定了一些规则,这些规则对于明确法律的层次可以起到重要作用。

(一) 宪法至上

宪法是我国的根本大法,在我国法律体系中具有至上地位。我国宪法规定,一切国家机关、武装力量、社会团体、公民都必须遵守宪法;一切法律、法规都不得与宪法相抵触,否则不具有任何法律效力。

(二) 差序原则

这是根据法律制定机关的不同来明确不同法律规范的位阶等级的原则。这一原则表现为两点。一是上位法优于下位法。在上文中,我们已经将国家的法律按其位阶划分为六个层次。位阶较上者为上位法,而位阶较下者为下位法。当上、下位阶的规范性法律文件之间发生冲突时,上位法优先于下位法适用,这是因为下位法的制定是得到了上位法的授权,或者下位法是依据上位法制定出来的。二是同位阶的法律具有同等地位,没有上下之分。它们各自在自己的权限范围内适用。

(三) 特别法优于一般法

特别法是相对于一般法而言的,根据特殊情况和需要规定的调整某种特殊社会关系,在特别的时间范围和空间范围适用的法律规范。特别法优先原则,有着严格的适用前提,即必须是同一机关制定的规范性法律文件之间或是同等效力的法律渊源之间,不同效力的法律渊源之间不能适用该规则,如法律和行政法规之间。比如对合同问题的规定,除合同法之外,海商法、铁路法、航空运输法等法律分别对海上运输合同、铁路运输合同和航空运输合同作了规定,相对于合同法的同类规定来讲,这些规定都是特别规定,在调整相关种类的合同时,必须优先适用。

(四)国际法优先规则

在一般意义上讲国际法和国内法的关系时,不能简单地用高或低衡量。国际法优先是在特定的情形下适用的规则,即一个主权国家承认或加入国际条约后,该国家不得以国内法律规范为理由拒绝适用,国内法律规范不得与该条约或国际惯例相抵触。当然,那些被主权国家拒绝承认或声明保留的条款,不受此规则的约束。

【本章阅读材料】

时建庆诉宜昌市政府违法收取三峡机场基金案

1993年1月6日,湖北省物价局、财政厅做出《关于宜昌市收取黄龙寺机场建设专项基金的批复》,同意宜昌市政府对宜昌市始发的客运交通工具(包括汽车、火车、轮船)收取黄龙机场建设专项基金。同年4月,宜昌市政府决定对宜昌市城区个体出租车车主收取机场基金,每月150元。6年间,宜昌市政府向1600万人次征收机场建设基金3640万元。为此,宜昌市600名出租车车主以时建庆为代表,状告宜昌市政府,要求被告撤销具体行政行为并赔偿经济损失。1999年4月13日,湖北省高级人民法院依法受理,并指定宜昌市中级人民法院审理。7月16日,宜昌市中院公开审理此案,并于同年8月18日做出一审判决:驳回原告的诉讼请求。

原告诉讼理由为:根据中发[1990]第16号等规范性文件,设立各种基金的审批权已集中到国务院财政部,任何部门和地方各级人民政府均无权设立各种基金。

被告辩称:机场基金是省人民政府设立,市政府收费有据。被告无权审查机场基金。

法院的判决理由为:虽然宜昌市政府的具体行政行为存在瑕疵(在设立程序方面尚无充分证据证明其已报国务院财政部审批),但被告在被诉行政行为中的程序、步骤、收费标准的核定及基金管理方式符合相关法律、法规和鄂价重字〔1993〕3号文件所确定的范围。①

这个案例涉及法律位阶的理论与实践中的一个基本矛盾：当高位阶的法律与低位阶的法律发生冲突时，如何消除这种规范冲突？为了保障国家法制的统一，应该由哪个机关、按照何种程序撤销与高位阶的法律相冲突的低位阶的规范性法律文件？

事实上，在该案中，存在着一个严重的问题：作为宜昌市政府收费依据的鄂价重字〔1993〕3号文本身就存在着是否合法的问题。该文件本身就未报国务院财政部审批，构成实质性的越权违法。依据中发〔1990〕16号文，除了国务院财政部"任何部门和地方各级人民政府均无权自行设立各种基金"。此时，法院就处于一种非常尴尬的境地：它如果判决宜昌市政府的具体行政行为合法，那么，就违反了中发〔1990〕16号文件；反之，就违反了宜昌市和鄂价重字〔1993〕3号文件的规定。在这里，原告争讼的是具体行政行为的"依据"不合法，而非具体行政行为是否符合"依据"。再者，依据行政诉讼法的规定，法院也无权对规范性文件的合法性进行审查。

在上述情况下，一条简明的法理是：当低位阶的法律(法规)和高位阶的法律(法规)产生实质性冲突时，高位阶的法律(法规)优于低位阶的法律(法规)，低位阶的法律(法规)中相冲突的内容自然丧失效力。但在司法实践活动中，法律位阶问题并非这样简单明了，它的运行是与我国现行体制联系在一起的。

【思考题】

1. 什么是法律效力？法律效力是如何表现出来的？
2. 试述凯尔森的体系效力观。
3. 试述伦理效力观的含义、作用及其局限性。
4. 试述事实效力观的基本内容和凯尔森关于法律效力与法律实效的关系的观点。
5. 如何理解法律位阶的含义？
6. 试述当代中国不同法律渊源的位阶结构。
7. 确定法律位阶有哪些原则？

【参考书目】

1. 张根大：《法律效力论》，法律出版社1999年版。
2. 〔奥〕凯尔森：《法与国家的一般理论》，沈宗灵译，中国大百科全书出版

---

① 参见周永坤：《论规范效力冲突与法律选择——兼论建立规范审查制度之必要性》，载《法商研究》2001年第4期。

社 1996 年版。

3.〔英〕哈特:《法律的概念》,张文显等译,中国大百科全书出版社 1996 年版。

4.〔美〕博登海默:《法理学——法哲学及其方法》,邓正来等译,华夏出版社 1987 年版。

5. 张文显:《二十世纪西方法哲学思潮研究》,法律出版社 1996 年版。

6. 沈宗灵:《现代西方法理学》,北京大学出版社 1992 年版。

第四章 法律要素论

【本章提要】 法律要素是指法律微观构成之间的有机联系,是一个内部结构完整、整体协调系统的范畴,它属于法理学中的基本理论问题。我们通过对法律要素进行分析和综合把握法律的内部结构和表现形式。研究法律要素的目的就是要分析法律整体是由哪些结构构成的,法律载体以及表现形式又是什么。

本章通过对法律要素的划分,研究法律原则、法律规则、法律概念的含义和特征以及它们之间的相互关系,从中发现法律要素的内在规律性表现,为进一步完善现行法律体系提供必要的理论依据。

第一节 法律要素概述

一、法律要素概念

法律要素是指法律的各个组成部分,是法律本体、法律本质的外在表现。法通常是由法律各个要素构成的有机联系的整体,是一个内部结构完整的、系统性的、结构性的范畴。

不同于法律要素论,法律本体论研究的是法律是什么。它是从法律概念、法律功能和作用的层次角度认识宏观意义上的法律,是法律存在和发展的理论基础。因此,研究法律本体是抽象性的范畴,它必须经过人们对法律现象的理论性的思维才能把握。

法律要素论研究的是法律内部结构是什么、法是如何构成的以及它有哪些要素。法律要素揭示了法律外在表现形式的特征,表征着法律要素结构之间的相互关系,是对法律各个要素进行微观分析。因此,研究法律要素属于实证性的范畴,是应用形式逻辑规律的方法去归纳各种法律要素,把法作为一种具体的元素来对待。通过分析法律要素结构,我们就可以清晰地了解法律整体是由哪些部分构成的,这些部分之间的相互关系是如何的,以及法律载体和表现形式是什么。

法律要素是法律作为一个整体所不可或缺的组成部分,在法律整体中各个要素彼此各自独立但又紧密联系。缺少其中任何一个要素都不可能构成法,法律内部结构的完整性都将受到影响,法律整体作用也将难以发挥。同时,法律要素也是结构性和功能性的。法律内部结构各个要素是相互联系、相互补充和相互依存的关系。因此,法律要素就是把法划分成不同的基本组成部分,并指出这些组成部分之间的相互作用、相互联系的关系。法就是由这种不同的基本要素的内容和形式所构成的统一整体。

划分法律要素要从一个国家法制建设的状况出发,要符合社会、时代对法制发展的要求。根据当前中国法制建设的状况以及法理学学科的发展情形,法律要素一般可分为法律原则、法律规则、法律概念三种。其中,法律原则是决定法律概念和法律规则的关键,它指导法律概念和法律规则在现实生活中的应用和实施;法律规则是法律要素的核心部分,是依法办事、定罪量刑的依据;法律概念是法律规则和法律原则的基础,它构筑和影响着法律规则和法律原则。

当法律要素与一定社会关系相联系时,它就显现出特有的功能性,即法律要素能够实现对社会关系和人的行为的控制与调整,因此,研究法律要素范畴就是从法学领域的微观角度阐释法律的内部构成,从而使人们对法律要素内部有一个清晰直观的理解。这种研究有助于立法者和执法者完整地把握法律结构内部的各个要素,注意保持各种法律要素之间的平衡衔接和协调一致,整体发挥各种法律要素的配套功能,提高立法的质量和执法的效果,从而进一步加深对法律本体论的认识。

二、西方法学家关于法律要素的主要学说

法律要素属于法理学的基本范畴,许多西方法学家往往从事实与经验层面研究法律要素,并确立各自的理论体系。从西方法学理论发展角度看,影响比较大的理论主要有:

(一)"命令说"

英国分析法学派的代表人物约翰·奥斯丁(1790—1859年)是"命令说"的创始人。他认为:"我们所说的准确意义上的法,是一种命令。所有'法'或'规则'(作为能够准确地给予最为丰富含义的术语),都是'命令'。"[①]奥斯丁认为,"命令"的术语包含了"法"的术语,但是"命令"的内涵,相对来说是比较简单的,其外延则是宽泛的。由于"命令"的术语过于简单,我们就需要对其进行详细的解释和说明,这是理解法理学内容的一个关键。那么,奥斯丁的"命令"含义是究竟如何表述的呢?他指出:"如果你表达或宣布一个要求(wish),意思是我应该做什么,或者不得做什么,而且,当我没有服从你的要求的时候,你会用对我不利的后果来处罚我,那么,你所表达或宣布的要求,就是一个'命令'。"[②]作

---

① 〔英〕约翰·奥斯丁:《法理学的范围》,刘星译,中国法制出版社2002年版,第17页。
② 同上书,第18页。

为"命令"的要求和"一般"的要求的区别不在于表达要求的方式不同,而在于命令的一方在自己要求没有被服从的情形下,可以对另一方施加不利的后果或者痛苦,并且具有处罚的能力。如果在对方没有服从要求的情况下,己方没有能力处罚对方,或者不会惩罚对方,那么,己方所表达的要求,即使是用命令方式的言语来宣布的,也不是一个命令。反之,即使己方用礼貌或者恳切的方式表达要求,该要求的背后是带有惩罚性后果的,它也是一个命令。从这个意义上说,一个命令也可以是一个意愿(desire)的表达。这里,"命令"和"义务(duty)"是相互联系的术语,当命令出现的时候,义务也就出现了,当命令被表达出来的时候,一个义务也就被设定了。如果一个人,在没有服从命令的要求时,就可以对其施加不利的后果,那么,他就受到了命令的约束或者限制。这样他就处在了一个服从所发布义务命令的位置上。如果他不服从命令,人们就可以认为他没有履行该命令设定的义务。当一个命令没有被服从的情况下,或者当一项义务没有被履行的条件下,一个不利后果就可能出现,这个不利后果就是"制裁"(sanction)。

奥斯丁主张:法律要素是由"命令"、"义务"和"制裁"三部分组成的。他把"命令"的含义概括为:"第一,一个理性存在提出的要求或意愿,是另外一个理性存在必须付诸行动和遵守的;第二,在后者没有服从前者要求的情况下,前者设定的不利后果,会施加于后者;第三,前者提出的要求的表述和宣布,是以文字或其他形式表现出来的。"[1]为了说明构成法律规则的"命令"与"具体命令或个别命令"(occasional or particular commands)的区别,奥斯丁进一步指出,如果一个命令具有普遍的行为约束力,社会成员都要普遍服从和遵守,那么,这个命令就是法律。反之,如果一个命令只是针对个别行为有约束力,而且服从和遵守的主体也是个别的,这个命令就是具体的、个别的。奥斯丁主张:法律规则应该规定某一类行为,且是在一般意义上明令和禁止的一类行为。所以,只有最高立法机关发布的,而且具有法律的形式,对某一类行为做出普遍的禁止性规定的命令,我们才可以把它称为法。司法命令(judicial commands)是针对具体的、个别的行为而做出的,是被看做用来强制执行法律规定的命令,它与作为法律的命令是不同的。

"命令说"是较早对法律要素进行研究的理论之一,它是针对古典自然法学派关于法律本质"理性论"、"正义论"的反思。奥斯丁指出,自然法学派关于法律可以分为自然法和实在法,自然法高于实在法,实在法必须符合自然法的观点,是把法律与道德混为一谈。他认为,法律在发展过程中会受到道德的深刻影响,并且许多法律规范的内容本身就直接来源于道德,但是,法律与道德之间并

---

[1] 〔英〕约翰·奥斯丁:《法理学的范围》,刘星译,中国法制出版社2002年版,第23页。

不存在必然的联系。法律的存在是一回事,它的功过是非则是另一回事。从分析法学派开始,法学研究重心从注重法律本质、目的、作用等宏观方面,开始转向了法律要素、法律内部构成的微观领域。从法学理论发展视野看,奥斯丁的"命令说"的出现是符合法学理论进步趋势的,它体现了资本主义社会统治稳定时期的法学思潮,在西方法律思想史中占有很重要的地位。

(二)"法律规则与法律规范的区别说"

这是纯粹法学代表人物凯尔逊(1881—1973 年)首先提出来的。凯尔逊根据奥斯丁的思路,进一步把法律规则作为法律要素的中心问题来研究,认为法律规则是对人们的行为的规定。"'规则'并不是指一个单独的、不重复发生的事件,而是指一整批同样的事件。规则的意义是,当某种条件具备时,某类现象就发生,或应当发生,总会或几乎总会发生。事实上,法律经常被人解释为'一般规则'。"①一个国家的法律,就是由各种等级的规范构成的。每一个规范的效力,都来自另一个更高的规范;而一个不能从更高规范中引出其效力的规范,就是"基本规范"。法律要素就是规范体系。因此,自然法理论的正义、理性并不是法律要素的构成,因为,正义、理性是道德性、主观性的价值判断。而法律与道德是有根本区别的,道德靠人们自觉遵守,调整的是人的良心;法律具有强制性的效力,调整的是人的实在行为。法律要素一般具有客观的效力,与主观的价值判断无关,所以,法律要素中不应该包括理想的内容。

在一般情况下,法理学上的"法律规则"与"法律规范"是两个含义相同的概念,但是在凯尔逊法学理论中,他对"法律规则"与"法律规范"作了明确区分。他认为"法律规范"是规定性的(prescriptive),主要功能是为人们设定法律义务;而"法律规则"是叙述性的(descriptive),主要功能是陈述在一个法律体系中存在的法律规范,其表现形式应该是:"某某行为规则是一条法律规范"。② 但是,凯尔逊关于"法律规范"与"法律规则"的区分观点并没有被其他法学理论所认同。然而,凯尔逊还是坚持认为:法律规则和法律规范是不同的,因为,法律规则仅仅指一般规范,而法律规范包括一般规范和个别规范。③ 所以,尽量不要使用"规则"(rules)这一概念,而是用"规范"(norm)这一概念来代替"规则"。因为,"法的创制权威所制定的法的规范的规定性的;法学所陈述的规则却是叙述性的"④。

其实在当代法学理论的论述中,法律规则和法律规范概念在使用上并没有太明显的区分,许多学者在法律要素研究中并没有对法律规则和法律规范进行

---

① 〔奥〕凯尔逊:《法与国家的一般理论》,沈宗灵译,中国大百科全书出版社 1996 年版,第 40 页。
② 同上书,第 49 页。
③ 同上书,第 40 页。
④ 同上书,第 49 页。

严格的划分。在很多情况下,法律规则和法律规范就是同一意义上的概念。一般认为,法律规则和法律规范含义不仅是相近、相似的,甚至是通用的。从两个概念使用概率看,早期法理学教科书中往往是法律规范概念出现的概率比较频繁、使用范围比较广泛。而现在则是法律规则概念使用概率比较高,这是因为法律规范不仅是指构成法律要素的重要组成部分,而且它还被赋予整体性或法律体系意义上的含义,经常被从法的整体角度上广泛使用。为了更好地区分法律规则和法律规范的不同场合的具体含义,现在绝大部分的法理学教科书在论及法律要素种类时,一般都使用法律规则特指法的一个要素,使用法律规范泛指总体的法律现象。

(三)"律令、技术、理想说"

这是近代美国社会法学派的代表人物罗斯科·庞德(1870—1964年)创立的学说。他认为"什么是法律"这个问题一直是争论不休的话题。原因在于,人们往往把下列三个完全不同的东西都称为法律,并试图以其中一个为根据解释所有的这三者:(1)法律秩序,即通过有系统地、有秩序地使用政治组织社会的强力来调整关系和安排行为的制度;(2)一批据以做出司法或行政决定的权威性资料、根据或指示;(3)司法过程和行政过程,即为了维护法律秩序依照权威性的指示决定各种案件和争端的过程。庞德指出,可以用社会控制的观念把这三种意义的法律统一起来,这样就能得出一个关于法律的完整定义:"法律是一种依照一批在司法和行政过程中使用的权威性资料来实施的高度专门形式的社会控制制度。"①因此,他把法律要素中的权威性资料归结为"律令"、"技术"、"理想"三种要素,根据这种模式,他认为:"法律是由安排人们行为的一种制度(法律秩序)、权威性的审判指南和基础、规定法律概念的法令、法律标准组成。"②其中,权威性的审判指南和基础是律令,"律令"本身是个复杂的体系,它是由规则、原则、确定概念的律令和建立标准的律令构成的。

规则是对一个确定的具体事实状态赋予一种确定的具体后果的律令,人类社会早期的法典就是由这种律令构成的。

原则是一种用来进行法律推理的权威性出发点。这是法律工作者在某一领域长期发展起来的判决经验的总结,它一经确定,就可以由此出发应付生活中不断出现的类似问题。

概念是一种可以容纳各种情况的权威性范畴。当人们把一些情况放进适当的范畴里时,一系列的规则、原则和标准就可以适用了。在这些情况下,并不存

---

① 〔美〕罗斯科·庞德:《通过法律的社会控制 法律的任务》,沈宗灵译,商务印书馆1984年版,第22页。

② 同上书,第97—99页。

在一种附加于确定的具体事实状态的确定的具体法律后果,也没有一个用来进行论证的出发点,有的只是可以将各种情况归入其中的一些确定范畴,这样,各种规则和标准就可以适用了。有了各种原则和概念,人们就有可能在只有较少规则的场合下进行工作,并有把握应付那些没有现成规则可循的各种新情况。

标准是法律规定的一种行为尺度。离开这一尺度,人们就要对所造成的损害承担责任,或者使他的行为在法律上无效。例如,适当注意不使其他人遭到不合理损害危险的标准;为公用事业设定的提供合理服务、合理便利和合理收费的标准;受托人的善良行为的标准。标准本身存在着是否公平、合理的问题,对此,要通过立法加以确定是不可能的,也是不合理的,而只能看它是否符合权威性的理想。①

"技术"是指解释和适用法的规则和概念的方法,以及在权威性资料中寻找审理特殊案件的根据的方法。它往往容易被人们忽略,但事实上它同样具有权威性,同样是重要的。其实,正是这个技术成分足以用来区别大陆法系和英美法系。例如,在英美法系中,一项制定法为它规定范围内的各种案件提供了一个规则,但并未给类推论证提供了一个基础。对此,只能求助于司法经验。而在大陆法系中,这方面的技术就完全不同了。大陆法系学者从立法机关的法令进行类推论证,并且认为司法判决只是确立一定的论点,而不是规定一个原则,即规定一个用来进行法律论证的权威性出发点。②

"理想"是指通过法律的社会控制所形成的一定时空条件下的社会秩序的理想图画,反映了法律秩序和社会控制的目的是什么的法律传统。它是解释和适用法令的背景,在各种新案件中具有决定性意义,因为在那里,必须从各种同等权威性的出发点中加以选择来进行法律论证。例如,假设某人因对在他的土地上持有的某种东西未加管束而致其逸出,从而对邻人的土地造成损害。这里,人们就必须在要求绝对责任的普遍安全和只要求在有过错时才负责任的个人生活之间进行选择。对此,英国关于土地是永久的家庭占有物的概念同美国关于土地是做某些事情和创办某些企业的一种财产或地方的概念之间的区别,即是不同的社会理想或图画之间的区别,从而决定了各种不同论证的出发点。③

庞德的理论相对于其他学派的观点,显得比较精致和详尽复杂,他把法律要素范畴划分为法律秩序、权威性资料以及司法、行政过程三类,其中权威性资料由"律令"、"技术"、"理想"三种要素构成,而"律令"又可以分为规则、原则、观念和标准四部分。在这个基础上,他比较具体地分析了法的各个要素间的相互关系以及法在调整人们的行为和社会控制中的作用。特别要指出的是,庞德明确把

---

① 参见〔美〕罗斯科·庞德:《通过法律的社会控制 法律的任务》,沈宗灵译,商务印书馆1984年版,第24—26页。
② 同上书,第23页。
③ 同上书,第23—24页。

法律理想即法律价值也归入法的权威性资料之中,使之成为法律要素的有机组成部分,具有一定的合理性,这对于完善社会法学派的理论具有重要的意义。

(四)"第一性规则(primary rules)和第二性规则(secondary rules)说"

当代英国新分析法学派的代表人物哈特(1907—1992年)提出了"法律规则"理论,他把法律要素归结为规则,并在这一意义上研究"法律规则"。他指出:"规则有许多不同的类型,比如,法律规则、语言规则、游戏和俱乐部规则等,而且,任何规则都可能产生于不同的方式。甚至法律也不能例外,例如,法律的某些规则是由立法机关制定的,而另一些规则却不是产生于任何有意识的行为。更为重要的差别是,有些规则具有强制性,强制性的含义在这里是指不管人们愿意与否都要在某些确定的方面(例如避免使用暴力或纳税)对规则加以遵守;而另一些规则却指示人们在实施自己的愿望时该做什么,例如,订立婚约、遗嘱或合同所需的程序、手续和条件的有关规定就是如此。"①这种法律要素理论模式是哈特对奥斯丁法律要素"命令说"的批判的继承和发展。

哈特认为,奥斯丁把法律归结为主权者的命令既不能完整说明法律的全貌,又不能在理论上说服人。他的"法律命令说"的理论缺陷主要是:第一,"法律命令说"只适用于刑法,刑法是以刑罚为后盾的,而刑法只是法律的一种,并不能代表法律的全部;第二,法律除了规定人们的可为或不可为的界线以外,还有授予各种权利或权力的规则,它们不是以制裁为后盾的;第三,有的法律形式也不同于命令,如习惯法,就不是以明文的形式表现出来的。在哈特看来,"法是由主要规则和次要规则这两类既有联系又有区别的规则的结合。主要规则设定义务、直接指导那些生活在这个法律制度下的人们,其中包括告诉人们应该做或不应该做某种行为,以及他们要达到某种结果应该怎么做。由于主要规则是为人们设定义务的,所以,这类规则又叫'设定义务的规则'。次要规则是'关于规则的规则'。它规定人们可以通过言论和行动引入新的主要规则,取消或修改旧的规则,或以各种不同的方式决定这些规则的作用范围或控制它们的实施,由于次要规则主要是授予权利,这些规则又叫作授予权利的规则"②。

在现代社会,必须有三种规则来补充第一性义务规则的不足。为了消除法律的不确定性的缺点,必须引入承认规则(rule of recognition)。只有通过承认规则的承认和授权,第一性规则才能取得法律效力。为了消除法律的静态性的缺点,必须引入改变规则(rule of change)。只有通过改变规则,才能授权个人和集团实行新的第一性规则,取消旧的第一性规则。改变规则又可以分为两种:一种是授予公法上的权力和权利,如授予国家机关的立法权、执法权等;一种是授予

---

① 〔英〕哈特:《法律的概念》,张文显等译,中国大百科全书出版社1996年版,第9—10页。
② 张文显:《二十世纪西方法哲学思潮研究》,法律出版社1996年版,第377页。

私法上的权利,如根据这种规则,私人就可以转让财产、缔结合同、订立遗嘱等。通过改变规则,就能改变人们原来的法律地位和法律关系,从而建立新的权利和义务关系。为了消除法律的社会压力无效性的缺点,还须引入审判规则(rule of adjudication)。审判规则是决定谁有权审判以及审判程序,决定个人或机关就一定情况下第一性规则是否被违反,以及如何处罚并做出权威性结论。

哈特的法律要素理论是在完善和发展分析法学派的基础上有所创新、有所突破。特别是关于第一性规则和第二性规则的观点,进一步深入研究了对法律规则研究的出发点,对今后法律要素理论发展有积极的影响。

(五)"规则、政策、原则说"

当代美国新自然法学派代表人物罗纳德·德沃金(1931年—)批驳哈特的两种规则的理论,提出法律要素是由"规则"、"政策"、"原则"三部分构成的。德沃金认为哈特的第一性规则和第二性规则的理论并不符合法律的实际状况,法律要素除了规则以外还有其他内容,在处理案件的过程中经常要借助其他要素,这些要素主要就是法律原则和政策。他指出:"法律要素不仅包括规则,而且还包括原则和政策。"[①]法律规则和法律原则只是一种逻辑上的划分,它们都是在特定情况下就法律义务所做出的决定,但它们指引的性质有所不同。这里,"原则"是关系到主体权利的政治决定和道德要求,而"政策"是关系到社会利益的政治决定。德沃金坚持认为:"法律是一种阐释性的概念。法官们应该以阐释其他法官判断什么是法律的实践,确定什么是法律。对我们来说,法律的一般理论就是对我们自己司法实践的一般阐释。"因此,"法律既不可能由任何原则或规则体系阐述得淋漓尽致,任何官员与其权力也不可能支配我们的全部生活。法律的帝国并非由疆界、权力或程序界定。而是由态度界定。法律的观念是建设性的:它以阐释的精神,使原则高于实践,以指明通往更美好的未来的最佳道路。"[②]德沃金还对法律规则和法律原则作了详细的区别,并分析了适用政策与适用原则会对案件带来截然不同的判决结果。

第二节 法律原则

一、法律原则的概念和特征

分析法律原则,须探讨原则一词的基本含义。根据语义学的释义,"原则"

[①] 〔美〕罗纳德·德沃金:《法律帝国》,李常青译,中国大百科全书出版社1996年版,第15—28页。德沃金在该书中分别用几个案例说明了法律要素的各个部分的作用,即埃尔默案说明原则的重要性,河鲈科淡水小鱼案说明规则的重要性,麦克洛克林案说明政策的重要性。

[②] 〔美〕罗纳德·德沃金:《法律帝国》,李常青译,中国大百科全书出版社1996年版,第364—365页。

一词源于拉丁文"principium",含有"开始、起源、基础"之义,一般是指事物的初始化的根本性规则,是观察问题、处理问题的准绳。它又称为"事物本质的基础"、"事物的起源或开始"。

在西方法学理论中,由于研究角度的不同,学者们对法律原则的定义有不同的表述。

英国法学家沃克认为:法律原则是许多法律推理所依据的前提,不断地、正当地适用于比较特别和具体的规则解决不了或不能充分明确解决案件的一般原则。这是从司法角度给法律原则下定义,定位在解决司法实践中新奇案件、疑难案件的准则。

美国法学家罗斯科·庞德认为:"在具体规则之外,法律体系还包括大量的一般原则。这些原则有时被明确地确认甚至公布,有时被推断为最为合理的准则根据,从而能够解释明确确立的规则的存在。它们不仅可以来解释使其得以体现的具体法律规则,而且可以当具体法律规则不明确或不存在时被用来构成判决的一般准则。"[1]这是从法律原则在法律体系中的作用表现以及对法律规则的影响角度进行的分析。

美国法学家迈克·D.贝勒斯认为:"法律原则是需要去证成的东西。法律原则可以互相冲突,适用互相冲突的原则必须互相衡量或平衡。"[2]这是从法律原则的证明及适用过程中的关系而言的。

《布莱克法律词典》给法律原则的定义是:"法律的基础性真理或原理,为其他规则提供基础性或本源的综合性规则或原理,是法律行为、法律程序、法律决定的决定性规则。"[3]这是从法律原则的本义角度所下的一个比较完整的定义。

从国内法理学研究看,法律原则定义也各有差异。有学者认为:"法律原则是法律上规定的用以进行法律推理的准则。法律原则不仅可以指引人们如何正确地适用规则,而且在没有相应法律规则时,可以代替规则来做出裁决,即较有把握地应付没有现成规则可适用的新情况。"[4]这个定义显然是受到了沃克概念的影响,更多地从司法实践中强调法律原则的作用,把法律原则定位在法律推理和补充法律规则不足的范畴。

也有学者认为:"法律原则是法律的基础性真理、原理,是为其他法律要素提供基础或本源的综合性原理或出发点。法律原则可以是非常抽象的,也可以

---

[1] 转引自刘星:《法律是什么》,中国政法大学出版社1998年版,第158—159页。
[2] 〔美〕迈克·D.贝勒斯:《法律原则——一个规范的分析》,张文显等译,中国大百科全书出版社1996版,第12—13页。
[3] 转引自张文显主编:《法理学》,高等教育出版社、北京大学出版社1999年版,第74页。
[4] 沈宗灵主编:《法理学》,北京大学出版社1999年版,第36页。

是很具体的。"①这个定义则明显倾向于《布莱克法律词典》对法律原则的论述。

我们认为:法律原则通常是指在一定法律体系中所存在的,可作为法律要素、法的现象、法的秩序的指导思想和基础理论,通常表现为传统的、稳定的法的原理和准则。简言之,法律原则就是法律的基本性原理和重要准则的综合体。因为法律原则都是存在于一定法律制度中,表现在一定国家法律体系中的。永恒不变的法律原则往往是无法证成的,同时法律原则作为法律要素的基础性或本源性内容,其表现形态主要是理论性和思想性的,以区别于法律规则和法律概念。法律原则的形成和发展必须有一个历史沉淀进程,某个法律原则的提出,到被社会广为传播直至社会公众普遍接受和认同,这是一个漫长的、潜移默化发展的过程。因此,法律原则必须具有传统性和社会认同性。

为了更好地把握法律原则的含义,我们要进一步掌握法律原则的特征:

(一) 抽象性与具体性相统一

一般认为,大部分法律原则具有高度抽象性和概括性,正是这种抽象性和概括性,使法律原则不具备法律规则那样的行为模式结构。法律原则往往集中反映立法者的某些倾向性要求,但不规定人们具体行为的规则,换言之,法律原则对人们行为指引的规则是抽象的,为人们设定的权利义务也是宏观的、泛指的。这样立法者就可以用法律原则统一、协调和平衡法律规则。从这个层面看,法律原则具有相对稳定性、相容性、广泛性,其效力范围是极其宽泛的、宏观层面的。但有些法律原则可能是具体的,可直接作为司法机关审理案件的依据。正是由于这种抽象性与具体性并存,使得法律原则内容更具有广泛性、丰富性、针对性,以适应社会的发展。

(二) 本源性与基础性相统一

如果把法律要素看成是一幢大厦,法律原则就是大厦的地基与底层。某一法律原则往往是某一类法律规则的基础和来源,是构成其他法律要素的渊源。可以认为,法律原则是法律规则的渊源,法律规则的条文内容根植于法律原则;而法律原则的渊源根植于人类社会的基本价值观念和共同道德基础。假如对每一个法律规则的背后立法意图都进行追根寻源的话,显露的则是法律原则。而对每一个法律原则追根寻源的话,反映的则是维持人类社会生存发展的共同基本信念和行为准则。因此,法律原则作为法律体系的核心与基础,理应更受到法学家高度重视。今天我们不但需要知道什么是法律,还要了解为什么要有这些法律,以及为什么会制定这些法律的背景。这些知识背后的深刻内涵,都体现在法律原则的博大精深内容之中。

---

① 张文显主编:《法理学》,高等教育出版社、北京大学出版社1999年版,第74页。

（三）历史性与稳定性相统一

法律原则是法学历史发展的证明，很多民法基本原则都是源于古代罗马法。法律原则通常是社会重要价值的体现，它的形成往往带有历史的积淀。从历史上看，法律原则一旦确立，就显示出极强的稳定性，一般很少变化。即使社会制度、社会体制会有改变，基本法律原则也不会轻易改变，大部分还是被继承下来，依然作为法律规则的基础和依据。这种历史性与稳定性导致法律原则的内容涉及所有法学领域的范围，持久地、稳定地发挥其重要作用和积极影响。[①]

（四）内容宽泛性与形式多样性相统一

法律原则的内容宽泛性意味着法律原则能够适用或应对所有的法律现象，在对人对事的范围上非常广泛。法律原则的形式多样性是指法律原则表现形式具有多样性。某些重要的、显而易见的法律原则往往由立法者以成文法制定出来，如法律面前人人平等原则、罪刑法定原则、无罪推定原则等。某些法律原则在条文中虽然没有以文字表达出来，但是通过法律解释、法律推理可以合理地推理出来。某些法律原则是国家认可的，即表现为某些法律观念、法律理论。总之，内容繁多、形式多样的法律原则广泛地体现在法的传统之中，主导着法律要素的其他部分的性质和状态，影响或决定了立法者的法律精神和立法宗旨，为陷落在法律迷宫中的司法者指点迷津，指出正确的方向，以真正体现法律的公正与正义。

（五）自由与平等相统一

法律原则能够体现很多不同的价值，如自由、平等、安全、秩序、人权、财产、效率、幸福等，但在这些价值中，自由与平等处于特别重要的地位。

首先，法律原则要体现自由、保障自由、为实现自由创造条件。法律用明确的方式，告诉人们行为的界限，即设定了人们行为自由的范围，超过了法律规定的范围，人们的行为就要受到一定的限制。这种限制可分为外在限制和内在限制。外在限制有两个方面：一是客观规律的限制，如自然界规律的作用、人的生老病死规律，这是外部客观条件对人的能力限制；二是法律上的限制，如法律用禁止性的行为模式、处罚性和制裁性的后果使这些行为在法律上明确受到限制，这是法律上对人的行为进行限制。内在限制是指人们的行为能力在法律上受到限制，以至于其行为在法律上就没有效力或者没有全部效力，如未成年人和不能完全辨认自己行为的精神病人的行为就受到法律上的限制。

其次，平等也是法律原则的重要价值，法律上的平等价值并不是理想化的平

[①] 参见〔美〕迈克·D.贝勒斯：《法律原则——一个规范的分析》，张文显等译，中国大百科全书出版社 1996 年版，第 427—435 页。贝勒斯对程序法、财产法、契约法、侵权法、刑法原则逐一进行了说明论证。

等,也不意味着法律对所有人都是平等对待(equal treatment),而是作为平等的个体来对待(treatment as an equal)。法律原则的平等价值含义有二:一是社会义务和负担的公平分配,这里的公平分配就是平等分配,法律规定了同一情况下行为人承担的法律义务是相同的。如果对不同的行为人实行平等的对待,也会破坏平等价值。如对轻微违法行为和重大刑事犯罪案件给以相同的处罚,那就违反了公平和平等价值。二是人们享有平等机会的选择。如果某些人有选择机会而另一些人却没有,那他们就不是被作为平等的人来对待的。法律要为谋求社会公共职位的人创设和提供平等的竞争机会,让社会各界符合条件的人都有平等选择和公平竞争的可能,让机会与机遇在每一个选择者、参与竞争者的面前都是平等的、公平的。

二、法律原则的地位

法律原则在法学领域中有着重要作用。某地法院因案件特殊性,如适用法律规则将会导致判决不公,牺牲社会正义,因而法院放弃适用法律规则而直接适用法律原则审判案件,这使得案件的判决更符合法律的基本精神和公共利益。因为法律原则直接反映了立法者的重要意志,体现了法律体系、法律部门和法律制度的指导思想和基本原则,也是指导立法、司法实践的行动指南。它在法律要素中占有重要地位,因此也被称为"超级规则"。

首先,法律原则在立法中占有重要地位。立法是调控人的行为、分配社会资源的主要方法。立法必须以法律原则为本源,唯有这样,所立之法才有深厚的社会基础,便于人们在实际生活中贯彻执行与遵守。同时,立法总是滞后于社会发展的,法律原则对于补充法律规则中的空白和遗漏,发挥着重要作用。法律规则的数量众多,社会关系错综复杂,难免导致法律规则的冲突矛盾、重复调整,乃至留下法律的真空。这时,法律原则就能起提纲挈领的作用,弥补法律规则的不足,更能防止出现适用不合理法律规则的不良后果。这对于不断完善和健全法律制度和法律体系尤为重要。

其次,法律原则在司法中有重要作用。在司法中,司法机关及其工作人员要以法律原则为指导,结合适用具体法律条文的内容,应用法律解释和法律推理方法,对具体案件和纠纷做出合法、公正、合理裁判和解决。如程序法中,就存在一系列法律原则,如文明裁判原则——法庭审判程序应是和平的、文明的;公平原则——程序应当公平、平等地对待诉讼当事人;止争原则——法院应对案件和纠纷做出最终的裁决。但是,社会在快速发展,各种新奇案件、疑难案件会不断产生,必然导致成文法相对滞后,缺乏处理疑难案件的法律规则,无法满足平衡互相冲突利益关系的需要。这时司法机关就要依靠法律原则来处理新案件、解决新问题,为案件寻找合理、合法的解决方法。法律原则指导下的法律解释和法律推理,就成为弥补成文法体系不足和缺漏的重要形式之一。在法律解释和推理实施过程中,必须以体现法的基本精神的法律原则为指导,否则就会导致法律解释和推理的随意性,背离法律的基本价值,损害社会利益。

再次,法律原则在法学教育中发挥着积极的作用。美国法学教育中广泛采用的"判例教学法",就是让学生通过案例讨论和分析,得出一个在法律社会中被普遍接受的某一项法律观念或法律原则。"因为法律总是在不断地变化和发展,任何权威的原始法律资源都可能随时代的发展而失去权威,但在法律的演变过程中逐渐形成的那些基本法律原则能够长久地适用,以其相对稳定的权威来规范和影响社会的法律制度和法律创新。"[①]美国法学家也指出:"法律不仅包括立法机关和其他正式法律规则颁布者规定的规则,而且还包括原则,其中突出的是包括了立法者或法官从中可能汲取创造新规则之材料的道德原则。"[②]因为,法学是一门历史悠久的学科,尤其在判例法国家,法学发展到今天,已经积累了浩如烟海的判例法资料,对于法学院学生而言,现代法律就是以往法律以某种方式的延续,只有了解历史上判例法的发展过程,才解真正掌握法律的基本精神,完成学业。但是,即使是最勤奋的法学院学生也无法掌握数量庞大的、内容复杂的判例。为此,最好的法学教育方法也许是结合判例法教学,通过分析具体判例,抽象归纳出基本的法律原则,加以熟练运用和把握。在法学院学习阶段一旦具备了这种能力,对今后从事法律职业的人来说,可能是终身受益的。

最后,法律原则在法制教育中也有积极意义。法律规则的生命在于得到社会上绝大多数成员的遵守和认同,而要使大多数人切实遵守和认同法律规则,就要把法律规则设定的权利义务转化为人们实际生活中的权利义务,就必须使法律规则建立在一定社会价值和道德原则的基础之上。换言之,这种社会价值和道德原则就表现为某些法律原则。如果某项法律规则由于缺乏法律原则的有力支撑,即使其形式上完全符合法律规则的基本条件,在实施中,该规则的效力也总是很有限的,极容易遭到破坏。因此,在法制宣传教育中,既要强调法律规则的宣传,要求人们遵守法律规则,依法积极享有权利、切实履行义务;更应注重法律原则的阐述和灌输,从理论上、基本信念上培养和提高公民的法律意识和法制观念。只有抓住了法律原则,才抓住了法律规则的核心和关键。同样,在法制宣传教育中,只有突出了法律原则的重要地位,加强了法律原则的宣传力度,才能真正增强全体社会成员的法制观念,实现依法治国的基本方略。

---

① 邹育理:《从美国的法律教育谈"判例教学法"》,载《现代法学》2000 年第 2 期。
② 〔美〕理查德·波斯纳:《道德和法律理论的疑问》,苏力译,中国政法大学出版社 2001 年版,第 108 页。

三、法律原则的分类

（一）公理性原则和政策性原则

这是按照法律原则的渊源和来源的不同所进行的分类。

公理性原则是由法学基本理论构成的原则，是从法律上之事理推导出来的法律原则。即从全部社会生活和社会关系本质中抽象出来的，经过立法者的选择和确认的，并得到社会的广泛承认而被奉为法律、法规的公理，是属于严格意义上的法律原则。例如，法律面前人人平等原则、诚实信用原则、等价有偿原则、无罪推定原则、罪刑法定原则、上诉不加刑原则等。公理性原则主要是从社会的市场经济关系、民主政治关系、基本人权关系中产生，并经过概括、提炼成为法律的公理。它在法律历史发展过程中发挥着重要作用，它超越不同的政治制度和社会制度，在各国法律体系中都有一定的表现，是作为人类社会共同的真理性认识而应当被普遍承认和采纳，并在国际法律范围内普遍适用的。我国《民法通则》所规定的民事活动必须遵守诚实信用的原则，既是一般国家中开展市场经济活动的前提，也是民事活动得以顺利进行的必备条件，当然也是世界各国民法所确认的共同准则，属于公理性原则。公理性原则与政策性原则相比，具有更大的稳定性和普适性特点。

政策性原则是一个国家为了达到一定目的，依据长远目标结合具体历史条件所制定的行动准则在法律、法规中的原则性反映。政策性原则与一个国家的政治制度和社会制度以及特定时期的政治、经济、文化等方面的发展目标是紧密联系的，国家总是要把某一时期的社会政治、经济、文化等方面的发展目标即国家政策用法律原则固定下来，目的在于赋予它们以法律上的强制力。政策性原则在宪法和宪法性法律中有更多的体现。例如，我国《宪法》中规定的"各政党必须在宪法和法律的范围内活动"、"国家发展社会主义的教育事业，提高全国人民的科学文化水平"、"人民当家作主的原则"、"依法治国，建设社会主义法治国家"，《婚姻法》中规定的"实行计划生育"的原则等，就属于政策性原则。一般认为，高位阶的法律、法规中的政策性原则比低位阶的法律、法规中的政策性原则要多。政策性原则与公理性原则相比，具有针对性、时代性和民族性较强、稳定性较弱的特点。

（二）基本原则和具体原则

这是按照法律原则的位阶关系及其覆盖面和适用范围大小的不同所作的分类。

基本原则是反映法的基本精神和基本价值取向的原则，是法的原则体系中的上位阶原则，它体现在整个法律体系中或者被某一主要法律部门所适用，它是法律在调整各种社会关系时所体现的最基本的精神价值。例如，宪法规定的法律面前人人平等原则,婚姻法规定的婚姻自由原则、一夫一妻原则都属于基本原则的范畴。基本原则体现了法的本质,是法律运行的出发点和指导思想,是构成法律体系的灵魂,决定着法的统一性和稳定性,它比具体原则更重要、调整适用的范围更广,也更具有指导意义。

具体原则是在基本原则指导下适用于某一法律部门或法律子部门中特定情形的原则,是法的原则体系中的下位阶原则,也是数量更多的原则。但是,具体原则不得与基本原则相抵触,因为基本原则反映了各法律部门或法律子部门的共同要求,而具体原则是基本原则的具体化,它构成了基本原则所调整的法律领域所包括的下位阶原则的指导思想和法律依据,反映了该位阶原则的特殊性。要注意的是基本原则与具体原则的划分具有明显的相对性。某些法律原则兼有基本原则与具体原则的双重性。例如,法律实施中的"公民在适用法律上一律平等"原则相对于宪法中的"法律面前人人平等"原则是具体原则;相对于司法和执法来说,它又是司法和执法的基本原则。

(三) 实体性原则和程序性原则

这是按照法律原则涉及的内容和问题的不同所进行的分类。

实体性原则是直接关系到实体性法律的权利义务和职权职责内容的原则。在宪法、民法、刑法、行政法中规定的原则大都属于实体性原则,如契约自由原则、罪刑法定原则。

程序性原则是实现实体性法律中权利义务等内容的原则。例如,诉讼法中规定的司法独立原则、不告不理原则、"谁主张,谁举证"原则、一事不再理原则、公开审判原则、辩护原则、回避原则等,都属于程序性原则。

(四) 宪法原则和法律部门原则

这是按照法律原则地位和效力的不同所进行的分类。

宪法原则就是宪法所确定的原则。而法律部门原则就是各法律部门中确定的原则,如刑法原则、行政法原则、民法原则、诉讼法原则等等。宪法在法律体系中的至上权威和最高效力决定了宪法原则在法律原则体系中具有最高权威和最高效力。一个国家的法的本质决定了其宪法原则的内容,它们是整个国家及其法的基本价值取向。法律部门原则必须与宪法原则在精神上保持一致。

第三节 法 律 规 则

一、法律规则的概念

规则是自然秩序的物化形态,一般可以分为自然规则、社会规则、思维规则、语言规则等等。法律规则是社会规则的一种,它是由国家机关制定和认可的,具体规定法律关系主体的权利和义务并设置相应法律后果的行为准则,其目的在于建立和维护一定社会的法律秩序。法律规则是构成法律要素之一,也是法律要素中最基本、最主要的部分。"法律规范是法律制度的'基本粒子'。法律规范的概念是法学一般理论的'关键概念',同样也是'法'、'效力'、'权利'或'正义'的'关键概念'。"①

二、法律规则的逻辑结构

法律规则虽然是法律系统中的重要因素,但是,法律规则本身也是一个独立系统,其内部也存在着下一位阶的若干要素,正是这些要素之间的逻辑关系,构成了完整的法律规则逻辑结构整体。

法律规则逻辑结构,指法律规则从逻辑意义上由哪些要素构成,以及这些要素之间相互联系、不可分割的逻辑关系构成的法律规则的整体。研究法律规则的要素使我们从法律结构的微观领域,进一步理解法律现象的本质、特征和作用,这对于提高立法的质量和法律条文的完整性,增强法律规则在实施中的可操作性都具有重要作用。

关于法律规则的逻辑结构划分,大致上有"两要素论"、"三要素论"和"四要素论"等学说。

1. "旧三要素论",把法律规则的逻辑结构划分为假定、处理和制裁三部分。假定指法律规则适用的条件和范围;处理指法律规则所要求法律关系主体的作为和不作为;制裁指法律关系主体违反法律规则所必须承担的惩罚性责任。"旧三要素论"的观点在早期的法理学教材中比较普遍,主要适用在刑法领域,对刑法条文进行有效分析。

2. "两要素论",指出了假定、处理和制裁三要素理论的不足之处,并认为"法律规则可以分为两部分:行为模式和法律后果"②。这里,行为模式在法律规则中为法律关系主体如何行为提供了标准和范式。它是从法律的角度出发,从法律关系主体大量的行为中总结、归纳、抽象、概括出来的。行为模式的种类很多,基本上可分为三种:第一,可以这样行为的模式,由授权性的法律规则加以设定;第二,应当(必须)这样行为的模式,由命令性的法律规则加以设定;第三,不应当这样行为的模式,由禁止性的法律规则加以设定。法律后果是法律规则中对法律关系主体与行为模式具有联系的行为所表示的态度,一般是指对主体的具有法律意义的行为应获得何种法律后果的规定。法律后果可分为两种:一是肯定性法律后果,即法律承认这种行为合法、有效,并予以保护和奖励;二是否定

---

① [德]伯恩·魏德士:《法理学》,丁小春、吴越译,法律出版社2003年版,第48页。
② 沈宗灵主编:《法理学》,北京大学出版社2000年版,第46—47页。

性法律后果,即法律不承认这种行为或者禁止这种行为,并对这种行为予以撤销或制裁。"两要素论"观点认为,某些法律条文中假定部分不明显或不存在,亦或是在法律条文中作了原则性规定,假定部分和处理部分很难区分,因此,没有必要单列"假定"部分。

3. "新三要素论"认为:"两要素论"和"旧三要素论"的理论各有缺失。"两要素论"虽然把法律后果分为肯定性和否定性两种,克服了"制裁"只有一种惩罚性法律后果的不足,但是它把"旧三要素论"中的"假定"部分包括在行为模式这一要素之中,没有单独区分适用法律规则的条件,因此无法涵盖和说明某些法律规则的逻辑结构。而"旧三要素论"中的"处理"含义不明确,常常容易与"制裁"产生混淆。为此,"新三要素论"综合两方面的观点,提出了新的法律规则逻辑结构的划分,认为法律规则构成要素可以分为假定条件、行为模式和法律后果三部分。在这里,假定条件是指法律规则中有关适用该规则的条件和情况的部分,即法律规则在何时、何地,对何人、何事有约束力的问题。行为模式是指主体的行为条件,即法律规则中规定的人们如何具体行为之方式或范型的部分,是从人们大量的实际行为中概括出来的法律行为要求。法律后果是指法律规则中规定的人们在做出符合或不符合行为模式要求的行为时应承担的相应结果,是法律规则对人们具有法律意义的行为的态度。

4. "四要素论"认为法律规则由四部分构成:"第一部分是规则适用的条件,也可以说是义务、权利的条件。第二部分是义务、权利规定,这是法律规则的主要部分。第三部分是指明违反义务的行为,包括违反禁止性义务的行为、违反必为性义务的行为和侵犯他人权利的行为(侵权行为——这实际上也是违反义务行为)。第四部分是关于违反义务的处理规定,它意味着对第三部分规定的违反义务行为所要施加的制裁。"[①]

我们认为,法律规则逻辑结构实际上可划分为适用条件、行为模式和法律后果,这是符合我国法制建设状况的。

适用条件,指法律规则中所规定的适用该规则的条件或情况,说明在什么时间、地点和条件下,人们的行为或者某一社会关系才能受到某一法律规则的调整。只有满足了一定的条件,该法律规则才能对人的行为产生影响和发生效力,它包括适用该规则的主体、时间、地点和情节等条件和情况。例如,在具体的法律规则中,规定时间效力、空间效力和对人的效力的内容,如《刑法》第 6 条规定:"凡在中华人民共和国领域内犯罪的,除法律有特别规定的以外,都适用本法",这就是《刑法》分则部分各法律条文共有的适用条件。有的是在具体的法律条文中,规定了行为模式的适用条件。如《刑事诉讼法》第 48 条规定:"凡是

[①] 张恒山:《法律要论》,北京大学出版社 2002 年版,第 39—40 页。

知道案件情况的人,都有作证的义务。生理上、精神上有缺陷或者年幼,不能辨别是非、不能正确表达的人,不能作证人。"这里,"凡是知道案件情况的人"属于该法律规则的适用条件;"生理上、精神上有缺陷或者年幼,不能辨别是非、不能正确表达的人"属于不能适用该法律规则的前提条件。

行为模式,是指法律规则中规定了人们行为标准或活动范围的部分。它告诉人们在法律上允许做什么、必须做什么、禁止做什么。行为模式可以分为三类:(1)可以这样行为;(2)应该这样行为;(3)禁止这样行为。行为模式确定了人们的行为目标和框架,具体指明了人们在法律上的权利和义务,是法律规则的核心部分。其中,第一类行为模式赋予了法律关系主体作为或不作为的权利,与之相对应的规则是授权性规则。第二类行为模式为法律关系主体设定了积极作为的义务,与之相对应的规则是命令性规则。第三类行为模式为法律关系主体设定了消极不作为的义务,与之相对应的规则是禁止性规则。命令性规则和禁止性规则两者都是含有义务性的,又可以合称为义务性规则。

法律后果,是指法律规则中规定的履行或违反该法律规则时所导致的法律结果的部分。法律后果可以分为两类:(1)肯定性法律后果,即法律承认某种行为是合法、有效的,并加以保护、赞许或者奖励。(2)否定性法律后果,即法律上认为是违法的、无效的,并加以制裁。制裁的形式有多种,常见的有撤销、变更、确认行为无效、追究法律责任等。《刑法》第 20 条规定:"为了使国家、公共利益、本人或者他人的人身、财产和其他权利免受正在进行的不法侵害,而采取的制止不法侵害的行为,对不法侵害人造成损害的,属于正当防卫,不负刑事责任。正当防卫明显超过必要限度造成重大损害的,应当负刑事责任,但是应当减轻或者免除处罚。"这一法律条文就表达了两种行为模式及其相应的法律后果:一是公民有权进行正当防卫,其法律后果是肯定的,在正当防卫过程中即使对不法侵害人造成损害,也"不负刑事责任";二是公民不得防卫过当,否则将承担否定性的法律后果,即"应当负刑事责任"。

行为模式与法律后果是相互联系,缺一不可的。从逻辑上说,每一行为模式都必须有相对应的法律后果存在,否则,该行为模式的法律效力在实践中就会存在问题。第一类行为模式是赋予法律关系主体权利的,与之相对应的是肯定性后果,第二、三类行为模式是规定法律关系主体义务的,与之相对应的是否定性后果。苏联法学理论在分析法律规则的逻辑结构时,只注重法律的国家强制性以及与之相对应的制裁因素,把制裁作为法律后果的唯一因素,这是对法律规则的逻辑结构认识的简单化,把对刑事方面法律规则的逻辑结构的理解扩大到所有法律规则中,没有看到在越来越多的法律部门(如民法、商法、经济法方面)中大量存在的授权性规则,而它们都是通过肯定性法律后果来确认社会关系和保护人们的合法行为。

三、法律规则与法律条文

法律规则的逻辑结构是法律规则内在的有机联系,作为一个完整的法律规则,其逻辑结构的构成要素是不可缺少的。但是,法律规则的构成要素在法律条文中并不一定全部明确表现出来。有的条文完整地表述了法律规则的全部要素;有的条文只表述了法律规则的个别要素;有的阐述性、宣言性条文就不具备法律规则的构成要素。因此,一个法律规则可以通过一个法律条文表述,也可以通过若干个法律条文表达,有的法律规则还可以通过不同法律部门的法律条文表达。

在分析法律规则的逻辑结构要素时,应注意不能把法律规则和法律条文等同起来。一般认为,法律规则是法律条文的核心和灵魂,没有法律规则就不存在法律条文;而法律条文则是法律规则的文字表述形式,法律条文要选择最适合法律规则内容表述的形式,来准确体现法律规则的精髓。大多数情况下,一个法律条文并不等于一个法律规则,为了立法的需要和文字表述上的简便扼要,一个完整的法律规则往往由几个法律条文来表达,有时甚至分散在几个规范性法律文件之中。同样,一个法律条文中也可以包含若干个法律规则的行为模式。

因此,在理解法律规则的逻辑结构要素和法律条文的关系时,应注意以下几方面:

第一,法律规则与法是完全不同的概念。因为法的构成要素不等同于法律规则的构成要素,它们是两个不同层次的概念。法的构成要素是由法律概念、法律规则、法律原则组成的,它们之间可以独立存在,并各自发挥功能。而法律规则的逻辑构成要素是相互联系、不可分割的,它们没有单独存在的意义。因此,作为一个完整有效的法律规则,其内部的逻辑构成是紧密结合、缺一不可的。

第二,并不是所有的法都必须通过法律条文的形式表现出来,有的法可以通过法律原则表述,有的法可以用法律概念表述,还有的法可以通过习惯或者判例表达。但是,作为规范性的法律规则,必须通过法律条文表述。同样,并不是所有的法律条文都可以找出法律规则的构成要素,非规范性法律条文往往是对法律概念、法律原则的表达,其内部就不存在法律规则的构成要素。即使对法律规则的行为模式的表述,即对于某种行为许可、命令或禁止,有时是采用明确的方式,如《婚姻法》第3条规定:"禁止包办、买卖婚姻和其他干涉婚姻自由的行为。禁止借婚姻索取财物。禁止重婚。禁止有配偶者与他人同居。禁止家庭暴力。禁止家庭成员间的虐待和遗弃";有的是通过对这种行为所赋予的法律后果体现出来的,如《刑法》第232条规定:"故意杀人的,处死刑、无期徒刑或者十年以上有期徒刑;情节较轻的,处三年以上十年以下有期徒刑。"这里,对故意杀人行为的禁止,就是通过对这种行为的否定性法律后果体现出来的。

第三,法律规则与法律条文既有根本性质上的区别,也有一定的联系。两者的关系是:法律条文是规范性法律文件的基本组成部分,它是构成规范性法律文件的最小单元;而法律规则是法律体系中的最小单元,它是法律要素中最主要的部分,也是设定法律关系主体权利与义务的基本单位,每一条法律规则都设定了一项法律权利或一项法律义务,或者同时设定了一项法律权利和一项法律义务。

研究法律规则的构成要素对法治建设具有重要的意义。就法律制定而言,立法者应精通法律规则的构成要素理论,这样才能通过制定法律条文完整地表达法律规则的内容;就法律适用而言,司法、执法者只有真正把握包含在法律条文中的法律规则各个逻辑构成要素部分,才能正确适用法律,及时处理案件和纠纷,调整社会关系;就法律遵守而言,公民如果能准确理解法律规则的逻辑构成要素,就会更自觉有效地守法、用法,维护自己的合法权益。

法律规则的逻辑结构各个要素在各种法律条文中的表现形式是多种多样的,大致可以从下列几方面加以分析:

第一,法律规则的逻辑构成三要素在法律条文中全部得到体现。《刑法》中就有不少典型的法律规则逻辑构成三要素齐全的条文。如《刑法》第 303 条规定:"以营利为目的,聚众赌博、开设赌场或者以赌博为业的,处三年以下有期徒刑、拘役或者管制,并处罚金。"在这里,条文中的"以营利为目的"就是适用条件,如果当事人只是以消遣、打发时间为目的,即使有赌博行为,但是数额比较小、社会危害性不大的,也不适用该规定,而是应受到行政处罚或者纪律处分。条文中的"聚众赌博、开设赌场或以赌博为业的"则属于行为模式,是法律禁止的行为,条文列举了三种禁止性的行为模式。"处三年以下有期徒刑、拘役或者管制,并处罚金"明显属于否定性的法律后果。《刑法》第 152、217 条等都属于此类。

第二,法律后果在条文中被省略了,即该法律条文中没有体现法律规则的逻辑构成要素中的法律后果,但在其他的法律条文中有明确的规定。如《婚姻法》第 3 条规定:"禁止重婚。"在《婚姻法》所有条文中只规定了禁止性的行为,而没有规定相对应的否定性法律后果。而在《刑法》的条文中就规定了重婚的法律后果,该法第 258 条规定:"有配偶而重婚的,或者明知他人有配偶而与之结婚的,处二年以下有期徒刑或者拘役。"因此,即使很多法律条文在设定命令性、禁止性的规则时,并不直接在法律条文中明确写上法律后果,但是,这并不意味该条文不存在法律后果。从法律规则的逻辑结构上分析,法律规则设定的义务性行为模式,如果没有规定相应的否定性法律后果来制约,该条文的法律效力在实践中就会受到影响。

第三,适用条件在条文中被省略了。这里可以分为两种情况,一是法律规则的适用条件与其他法律规则的适用条件相同,为了条文表达的简明扼要,减少不必要的重复,适用条件就用专门法律条文来表达。例如,《刑法》第 423 条规定:在战场上贪生怕死,自动放下武器投降敌人的,处三年以上十年以下有期徒刑;情节严重的,处十年以上有期徒刑或者无期徒刑。投降后为敌人效劳的,处十年有期徒刑、无期徒刑或者死刑。该条文的适用对象并不是泛指一般的公民,而是指特定的主体。《刑法》第 450 条规定,只有中国人民解放军的军官、文职干部、士兵、具有军籍的学员、武警官兵、预备役人员的行为才能适用上述规定和《刑法》分则第十章的规定。二是适用条件在法律条文中不适合表达,但是在逻辑构成上是不言而喻的,在社会生活中是可以被推理出来的。如《婚姻法》第 24 条规定:"夫妻有相互继承遗产的权利。父母和子女有相互继承遗产的权利"。显然该条文只设定了行为模式,并没有明确适用条件,在其他法律条文中也没有相应规定。其实它的适用条件是夫妻双方或父母和子女各方中,有一方已经去世的情况,而这是不言自明的。

第四,行为模式是规范性法律条文中不可缺少的要素。从上述分析中可以得知,适用条件和法律后果在法律条文中可以被省略,但是,行为模式却在规范性法律条文中是不可或缺的要素,否则该条文难以为人们的行为规定方向、范围或标准,它就不是一个规范性法律条文。行为模式在法律条文中的表现方式也是多种多样、各不相同的,具体表现如下:

一是一个法律条文可以同时表达多个行为模式,在这里有一个前提条件,就是法律条文所表达的各种行为模式的法律后果是相同的。如《民法通则》第 58 条规定:"下列民事行为无效:(一)无民事行为能力人实施的;(二)限制民事行为能力人依法不能独立实施的;(三)一方以欺诈、胁迫的手段或乘人之危,使对方在违背真实意思的情况下所为的;(四)恶意串通,损害国家、集体或者第三人利益的;(五)违反法律或者社会公共利益的;(六)经济合同违反国家指令性计划的;(七)以合法形式掩盖非法目的的。无效的民事行为,从行为开始起就没有法律约束力。"从条文中的第一项到第七项所列举的是多个禁止性的行为模式,但其法律后果都是相同的,即"下列民事行为无效"、"无效的民事行为,从行为开始起就没有法律约束力。"

二是法律条文的行为模式只有一个,但适用条件有许多个,只要具备其中一项,就符合了法律规定的条件和情况。如《刑事诉讼法》第 61 条规定:"公安机关对于现行犯或者重大嫌疑分子,如果有下列情形之一的,可以先行拘留:(一)正在预备犯罪、实行犯罪或者在犯罪后即时被发觉的;(二)被害人或者在场亲眼看见的人指认他犯罪的;(三)在身边或者住处发现有犯罪证据的;(四)犯罪后企图自杀、逃跑或者在逃的;(五)有毁灭、伪造证据或者串供可能的;(六)不讲真实姓名、住址,身份不明的;(七)有流窜作案、多次作案、结伙作案重大嫌疑的。"在这里,行为模式是"公安机关对于现行犯或者重大嫌疑分子,可以先行拘留",适用条件是条文中的第一项到第七项所列举的各种具体情况,只要出现了其中一项,就满足了公安机关对于现行犯或者重大嫌疑分子先行拘留的条件。

三是有的法律条文的行为模式表达采用倒置方式,行为模式在前,适用条件在后。如《婚姻法》第6条规定:"结婚年龄,男不得早于二十二周岁,女不得早于二十周岁。晚婚晚育应予鼓励。"该条文中的适用条件是"男不得早于二十二周岁,女不得早于二十周岁",在这里,行为模式是结婚。因为结婚是一种男女双方的法律行为,它必须符合法律上男女结婚年龄的规定,否则就不得结婚。也有的法律条文的行为模式在适用条件之间,如《刑法》第385条规定:"国家工作人员利用职务上的便利,索取他人财物的,或者非法收受他人财物,为他人谋取利益的,是受贿罪。"在这里,"国家工作人员利用职务上的便利"和"为他人谋取利益的"是适用条件,"索取他人财物的,或者非法收受他人财物"是法律规则规定的两种禁止性行为模式。

第四节 法律概念

一、法律概念的含义

概念就是事物属性的体现,一般是通过语言来表达事物的常用的思维方式,它是人类在社会实践基础上通过感性认识上升到理性认识的过程中逐渐形成的。人们通过社会实践,从接触到的各种事物中抽象出某种共同属性,形成了概念。在此基础上,可以对事物进行判断、比较、归纳、推理和论证。任何学科在发展过程中都会形成自己的概念,法律科学也不例外,在法律悠久的历史发展过程中也形成了许多自己特有的概念。"要理解'法',必须清楚法律规范的概念、语言、结构和功能。法由法律规范组成,法律规范则由语句组成。由此,没有法律条文,就没有法。"[①]

法律概念是指对各种法律现象和法律实践中的共同特征加以概括、归纳和抽象,从而形成的具有权威性法定价值的范畴。它是对一定法律现象的高度总结和概括,是法律实践理性化的重要表现形式,也是对某一法律术语的界定,对其所指向的对象的各方面特征的描述。

在法律要素之中,法律规则是主体性要素,法律原则是品格性要素,而法律概念则是基础性或技术性要素,是构成法律要素的基础部分。"没有概念,我们便无法将我们的对法律的思考转变为语言,也无法以一种易懂明了的方式将这

---

① 〔德〕伯恩·魏德士:《法理学》,丁小春、吴越译,法律出版社2003年版,第48页。

些思考传达给他人"①,也就意味着没有法律本身。只有真正理解和把握了法律概念,立法者才能有效地构建起完备的法律体系,执法者才能准确、无误、公正地执行法律、依法办事,守法者才能更好地用法律保护自己的合法权益,自觉地遵守法律规则所设定的行为模式。

在法律要素中,法律概念具有重要的地位,具体表现为:

第一,法律概念是法律的基础。法律是设定社会主体权利与义务的规范体系,因此只有法律规则是法律要素的主体单位。但是,对法律现象和法律实践的概括和表述必须依靠法律概念。这里,法律规则所注重的是为法律关系主体设定行为模式和法律后果,法律原则所注重的是从根本上、宏观上奠定法的指导思想和理论基础,使法律具有深厚的道义基础,为法律关系主体行为指明方向。而法律概念则注重对各种法律现象和法律实践作定性分析,为法律关系主体理解法律内容提供语句符号,为法律规则和法律原则的适用确定范围和前提条件。现代社会的法律都必须具有一系列的概念才能构成,没有法律概念,法律大厦是不可能建立起来的。"如果我们试图完全摒弃概念,那么整个法律大厦就会化为灰烬。"②

第二,法律概念是进行法律推理的前提条件。法律推理必须以现有法律规则的规定和具体案件的事实作为逻辑前提,但是,对案件事实法律性质的认定,总是从法律概念出发的。虽然法律概念本身并不把一定的事实状态和具体的法律后果联系起来,但在大多数情况下,法律概念却是法律规则和法律原则得以实现的一个逻辑前提。每一个法律概念都有其确切的法律含义和应用范围,当人们把某一个人、某一种情况、某一个行为或某一类型案件归结为某一法律概念时,与之有关的法律规则和法律原则才能被用来进行法律推理。例如,民事法律关系中的主体、客体、内容三要素的概念与法律规则和法律原则的联系,法律运行中的法律事实所包括的行为和事件两要素的概念与法律规则和法律原则的联系,都需要通过法律概念的逻辑媒介才能明确。因此,没有法律概念,法律推理是无法进行的,法律实施也就成了"空中楼阁"。

第三,法律概念能够增强法律规范的确定性。在立法的过程中,精确运用法律概念可以使所立之法设定的行为模式和法律后果更加明确和具体,更具有实际的操作性和可行性。为了使法律规则具有确定性,国家立法机关必须采用某些法定意义上的概念,并出版正式的法律辞书对这些概念加以全面准确地阐述和界定,使法律概念的内涵和外延都有明确的范围,避免产生歧义。法律概念一旦被法律肯定,就具有相对的稳定性。当人们在实施某种法律行为时,就能知道

---

① 〔美〕博登海默:《法理学——法哲学及其方法》,邓正来等译,华夏出版社 1987 年版,第 465 页。
② 同上书,第 470 页。

该行为在法律上的意义,也就能用法律概念加以说明,如法人、代理、无因管理等。

第四,法律概念是开展法律思维的前提,由于法律概念的存在,人们的法律思维能够在共同的语义基础上进行,这将有助于人们在法律思维过程中的交流与沟通,避免或减少不断重复的某些固定的思维模式。一般来说,法律概念所指的法律现象是特定的,是已高度地概括和总结了的法律现象的本质,在此基础之上,人们就能以共同一致的认识作为法律思维的出发点,从而提高法律思维的速度和效率。所以,"有了概念,人们就有可能在只有较少规则的场合下工作,并把握那些没有现成规则可循的各种新情况"[①]。

二、法律概念的特征

法律概念与一般的概念相比,有很多的不同之处,形成了法律概念特有的性质。法律概念性质的特征主要表现在以下几个方面:

(一)法律概念是法律规定的

许多法律概念通常采用了社会生活中常用的语言加以表述,但是,日常生活中的概念一旦上升为国家立法机关确认的法律概念,它就具有了法律的权威性和国家强制性,也就具有了不同于原来概念的新的法律含义。错综复杂的社会关系是产生法律概念的基础和来源,法律概念并不是立法者随心所欲杜撰出来的,而是一定社会关系中的人们相互行为的反映,是社会客观存在的事实概括和定义。

(二)法律概念具有针对性和适用性

法律概念一般不具体设定法律关系主体的权利和义务,但是,它与设定法律关系主体的权利和义务的法律规范是紧密相连、不可分割的。当一个法律概念针对某个法律事实时,就说明与之相关联的法律规范应适用于该法律事实。例如,如果一个人的行为符合刑法中规定的"正当防卫"的概念和构成要件,那么,这个人行为的性质就属于"正当防卫"并产生"正当防卫"的法律后果;如果法律关系主体的行为能力符合民法中规定的"无行为能力"的构成条件,那么该主体的行为在法律上就不承担任何法律后果,而是由其法定监护人承担一定的法律责任。

(三)法律概念有确定性和不确定性的双重性

一般认为,作为法律概念的语句和内涵都应该是定义清楚、内涵确定、外延明确的。立法机关也会采用一定的方式对它所使用的法律概念含义进行专门的界定,以维护法律含义的明确性和确定性,立法机关对法律概念的界定是具有法

---

① 沈宗灵:《现代西方法律哲学》,法律出版社1983年版,第86—87页。

律效力的。事实上,确定性的法律概念在所有法律概念中只占一部分。由于立法者认识水平的限制或者立法者的疏漏,在某些情况下,并没有对法律概念做出明确的界定,这就要求立法机关通过各种方式消除法律概念中的不明确或不确定的情况。因此,法律概念的明确性、确定性应该是法律概念内在的要求。这就要求立法者尽量不要采用含糊不清或模棱两可的语言界定法律概念。

即使这样,法律概念的不确定性还是大量存在的,因为法律概念是以文字语言为载体的,语言本身的不确定性会导致法律概念的不确定,法律概念的文字表达越概括、越抽象,就越不确定,在司法实践中的自由裁量权也就越大。同时,"法律调整的生活事实多种多样,无法穷尽。出于各种原因,法律条文和法律信条的数量则尽可能精简而且具备条理性。法律所调整的事实的无限性与法律规范数量的有限性要求之间的辩证关系或者说矛盾必然在语言上产生如下结果:成文法规范必须包含普遍的、一般化的评价标准。尤其是在需要调整大范围的生活事实或者案件类型时,上述矛盾就更加明显。解决上述矛盾的手段很多,例如使用不确定的法律概念,如'适当的'、'相应的'、'过失'、'重大疏忽';又如使用一般条款,如'重大事由'、'诚实信用'、'善良风俗''公平裁量'"①。因此,在立法过程中,立法者必须有意识地使用一些不确定的法律概念和一般条款,以适应社会生活的发展变化。通过这种方式,就能为法律规则确立一个比较大的适用范围和裁判空间,法律的适用也就有了一定的灵活性。根据法律概念的不确定性和开放性,我们就可以把法律规则不断地适用到新的社会生活中,以符合社会政治、经济和文化发展变化的需要。

在法律实施的实践过程中,也经常会出现法律概念不确定的情况,"即使适用文字制定的一般规则,关于这些规则所要求的行为方式在特定的具体案件中仍可能突然发生不确定的情况"②。这样一来,大多数的法律概念或多或少都存在不确定性的现象。"不确定性的法律概念,其不确定性的程度有别,一种是内涵不确定,但外延是封闭的;另一种是内涵不确定,但外延是开放的。前者称为封闭的不确定概念,如危险、物、违法性、犯罪、法律行为等。后者称为开放的不确定概念,如重大事由、合理、公平、显失公平、善意、恶意等。"③这里,不确定的法律概念,主要就是指开放性的不确定概念,这类法律概念的内涵和外延一般都是不确定的,立法机关也没有明确指出这类法律概念的具体对象和适用标准,而只是为法律适用者指出了这类法律概念的一个大致的方向和范围。至于法律适用者究竟如何把握这类法律概念的内涵和外延,就必须综合考虑具体案件或纠

---

① 〔德〕伯恩·魏德士:《法理学》,丁小春、吴越译,法律出版社2003年版,第87—88页。
② 〔英〕哈特:《法律的概念》,张文显等译,中国大百科全书出版社1996年版,第126页。
③ 黄茂荣:《法学方法与现代民法》,第312—313页。转引自梁慧星:《民法解释学》,中国政法大学出版社1995年版,第253页。

纷的实际情况,结合社会生活的发展变化和社会形势的要求,充分运用法律的价值判断,做出符合社会公共利益或社会大多数成员的利益和社会公平正义观念的公正裁决。

三、法律概念的种类

为了全面掌握法律概念的性质,必须对法律概念的种类加以区分,这是准确理解和把握法律概念所不可缺少的重要前提。按照不同的标准,我们可以把法律概念分为各种类别。

（一）专业概念和日常概念

这是按照法律概念的渊源和专业性程度所进行的划分。

专业概念是指在法的理论发展以及法律实践的运作过程中逐渐形成的,只适用于说明和反映社会法律现象的专门概念。这些专门概念只在法律层面意义上使用,与日常生活的概念没有更多的联系。专业概念具有较强技术性和专业性,其含义比较确定、规范和统一。例如,民法中的自然人、法人、不安抗辩权、留置权、无因管理等,刑法中的犯罪未遂、正当防卫、紧急避险等,这些都属于专业概念。专业概念是受过高等法学教育的或法律专业人员应当熟悉和把握的,对一般人员来说,要理解和把握专业概念,需要从法律理论和法律实践的结合上,通过具体的案件和纠纷才能真正了解。

日常概念是指在对日常生活中经常使用的某些概念,在法律意义上赋予其新的含义,以反映有关法律现象的概念。日常概念在民法中比较普遍,如父母与子女,出生与死亡、失踪,故意与过失、过错等等。日常概念来源于社会日常生活,容易为一般人员所理解和掌握。但是,这种概念由于是从日常生活中移植到法律领域说明法律现象的,其含义往往与它们在日常生活中的本来含义有所不同。例如,《婚姻法》规定:父母子女有相互继承遗产的权利。这一法律条文中的"父母"、"子女"的含义,就与日常生活上的同一概念的含义在范围上有所区别。法律实践中往往会对这些概念在法律层面上的与日常生活中的不同含义做出明确的界定,以便更好地准确理解和把握这些法律概念。《继承法》为此规定:本法所说的子女,包括婚生子女、非婚生子女、养子女和有抚养关系的继子女;所说的父母,包括生父母、养父母和有抚养关系的继父母。这样就对法律概念与日常生活的概念之间的不同进行了解释和界定,能避免在司法实践中因对法律概念的不正确理解而产生的歧义和纠纷。

（二）主体概念、客体概念、内容概念、事实概念

这是按照法律概念的表现和分工所进行的划分。

主体概念是表现和区分法律关系主体的概念。如自然人（公民、外国人、无国籍人）、法人或其他组织（企业、公司、社会团体、社会组织）、国家机关（立法机

关、行政机关、司法机关、军事机关、监督机关等);犯罪嫌疑人(预备犯、中止犯、未遂犯、既遂犯、主犯、从犯、教唆犯、共犯等)、诉讼参与人(代理人、当事人、原告、被告、第三人等)。

客体概念是表现和区分法律关系主体的权利义务所指向的对象的概念,是具有法律意义上的有关物质对象和精神产品及其质量、数量、时间、空间等无人格的概念。如主物与从物、动产与不动产、有形物与无形物、发明、专利、商标、艺术作品、计算机软件、土地、自然资源等等。

内容概念是表现和区分法律关系主体的权利和义务的概念。内容概念可分为权利概念和义务概念两部分。权利概念是关于法律关系主体权利或权力方面的概念,如政治权、人身自由权、所有权、请求权、抵押权、追索权;主权、立法权、行政权、审判权、检察权等。义务概念是关于法律关系主体承担的义务的概念。这里又可包括两种情形:一是法律关系主体的法定义务概念,如公民依法纳税、依法服兵役、履行合同、履行国家机关的职责等;二是法律关系主体违反法律规定后应承担的法律责任,如债、赔偿责任、罚金、无期徒刑、有期徒刑、行政拘留等。

事实概念是表现和区分能够引起法律关系产生、变更和消灭的原因的概念。事实概念可分为两部分:一是法律事件的概念,如公民的出生、死亡、失踪及不可抗力、自然灾害等;二是法律行为的概念,如正当防卫、紧急避险、违法行为、违约行为、侵权行为、故意、过失等。

【本章阅读材料】

【法律规范的类型】 法律规范是法律制度的"基本粒子"。法律规范的概念是法学一般理论的"关键概念",同样也是"法"、"效力"、"权利"或"正义"的"关键概念"。要理解"法",必须弄清楚法律规范的概念、语言、结构和功能。

法由法律规范组成,法律规范则由语句(法律语句)组成。由此,没有法律条文,就没有法。这里涉及法哲学的一个基本问题:如果认为国家制定的就是法,那么在"自然法"和"实证主义"之间的争论中,该定义就有利于后者。这正是说明概念形成对法律工作具有基础性意义的例子。

一、应然规范和实然规范

规范这个概念不只是在法学中,也在社会科学、神学、社会哲学和自然科学中使用。这个词来自拉丁词"norma",最初的意思是"角尺"或"重垂线",也就是用来使制造的工件符合尺寸的手工器械。应用到人的行为上,规范就成为了调整人们行为的工具和检验标准。

对词源的考察表明,规范这个概念有两种必须严格区分的含义。一种是规定特定行为的应然规范(也称应然法),另一种是描述物与事件之间现实存在的一般关系的实然规范(也称实在法)。

在自然科学中,确定规律的是实然规范。实然规范或自然规律是不能改变的。如果发生了与规律(自然科学的命题)相矛盾的事件,那么该规律就被驳倒了。然而应然规范却完全不同。如果某人违反应然规范,没有人会认为他的行为是无效的或可以被反驳的。"真"或"假"这样的特征不适用于应然规范。

法律规范是应然规范,部分也可以称为"确定规范"。因为在满足法定的事实构成的时候,法律规范调整的是特定的行为或法律效果。与法的概念相一致,法律规范是这样表述的,即对规范的遵守由国家强制力来保障。某些法学理论认为实然规范与应然规范实是相同的,并将两者混淆。例如,人们将特定的法律原则理解为自然法则(自然法的问题),将应然理解为实然的特征。如果是这样,事实结构就应当包含命令语句。而命令则应该来自"物(或人)的本质"。

二、社会规范

不仅仅是自然科学才对实然规范进行研究和检验,社会科学(社会学)也要研究这样的规范。经验性的社会研究对社会群体的事实行为做出判定,并将结果称为"社会"规范。这样的规范首先只证明通常的或多数人的事实行为;它确定的是事实,而非应然。多数人的行为被看做是"通常的"。

但是,社会规范还有第二层含义。社会规范通过其存在和发展,影响着集体的、社会的意识;它调整人们的行为,并因此"规范地"发挥作用。一个人如果(并且因为)不想被孤立,就必须将社会规范作为自己的行为标准。社会规范与法律规范一样,通常要靠惩罚来保障。如果一个人行为怪异、对人不恭、不与人问候或不值得信任,就将受到惩罚。如果一个人的政治或世界观的立场与多数人的观点、时代精神或"政治上的正确性"相违背,他就会受到来自社会各方面的非难。

三、道德规范或伦理规范

规范也是道德学和伦理学的研究对象。"道德"和"伦理"这两个概念并不总是具有相同的含义。根据通行的语言习惯,"道德"是道德规范、价值判断和制度的总和,而"伦理"则被认为是对道德的哲学研究。二者涉及对人("社会伦理学")和对己的行为的超个人标准。这标准来自于文化的历史、宗教的信念和哲学的沉思。不同的宗教、世界观和哲学学说形成了不同的道德体系和(社会)伦理。道德规范之所以具有约束力,是因为其含义得到人们的承认。这样,它就与完全沿袭的规则("习俗"、"风俗"、"传统")或正规礼节的规则区别开来。伦理和道德首先建立起"内心"的应然。同时,社会的行为期待也通过这种已确立的规范建立起来。违背这种规范的行为将招致严厉的社会惩罚。与多数法律规范不同,道德规范最初并不注重外部行为,而是注重内心思想。

例如,根据德国法律,只有直系亲属才有责任相互承担扶养义务(《民法典》

第 1601 条)。但是,兄弟姐妹之间的扶养义务很可能从道德中产生。对此《民法典》也予以认可(《民法典》第 814 条)。

四、其他规范形式

此外还有其他规范,例如所谓的工业标准(产品、材料、工序和功效的工业规范)、劳动规范(计时工资中的"一般报酬")、成绩规范(体育竞赛参加者的最低成绩要求)。这些是在质量、成绩、安全或类似方面的一致标准。

【法律规范的结构】 弄清楚上述语言学上的区别,我们就可以根据下列要素组成完整的法律规范的基本结构:

1. 法律规范是普遍地及于一切接受对象的规范。
2. 法律规范是有条件的规范。它是由对适用条件(法定的事实构成)的描述性规定及当为与行为规定(法律效果)组成。
3. 法律规范表达了一种价值评判。

一、法律规范的接受对象

法律规范可能有不同的接受对象与不同的目标。它可能针对公民、法人,也可以只针对法院(或其他国家机构)。

法律规范通过使特定的群体(接受对象)负有遵守或执行规范命令的义务,从而达到塑造和调整特定生活领域的目的。在这个功能中,法律规范试图指示人们从事特定的行为。它可以针对一切法的成员(《德国刑法典》第 242 条)、特定职业群体(《德国商法典》第 347 条关于"正直商人的谨慎")或行政机关(《德国基本法》第 32、35 条和第 36 条第 1 款)。

此外,法律规范也包含了法官的评价标准。在该功能中,法律规范为法官预先规定了具有约束力的评价,法官借助于它就可以判案。必须注意的是,一个完整的法律规范很少只包含在一个法律条款中。为简化描述,对反复出现的事实构成的特征总是预先予以规定。譬如,损害是什么以及如何弥补损失,不是由《德国民法典》第 823 条规定,而是首先在《德国民法典》第 249 条以下条文中进行了规定。没有规定法律后果的条款总是对完善请求权基础规范起到补充作用。

许多法律语句不仅针对公民(行为规范),而且针对国家机关或法院(裁判规范)。这样的法律规范要服从双重目的。

例子,《德国民法典》第 823 条第 1 款说明,任何公民对其违法且有过错地引起的损害必须承担赔偿责任。对受害人而言,它则是一个请求权规范,它承诺受害人以损害的赔偿。对法院而言,它也是对侵权行为的裁判规范。只要满足了法定的事实构成,它就命令法院支持对受害的原告人的损害赔偿。

二、当为的特征

法律规范的一种安排,借助于它就可以(积极地)影响接受对象的特定行为,并进而在起效力范围内调控特定的过程。许多法律规范清晰地表达了这样的当为内容,如《德国民法典》第 1601 条:"直系亲属有义务相互提供生活费。"在其他法律规定中,这种当为内容则是间接体现出来。当为可以分为要求、禁止、允许和免除(义务)。命令要求人们为一定行为,禁止则要求人们不为一定行为,允许赋予积极行为的可能性,而免除(义务)则是权利的放弃。

三、法律事实构成与法律后果的安排

一个完整的法律规范首先要描写特定的事实类型,即所谓法定的事实构成,然后才能赋予该事实构成某个法律后果,例如赔偿义务(《德国民法典》第 823 条第 1 款)、刑罚(《德国刑法典》第 242 条)和权利让与(《德国民法典》第 929 条)。对法律后果的安排总是同时包含了立法者对法定的事实构成所涉及的生活事实过程进行的法律评价。在任何完整的法律规范中,立法者都要处理某个典型的生活事实过程或利益状态并对此做出法律评价。因此,事实构成和法律后果之间的连接是完整的法律规范的首要的、最重要的内容,但必须强调的是,这种连接是首要的,但不是唯一的规范内容。

从立法者角度来看,法官的通常活动就是:从当事人所陈述的生活事实中为法院找到一个法定的事实构成,换言之将有争议的某个事实涵摄(归纳、吸纳)到事实构成之下,如果这种涵摄是可能的话,那么就可以得出该法律规范的法律后果。在将法律规范适用于某一事实的时候,如果该事实完全满足该规范所规定的法定的事实构成,人们就称之为生活事实被涵摄于该规范之中。

——〔德〕伯恩·魏德士:《法理学》,丁小春、吴越译,法律出版社 2003 年版,第 48—64 页。

【思考题】

1. 西方法学家关于法律要素的学说有哪些?它们有哪些合理性和不足?
2. 研究法律要素理论有哪些重要意义?
3. 法律的创制和实施过程中,法律原则是如何发挥其作用的?
4. 法律规则与法律原则有哪些区别?这种区分在司法实践中有何意义?
5. 如何认识法律规则逻辑结构?试分析各类划分的特点。
6. 试分析法律规则逻辑结构在刑法、民法条文中的不同表现。
7. 如何理解法律规则、法律概念的确定性和不确定性?
8. 法律概念分类有什么意义?

【参考书目】

1. 〔英〕约翰·奥斯丁:《法理学的范围》,刘星译,中国法制出版社 2002 年版。

2.〔奥〕凯尔逊:《法与国家的一般理论》,沈宗灵译,中国大百科全书出版社1996年版。

3.〔美〕罗斯科·庞德:《通过法律的社会控制 法律的任务》,沈宗灵译,商务印书馆1984年版。

4.〔美〕罗纳德·德沃金:《法律帝国》,李常青译,中国大百科全书出版社1996版。

5.〔英〕哈特:《法律的概念》,张文显等译,中国大百科全书出版社1996年版。

6.〔美〕迈克·贝勒斯:《法律的原则——一个规范的分析》,张文显等译,中国大百科全书出版社1996版。

7.〔美〕博登海默:《法理学——法哲学及其方法》,邓正来等译,华夏出版社1987年版。

8.〔德〕伯恩·魏德士:《法理学》,丁小春、吴越译,法律出版社2003年版。

第五章 法律行为论

【本章提要】 本章主要探讨法律行为的含义及特征、法律行为的结构、法律行为合法性以及合法行为与违法行为等内容。(1) 法理学上的法律行为是广义上的,指由法律规定和调整的,有法律意义、与主体的权利义务有关的人的有意识活动。法律行为具有社会性、法定性、意志性、调控性、目的性等基本特征。(2) 对法律行为结构的主观要件与客观要件的内容进行详细论证,阐明了法律行为的产生、形成、发展轨迹。一般认为,法律行为的结构主要有动机、目的、行为判断、行动、手段、结果等因素。(3) 人的行为具有复杂性和多样性,导致法律行为种类众多。从不同角度、依据不同标准对法律行为加以分类,可进一步理解法律行为的各种表现,以便适用不同法律规范进行调整。(4) 合法行为是法律行为最重要的部分,它是指法律关系主体符合法律规定的或法律原则的,有意识地实施有益于社会的或者至少是无害于社会的,并引起肯定性法律后果,受国家强制力保护的活动。对合法行为的内容进行探讨,有利于分析合法行为的构成及结果,为人们从事合法行为提供方向。(5) 违法行为与合法行为相对应,指具有法定责任能力的组织或个人违反法律规定,不履行法定义务或滥用权利,给社会造成危害的行为。正确把握违法行为的概念,区分违法与合法行为的界限,还要研究违法行为构成。所谓违法行为构成,是指法律规定的构成违法的各种要件的总和。

第一节 法律行为概述

一、行为的含义

法律行为作为人类行为的特殊形式有其特定的范畴,是通过法律对人类行为进行界定和规范。因此,要认识法律行为的含义,就必须分析行为的基本含义,在界定人类行为含义的基础上,才能研究法律行为的基本属性。

关于人类行为的基本含义,历史上各种学派的研究进路也各不相同。

古希腊哲学家亚里士多德认为,行为是人类的特征,是人所具有的特殊功能。即人的行为是根据理性原则而具有的理性生活。

德国哲学家黑格尔在《法哲学原理》中简明扼要地指出:意志作为主观或道

德的意志表现于外时,就是行为。

英国分析法学家约翰·奥斯丁认为:"人类的行为,包括上帝命令约束的人类行为,不可避免地是由规则所指引的。或者是由原则或公理所指引的。"[①]

中国古代哲学思想是用"行"来表示行为。例如,行必果,行则思义等。中国古代哲学家一般认为:"行"表示人的有意思、有目的、有情感的行为。

在社会科学领域,由于研究的出发点或观察的立足点不同,各个学科对行为的定义也众说纷纭。

心理学家认为,行为是有机体在环境影响下所引起的内在生理和心理变化的外在反应,并依据该定义建立了一套"刺激—反应—行为"的模式。这个行为定义非常宽泛,它包括自然界所有的有机体的反应,不仅包括人类的行为,也包括动物有机体的行为。

伦理学家认为,行为是指人类在日常生活中所表现的一切动作,有时泛指各种自然现象和社会现象的运动。

社会学家认为,人类行为具有社会性特征,是指两人或两人以上的交往与互动行为。人类行为具有下列特点:首先是具有客观能动性,因为人类是社会的产物,会受到社会环境和社会关系的制约,但人类行为又有主观能动性,能克服环境造成的困难,达到人类追求的目标。其次是具有创造性,人类行为不同于有机体的本能反应,它能利用一切有利条件和资源创造各种社会财富,造福于人类本身。最后是具有价值性,人类行为都是为了实现一定利益和目的而进行的,每个人的行为会存在某种价值判断,人类行为的规律是趋利避害,有所选择。

行为科学家认为,行为是人们为了满足个人和社会的需要所进行的一定的活动。据此,人类的行为可分为个体行为、群体行为和领导行为三种。

从法学研究角度出发,行为就是人类在一定的目的、意识和意志支配下所从事的活动,它表现为人的外在行动,是和社会与他人产生联系的活动。

这里要把人的行为和动物的动作区别开来,人的行为不仅是作为自然主体对社会和环境做出的反应,而且是作为社会主体在改造客观世界的实践中发生的,并形成了一定社会关系的活动。动物的动作和自然界的客观现象的活动受动物本能需要和客观规律支配。人的行为则由包括人的自然需要在内的社会需要的目的和意志支配,是受人的思想意志控制的,其形式是身体活动的外在表现。

在现实生活中,人的行为受到一定社会关系的制约,反映了一定的社会关系,体现了人们的各种要求,正是由于人的种种行为,社会关系得以形成和发展。因此人的行为具有社会性,是社会关系建立的前提和基础,也是社会关系的体

[①] 〔英〕约翰·奥斯丁:《法理学的范围》,刘星译,中国法制出版社2002年版,第62页。

现,并要受到一定社会规范的制约。

二、法律行为的含义及特征

中文中最早把"法律"与"行为"连在一起的是日本学者。日本学者在翻译德语"Rechtsgeschaft"一词时,借用汉语中的"法律"与"行为"两个词,首次使用了法律行为一词。德语中"Recht"除了表示法律以外,兼有"合法、正义、权利"之义。

最初的法律行为仅是德国民法学上的一个概念,①是指合法的表意行为,即只有符合法律的规定、受法律保护和肯定的行为才是法律行为,而违法行为以及受法律处罚或制裁的行为就不属于法律行为的范畴。因此在德国民法中,民事法律行为仅指符合民法规定的民事法律关系主体的行为,即以设立、变更或终止一定的民事法律关系为目的而进行的合法行为。

我国《民法通则》根据德国民法学中法律行为的含义,也规定民事法律行为是以一定意思表示为要素,以公民或者法人设立、变更、终止民事权利和民事义务为目的的,依法产生民事法律效力的行为。

因此,民法上的法律行为必须具备下列条件:

首先,它必须是一种合法行为,其内容是法律所确认和保护的,至少不是法律所禁止的。它以设立、变更或终止民事权利义务为目的,是法律事实中的一种合法行为。

其次,行为人必须有相应的民事行为能力,能够理智地控制和辨认自己的行为,无民事行为能力的人或限制民事行为能力的人的行为不能成为法律行为成立的条件。

再次,行为人必须有从事民事法律行为的意思表示,并以一定的方式表现出来,而这种意思表示必须是真实可靠的,正因为具备行为人的意思表示要素,才使民事法律行为能够发生行为人所预期的法律效果。

最后,民事法律行为是具有法律约束力的合法行为。民事法律行为的内容和形式不得违反国家的法律或者社会公共利益,否则得不到法律的承认和保护,也不能产生预期的法律效果。

为了对民事法律行为和一般涉法行为加以区别,民法中使用了民事行为的概念,来泛指各种各样涉及法律的行为(包括违法的、非法的)。但是这种表述存在不少问题,只是对法律行为的含义作了狭义解释。民法中的民事法律行为

---

① 德国历史法学派代表人物卡尔·冯·萨维尼(1779—1861 年)所著八卷本《当代罗马法体系》对法律行为概念作了全面论述,是对法律行为理论系统分析的典范,他提出了法律行为的"意思自治",并把"法律行为"与"意思表示"相提并论。参见徐国建:《德国民法总论》,经济科学出版社 1993 年版,第85—86 页。

的概念,主要是区别于"民事行为",把民事行为作为民事法律行为的上位概念,即民事行为不一定具有合法性,而民事法律行为必须合法才能成立。司法实践中已经成立但又被宣告为无效或被撤销的行为在宣告无效或被撤销前仍属于民事法律行为。其实,所有的法律行为都必须经过法律规定,符合法律调整范围。《法国民法典》曾确认了这样一个原则:"契约是当事人之间的法律",这就说明法律行为既可以由法律明确加以规定,也可以是私人间的以意思表示为核心的行为,主体可在法律没有明文限制且不违反社会公序良俗的情况下自由地创设法律上的权利义务。

因此从法理学角度看,民事法律行为只不过是法律行为的一种,法理学上的法律行为应该能够涵摄所有具有法律意义的人的活动,是指由法律规定和调整的、有法律意义的、与主体的权利义务有关的人的有意识活动。这是一个相当宽泛的概念,它既包括一切符合法律规定的,能够引起法律关系主体、内容、客体等产生、变更和消灭的行为,又包括违反法律规定的,侵犯了公民、法人和国家利益的各种违法犯罪行为。总之,一切涉及法律的行为,无论其合法或违法,都是法律行为。

要正确理解法律行为的含义,还必须深入分析法律行为的特征,通过对法律行为特征的把握,才能更全面认识法律行为的内涵。一般说来,法律行为具有以下特征:

(一) 社会性

社会性是法律行为的最基本特征。人就其本质上而言,是社会性的,人的行为和活动,其内容、形式和目的都具有一定的社会性。法律规范的调整对象也具有社会性,即法律是为了规范一定的社会关系、建立一定的社会秩序。因此,法律行为的社会性表明:

第一,人的行为是社会存在的产物,受到社会环境和社会物质生活条件制约。固然,人的行为也有生物意义,即与生俱有的行为能力,但更主要的是社会性,这是人的行为区别于其他有机生物体的反应和动作的根本点。

第二,人的行为是社会关系的总和,是社会关系的创造者和载体。无论是个人的自主行为还是与他人的相互行为,也不论行为人的主观意图如何,必然会引起他人及社会的相应行为,并产生一定的法律后果。正是这种人的行为的社会性和互动性导致了法律行为是法律关系产生、变更和消灭的主要情况和现象。

第三,法律行为的社会性说明法律行为是社会行为的一种形式,并非所有人的行为都是法律行为,也不是所有社会行为都具有法律意义。只有人的行为进入法律调控的领域,才称得上法律行为,但只要是法律行为就必然具有社会性,我们可以说,很多行为只具有社会性,而没有法律性,因为法律没有规范它,而不能说某些行为只具有法律性而没有社会性。

第四，人的行为要受各种社会规范的调整和制约，这种调整和制约指引人的行为，使人的行为保持一定的社会倾向性。

（二）法定性

行为的法定性是法律行为和一般社会行为的显著区别。当人的行为进入法律调整的领域并由法律明确规定时，该种行为才被称为法律行为。某种行为之所以能成为法律行为是由于法律规范明确肯定的。只有当人的行为具有法律意义并与法律规范有一定联系时，法律行为才能成立。这里，与法律规范有联系的行为是一个宽泛的概念，它既包括国家法律肯定、保护和确认的合法行为，也包括国家法律否定、撤销和制裁的违法行为。某些情况下，法律行为与结果关系密切，当出现某些法律行为时还必须有一定的结果，否则该种行为并无法律上的意义，也不属于法律行为的范围，国家法律也不对其进行调整。只有法律行为引起了法律主体的权利义务关系的产生、变更和消灭，法律规范才进行调整和干预。

（三）意志性

法律行为是受人的意志支配的。意志是内在的，是主观的产物，行为是外在的，表现为客观存在。每一个法律行为都是人们有目的、有意识做出的，是人的意志支配下的结果，而意志又是为了某种需要的动机所驱动的。不同的动机形成不同的意志，产生了不同性质的法律行为。在违法行为中，行为人的意志性表现为故意或过失。故意是指行为人明知自己行为会发生危害社会的结果，并且希望或者放任这种行为结果发生的心理状态。过失是指行为人应当预见自己的行为会发生危害社会的结果，因为疏忽大意没有预见，或者已预见但轻信能避免以致发生这种结果的心理状态。故意和过失是违法行为构成的主观方面。合法行为中，行为人的意志呈复杂状态，从行为人的心理状态分析，合法行为的意志行为表现为积极合法行为和消极合法行为。

（四）调控性

法律行为的自然属性是具有客观存在的性质，是能通过人的感观所感知的。同时，法律行为受到法律的调控和人的意志的支配。因为法律行为一旦形成，就具有不以人的意志为转移的客观性质，而且这种法律行为的发生、发展以及预期后果的出现都是有规律性的，法律行为规律性的表现就为法律调控创造了前提条件。法律规范正是根据法律行为的规律性，事先设计了一定的行为模式，通过法律手段对人们的行为进行调控。因为法律是由国家制定或认可的并依靠国家强制力保证实施的，通过法律规范所表现的对人的行为的支配力，把人的行为引向它所期望或许可的方向，达到对人的行为进行法律调控的功能。法律行为的调控方式是社会调控方式的一种，其目的就是调控人的行为使之符合法律规范的要求，从事一定的合法行为，减少和避免违法行为。

(五) 目的性

法律行为是人的有目的、有要求的行为。一个法律行为只有被认为有用,符合行为人的利益,才能够由行为人实施。行为人的目的和要求是法律行为的出发点,但是人的目的是以需要和利益所推动和引发的。为了满足一定的需要,追求一定的利益,人们就通过一定的法律行为来达到某些目的。在合法行为中,为了保证主体行为的有效性,就必须按照法律规范的要求从事一定的行为。如订立合同时,行为人必须依据《合同法》做出一定的行为,这样的合同才合法有效,受到法律的调整和保护。而在违法行为中,行为人为了追求非法律利益,往往不惜以身试法,从事一定的违法行为。如为了追求物质享受而从事经济犯罪活动,这种以贪财享受为目的的经济犯罪应该受到法律制裁。

第二节 法律行为的结构

一、法律行为的主观要件

法律行为的主观要件属于人的主观意志范畴,是人的行为的内在因素的表现,主要包括动机、目的和行为判断等因素。

(一) 动机

所谓动机,是指直接推动人们行为的内在动力或动因。动机的作用在于:动机是人们从事某些行为的直接动因和源泉,某人具有某种动机后,就会促使其做出某种行为。动机的性质往往会影响人们行为的性质,一般来说,人们的行为大部分是由动机决定的。通常情况下,个人的所作所为是依靠动机或意图所指引的,这里动机是人的行为的源泉,意图则是人的行为的目的。同时,动机还有促使人们为实现一定目标而进行一定行为的功能。但是动机的善恶好坏并不是人的行为的唯一的评价准则,很多情况下,动机本身并非是邪恶的,但在行为性质上是违反法律和社会公共利益的。例如,同样是追求财富的动机,可以是导致个人努力工作、勤俭持家的行为,也可以引发某些人的贪污受贿、盗窃的行为。[1]

动机的形成是根植于人的需要之中的,人的需要是人类生存和发展的条件。人们通过社会实践满足自己的需要,当原有需要被满足以后,又会产生新的需要。人类社会的历史就是新的需要不断产生和发展的历史。一旦人的需要被强化,就会形成某种动机,继而推动人的行为。人们就会为实现某种需要采取一定

---

[1] 英国分析法学家约翰·奥斯丁认为:"所有的动机,在偶然的情形下,都有可能导致善的结果的同时导致恶的结果。例如,自私自利,是工业社会中绝大多数事业发展的动力,然而,也是绝大多数犯罪的动力。因此,就其特定的意义来说,动机可以分为好的动机、坏的动机,以及既非好又非坏的动机。"〔英〕约翰·奥斯丁:《法理学的范围》,刘星译,中国法制出版社2002年版,第129、130页。

的行为。

(二) 目的

所谓目的,是指行为人通过一定的行为在主观上要达到的行为目标和结果。目的是行为构成要素的重要内容,因为人的行为都有自觉意图和预期目的。马克思曾经指出:"蜜蜂建筑蜂房的本领使人间的许多建筑师感到惭愧。但是,最蹩脚的建筑师从一开始就比最灵巧的蜜蜂高明的地方,是他在用蜂蜡建筑蜂房以前,已经在自己的头脑中把它建成了。"① 这说明人的行为总是有主观意图,是在动机指引下实现某种目的的作为或不作为。

在法律上,动机与目的既有联系又有区别。动机和目的都是行为的主观要件,两者是形式和内容的关系,一定条件下还会相互转化,这是动机与目的的联系。但两者还存在区别:动机只是人的行为的起因,目的则是人的行为追求的结果。在某些以行为结果作为违法构成要件中,目的是违法构成的必要条件之一。动机在违法构成中一般只是选择条件。动机的形成过程中会受到各种因素的影响,具有一定的自发性。而目的的形成则完全是由人的主观意志决定的。

(三) 行为判断

所谓行为判断,是指行为人在实现某种目的时主观上的选择、权衡。人的行为总是带有一定的目的性和主观性,如果行为人主观上缺乏判断或是行为人主观上的判断受到客观条件的限制以至于无法做出行为选择,该行为在法律上是无效的。我国法律一般规定,无行为能力的人由于主观上的行为能力的限制或行为人受到欺诈、胁迫的行为是无效的法律行为。

二、法律行为的客观要件

法律行为的客观要件是法律行为的客观外在表现,是法律行为成立的基础条件。人的行为只有通过客观要件表现在外在行动上才具有法律上的意义,如果仅停留在行为的主观要件,没有通过外在行为表现出来,法律上就认为其只是主观意志,并不具备法律行为的成立要件。法律行为的客观要件包括人的行动、手段和结果等。

(一) 行动

所谓行动,是指人们通过自身躯体的动作对客观世界施以影响的活动。人的行为是在主观意志控制下,通过人的行动加以实现的。行动和行为关系密切,行为必然通过表现在外在行动的各种形式的动作来实现。行动的表现形式很多,其基本分类有两大类:一类是以自身的力量作用于外界事物,从而引起法律关系的产生和演变。如犯罪行为中的抢劫、盗窃等,民事、经济行为中的侵权行

---

① 《马克思恩格斯全集》第 23 卷,人民出版社 1972 年版,第 202 页。

为、履行合同行为等。另一类是通过意思表示向外传送信息对外界施以影响,同样也引起法律关系的产生和演变。如民事、经济行为中的签订合同,电子商务中的网上购物,犯罪行为中的诽谤、侮辱行为等。

（二）手段

所谓手段,是行为主体要达到一定目的而采取的某种方式和措施。行为与手段有密切的联系。要实现一定的行为必须通过某些具体的方式和方法,而手段的正确与否也会影响行为的实现程度。另外,手段与目的也有密切联系。如前所述,目的是行为结构的主观要件,要实现一定的目的,必须通过一定的行为,更要采取合适的、有利于目的实现的手段。因此,目的的形成、实现都受到手段的制约。同时,目的的性质决定了手段的性质和价值,有什么样的目的就有什么样的手段。一般而言,正当的目的往往是通过合理、合法的手段实现的,而非法目的往往是依赖于违法手段实现的。但是,手段的合理、合法并不意味着目的的正当、合法,评价目的正当性的标准并不是完全取决于手段的性质。反之,目的的正当性、合法性也并不意味着手段的合理性、合法性。法律上手段的合理性和正当性更多地是由各类程序法规定的,执法、司法目的的正当性、合理性也依赖于执法、司法手段上的合法性和程序性。只有严格依照司法、执法程序的规定,才能切实做到司法、执法公正。

（三）结果

所谓结果,是指行为的结束状态。任何一种外在行为都表现为起始状态、持续状态和结束状态。行为的结束状态是人为活动对客观外界的影响的具体体现。结果在行为中处于重要地位,是衡量人的行为的主要标准。在法律上,有时以结果是否发生来判断其犯罪行为的既遂和未遂,进而决定该行为的性质和处罚程度。因此,结果是行为发展过程的终结、归宿,也是行为性质在法律评判上的标准。法律行为是主观要件和客观要件的结合,两者是相互联系,相辅相成的。

由此可见,法律行为的内部结构具有不同的层次,它们之间是相互联系、不可分割的。只有深入分析法律行为结构的主观和客观要件,才能全面准确认定法律行为的性质,进而采取不同的法律调控形式,达到调整社会关系和规范人的行为的目的。

第三节　法律行为的分类

现代社会中社会关系的复杂性和人的行为的多样性,导致法律行为的种类错综复杂。根据不同的标准,对法律行为可以做出下列分类:

一、按照法律行为主体的分类

从法律行为的主体角度划分,法律行为可分为个人法律行为、集体法律行为和国家法律行为。个人法律行为是法律行为中最经常、普遍的,是自然人在意志支配下所做出的行为。如公民登记结婚行为。集体法律行为是由特定的群体成员根据共同的意志或追求共同利益而做出的行为,集体法律行为具有主体人数众多,又有趋向一致的共同意志和利益相联系的特征。如某地一批农民购买假农药而对销售者进行集团诉讼要求索赔的行为,某上市公司虚报公司业绩、散布虚假信息欺骗投资者,受骗的投资者集体起诉造假上市公司的行为。国家法律行为的主体是国家机关及其工作人员,只有国家机关工作人员根据国家的意志并代表国家所进行的行为才属于国家法律行为,如工商行政管理机关的执法活动。

二、按照参加法律行为主体的数量分类

从参加法律行为的主体数量角度划分,法律行为可分为单方的法律行为、双方的法律行为和多方的法律行为。单方的法律行为是根据一方当事人的意思表示或作为就可以成立的法律行为。如继承人放弃继承权的行为。双方法律行为是双方当事人相对应的意思表示一致才可以成立的法律行为。如双方当事人订立合同的行为。多方法律行为是两个以上的当事人意思表示一致而成立的法律行为。如票据行为中的汇票的出票、背书和付款。

三、按照法律行为的对象和范围分类

从法律行为的对象和范围角度划分,法律行为可分为抽象法律行为和具体法律行为。抽象法律行为是针对一般的对象做出的,具有普遍约束力的行为。最常见的有行政机关依法制定行政法规和规章的行为。具体法律行为是针对特定的对象而做出的具有特定法律效力的行为,它没有普遍的约束力,是针对当事人一次性有效的法律行为。如司法机关对具体案件的判决和裁定。

四、按照法律行为的相互关系和地位分类

从法律行为的相互关系和地位角度划分,法律行为可分为主法律行为和从法律行为。主法律行为是指不需要其他法律行为的存在而可以单独存在的行为。大部分法律行为都属于主法律行为范畴。从法律行为是指从属于其他法律行为而存在的法律行为,从法律行为的成立和效力取决于主法律行为。如在借贷合同中设定抵押行为。

五、按照法律行为成立的形式和程序分类

从法律行为成立的形式和程序角度划分,法律行为可分为要式法律行为和非要式法律行为。要式法律行为是指必须具备特定的法定形式和遵循一定的程序才能成立的法律行为。如不动产的买卖行为要办理过户手续才能成立。非要式法律行为则是指不要求采用特定的形式和一定的程序,而是由当事人自由选择任何形式都能成立的法律行为。

法律行为其他分类还有很多。如合法行为和违法行为、有效行为和无效行为、自身行为和代理行为、积极行为和消极行为、权利行为和义务行为、意志行为和事实行为等。

第四节 合 法 行 为

一、法律行为的合法性

法律行为属于合法行为的观点来自于民法理论,指法律行为乃是一种不为法律禁止的行为。它表明法律行为必须合乎法律规范的要求,它与法律所禁止的违法行为是有所不同的。这意味着"法律行为属于合法行为"命题中所表述的"合法"概念,是指法律行为自身就有不包括法律禁止行为的含义,因而表现为法律行为必须有合乎法律要求的依据。

在民事法律行为的结构中,法律行为必须包含着人的意志因素,即以"故意"为特征的意志存在和以"过失"为特征的疏忽大意或过于自信的心理状态。因此可把人的行为分为有"意识行为"与"非意识行为"。"非意识行为"由于没有人的意思表示,不能充分认识行为的后果,故不能成为法律调整的对象,所以法律仅仅把"意识行为"作为调整对象。对于"意识行为",又可分为"合法行为"与"违法行为"。这里的"合法行为",仅仅是指与"违法行为"相对立的那种不为法律所禁止实施的行为。

同时,法律行为是以意思表示为基本构成要素的行为,意思表示是法律行为结构中的核心。社会实践证明,人的意思表示的内容既可能合法也可能违法,这就使得法律对于人的行为加以调整成为必要。实际上,意思表示的内容合法与否,客观上有待于意思表示的内容披露之后才能知晓,而意思表达方式的合法与否,也有待于意思表达方式的形成方能得知。因此,法律行为属于合法行为的命题是没有普适性的。

二、合法行为的概念

合法行为在法律行为中占有重要地位,它是抽象的、普遍的法律规范转化为

具体的、现实的法律活动的主要途径。要了解法律规范在社会生活中的运用情况，就要对合法行为及其法律后果进行分析，从而把握法律行为的主要方面。

合法行为是指法律关系主体符合法律规定的或法律原则的，有意识地实施有益于社会的或者至少是无害于社会的，并引起肯定性法律后果，受国家强制力保护的活动。这里对合法行为的概念作了严格限定的解释，它强调了行为的合法性，既包括行为内容的合法性，又包括行为程序的合法性。合法行为在很多情况下是主体一种有意识的自觉行为，这种行为本质上应当是有益于社会的，其法律后果必然要受到法律的严格保护。合法行为也反映了法律规范在社会中的实现，是法律所追求的目的的具体体现，只有通过合法行为，法律才能调整一定的社会关系，维护一定的社会秩序。

为了全面理解合法行为的基本含义，还要把握以下几个方面内容：

第一，合法行为必须是主体依据法律规定而实施的行为，符合法律规范和法律原则的要求。法律规范是调整人们行为的重要准则，只有主体的行为与法律规范的内容相一致才谈得上合法行为。但社会的发展使新事物、新现象层出不穷，变化多端，法律总是相对滞后。这就需要对主体的行为进行合法与否的价值判断，这时就要运用法律原则作为标准。只要符合法律的基本原则、立法基本精神，对社会有益而无害的行为，也属于合法行为，必须加以肯定和保护。

第二，合法行为必须是主体有意识的行为，这种意志行为是社会要求和允许的行为，这是主体的社会责任意识的表现。法律是国家意志的体现，合法行为必然是符合国家意志的主体有意识的行为，也必然是社会所提倡和赞赏的，是一般人能够做到的。

第三，合法行为会产生肯定性的法律后果，这种法律后果是受法律保护或奖励的行为，是国家强制力保障的。一般来说，当合法行为没有争议时就不需要国家专门机关加以确认，当合法行为受到不法侵害或产生争议时就需要国家专门机关运用法律的强制力加以保护。这种保护的方式主要有对不合法行为或违法行为宣布无效、撤销或制裁。

合法行为对法治建设尤为重要，推进依法治国方略，必须实施合法行为，减少违法行为。在法律关系中，主体的权利义务的实现只有通过合法行为才能进行。当法律关系主体履行了法律规定的义务或享有了法律所赋予的权利，并严格按照法律规定的程序要求，这样法律上的权利义务关系才能转化为现实中的权利义务关系，达到实现法律的目的。

三、合法行为的种类

合法行为具有不同的表现形式，从不同的角度或根据不同的标准，合法行为可以分为以下几个种类：

（一）根据合法行为的主体不同，可分为自然人的合法行为、法人的合法行为、国家机关的合法行为

自然人的合法行为是指个人或集体所从事的符合法律要求的，法律所允许、鼓励或保护的行为。这种行为必须在法律明确规定的范围以内，并带来相应的肯定性法律后果，同时不得违反社会公共利益、背离社会公德，在形式上也要依照法律规定的步骤和方式进行。法人的合法行为是指法人在从事生产和经营活动中，符合法律规定，在法人注册登记范围内开展的行为。法人的合法行为通常由其法定代表人或代理人实施。国家机关的合法行为一般由国家机关工作人员实施，是指国家机关及其工作人员必须依照法定职权和法定程序执行公务的行为。为了最大限度保障公民的民主权利和自由，防止滥用职权，对国家机关的合法行为要作严格的限定，即国家机关的行为除了符合法律规定以外，还必须有法律上的根据。没有法律上的根据、法律不允许的或法律无明文规定的行为，都禁止国家机关及其工作人员擅自实施。

（二）根据行为主体的思想动机和心理状态不同，可分为积极的合法行为和消极的合法行为

积极的合法行为是指行为主体在充分认识并深刻理解掌握法律规范的重要性和合理性的基础上，积极主动地享有法定权利，履行法定义务。如公民依法服兵役、参加选举等。一般来说，此类合法行为应占主导地位。消极的合法行为是指行为主体仅仅是对法律的服从或对法律惩罚的惧怕而做出的合法行为。其主要表现为行为主体消极、被动地履行自己的法律义务，享有自己的法律权利。一般来说，此类合法行为在社会生活中也是屡见不鲜的。一旦法律约束机制不完善，这些人极容易从事违法行为。建设社会主义法治国家，我们应该增强行为主体的法律意识，正确适用法律，加强法律监督，提倡主体充分有效地享有法律权利，履行法律义务，并把两者有机结合起来，促进积极的合法行为的发展。

（三）根据合法行为的行为模式不同，可分为享有权利的合法行为、履行义务的合法行为、遵守禁令的合法行为

享有权利的合法行为是指授权性规范的内容在现实生活中的实现，允许权利主体自己做出一定的行为或要求他人做出一定行为来享有法律上的权利。履行义务的合法行为是指命令性规范得到切实的执行，通过主体必须做出一定的行为来履行法律义务。遵守禁令的合法行为是指禁止性规范得到有效的遵守，要求主体不得做出某一类行为来实现法律的目的。

（四）根据合法行为的法律后果不同，可分为保护性合法行为和奖励性合法行为

保护性合法行为是指符合法律规定和法律原则，受到法律确认和保护的行为。它表现为一般的合法行为，是合法行为中的主要的法律后果。奖励性的合

法行为是指对国家和社会有重大贡献,因而不但受到法律的保护而且依法受到奖赏鼓励的行为。

四、合法行为的构成

合法行为是由特定要素构成的,这些要素是构成合法行为必须具备的前提条件。如果不具备这些条件,其行为就不属于合法行为。从合法行为的性质上分析,合法行为应具备下列要素:

(一)合法行为的主体必须是符合法律规定的

任何行为都是一定主体的行为,合法行为也必然是一定主体的行为。但是合法行为的主体要受法律规定的限制,并非任何主体都能成为所有法律关系中的合法行为的主体,这取决于法律的规定和主体的性质。凡不具备合法行为的主体资格的法律主体,其行为就不是合法行为,也就没有法律上的意义,当然不能受到国家法律的调整和保护。如法人超越经营范围所从事的经营活动。按照我国法律规定,公民、法人、国家机关及其工作人员、社会团体等都是合法行为的主体,他们在法律规定的范围内享有法律权利,履行法律义务,并可做出一定的合法行为。

(二)合法行为内容必须是在法律规定范围内,能满足社会需要,有法律意义的行为

主体的外在活动和行为动作,有积极的行为和消极的行为,如依法纳税、不侵犯他人的财产所有权等。法律规定了合法行为的范围,目的是为了更好地调整社会关系,维护主体的权利,促进社会的发展。

(三)合法行为必须是主体的意志行为,是主体有意识从事的行为

一般情况下,只要主体的行为符合法律规范、法律原则的基本要求,就可以认定做出了法律行为,无须涉及主体行为的动机和目的。因此,合法行为与主体的法律意识、社会责任感有紧密的联系,当主体具备较高水平的法律意识、具有较强的法治观念和社会责任感时,其从事合法行为的机会就会增多。反之,主体对法律持漠视态度,其从事合法行为的可能性就小。

(四)合法行为所建立的法律关系和产生的法律后果是受法律肯定和保护的

主体依法从事的合法行为,以及由此形成的利益关系和产生的一定的法律后果必须依法得到遵守和执行。如果出现纠纷,国家专门机关就要运用国家强制力,采取法律措施保护合法行为所形成的社会关系,确认和肯定合法行为产生的法律后果,以巩固和维护一定的社会秩序。

五、合法行为的法律后果

合法行为的法律后果是肯定性法律后果,是主体实施了合法行为所应承担的法律上的结果。这种结果表现为对主体的行为的合法性、有益性的肯定,包括对合法行为的赞许、保护和奖励。

对合法行为的保护、肯定、赞许乃至奖励是由合法行为的社会有益性的程度所决定的,同样,肯定性法律后果的形式和程度也取决于社会有益性的大小。根据合法行为法律后果的表现形式不同,可以做出以下分类:

（一）对合法行为予以确认和肯定

法律对合法行为的确认,主要是由规范性法律文件明确规定的。当行为的合法性没有争议时,合法行为的法律后果就能实现,无须国家专门机关通过法律程序和采取法律措施予以确认。如果发生了争议和纠纷,就要由国家专门机关通过法律程序采取适当的法律方式加以解决。

（二）对合法行为予以保护

为了调整一定的社会关系,保障公民、社会、国家的利益不受侵犯,对于合法行为法律必须给予必要的保护,使合法行为的法律后果得以实现。当合法行为和由这种行为所能带来的合法权益遭到不法侵害时,法律就必须以国家强制力惩罚犯罪行为,对合法行为给予有效的保护。而这种保护主要体现在对违法行为宣布其无效、撤销或给予惩罚和制裁。

（三）对合法行为予以奖励

为了鼓励行为主体从事合法行为,扩大合法行为的社会影响,发挥法律的教育、引导作用,培养遵纪守法、依法办事的社会风气,对那些社会影响大、对国家和社会有重大贡献和积极意义的合法行为,不仅需要法律上给予保护和确认,而且还要依法进行物质奖励和精神奖励,以提高行为主体从事合法行为的积极性,营造全社会依法办事的氛围。

第五节 违 法 行 为

一、违法行为的含义和构成要素

违法行为,简称违法,是指具有法定责任能力的组织或个人违反法律规定,不履行法定义务或滥用权利,给社会造成危害的行为。违法有广义和狭义之分。广义的违法泛指一切违法行为,包括严重违法行为即犯罪、一般的违法和违宪行为。狭义的违法指一般的违法行为,包括民事侵权行为和行政侵权行为。这里所指的违法是广义的违法行为。

一般认为,要正确把握违法行为的概念,区分违法与合法的界限,需要研究违法行为的构成。所谓违法行为的构成,是指法律规定的构成违法的各种要件的总和。通常情况下,构成违法行为必须具备以下四个要件:

（一）违法行为的客体

违法的客体是指法律所保护的而被违法行为侵犯的社会关系。行为人的行为如果没有侵害法律所保护的社会关系,就不能认定为违法,它是构成违法必须具备的核心要件。每一种违法行为,不论其表现形式如何,都要侵害一定的客体,即不同程度上侵害了法律所保护的国家、集体、社会和其他公民的合法权益,并产生了一定社会危害性。行为违法性与行为社会危害性有密切联系。如果行为没有侵害国家、集体、社会和公民的合法利益,就没有社会危害性,也就不构成违法。这里还要区分违法客体和违法行为对象的不同。违法行为对象是违法行为所指向的具体的人或物质状态,在不同的违法行为中,违法对象的状态是有区别的。有的违法行为,违法者只是侵害了违法客体,而违法对象本身不一定遭到侵害,而是在一定程度上受到侵占,如盗窃行为,违法者对盗窃财物非法占为己有或销赃牟利。有的违法行为,违法客体和违法对象同时遭到侵害,如故意伤害他人的身体健康。同样,违法对象的表现是多种多样的,它可以是有形的,如物质财富,也可以是无形的,如名誉权、专利权。因此,违法客体是构成违法构成的必备要件,违法行为对象只是违法构成的选择要件之一。

（二）违法的客观方面

违法的客观方面是指行为人违反法律规定的行为以及由这种行为引起的危害社会的后果。作为违法行为,必须是违反法律规定的危害社会行为,它是构成违法必须具备的外在表现。违法行为表现形式很多,概括起来可分两种:一是积极作为,即行为人主动做出法律禁止的行为;二是消极不作为,即行为人不去做出法律要求的行为。

无论是作为还是不作为的违法行为都是客观存在的,都是受到人的思想支配的。如果仅仅是人的内在单纯的思想活动而没有表现外在的违法行为,就不可能产生危害社会的结果,因而也不构成违法。而且人的思想是主观易变的,事实上很难加以准确认定,不能因为行为人有错误甚至违法思想就当做违法行为来惩罚。因此,必须把违法思想和违法犯罪行为区别开来,法律只能惩罚见之于外部的违法行为,而不能惩罚人的思想活动,也不能根据其违法思想去推定其行为具有违法性,因为惩罚思想的法律必然导致罪刑擅断,是封建法律的传统。

正确认识违法客观方面,还必须把违法行为和危害社会结果联系起来,查明违法行为与危害社会结果之间的因果关系。因果关系,一般是指一种现象的出现是由于先前存在另一种现象所引起的。法律上的因果关系是一种特殊的因果关系,它并不意味着行为与结果有表面的、外部的、偶然的联系,就可形成法律上的因果关系。只有当违法行为和危害社会结果之间确实存在内在的、必然的、规律性的联系,才能构成法律上的因果关系,才能构成违法。社会实践中因果关系往往非常复杂,一个结果可能由多种原因造成,一种原因也可能导致数个结果,法律只对有法律意义的原因与结果进行认定。违法结果通常有两种情况:一种是违法行为对社会造成某种实际的损害结果;另一种是违法行为虽未造成实际损害,但有可能造成损害结果,即这种危害结果虽未发生,但存在明确的可能性。危害结果就其表现形式而言,可以分为物质性和非物质性,物质性结果一般是具体的、有形的,通常可以计量;非物质性结果往往是抽象的、无形的、难以计量的,表现为精神损害。危害结果有时也是构成违法的必备条件。

（三）违法的主观方面

违法的主观方面是指违法主体对其所实施的违法行为及其危害后果具有故意或过失的心理状态,它是违法构成必须具备的意志要件。如果违法主体明知自己的行为会发生危害社会的结果,并希望或放任这种结果发生,就是故意违法。如果违法主体应当预见自己的行为可能发生危害社会的结果,却因疏忽大意而没有预见,或虽已预见但轻信能够避免,以致发生危害社会的结果,就是过失违法。故意和过失是构成违法所必备的主观因素。如果某种行为在客观上造成了危害社会的结果,但行为人在主观上没有故意和过失的心理状况,如正当防卫、紧急避险、不可抗力及意外事件等,就不能认定为违法。但在特殊情况下,行为人主观上虽无故意或过失,但法律规定应承担法律责任的,仍须承担责任。

故意和过失在不同法律领域中具有不同的含义。在行政法领域,一般实行"过错推定"原则,只要行为人实施了违法行为就认定其主观上有过错,而无须分析其他各种因素,当然,法律有规定的例外。在民法领域,故意和过失属于过错范畴,是构成一般民事侵权行为的要件。在刑法领域,行为人故意和过失心理状态是判定犯罪性质及社会危害性的重要标准,也是区分罪与非罪、此罪与彼罪、轻罪与重罪、一罪与数罪的依据。

（四）违法的主体

违法的主体是指具有法定责任能力的自然人、法人和其他社会组织,这是承担违法责任的前提。不是任何自然人都能成为违法主体,只有达到法定责任年龄,具有理解和控制自己行为的人,才能成为违法主体,并对自己行为承担法律责任。不具有责任能力人即使做出危害社会的行为也不构成违法主体。就法人和其他社会组织而言,如果它们的活动违反了法律,做出了违法行为,也可成为责任主体,并要承担相应的法律责任,受到法律处罚。

以上是违法行为的一般构成要件,包括主体、客体、主观方面和客观方面四个方面,违法行为是主观要件和客观要件的统一,缺少任何一个方面都不能构成违法。

我们在分析违法构成的要件时,要注意区分违法行为与违反道德行为及无效行为的界限。一般认为,大部分违法行为,特别是犯罪行为,同时也是违反道德的行为,因为这部分行为属于法律要制裁、道德要谴责的范畴,但并不能说所有的违法行为都是违反道德的行为,有的违法行为背后并不存在道德评价的标准,如违反了法律技术性规则。同样,也不能认为违反道德的行为就是违法行为,因为道德调整范围要比法律广泛。此外,不能把违法行为与无效行为等同起来,违法行为不能发生行为人所希望的法律意义上的有效结果,但不能就此认定无效行为就是违法行为,有些无效行为只是欠缺法律上的资格条件,并不构成违法。还有一些行为,既不属于违法行为也不属于合法行为,而属于法律调整范围以外的行为,一般被称为"中性行为",从事这种行为虽然不存在法律责任,但也不一定受到法律有效的保护。

二、违法产生的原因

违法是一种复杂的社会现象,它的产生和存在是社会各种因素的综合反映。在任何社会,违法犯罪都是对法律秩序的破坏和对社会大多数人的危害。因此,我们要运用国家强制力,惩罚各种违法犯罪,维护社会秩序的稳定。同时也要分析违法犯罪现象产生的原因,消除和减少违法犯罪产生的因素,达到防患于未然,实现控制与预防违法犯罪的目标。

违法原因是错综复杂的,大致可分为外部与内部两方面因素。外部原因指社会条件、社会环境等因素;内在原因指主体的主观态度、道德修养等因素。

从外部原因上分析,导致违法犯罪现象出现的客观条件主要有:

第一,经济发展不平衡,贫富差距悬殊。市场经济迅速发展,日益改变地区经济环境和个人经济状况。由于经济发展存在着差异性、不平衡性,个别人容易出现心理上的失衡,产生对财富追求的强烈欲望。当在合法范围内谋取经济利益一时难以实现时,他们往往会突破法律禁区,不惜用违法犯罪手段实现自己对财产的欲望。大部分财产性违法犯罪就是由此产生的。

第二,经济体制转轨,缺乏监督机制。计划经济向市场经济体制转轨的过程中,新旧体制相互矛盾和冲突表现在经济改革中的法律制度不健全、不完善,经济领域活动缺乏有效的法律监督和制约,以至于个别企业的领导者打着改革的旗号,化公为私,侵吞国有资产,使国家长期积累的财富大量流失。如国企改革中管理层的违法犯罪都是如此。

第三,道德习惯滞后性。历史上留给我们的道德和风俗习惯中,民主法制传统较少,封建专制传统浓厚。社会上缺乏尊重法律的权威,缺少崇尚民主法治、平等公正的风气,而轻视法律、奉行等级特权的观念根深蒂固。公民遇到纠纷时习惯于私下了结而不主张通过诉讼解决,亲属中有违法行为时奉行亲亲相隐传统,依法办事往往受到特权思想的干扰。诸如此类的"熟人社会"传统习俗也是导致违法行为出现的因素之一。

从内部原因上分析,导致违法犯罪现象出现的主体因素主要有:

第一,法律意识因素。主体的法律意识、法治观念直接决定了他们是否懂法、用法、守法。一般说来,主体的法律意识水平越高,对法律的理解和认同性就越强,法律规范指引其行为的可能性就越大,产生违法犯罪的机会就越小。相反,主体对法律知之甚少,不具备必要的法治观念,就可能对法律采取漠视、被动、消极的态度,其行为产生违法性的机会将会大大增加。

第二,文化教育因素。具备一定科学文化知识是公民的基本素质,科学文化的极端缺乏往往会导致愚昧或无知,影响主体的思维方式和行为模式选择,进而影响对法律的理解与掌握,使其对违法的性质及法律后果缺乏必要的认识。这是一部分违法犯罪现象发生的主要原因。

第三,思想道德因素。倡导良好的思想道德观念,加强精神文明建设,就能促使主体遵纪守法,远离各种违法现象。主体具备了崇高的道德情操往往会很好地做到"自律、慎独",自觉遵循法律规定的要求,有效地避免和防止违法犯罪现象的发生。反之,主体的道德水平低下,很容易走上违法犯罪之路。

三、违法行为的种类

根据违法行为的性质和所造成的社会危害程度、法律调整方式的不同,可将违法行为划分为以下几种:

一是刑事违法,亦称犯罪,是指违反刑法规定,依法应受刑罚处罚的行为。犯罪是违法中社会危害性最严重的,但不同种类犯罪的社会危害性程度又有轻重之分。

二是民事违法,是指违反民法规定,依法应当追究民事责任的行为。民事违法主要有两种形式:一种是债的不履行,即债务人没有履行或不适当履行自己所承担的义务。如合同之债,当事人没有履行合同的义务或没有全部按照合同的要求履行义务均属于民事违法行为。另一种是侵权行为,即非法侵害了他人的人身权利、财产权利和知识产权,而使他人的人身权、财产权、知识产权遭受损失的行为。如未经准许擅自使用他人的注册商标或未经授权使用他人的专利权,就属于侵犯知识产权的违法行为。

三是行政违法,是指违反行政管理法律、法规,依法应当追究行政责任的行为。行政违法也可分成两种形式:一是职务过错,即国家机关及工作人员在执行公务中的轻微违法行为。如玩忽职守、不履行法定义务等。二是行政过错,即公民或社会组织违反行政管理法规的行为。如企业违反工商行政管理法规的行为。

四是违宪行为,是指违反宪法,依法应当承担违宪责任的行为。违宪行为是一种特殊形式的违法行为,它不同于一般的民事违法、行政违法,也不同于犯罪。它主要有两种情况:一是国家机关制定的法律、法规、条例、决定、办法等以及采取的措施与宪法基本原则、内容相抵触;二是国家主要领导人,在行使职权过程中的言行违背了宪法基本原则。违宪行为虽然在违法中占极少数,但是一旦发生,涉及的范围广泛,社会影响较大。

【本章阅读材料】

【犯罪(违法)对一个社会是必需的】

第一,所以说犯罪是规则现象,是因为在任何社会中都不可能不存在犯罪行为。

我在其他文章中讲过,犯罪是一种触犯某些强有力的集体感情的行为。在社会中,犯罪的行为要想不成为犯罪,除非犯罪所触犯的那些集体情感转为同情或者赞许这些行为,并且具有必要的、足够的力量去消除那些相反的议论。即使能够实现这种条件,犯罪的事实仍然消除不了,只是转变了一种形式。因为犯罪的原因仍然存在,新的犯罪立即又会产生出来。

在一定的历史阶段中,一个国家的刑法所保护的集体情感要想普遍存在于社会每个人的意识中,就要使这些集体情感能够得到最大的能力,可以凌驾于一切,同时又能够有一种强有力的表现,否则,就不能把那些反对的议论消除干净。要想社会上的凶杀灭迹,就要使杀人要偿命的威慑感在凶犯产生的社会阶层中占据绝对优势,而且还需要使威慑感遍及整个社会。即使把原来的所有犯罪现象都消除干净,在这些所谓不存在犯罪的地方,还是会产生出别的犯罪事实来。因为当一种情感时时刻刻总是受到尊敬,并且一致地受到尊敬时,这种情感就会变得愈加受尊敬。人们没有注意到一种强有力的共同意识往往是从很弱的状况开始发展起来的,并且不是在一日之间形成的。人们违反这种意识,开始时并不算是什么过错,这种共同意识强大起来后,再违反它,就会被认为越轨,进而被认为是犯罪。偷盗和占小便宜在尊重他人所有权的人看来,这两种行为都属于同一种性质。只是这两种行为对尊重他人所有权这一同样的情感来说,一种侵犯较强,另一种侵犯要轻得多,不能处以同等的罪罚。因此,在社会上,盗贼受罚,行为不诚实的人只受到指责。但是如果这种同样的情感越来越强大,在社会上也已经消失了偷盗的思想和行为,那些很小的失检行为在以往是当成道德过错的,这时也会被社会看做犯罪而施以惩罚。例如,不诚实的契约或者不诚实地执行契约,在以前只是受到指责或者需要纠正的现象,至此也会成为犯罪的事实。想象一下,在一个完美无缺的社会里,不存在真正的犯罪,那么在平常的社会里被认为是很小的过错,在这里就会被当做大逆不道的事了。如果这个神圣社会有权判决和处罚一切，就会把这些其他社会的小过错定为犯罪并且像对待犯罪行为那样对它进行惩罚。正是由于这种原因，社会上常常有些事情，在众人看来以为是一种行为不检的小过失，在那些纯正忠直的人看来却是必须绳之以法的大罪。从前，尊重个人的公共意识不强，侵犯个人的事经常发生。现在，个人神圣不可侵犯的舆论强盛了，污辱个人的罪行也就较少发生。不过，此时又有另外一些触犯尊重个人这种集体情感的事，以往没有引起人们的注意，现在已经被列入刑法，算做犯罪。

人们不禁会问，为什么大家对于犯罪现象的集体情感各有不同，为什么尊重个人的思想有强有弱？如果社会上每一个人心中都有同样的道德意识，并且社会具有能够阻止任何触犯这种道德意识的强大力量，那么不仅可以消除犯罪，甚至纯粹道德上的过失也会消失。但是强迫社会上所有的人都具有同一的道德并且绝对不犯过失，那是不可能的事情。各人所处的环境不同，祖先遗传的气质不同，社会的影响也不同，从而各人的意识也就多种多样。各人的情况不同，个性也不同。即使在低级民族中，个性虽然不发达，但是各人还是有他的个性。没有任何一个社会，个人不是或多或少与集体类型相差别的，因此，在许许多多的不同分子中，就不可避免会出现犯罪性质的行为。因为，这种性质并不是犯罪者个人的本质，而是一种由公共意识认定的性质。如果这种公共意识更加强大，有足够的权威能够使各种微弱的议论变成一种强有力的议论，那么它也就会吹毛求疵地将一些小事变为大罪。因此，犯罪在社会上是一种消除不掉的现象。

第二，犯罪对社会来说是必需的。犯罪与社会生活的基本条件相联系，并且对这些条件来说是有用的。犯罪的情况，与法律道德的演变关系密切。

法律和道德不仅随着社会类型的不同而不同，而且在同一个社会类型中，集体存在的条件变化了，法律和道德也会随之改变。这是无须争辩的一致看法。但是要改变法律和道德的话，必须使附属于道德基础的集体情感不反对这种变化，或者反对的能量不大。如果这种情感固执不变并且力量很大，那么法律和道德就无法修改。例如建筑，原有的一切建筑物都是重新建筑的障碍，原来的建筑越牢固，再建的机会就越小。原有的结构越坏，越有重建的希望，这与解剖学上的情况相同。如果社会上没有犯罪，如同旧建筑没有毁坏，就没有重建的希望，社会也就没有进化了。如果没有犯罪，一时的集体情感也就会达到历史上从未有过的强烈程度，就会被认为是天经地义的事。然而，事情总是有尺度的，好坏也是有分寸的。道德意识的权威不可过分，或者说不能毫无触动，否则它就会在不变的形式下僵硬起来。要使它能够进化，必须使个性发达起来。一个进步的思想家要想超越本世纪的思想而有所表现，就需要在那一时期里，有犯罪的思想。改革与犯罪是相依为命，不可分离的。

第三，犯罪的作用还不止这些，除了间接地有益于社会之外，它还能直接有益于社会的进化。犯罪不仅使社会产生改革的需要,而且在某些情况下还能直接地为这些改革作准备。犯罪不仅能使一些旧的集体意识、旧的方法有必要改为新的集体意识、新的方法,有时候它还能够引导一些旧的思想方法演变到新的思想方法上去。有些犯罪行为,看起来是触动了现时的道德,实际上它已经预定了将来的道德。苏格拉底因为提倡自由思想,当时反对他的人告发他破坏了道德、教坏了雅典的后代。根据雅典法律,苏格拉底提倡自由思想,是一种犯罪,对他的控告是公正的。然而他犯的罪是提倡自由思想,不仅有利于人类,而且有利于他的祖国雅典。他不仅触动了旧的道德,而且准备了一种雅典人民所需要的新道德和新信仰,因为雅典人民的祖先传下来的思想已经不适应他们的存在条件了。与苏格拉底同类的事情并不是少见的,在历史上各个时期都出现过。我们目前享有的思想自由也同样,如果在禁止思想自由的时期没人去犯禁,没有越轨行为,那么自由思想的好事到现在还不可能实现。在一定时期里,触犯这类禁忌就是犯罪,因为这是对仍然普遍活跃在人们意识中的集体情感的一种冒犯行为。在那以后,这种犯罪成为对社会有用的,成为改革的利器,渐渐地也就成为必要的事实了。哲学自由的遭遇也同样,在整个中世纪,甚至在距今不远的近代,一些提倡自由哲学的先辈皆被视为异端邪说的制造者。然而如果没有这些异端邪说,哲学也不会有今天的进步。

按照这种观点,犯罪学上的基本现象表现出一种新的面貌,与通常认为的犯罪意义迥然相异。它根本不是一件与社会不相容的事,也不是社会上一种离奇的、不可思议的寄生因素,而是社会生活的调节者。至少不能把犯罪本身笼统地归结为不好的事,因为这种过于狭窄的含义不能包括整个犯罪的内容。社会上的犯罪减少了,不一定值得庆贺。可以说,近代社会的进步都是由那些使社会动乱不安的事件引起的。犯罪的事实减少了,并不能说社会就会安宁。有关刑罚的理论,必须进行更新。如果把犯罪当做社会的疾病,刑罚就只能看做是治病的药方,刑罚理论所要讨论的就只是如何实现这种医药的作用。但是,现在的结论说明,犯罪不是一种病态,那么刑罚的目的就不再是治病,它的真正功能必须重新进行研究。

——〔法〕埃米尔·迪尔凯姆:《社会学方法的规则》,胡伟译,华夏出版社1999年版,第54—58页。

【思考题】

1. 法理学上的法律行为与民事法律行为有何不同?区分两者的意义何在?
2. 法理学上的法律行为有哪些特征?
3. 法律行为的构成要件是什么?
4. 法律行为的合法性与合法的关系是什么?

5. 什么是合法行为？合法行为的构成因素有哪些？
6. 合法行为的法律后果有哪些？
7. 什么是违法行为？违法行为的构成要件有哪些？
8. 违法行为的种类有哪些？

【参考文献】

1. 〔奥〕凯尔逊:《法与国家的一般理论》，沈宗灵译，中国大百科全书出版社1996年版。
2. 〔德〕考夫曼:《法律哲学》，刘辛义等译，法律出版社2004年版。

第六章　法律内容论

【本章提要】 本章主要探讨法律内容即权利义务及特征、权利和权力的关系、权利本位和义务本位问题。(1)法律是以权利义务为内容规范人们行为和调控社会关系的,权利义务贯穿了法律内容的产生和法律运行的全过程,全面反映在与法律相联系的法律现象中。(2)从不同的角度、依照不同的标准对权利和义务进行不同的划分。(3)介绍权力的概念、特点及其分类,区分权利、权力和职责的不同含义。(4)介绍权利本位和义务本位的不同观点。

第一节　法律内容概述

一、法律内容与权利义务

法律内容是法律最基本的构成要素,分析社会法律现象不能离开对其基本内容的研究,而权利义务是构成法律内容最重要的部分,是法律内容的核心要素。因为权利义务在法律内容中占有重要的地位。无论是在法律关系的三要素中,还是在法律体系、法律制度中,或是法律在社会的实际运行中,法律都是要通过规定权利义务的方法来规范人们的行为和调控社会关系。可以认为,权利义务贯穿了法律内容的形成、发展和运行的全过程,反映在与社会相联系的全部法律现象中。

法律现象是人类社会发展到一定阶段的产物,权利义务也是如此,在原始社会,就不存在法律意义上的权利义务。"在氏族制度内部,还没有权利和义务的分别;参与公共事务,实行血族复仇或为此接受赎罪,究竟是权利还是义务这种问题,对印第安人来说是不存在的;在印第安人看来,这种问题正如吃饭、睡觉、打猎究竟是权利还是义务的问题一样荒谬。"[①]法律及权利义务现象,是在社会生产力发展过程中,出现私有制,产生了阶级差别,到了阶级社会才产生的。权利义务内容最初也是从原始、简单发展到以后的复杂、完善,而且是受到一定社会的生产方式性质和经济基础性质所制约的。因此,从法律内容的产生到法律关系的形成以及法律责任的归结都离不开权利义务作为其基本内容。同时,一

---

① 《马克思恩格斯选集》第4卷,人民出版社1995年版,第159页。

个国家的所有法律部门、法律制度都是以权利义务为主要内容的。而这些法律规范在运行中也主要是围绕着权利义务的实现和落实进行的,许多情况下,权利义务的实现就意味着法律目的的实现、法律价值的体现。

因此,法律内容即权利义务是法学的基本范畴之一,是构建法律规范的重要因素,没有权利义务,法律就变成无本之木、无源之水。权利义务共同构成了法律的基本内容,两者相对应而存在,没有权利的享有也就没有义务的履行,没有义务的积极履行也谈不上权利的真正实现。从权利义务的概念中,可以看出两者都是由法律规则明文规定或从法律原则中推定出来的,具有合法性、法定性。在没有得到法律或国家机关确认之前,任何权利义务仅仅只是一种主观上的要求,不具有客观的法律效力。从主体行使的角度看,权利义务具有自主性和强制性,权利主体可在法定范围内依据自己的意志决定是否实施行为以及实施何种行为;义务主体必须在法定或约定范围内积极履行自己的职责,不能自行放弃义务或者拒不履行义务。

二、权利的概念及特征

权利是内涵极其丰富的法律术语,可以在不同的场合使用。在广义上,权利包括法律权利、宗教权利、道德权利、习惯权利等。在狭义上,主要指法律意义上的权利,但即使是法律上的权利,对其本质也存在着不同理解,人们从不同的角度赋予权利概念各种不同的含义。

有人认为,权利是指主体有做某些事情、开展某些活动、进行某些行为或者对物的占有、享受的资格。它强调权利主体的资格性质。

有人认为,权利是一种具有正当性、合法性,要求别人尊重和维护主体对物的占有或要求他人做出某种行为的主张。它强调权利的主张能力。

有人认为,权利即法律允许、保护主体有一定的行为自由。它强调权利主体的自由性质。

有人认为,权利就是法律赋予主体的意思力或意思支配力。它强调权利主体的意思力的性质。

有人认为,权利是法律所承认、保护的主体一定的利益,权利与利益关系密切,权利背后都存在一定的利益,利益在法律上往往表现为权利。它强调权利主体的利益性质。

有人认为,权利是法律赋予主体的,用以享有或维护特定利益的一种力量,这种力量是由国家强制力保障的。它强调权利的力量性质。

有人认为,权利是法律规范规定的,主体有权自己做出一定行为或要求他人做出一定行为以及请求国家以强制力给予协助实现的可能性。它强调权利的可能性,把权利的现实性和可能性区别开来。

有人认为,权利是法律允许或保障的,主体能够做出一定行为的尺度和范围。它强调权利的范围性质,超过法律规定的范围,权利就失去了法律上的意义。

有人认为,权利是一种法律规则承认的,在特定关系中主体优于其他主体的选择和意志。它强调权利的选择性质。

上述各种观点,都从某一个侧面理解、阐述权利的基本含义,难免会有不足或片面之处。但是把它们综合起来,就可以全面把握权利的基本含义。权利的基本含义必须包括以下几方面内容:

第一,权利是主体在自己的意志支配下,自主从事一定行为的自由,这种自由的范围是由法律设定的,权利与利益有紧密的联系。

第二,权利是主体有权做出某种行为或不做出某种行为,或有权要求他人做出某种行为或不做出某种行为。如果主体之间没有形成相应的法律关系,这种权利仅仅是主观上的,并不产生实际上的效力。

第三,主体权利受到不法侵害时,有权请求有关国家机关给予排除侵害或者有效保护,并有权要求加害人给予相应赔偿。

简言之,权利是由法律规定的,主体通过一定方式依法享有的权能与利益的能力,这种能力是由国家强制力保障的。

因此,法律意义上的权利应具有以下主要特征:

第一,权利的本质是由法律规范所决定的,具有合法性,是得到法律确认和保护的。当主体的权利受到侵犯时,法律通过使侵犯人承担不利的法律后果这一方式保证权利的实现。虽然历史上曾经提出过"天赋人权"、"自然权利"等口号,但在没有得到法律确认之前,任何法律以外的权利和主张都只是一种主观要求,没有法律上的意义。

第二,权利具有一定的界限,一旦超出这一界限便不再是权利,不具有权利的属性。因此,任何权利的运行和履行都要受到一定限制,只能在一定限度范围内,法律规定的权利才能够真正得到保障,从而促进社会关系的稳定和发展。

第三,权利是法律关系主体依据自己的意志决定是否实施行为以及实施何种行为,因此,权利具有一定程度的自主性和能动性。法律赋予了权利主体在法定范围内为实现自己的意志,自主做出选择,为或不为一定行为的自由。

第四,权利目的是为了保护一定利益而采取的法律手段。一般而言,权利是受法律保护的利益,两者紧密联系。不过要注意的是,法律所保护的利益并不一定是主体自己的利益,在有些情况下,受法律保护的权利有可能涉及其他主体的或者公共的、国家的利益。

第五,权利和义务是相辅相成的,权利总是伴随着义务,没有义务主体对义务的履行,权利就难以得到很好的实现,因而没有义务的履行也就不存在权利,反之亦然。

三、权利范围

权利范围总是相对的,不可能是绝对的,无论是整体的权利,还是具体的权利,都必须有一定范围,存在一定界限。权利作为上层建筑的组成部分,当然要受到经济基础的制约。经济基础的性质和状态,也就决定了权利的性质和状态,权利范围必须与社会经济发展的水平相适应,超出经济基础的权利,既不可能产生,也不可能实现。

同时,权利作为一种特殊的社会思想关系,也要受到物质关系的制约。一个社会的物质基础决定了这个社会的思想关系与权利的范围。因此,权利永远不能超出社会的经济结构以及由经济结构所制约的社会的文化发展。权利范围和内容,并不是无限的,它必须与社会的经济基础、生产力发展水平相适应。即使是国家法律所设定的权利,也只不过是对社会经济关系的记载和认可。

权利作为法律规定的一种可能性,与社会生活的现实性还是有差别的。尤其是具体的权利,实现起来要受到时间、空间等条件的限制。具体的权利一旦超过权利范围,就不复存在,权利也就无法实现。

权利范围也要受到义务的限制。权利与义务是相互依存,相互对应的。权利的实现,一方面依赖义务的履行程度,另一方面也以权利享有者履行相应的义务为前提。没有与权利相对应的义务的履行,权利始终是一种可能性,如果主体只享有权利而不履行必要的义务,权利最终也无从实现。因此,义务履行的状况也就决定了权利的范围。

四、越权行为

越权行为是指主体行使权利过程中,故意超越法定权利的界限,损害他人权利,危害国家与集体的利益,属于滥用权利的范围。

越权行为是由享有权利并正在行使其权利的主体实施的。该主体出于故意的心理状态,侵害国家与集体的利益以及他人的权利,并有危害后果的产生。其特征是主体本来享有该项权利,行使该项权利的行为也是正当的,但是在行使该项权利的过程中,演变为不正当行为,造成了权利的滥用。因此,越权行为往往是以合法行为为起始,以违法行为为结束的过程。

根据越权行为的性质不同,大体可把越权行为分为以下几种:

第一,越权追求权利范围以外的利益。任何权利都有一定范围的法律限制。主体只能在被限定的权利范围内,享有自己的权利。超过这个界线追求该项权利范围以外的利益,就是超越权利范围的行为。

第二,主体行使权利过程中,违反了法定程序,追求权利范围以外的利益。

主体权利的实现必须通过法定的程序,运用正当的手段,主体权利要受到法定程序的规范和制约。主体的权利既受到实体法的保护,也受到程序法的保护,但对程序法的步骤、措施与方法运用不当,也会产生越权行为。

第三,主体以行使权利为由,行损害其他主体权利之实。这是严重的越权行为。如主体以享有言论自由为由,对其他人的人格进行侮辱、诽谤或造谣中伤,陷害他人就属于这类行为。

第四,滥用权力行为,是指国家机关及其工作人员在执行公务的过程中,超越其权力范围,给其他主体利益造成损害的行为。这里可分为积极的和消极的权力滥用两种。例如,司法机关享有审判权、检察权,如果不依法律程序办事,任意做出裁决,就是积极的权力滥用。而国家机关及其工作人员应当履行法律义务而没有履行,应该"作为"而"不作为",从而直接导致其他主体利益损害时,是消极的权力滥用。

五、义务的概念和特征

法律义务也是法律内容的基本要素,在法理学研究中占有重要地位。但长期以来,人们往往把法律义务作为法律权利的伴生物,对它的研究分析不如法律权利那样深入和透彻。其实,义务作为法律内容的一部分,与权利一样,都是内涵丰富的法律术语。在义务的表述中,也存在法律义务、道德义务、宗教义务、习惯义务等。但是,法律意上的义务主要有以下几层含义:

第一,义务是指义务主体应当做出一定行为或不应做出一定行为的法律约束。强调义务对主体而言,主要是一种法律上的拘束手段。

第二,义务是指义务主体必要行为的尺度,强调义务主体行为的范围。

第三,义务是指义务主体实施某种行为的必要性,强调义务主体应当做出一定行为或不应做出一定行为的性质。

第四,义务是义务主体的"应然行为"或"未来行为",不是事实上已经履行的行为。已经履行的"应然行为"是义务的实现,并不是义务的本身。

第五,义务具有被法律强制履行的特性,义务主体对义务的内容不得随意转让或违反。

根据以上分析,可对法律上的义务做出如下定义:法律义务是指规定在法律规范中,为保障主体的权利或权力的实现或有效运行,义务主体应当做出一定行为或不应做出一定行为的法律约束。

从法律义务概念出发,义务应具备以下几个特征:

第一,义务是由法律规范决定的。这意味着主体的义务内容不是任意设定的,它要求义务主体履行义务必须有法律上的根据,这种根据可以是由法律规范直接规定的,也可以是依据法律规定由当事人之间相互约定的。

第二，义务履行不以义务主体主观上是否愿意为转移，义务具有一定强制性。主体一旦被设定了某种法律义务，就应及时适当履行，不能以种种理由拒绝履行、自行放弃或随意转让义务。

第三，义务是为了保障权利主体获得利益而采取的一种法律手段，这是从义务实现目的角度而言。一般情况下，某一法律义务的设定以保障某一法律权利的实现为目的。

六、义务的结构

在结构上法律义务可以分为两个方面：

第一，对应权利的义务，是指义务本身是权利的一个要素。它包括几种情况：一是对应权利，也就是与权利相对应的义务。即一方的权利和义务与另一方的义务和权利是相互对应的，两者相辅相成，缺一不可。这种对应权利的义务的主要功能在于确定和实现权利的内容。二是对他人的义务，即权利行使不得侵犯他人的权益、国家利益和社会利益。至少有一项义务与各项权利都有关，这就是要求每个人都不得做任何侵权之事的义务。[①] 三是对自己的义务，即主体行使权利不能伤害自己的生命健康。

第二，对应权力的义务，对于义务主体而言，这是一种服从的义务。随着生产力的发展，社会分工越来越明确，人们的合作与交往越来越频繁，从而产生了专门从事社会管理的公共机构。社会生活因公共权力的介入而变得越来越有效率，同时主体也承担着越来越多的义务。义务主体出于生存的需要，通过一定方式把部分权利让渡给公共管理机构，形成公共权力，并促使个人与他人彼此约定和履行法律义务。这时主体就有义务服从公共权力机构的管理行为，以取得只有公共权力才能提供或者保障的权利或利益。公共权力产生于权利，具有维护基本人权、保障社会稳定、促进人与人关系和谐发展的职责，它既是一种权力，也是一种义务。同时，公共权力的行使，不能与设定权力的宗旨相背离。公共权力正是通过履行对权利的义务，取得权利的信任与支持，从而获得自身存在与发展的前提。

第二节 权利和义务分类

要深入地认识和了解权利和义务，从不同的角度、依照不同的标准对权利和义务进行分类是很有必要的。

---

① 参见〔英〕A.J.M.米尔恩：《人权哲学》，王先恒等译，东方出版社1991年版，第190页。

一、依据存在形态不同的分类

依据权利和义务存在形态的不同,可以将权利和义务分为应有权利和义务、习惯权利和义务、法定权利和义务、现实权利和义务。

应有权利被认为是权利的初始形态,是在特定的社会条件下,人们基于一定的社会环境和文化传统而产生的权利要求,是权利主体应当享有的权利。广义上的应有权利包括法律规定的和未规定的一切正当权利。狭义上的应有权利仅指人们应当享有却还没有被法律所规定的权利,通常也被称为"道德权利"。应有义务是指还未被法律明文规定,但根据社会关系的本质特征和法律精神理应由主体承担和履行的义务,道德义务、自然义务均属于应有义务。

习惯权利是人们在长期的社会生活中形成的或是传承的,又或是约定俗成的,存在于人们的意识和社会习惯中的一种群体性、重复性自由活动的权利,如中世纪贵族对于农奴新娘的初夜权。习惯义务是人们在长期的社会生活过程中形成的或是由先前社会传承下来的,一种表现习以为常的、经常性的、必要性的义务,如进贡。习惯权利和义务是法外权利和义务,不受法律的强制性保障。

法定权利是法律明文规定的或经由立法纲领、法律原则加以公布的,以规范与观念形态存在的权利。法定义务是通过法律明文设定,以法律规范形式存在的义务。法定权利可以不限于法律明文规定,还包括经由法律精神、经验和逻辑推定出来的"推定权利",而法定义务一般仅限于法律明文规定,不得任意推定和扩大。

现实权利和义务,即实有权利和义务,是主体在现实生活中实际享有、行使的权利和承担、履行的义务。现实权利和义务是法定权利和义务的转化,只有法定权利和义务现实化,权利义务才具有实效,而不是简单的一纸空文。

二、依据根本法与普通法不同规定的分类

依据根本法与普通法规定的不同,可以将权利义务分为基本权利和义务与普通权利和义务。

基本权利和义务是宪法所规定的人民在国家政治生活、经济生活、文化教育生活和社会生活中的根本权利和义务,这些基本权利和义务与法律主体的生存、发展、社会地位有直接的联系,是为社会公认,不可剥夺、转让的,具有不证自明、不言而喻的特征。我国《宪法》第二章确认的公民的基本权利和义务就属此类。

普通权利和义务是宪法以外的普通法律规定的权利和义务。这些权利和义务虽不如基本权利和义务那样重要,但却是人们在普通经济生活、文化教育生活及其他社会生活中不可缺少的。民法、经济法等部门法都有普通权利和义务的规定。

三、依据主体范围不同的分类

依据权利和义务所对应的主体范围的不同,可以将权利和义务划分为对世权利和义务与对人权利和义务。

"对世权利"、"对世义务"也称为一般权利和义务或者绝对权利和义务,是对应不特定法律关系主体的权利和义务。具体而言,对世权利是指权利主体没有特定的义务人与之相对,社会上的每个人都可能作为其义务人,它排除其他任何人的侵犯,对一般人要求不得为一定行为。常见的对世权利有财产权、人身权、国家主权。对世义务是指每个义务主体没有特定的权利人与之相对,如任何人和组织不经法定程序不得剥夺其他公民的人身自由。

"对人权利"、"对人义务"又称为特殊权利和义务或者相对权利和义务,其特点是对应特定的法律主体的权利和义务。对人权利是指权利主体有特定的义务人与之相对,权利主体可以要求义务人为一定行为或不为一定行为。对人义务是指义务人有特定的权利主体与之相对应,义务人应依据权利主体的要求为一定行为,以保障权利主体获得某种利益。对人权利和义务一般常见于合同、债权债务关系,在这些法律关系中通常存在两方具体的当事人,并有具体的权利和义务约定。

四、依据主体种类不同的分类

依据权利和义务主体的不同,可以将权利和义务分为个人权利和义务、集体权利和义务、国家权利和义务、全人类的权利和义务。

个人权利是自然人在法律上所享有的权利。个人权利是现代法治社会着重保护的方面,并且随着社会进步,个人所享有权利的范围越来越广泛,通常涉及政治、经济、文化教育及其他社会关系领域。个人义务是自然人依法所承担的义务。个人义务包括义务人对其他人的义务、对集体的义务、对国家的义务。

集体权利是国家机关、社会团体、企事业组织所享有的权利。集体义务则是这些主体依照法律所应当承担的义务。行政法律关系中的行政机关所享有的管理权力及职责就是典型的集体权利和义务。

国家权利和义务主要是国家作为法律关系主体在国际法和国内法上所享有的权利和应承担的义务。在国际法律关系中,国家根据其所缔结、参加的国际条约,或依照国际惯例享有权利、履行义务;在国内,国家作为法律关系的主体以国家或社会的名义享有权利、承担义务。

全人类的权利和义务是指人类作为一个整体或具有地球籍的居民所享有的权利和承担的义务。全人类的权利通常是那些能够影响整个人类生存、发展的权利,如环境权利、发展权利、和平权利。全人类的义务主要是人类的每一个成员、群体、国家、国际组织都应当承担的义务，例如禁止种族歧视和迫害、维护世界和平、保护大气层、维护地球生态平衡等。

五、依据权利义务的因果关系不同的分类

依据权利与权利之间、义务与义务之间的因果关系的不同，可以将权利和义务划分为第一性权利和义务与第二性权利和义务。

第一性权利又称为"原权利"，它是直接由法律规定的权利或者由法律授权的主体依法通过其积极活动而创立的权利。常见的第一性权利有财产所有权、合同缔约双方当事人的权利。第一性义务是与第一性权利相对应的，它是由法律直接规定的义务或者由法律关系主体依法通过积极行为而设定的义务，其内容主要是不侵犯他人的权利，或为满足权利主体的要求而为一定行为的义务。

第二性权利又称为"救济权利"，这种权利是在原有权利受到侵害时所产生的权利。最典型的第二性权利就是程序法中的诉权。第二性义务是在违法行为发生后依据法律的规定所应当承担的责任，如行政赔偿责任、违约责任等。

六、依据主体实现意志和利益方式不同的分类

依据权利主体依法实现其意志和利益的方式的不同，可以将权利和义务划分为行动权利和消极义务与接受权利和积极义务。

行动权使得主体有资格做某事或以某种方式采取行动，接受权使得主体有资格接受某事物或被以某种方式对待。选举权和被选举权是典型的行动权和接受权。与行动权和接受权相对应的是消极义务和积极义务。当权利主体有资格做某事或以某种方式做某事时，义务主体就相应地处于避免做任何可能侵犯权利主体行动自由的行为的消极状态，即不得干预、阻止或威胁权利主体；当权利主体有接受权时，义务主体处于给付某物或做出某种相应的积极行为状态。

第三节 权利和义务的关系及意义

一、权利和义务的关系

权利和义务的关系是权利义务理论的基本内容之一。在权利和义务的关系问题上，目前法学界较为主流的观点认为，权利和义务在总体上是对立统一的关系，具体表现为：结构上是对立统一的；总量上是守恒的；功能上是互补的；价值上是一致的。[1]

---

[1] 参见张文显：《法哲学范畴研究》，中国政法大学出版社2001年版。

第一,权利和义务在结构上的对立统一性。权利和义务在法律这一事物中既相互依存、渗透、转化,又相互分离、排斥,体现了两者对立统一的关系。

权利的存在以义务的存在为条件,反之亦然,社会设定某一权利必定有相应的义务,否则权利就形同虚设;设定某一义务也必有相应的权利,否则义务便不是社会义务。在一定条件下,某一行为既是权利也是义务,如行政机关依法行使职权。此外权利和义务在一定条件下可相互转化,即权利人要承担义务,而义务人可享受权利,在法律关系中的同一人既是权利主体又是义务主体。例如,父母与子女之间的抚养、教育与赡养、扶助法律关系。因此,没有无义务的权利,也没有无权利的义务。权利义务一方如果不存在了,另一方也就不能存在。

而权利和义务又是相互分离、排斥的。权利的存在是以维护权利主体的利益为目的的,权利是目的,义务是实现权利的手段。权利是主动的,权利主体在法律范围内可自主决定行为;义务是被动的,义务主体在法律范围内只能依据权利主体的要求决定一定的行为。

第二,权利和义务在总量上的守恒性。无论是同一主体既享有权利又履行义务,还是一部分人享有权利,另一部分人履行义务,一个社会的权利总量的绝对值总是等同于义务总量的绝对值,这也是社会中公正和正义的要求。权利大于义务或是义务大于权利都是一种不公平。

第三,权利和义务在功能上的互补性。在现实中,权利的实现会受到义务的制约,而义务的履行也会受到权利的限制。权利的行使以守法、合法为其基本前提,而守法、合法在某种程度上就是一种义务,权利主体一旦超越权利的范围要求义务人履行义务是不会受到法律保护的,义务人也可以拒绝这种要求。权利和义务在功能上的互补性有利于法律的目标、作用和价值的实现,例如,权利促进自由的实现,而义务有助于秩序的建立。

第四,权利和义务在价值上的一致性。一般而言,无论是权利还是义务,其设立的目的都体现了法律价值;同时,权利和义务也是法律主体实现其自身价值所不可缺少的两种途径。

二、研究权利和义务的意义

法律是调节人们行为和社会关系的规范,这种调节和规范是通过规定人们的权利和义务这种方式加以实现的,因此,所有法律现象,一切法律部门、法律适用的各个环节以及法律运行的全过程都贯穿了权利和义务。

原始社会末期,人类社会出现了剩余产品、劳动分工、交换,随之也出现了"你的"、"我的"、"他的"之类区分占有、明确所有的观念,这些最初的权利意识预示着法律的产生,也包含了法律进化、发展的一切矛盾。可以这样理解,法学史就是分析、考察、研究、论证权利义务的渊源、建构、限度、关系等各种问题的历史;法律制度史本质上就是权利义务的矛盾、演变的历史。

法律规范、法律关系以及法律责任等法律现象都是以权利和义务为主要构成要素的。法律规范是由适用条件、行为模式和法律后果构成的,行为规范赋予了人们权利,告诉人们什么样的主张和行为在法律上正当合法,并通过肯定性的法律后果对这种主张和行为予以确认和保护;同时,行为规范为人们设定某些义务,指示人们应当为或者不为一定行为,如果人们不遵守这些义务,那么法律就施以否定性的法律后果,以保障行为模式所规定的义务得以实现。人们行使权力履行义务所形成的社会关系就是法律关系,法律关系不同于一般社会关系的关键之处就在于这种关系是以法律的规定为依据而形成的。人们如果依据法律规范所规定的权利和义务行为就不会存在法律责任问题,但当人们不遵循权利和义务的要求行为时就产生了法律责任,按照哈特的观点,这种法律责任是由于行为人违反法律规范规定的第一性义务而产生的第二性义务。可以说,法律责任的主要目的就是保障权利的正当行使和义务的适当履行。

法律部门是依据一定的标准对一国现行同类法律规范所进行的分类。各个部门法都是由法律规范构成的,而权利和义务是法律规范的本质内容,因此,权利义务贯穿于一国法律的所有部门。作为一国根本大法的宪法,它主要规定的是国家的政治制度、经济制度、法律制度以及文化教育制度,这些基本制度实际上对不同的阶级、阶层、集团、民族等社会力量在国家生活中的权利和义务做出了规定,并对公民的基本权利和义务进行了规定。行政法规则是以宪法为基础,规定了国家行政机关及其工作人员在行使国家行政管理权时的权力范围和职责,并确定行政机关与社会公民、法人等行政相对人在相互关系中各自的权利和义务。民法则是调整平等主体之间关于人身、财产方面权利义务关系的法律规范。刑法对严重危害法律所保护的社会关系的个人或单位施以刑罚,以保障人们的法定权利。诉讼法调整诉讼过程中国家审判机关、检察机关、诉讼当事人、诉讼参与人之间的权利义务关系。国际法则通过国际条约、国际惯例等方式规定国与国、政府与政府之间在国际关系活动中的权利和义务。总之,不同的法律部门都是以权利和义务为自己的主要构成,并以不同的方式对社会关系进行调整。

法治不仅仅是静态意义上的法制,它还包含着立法、守法、执法、司法、法律监督等多个环节,法律运行的所有环节都是围绕权利和义务展开的。立法在一定程度上就是对权利义务在社会范围内进行的分配,它通过法律规范这种制度化的形式确定人们的权利和义务;法律的遵守就是公民、法人、社会组织依据法律的规定行使权利、履行义务;执法是行政机关及其工作人员在管理社会的活动中具体落实法律所规定的权利和义务的过程;司法是国家司法机关通过各种诉讼程序,恢复被破坏的当事人之间的权利与义务关系;法律监督则是国家法律监督机关对国家机关工作人员、社会组织、法人和公民行使权利、履行义务情况的监督,并对违反法律规定的行为进行追究。

一国法律制度在不同程度上反映了这个社会的主流价值取向,权利义务作为法律关系的重要内容也体现了这种价值。国家通过规定权利与义务,保障权利义务的实现体现其价值取向。现代社会的法赋予人们越来越多的权利,给予人们政治、经济、文化教育等方面越来越充分的选择机会和行动自由,人们在行使权力履行义务的同时也实现了自我的价值,促进了社会的发展。

可见,权利与义务在整个法学以及法治实践中都具有十分重要的地位,因此,法学也常被称为权利义务之学。某种程度上法学的整个体系是建立在权利义务这一对范畴之上的。

第四节 权 力

一、权力的概念及特征

权力是一个重要的概念,它最早与社会学、政治学紧密相关。罗马法的核心内容就是对权利义务合理分配问题的规定,权利义务一直是西方法学的基本范畴。受权力分立思想的影响,西方法学开始对权力有了较多关注。20世纪初,随着政府职能不断扩张而产生的行政法发展起来后,权力,尤其是对权力的合理控制受到重视,并得到了较为深入的研究。

什么是权力?社会学和政治学上的定义主要有三类:(1)权力是系统中的一个单位在其他单位的对立面上实现其目的的能力;(2)权力是一个人或者一些人在某一社会行动中甚至不顾其他参与这种行为的人的抵抗的情况下实现自己意志的可能性;(3)权力是一个人或者许多人的行为使另一个人或其他许多人的行为发生改变的一种关系。

法学上的权力也有许多定义。《布莱克法律词典》对权力的定义为:(1)权力是做某事的权利、职权、能力或权能,权力是授权人自己合法为某行为的职权;(2)权力是在法律关系中一方以一定的作为或者不作为改变这种关系的能力;(3)狭义的权力是只为了自己利益或者他人利益处理动产、不动产或者赋予某人处理他人利益的自由或职权。[①]

一般而言,在社会学与政治学上,权力表现为一种对社会的影响、一种人际互动关系。法学上则将权力限定在合法的范围内。因此,对于权力,我们可以这样定义:权力是合法确认和改变人际关系或者处理他人财产或者人身的能力。

---

① See Black's Law Dictionary, 1973, p. 1053.

从上述对权力的定义中我们可以看到,权力作为一种社会力量,一种法律上合法设定关系和改变关系的力量,具有以下几个特征:

第一,权力具有合法性。这是权力存在的前提,权力所具有的社会影响力并不是来源于赤裸裸的暴力,权力的力量来自其自身的合法性。这一合法性有两方面含义:首先,权力在实体上的内容必须由法律规定;其次,权力的行使必须遵守相关程序法律规定。权力的合法性在现代法治社会具有重要意义,任何能对社会生活、人际关系产生影响的强力都必须有自己的界限,其行使必须受到严格的控制,尤其是受法律这样一种制度化的形式的控制,以防止权力行使者对社会生活和人际关系的任意破坏。

第二,权力行使的目的是为了实现一定的社会公益,因此,权力具有一定的社会公益性。权力的行使不能以权力设定者以及权力行使者的私利为目的。柏拉图和亚里士多德都将政治统治与奴隶主对奴隶以及家长对家庭成员的统治相区分,在他们看来,政治统治与私人控制的一个重要区别就是,前者是以被统治者为其目的,而后者却仅仅是从奴隶主和家长私人的角度出发的。在现代法治社会中,权力的公益性特征一般要求行使权力的主体同权力行使的结果所产生的利益相分离。因为只有这样,此社会中的法律和权力才有存在的必要。

第三,权力具有合法侵犯能力和处分公共产品的能力。法学家们在对于人类社会最初状况进行假设时,有一种观点认为,人类社会最初的关系是以权利和义务的形式表现出来的,而为了维护这样一种权利义务关系,社会就必须有公权力存在。这种公权力包括组建社会公共组织、确定各种公共组织的行为能力。而这一公共组织为了其自身的生存以及完成社会目标,就需要对社会权利进行一种"合法的侵犯",并拥有一种能有效地对公共产品进行处分的能力和资格。而且在面对这种公共权力的行使时,公民不得以自己的权利作为抗辩的理由,也正是因为权力的这种扩张能力,使得权力本身在行使过程中容易被滥用,从而侵犯公民的权利,不过在现代社会,公民在服从这种权力的同时也享有诉诸法律的权利。要想将权力行使对公民权利所构成的威胁降低到最低程度,一个有效的途径就是使权力行使所产生的利益同权力以及行使权力的人员的利益相分离,进行严格的区分。

第四,权力的行使目的在于公共利益,因此,权力具有不可放弃的特征。放弃权力就会使其要实现的公共利益受到损害,这就违背了设置权力时的初衷。现代社会中权力行使大多表现为不同的国家机关依法行使职权,这种职权同公民所享有的权利不同,它是不可以自由选择的权能,是一种"应为"的概念。

权力的以上四种特征表明,在现代社会中,权力由于存在扩张性,其行使必须在法律的框架下进行,这也是"法治"社会的核心要义所在。

二、权力的分类

依据不同的标准,可以将权力分为不同的种类。

(一) 国家权力、社会权力和超国家权力

依据权力性质的不同,可将权力分为国家权力、社会权力和超国家权力。

国家权力是指政治国家所享有的权力,它是现代社会中权力的主要形式。国家权力可以再进行不同的分类,通常根据权力的效用不同可以分为立法权、行政权、司法权三大类。立法权一般由一国的权力机构掌握,行政机关依法享有行政权,司法权则归一国司法机关享有;根据其层次可以分为中央的权力和地方的权力两种,在实行邦联制以及联邦制的国度里,地方权力往往十分强大,而中央的权力则由联邦宪法作具体规定。社会权力是社会保留的权力,如各种商会的权力、企业的权力等都是典型的社会权力。社会权力的行使同样也必须遵守法律规定,并且在法律的范围内与国家权力相互平衡制约。自各国经济交往增强之后,在国际上逐渐出现一种超国家权力,这种权力主要由国际社会或者国家集团所行使,最常见的超国家权力就是联合国的权力、世贸组织的权力等。在当代,这种超国家权力在国际社会中发挥了不少作用。

(二) 对人的权力、对物的权力和对精神的权力

依据权力的不同内容,可以将权力分为对人的权力、对物的权力、对精神的权力。对人的权力一般是指处分人身与自由的权力;对物的权力是指支配物质财富的权力;对精神的权力是指传播精神产品的权力。

(三) 服务性权力、侵犯性权力和中立性权力

依据权力能否给相对人带来利益,可以将权力分为服务性权力、侵犯性权力和中立性权力。能够给相对人带来利益的权力为服务性权力,如立法权,由于可以为社会提供规范也可视为服务性权力;给相对人带来不利后果的权力是侵犯性权力;另外,有一些权力是用于做出裁断、确认权利和义务关系的,它不改变相对人的利益关系,这种权力就是一种中立性权力,最典型的中立性权力就是司法权。

三、权力和权利的关系

(一) 权力来源于权利

权力(power)和权利(right)在作为法律上支配他人能力的方面具有一致性。两者在早期并没有太多的区分,但随着强制执行力的国家化,人们才将国家支配、强制的能力称为权力,将公民支配他人的能力称为权利。一般认为权力来源于权利。社会契约论认为,从逻辑上而言,在自然状态下人们享有自然权利,为了避免战争以及野蛮暴力等扰乱秩序的情况出现,人们自愿通过契约转让自己

的权利以组成社会,而国家这种公共组织,是接受人民权利的让渡来行使管理社会的权力。现代社会,大多数国家都将两者作了严格区分,强调权利对权力的控制。不过,在英美法系国家,由于其私法传统,并不太注重对权力和权利进行划分,因为在其看来,个人与政府都应当受制于同一法律规定,个人与政府在法律上原本就是平等的,政府权力类似于大陆法系中私法上的权利。

(二) 权力和权利的区别

权力和权利的不同点有很多,一般而言,其主要区别有以下几个方面:

首先,主体及其地位不同。权利的主体,是指能够参加法律关系的一切主体,包括所有社会关系的参加者,一般主要指公民和法人。而且权利主体之间的地位是平等的,权利是相等的。而权力的主体,只能是从事公共事务管理的国家机关及其工作人员或受法律委托进行管理的社会组织及其人员。它与特定人在特定组织、机构中的地位与身份直接相联系。一旦不以这种特定的地位与身份出现,就失去其同地位与身份相联系的权力。各个权力主体之间、权力与权利主体之间,不是平等的关系,而是命令与服从关系。

其次,内容和性质不同。权利的内容包括权能和利益,侧重于利益,主要指公民、法人的利益,性质上是社会成员享有的法律上的利益,不具有公共性。而权力的内容,虽然也包括权能和利益,但主要侧重于权能。行使权力的主体,并不是出于自身的利益,而是以公共利益、国家利益为目的,性质上属于公共机构管理社会的一种权能,具有公共性。

再次,强制力不同。权利的实现,主要依靠负有相应义务主体的自觉履行,或请求有关国家机关给以保障,并不能通过权利主体自身的行为强行实现其权利,只有在义务主体不履行义务的情况下才能诉诸公权力的保护,权利在一般情况下不能实行自我救济。而权力则是通过有关国家机关直接采取相应强制性措施,予以实现。包括执行一定的惩罚措施,迫使义务主体履行法定义务。

最后,主体的行为要求不同。权利本质上是对主体利益的一种确认和保障,可由权利主体自由选择行使或放弃,实际上存在作为或不作为的可能性,而是否实现这一可能性,是否享有自己的权利,由其自行决定。一般情况下,放弃或者转让自身的权利,法律上是允许的。而权力以实现社会公益为目的,不能任由权力主体选择是否行使,其行为受到法律的限制,有应当作为或应当不作为的必要性。国家机关及其工作人员要正确行使自己的权力,不得随意放弃、转让,否则就是违法失职行为,甚至构成渎职犯罪。

四、研究权力的意义

权力可依据不同的标准可以做出不同的划分,但在现实生活中,与法律关系最密切的应当是国家权力,国家权力是政治国家对社会进行管理过程中所享有的强力。国家公共组织对社会的管理职能主要由政府行使,在历史上,政府管理社会的这一权力也经历了不同的发展时期。在自由资本主义时期,自由竞争占统治地位,资产阶级要求政府扮演消极的"守夜人"的角色,政府的权力基本上处于一个休眠状态;到了垄断资本主义时期,国内外矛盾日益加剧,并且随着科学技术的发展,社会对政府积极运用权力干预经济以缓和阶级矛盾的要求也越发强烈,在这种情况下,20世纪以来,政府权力一改消极"守夜人"的角色,更加积极地履行管理社会公共事务职能。在社会日益复杂的今天,政府行政管理的权力也得到了极大扩张,即便是在传统"三权分立"的国家,行政权力也逐渐成为最有影响力的一种权力。

随着权力,尤其是行政权力在现代社会中作用的加强,人们也开始关注行政权力扩张的情况。由于权力一般是以社会公益为目的,因此公民在一定程度上就要服从权力。也正是权力的这一特点,同时隐含了权力容易侵犯权利这一可能性,所以,在现代法治社会,利用法律的手段对权力的行使进行严格控制就成了防止权力滥用的主要手段之一。

一般而言,法律对权力行使的控制可从两个方面进行:第一,对权力行使的范围进行详细规定,这是从实体方面对权力行使进行的控制。在现代法治社会,与公民权利中"法不禁止即自由"原则相对的是,凡是法律没有规定的权力,公共机关都不能享有。第二,权力的行使还必须遵循法定的程序。这一点是从程序上对权力行使的控制,它对于防止权力滥用尤为重要。现代社会是一个信息爆炸的社会,每时每刻都有无数信息产生,作为社会主体的个人由于精力有限,不可能有效地掌握各种信息。而作为社会管理者的政府,对信息的把握远胜于个人,所以在权力行使的过程中,行政主体与行政相对人之间就存在信息不对称的问题,这就使得行政权力所指向的相对一方处于劣势,从而要百分之百地保证实现实体公平几乎成为一件不可能的事情。为了减少由于信息不对称等原因给实体公平的实现带来的负面影响,程序的公正就成为一种必需。程序通过赋予程序参与者以平等的程序地位、平等的程序资源这种方式,使行使权力的结果以一种看得见的公平方式体现出来。

职责这一概念在现代社会也同行政权力紧密相关。行政权力作为现代社会中最重要的一种权力,一般也称为行政职能,其管理社会的职能也要以社会公益为目的,这种权力具有不可放弃性,因此在另一种意义上,行政职权同时也是一种行政职责。行政机关不仅有管理社会的权力,更重要的是行政机关应当履行管理社会的职责。权力不能超出法律的规定行使,权力同样不能违反法定程序,否则就要承担相应的法律责任,这是职责的另一种含义。

权力(职能)和职责是依法行政的重要构成要素,两者都为法律所规定,这也是现代法治社会的重要标志。

第五节 权利本位和义务本位

权利本位或义务本位是在讨论法律本位时使用的概念,是指在权利义务体系中,权利和义务何者为起点、轴心或重心的问题。权利本位是法律应当以权利为其起点、轴心或重心的简称,义务本位是法律应当以义务为其起点、轴心或重心的简称。法律是以权利为本位,还是以义务为本位,在法理学界引起了广泛的讨论。有推崇权利本位的,也有赞成义务本位的,更有主张权利义务均为本位的,这三种观点都产生了一定的影响。

一、权利本位

在商品经济和民主政治发达的现代社会,法律是以权利为本位的,从宪法、民法到其他法律,权利规定都处于主导地位,并领先于义务,即使是刑法,其逻辑前提也是公民、社会或国家的权利。权利是法律体系的中心环节,是构成法律规范的基础,法律体系的许多因素都是由权利派生出来的,由它决定并受它制约。权利是国家通过法律予以承认和保护的利益及权利主体根据法律做出选择以实现其利益的一种能动手段。但权利也是有界限的。一方面,权利所体现的利益以及为追求这种利益所采取的行为方式,是被限制在社会普遍利益之中的,是受社会的经济基础和文化发展水平制约的。另一方面,权利是以权利相对人的法定义务范围和实际履行能力为限度的。在以权利为本位的社会,法律强调人权、自由、平等和民主。因此,权利本位强调在权利义务关系中,法律应当是以权利而不是以义务作为其本位,应当以对权利确认和保护为宗旨设定和分配义务。因此,权利本位法律都有如下特征:

(1) 社会成员皆为权利主体,不能因性别、种族、宗教信仰、文化程度、经济状况等被剥夺权利主体的资格,或在权利分配上受到差别待遇。

(2) 在权利义务关系上,权利是目的,义务是手段,法律设定义务的目的在于保障权利的实现。权利是第一性因素,义务是第二性因素,权利是义务存在的依据。权利是义务的逻辑前提,决定着义务的内容和作用。

(3) 权利主体在行使其权利时,只受法律规定上的限制,这种限制的唯一目的在于保障对他人权利、社会利益给予应有的承认、尊重和保护。

(4) 在法律没有明确禁止或强制的情况下,可以做出权利的推定,推定主体有权做出某种行为或不做出某种行为。

(5) 权利主导性存在于权利义务相关性之中,离开义务,权利就失去了本位的性质。权利义务是互为参照的,只有以义务作为权利的参照,才能把握权利的内容和界限,同样,只有以权利作为义务的参照,才能把握义务的内容和限度。

对以权利为本位的理解,不能停留在具体法律规范或法律关系的分析上,法律规范主要功能是设定权利义务。根据法律规范的设定内容,可分为授权性规范和义务性规范。但是不能根据法律规范内容是授予权利还是设定义务,就认为该法律规范是以权利为本位或是以义务为本位。同样,法律关系中也有对等的法律关系和不对等的法律关系之分,前者主体既享有权利又承担相应义务;后者权利主体享有较多权利,义务主体承担较多义务。因此,研究法律本位问题,不能从某个具体法律关系上分析,应从整个法律体系出发判断。

权利本位表达了法律追求的价值,是一种价值分析。它提出了"法律应当怎样"、"法律价值标准是什么"等问题,表现了法学以及法学家对立法的价值取向的关切。立法应平等分配权利,权利应当成为法律价值取向,并从权利角度出发进行义务的设定与分配,义务是实现权利的必要手段而不是目的。所以,一个正义理想的社会,人人应享有平等权利,重视公民的人权、平等、自由、民主、文明等权利本位所追求的目标,尽管这些平等、自由、民主等在不同社会有不同含义,但都是以这些价值作为取向的。

权利本位既然把人权、平等、自由、民主、文明等作为其法律价值取向,在处理权利与公权力的关系上,是以权利作为第一性的,公权力是第二性的。强调公权力要受到权利或法律的制约,要限制和约束公权力的运行,防止公权力对主体权利的践踏和侵犯。

二、义务本位

义务本位的法律的主要作用是强调通过法律对社会进行控制,法律作为调整社会关系、规范人们行为的手段,主要通过设定义务性规范实现调整社会关系的目的。法律是规范人们行为的工具之一,法律的首要任务是社会秩序的固定化、制度化,使社会关系有序稳定,人们的行为有条不紊。在大多数情况下,法律都是通过规定社会上既成的社会关系、人们已遵从的行为模式来保护现存的社会制度,以维持社会关系的和谐。因此,法律中的义务不是随意分配的,主要取决于现存的社会制度以及社会生产力发展水平的实际情况。由于破坏、损害现存社会制度的后果只能由义务主体承担,因此,法律对社会制度的保护应侧重于义务主体方面。无论是在公共管理机关对社会关系进行调整、规范人们行为方面,还是对公共管理机关的监督上,都要侧重主体义务的规定以及保证义务主体的义务履行。

在涉及公权力问题上,义务本位强调社会秩序的有序和社会控制的力度,因而在法律规定中主要是侧重命令性规范或禁止性规范,这在一定程度上决定了公权力支配着社会。

同时,主张权利本位,必须提高主体的权利意识。这使主体能够运用法律武器维护自己的权利,但只有相应增强主体的义务观念才能有效。只有理解了权力、义务、职权和职责的相互关系,才能更好地维护主体的权利,因此,法律应以义务为本位而不是以权利为本位。

三、权利义务本位

权利义务本位,是指社会成员之间的权利义务平等与对应。它包括两个含义:一是权利义务平等。权利义务平等,既包括主体基本权利义务的平等,也包括一般权利义务的平等。公民不分民族、性别、职业、出身、文化教育等,都平等地享有法律规定的各项基本权利,平等地承担法律规定的各项义务,它反映了权利义务的平等普遍性。有些基本权利义务,如公民的劳动权利、纳税义务,由于受年龄和智力状况的限制,并不是每个公民都有,体现了权利义务允许有条件的平等。二是权利义务对应。权利义务对应,是指没有无义务的权利,也没有无权利的义务。它意味着一方主体享受权利,另一方主体就必然要承担义务,反之亦然。同时,它还意味着任何一种权利和义务都有一定的界限,越过特定的权利范围就会产生一种义务,越过特定的义务就是超越了自由权利的范围。法定权利义务一般是对应的,但并非所有权利在法律上都有相应的义务规定,所有义务在法律上都有相应的权利规定。法律通过权利义务机制调整的是重要的社会关系,规范的是主体的主要行为,因此,法定权利义务应是对应的,否则,当人们违反法律规定需要追究责任时,就会缺乏法律依据。

同时,权利本身隐含了一种义务,义务本身也可引申出权利。因为权利主体依法享受权利并受到法律保护,这就为主体享受权利设定了一个界限,超出这个界限,滥用了权利,就是侵犯他人的权利和利益,这时,权利主体就负有一定的义务。同样,义务主体按照权利主体的要求履行了义务,也就为义务主体履行义务限定了一定的范围,超出这个范围就是义务主体的权利。因此,权利义务高度统一,不允许任何人只享有权利不承担义务,也不允许任何人只承担义务不享权利,这就是权利义务本位的意义所在。

在社会转型期间,社会各个阶级、阶层纵横交错,形成了不同的利益群体,他们之间在根本利益上是一致的,但也存在着这样或那样的差异或矛盾。协调各阶层、各群体之间的利益,应坚持权利义务本位,不能有所侧重。法律通过规定权利义务的方式,调整和协调这些矛盾或冲突时,既不能过分强调权利,也不应过分侧重义务,而应体现权利义务的统一与并重,即通过法律制定、法律实施、法律监督等活动,使一定的利益群体不能为了自己利益群体的需要而影响、妨碍其他利益群体的利益。同时,也不能强调其他利益群体的利益而损害自己利益群体的利益,影响社会正义、公平与和谐。

【本章阅读材料】

【为什么要认真对待权利？】

人们可能会问，对于权利都那么认真是否明智。美国精神，至少它的神话，就是不把抽象的理论推广到其逻辑的极端。现在是忽略抽象概念，集中于给我们的大多数公民新的感觉，即他们的政府关心他们的福利，关心他们统治的权利的时候了。

无论如何，这似乎就是前副总统安格鲁所相信的。在一份关于"有怪癖的人"和社会不当行为的政策说明中，他说，自由主义者对于个人权利的关心是扑向国家这艘航船的飓风。这一说法很可怜，但是由此表达的哲学观点是很巧妙的。他承认，而许多自由主义者不承认，大多数人不能够像它希望的那样迅速行动并且走的那么远，因此，如果政府承认个人去做某些事情的权利，那么在大多数人看来，这些事情都是错误的。

夏皮罗·安格鲁认为，权利是可以区分的，对于权利的进一步怀疑可能导致国家的团结和对于法律的新的尊敬。但是他错了。美国将继续由于它的社会和外交政策而分裂，而且，如果经济变得更脆弱的话，这种分裂将会更严重。如果我们希望我们的法律和法律机构规定一些基本规则，使这些问题的争论局限在这些规则之内，那么这些规则必须不是统治者强加给弱者的征服者的法律，就如马克思所设想的资本主义社会的法律一样。大部分法律——即限定和实施社会、经济和外交政策的那些法律——不可能是中立的。在它大部分内容之中，它必然说明大多数人的关于社会利益的观点。因此，权利制度是至关重要的，因为它代表了多数人对尊重少数人的尊严和平等的许诺。当人群中的这种分裂最为严重时，如果必须执行法律，那么这个许诺必须是真诚的。

这种权利制度要求少数人采取诚实的行为，因为在权利变得重要时，他们的权利的范围就会产生争议，还因为大多数官员就根据他们自己的权利实际上是什么的定义来行为。当然，这些官员不会赞成少数人提出的诸多权利要求。他们将严厉地做出决定，这就使得问题更为重大。他们必须表明，他们理解权利是什么，而且他们绝不可以对这个原则的全部实施做手脚。如果政府不给予法律获得尊重的权利，它就不能够重建人们对于法律的尊重。如果政府忽视法律同野蛮的命令的区别，它也不能够重建人们对于法律的尊重。如果政府不认真对待权利，那么它也不能够认真地对待法律。

——〔美〕罗纳德·德沃金：《认真对待权利》，信春鹰、吴玉章译，中国大百科全书出版社1998年版，第269—270页。

【思考题】

1. 如何理解法律内容和权利义务的关系？

2. 权利和义务是一种什么样的关系?
3. 权利和义务的分类有哪些?
4. 研究权利义务有什么重要意义?
5. 区分权利与权力的重要性有哪些?
6. 研究法律本位的意义何在?
7. 为什么说从义务本位到权利本位是法律发展的规律?
8. 权利义务本位的观点有什么特点?

【参考文献】

1. 〔德〕考夫曼:《法律哲学》,刘辛义等译,法律出版社2004年版。
2. 〔美〕罗纳德·德沃金:《认真对待权利》,信春鹰、吴玉章译,中国大百科全书出版社1998年版。
3. 〔奥〕凯尔逊:《法与国家的一般理论》,沈宗灵译,中国大百科全书出版社1996年版。
4. 〔英〕约翰·奥斯丁:《法理学的范围》,刘星译,中国法制出版社2002年版。
5. 张文显:《法哲学范畴研究》,中国政法大学出版社2001年版。

第七章 法律语言论

【本章提要】 本章主要探讨法律与语言和文学的内容,即语言对于法律的重要性,法律语言的要求,法律与文学的关系问题。(1) 语言是法律的载体,无论是立法、司法活动还是法律教育活动都离不开语言活动。(2) 法律语言基于社会日常生活的语言而产生。(3) 法律语言有表意性、准确性、一致性、权威性四个要求。(4) 语言的不精确性,会造成法律理解上的不确定性和适用上的多种结果可能性,需要通过法律的注解和解释使法律的文本具有明确的指向,需要对法律文本进行注解和解释。(5) 语言、理解、解释实际上是同一过程。(6) 法律与文学的关系有"法律中的文学"和"文学中的法律"两个方面,法律与文学之间相互影响。

第一节 法律与语言

一、语言对于法律的重要性

在西方哲学中,古希腊的亚里士多德曾经对人作过一个经典定义——"人是理性的动物",这一定义指出了人与动物的根本区别在于人有"逻各斯"(Logos)。所谓逻各斯,意即理性。德国当代哲学家伽达默尔则从追溯逻各斯的意义演变的角度,确定了其有思想、规律、观念和语言四层含义,提出了与亚里士多德不同的见解,认为逻各斯的最初含义是语言,所以"人是具有语言的存在"①。虽然这一定义引起了学术界的激烈争论,但是却也从另一个侧面彰显了语言对于人类的重要性。

可以这样说,人类社会的存在和发展都离不开语言。人是社会中的人,必然存在于一定的社会关系之中,是一切社会关系的总和,所以就具有社会性。人与其他社会成员的交往中需要媒介来表达思想、传递信息,进而增进相互间的沟通和理解,以协调并维持社会关系,这一任务是由语言来承担的。所以,"语言正是谈话双方进行相互了解并对某事取得一致意见的核心(Mitte)"②。

法律是人类社会发展到一定历史阶段的产物,与语言有着天然的联系。

---

① 转引自殷鼎:《理解的命运》,三联书店1988年版,第175页。
② 〔德〕汉斯-格奥尔格·伽达默尔:《真理与方法——哲学诠释学的基本特征》(下卷),洪汉鼎译,上海译文出版社1999年版,第490页。

"一切法律规范都必须以作为'法律语句'的语句形式表达出来。可以说,语言之外不存在法。只有通过语言,才能表达、记载、解释和发展法。"[①]

从法律的制定看,法律通过法律文本得以表达,而文本则需要语言记载和体现。因此,语言是立法者借以表达法律规范及其立法意图的载体。根据法律的表达形式不同,可以将法律分为成文法和不成文法。成文法就是指由国家特定机关制定和公布,并以成文形式表现的法律,因此又称为制定法。不成文法是指由国家认可其法律效力,但又不具有成文形式的法律,"不成文"可以作两种理解,其一是不具备"文字"形式,这主要指习惯法;其二是指不具有"文件"形式,即法律特定的文件表达形式,如法典,在这一意义上更多的是指与制定法相对应的判例法,即由法院通过判决所确定的判例和先例,对其后的同类案件具有约束力。成文法和不具有"文件"形式的不成文法显然都需要依靠语言表述和记载。不具备"文字"的不成文法,虽然没有用文字形式记载下来,但它体现的仍是一种社会规范,将其表达出来的仍是语言。"如果不成文法不是以语言的形式存在,那么它根本就不可能形成所谓的'法'。"[②]

而在法律的适用中,法律适用者不可避免地会遇到法律推导、法律论证、法律解释、法律的漏洞补充等技术活动,通过这些技术活动最后得出一个结论,并为该结论提出正当性的论证,这一过程也就是一个运用语言艺术的过程,运用语言将法律规范适用于某些案件事实之中并给予充分的解释,做出具有说服力的法律评价。

所以,语言是法律的载体,无论是立法活动(法案的起草、辩论、修改、最终确定)还是司法活动(咨询、起诉、法庭辩论、裁决),乃至于法律的教育活动(法学教材、课堂讲授、司法考试),都离不开语言活动。从某种意义上讲,不具备语言能力就不可能制定、掌握、运用法律,"如果没有语言,法和法律工作者就只能失语(sprachlos)"[③],反过来,语言本身的表达力、逻辑性、严谨准确程度也会相应地影响法律活动及其质量。虽然每一个民族(国家)都会自豪地认为自己的语言是世界上最美丽的语言,但是事实上,由于每一种语言从发生学的角度讲,都与一个民族、一个国家的历史文化传统相关,具有不同的优缺点,因而在语言本身的严谨性、逻辑性等方面都会产生一些差异。这种差异在文学上存在,在法律领域当然也会存在。

二、法律语言的来源

法律是在社会生活过程中产生形成的,也是在社会交往过程中得到运用的。

---

① 〔德〕伯恩·魏德士:《法理学》,丁小春、吴越译,法律出版社2003年版,第73页。
② 付子堂主编:《法理学进阶》,法律出版社2005年版,第45页。
③ 〔德〕伯恩·魏德士:《法理学》,丁小春、吴越译,法律出版社2003年版,第73—74页。

人类的社会生活和交往总是通过语言联系和交流。因此，法律语言基于社会日常生活的语言而产生。大量的法律语言与日常生活语言相一致，符合人们思维、交流、表达的逻辑规律和习惯①，如"应当"、"可以"等词。但是，法律活动又是社会生活活动中特殊的一种活动，其特殊性表明完全依靠日常语言无法准确有效地满足法律这一社会特殊规范的表达需求。"法律的语言绝不可能等同于报纸的语言、书本的语言和交际的语言。它是一种简洁的语言，从不说过多的话；它是一种刚硬的语言，只发命令而不作正义；它是一种冷静的语言，从不动用情绪。法的所有这些语言特点，就像其他任何风格形式一样有其存在的道理"②，因此，基于社会分工出现的法律职业者在其专门性的活动中创制了一些特别的语言用词和用法，即我们常说的"法言法语"，从而构成了一定的法律语言体系。它们或者只是在法律中产生并被使用③，如"要约"；或者原本是日常用语但在法律场合具有特定的意义，如"善意取得"。进一步说，后发国家由于在法律上受到先发国家的法律制度的影响，往往会借鉴、移植、吸收一些其他国家的法律概念和用语，通过对译转化成为本国的法律语言。例如，我国法律中的"法人"一词就是从日语中移植而来的。

三、法律语言的要求

（一）表意性

语言是人类交流表意的工具，其目的就在于表达说者（作者）的意图并能够传递到听者（读者），法律语言同样是立法者、司法者表达其意图的工具。但是，在日常生活中或者文艺作品中，由于语言传递的对象和场合往往是限定的、特定的，人们一般可以通过相互间的默契或者借助于其他手段（如语气、语调、眼神、肢体动作等各种辅助性手段）进行理解。④ 例如，一个女孩向她的恋人说："我走了。"男孩通常可以理解这句话究竟是真的表达了告别的意图，还是暗示其挽

---

① 法律语言源自于日常语言，反过来，在事实上也存在法律语言向日常语言回流的情况，例如，"格式"、"格外"、"出格"、"破例"、"例外"、"一律"等词汇，原本属于法律适用中的专门语言，但由于时代的变迁，它们的法律语言上的本义反而不显，或者说，在日常使用中主要不再反映它的原本专属语境中的意义而成为一种日常习见惯用的语汇。当然，这里所说的法律语言是一个宽泛的概念，就法律要素中的法律概念而言，还有着法律概念和法学概念之分，可参见苏晓宏著《法理学基本问题》（法律出版社 2006 年版）中关于法律构成要素的有关分析。例如，"谋杀"原本是一个法律概念语汇，由于现行法律中只确定采用"故意杀人罪"，因而"谋杀"一词，就渐变为一种法学概念或者日常语言，如新闻媒体的记者们常使用"谋杀胶卷"一词。

② 〔德〕拉德布鲁赫：《法律智慧警句集》，舒国滢译，中国法制出版社 2001 年版，第 139 页。

③ 虽然这些语言是法律场合的特定专门语言，但并不意味着它们具有完全的封闭性。由于法律随着时代的发展越来越深入地影响着人们的生活，法律语言也会更多地渗透到人们的日常生活语言之中。

④ 伽达默尔在转述费希特的观点时说："被说出的话语以令人吃惊的程度从自身出发解释自身，既可以通过说话方式、声音、速度等等，同时也可以通过说话时的环境。"〔德〕汉斯-格奥尔格·伽达默尔：《真理与方法——哲学诠释学的基本特征》（下卷），洪汉鼎译，上海译文出版社 1999 年版，第 502 页。

留。语言学家甚至认为在人际交流中,言谈语言的效果比例远远小于如身体语言等其他手段。另外,人们也可以按照自己的文化素养、心境对一个文学作品(如小说、戏剧以及音乐、绘画)做出不同的理解,即西谚所谓的"一千个人心目中有一千个哈姆雷特",即便是同一个人对同一作品在不同的时间和场合等条件下也可能做出完全不同的理解。然而,在法律场合则不同,立法是对社会生活的各种具体性现象的一种抽象和概括,它来源于具体场景又抽象于具体场景,因而无法给人提供其他的辅助性具体的理解环境,"一切文字性的东西都是一种异化了的讲话","与所说出的话语相反,对文字的解释没有任何其他的辅助手段"[①]。这样就有可能带来对于法律在理解上的不同,但是法律又是一种标准体系,立法者在运用语言表达意图时是希望或者至少是在理论上希望每一个人对它的理解都是一致的,而司法者在进行法律适用并得出结论的时候也需要有独解性。这就要求法律语言能够在最大可能程度上符合立法者的表意意图。

（二）准确性

法律是明确的规范。这就要求法律能够通过法律语言严谨准确地被表达出来,使之成为社会公众能够准确理解、执行、使用的行为规则。法律制定只能是在特定的语言条件下进行的,即一国法定语言是立法的表意工具。虽然世界上各个国家的语言都有其历史演变和形成的历史,并共同构成了这个世界丰富多彩的语言文化,各种语言之间虽不存在高低之分,但是语言的准确性程度的区别还是客观存在的。立法只能使用本国的法定标准语言而不可能采用外国语言进行,因此立法者只能在这一语言的限制条件之内尽可能地做到准确的表意。

（三）一致性

一致性是对法律语言的逻辑性的要求。只有人们对于法律达到一致性的理解,法律才能成为人们的行为标准。理解上的一致性的前提在于表达上的一致性,虽然在哲学诠释学的角度上说这两者事实上是同一过程。伽达默尔说:"理解就是在语言上取得相互一致"[②]。因此,为了理解的一致,在整个法律体系中的一个法律概念、一个法律原则、一个法律规则都必须在法律语言表达上是前后一致的,在不同部门法之间也是基本一致的,这就要求法律语言具有统一的逻辑规则、语法规则、表达方式和语意内涵,唯此才能在最大程度上缩小理解上的差异。

（四）权威性

法律语言要表达的是法律所体现的国家意志。它必须是以一种明确无疑的"绝对命令"的方式表达,要求人们不容置疑地完全遵照执行。因此,在法律语

[①] 参见〔德〕汉斯-格奥尔格·伽达默尔:《真理与方法——哲学诠释学的基本特征》（下卷）,洪汉鼎译,上海译文出版社1999年版,第502页。

[②] 同上书,第489—490页。

言的风格上,必须体现出权威性和命令性,因而就排除了采用说教、劝服的方式和风格加以表达。当然,法律体系中也偶尔会存在一些宣言性的文字表达以体现法律的精神和价值目标。由此,也排除了立法者(即文本的写作者)采用个性化的语言风格表达法律的可能。

四、法律语言的不精确性

立法者创制法律时在主观上自然是希望能够完整准确地通过语言文本表达其立法思想和意图,从而能够在社会生活中有效地加以实施和运用,这也是法律作为一种社会调控的标准化体系的属性要求。但是,思想和语言表达之间必然存在着某种"隔"或"间离",思想的东西不可能完完全全得到传递,语言也不可能百分之百地准确表达思想,从而造成了法律在表达时的不精确性。

立法所用的语言总是具有一定的抽象性。语言的抽象性,使得它与其所指称的对象之间并不是一种完全的一一对应的关系,无可避免地存在"失真"。正如伽达默尔所言:"语言表述作为它们所可能的表述,不仅是不精确的、需要提炼的表述,而且必然不符合它们要唤起和交往的东西。"① 语言的这种特征使得当人们凭借语言把握其所指称的对象时,语言的意义往往会显得模糊不清而令人捉摸不定,是人们难以做出唯一且确定的理解。正如柯日布斯基所认为的,人们是用语词来进行陈述的,而"语词是高级神经中枢制造出来的高级抽象","抽象越高,漏掉的属性就越多,失真的程度就越大"。② 语言对其指称对象的反映是一种抽象的、概括的、"失真"的反映,只有当语言与特定的指称对象相互结合,其意义才能得到具体、准确的体现,语言才能够消除其不确定性。

任何一种语言本身存在的问题,如多义、模糊性、歧见等等,也会使得法律的表达不可能十分精确。而语言意义的流变也会导致并加重法律的不确定性。语言的意义并不是凝固不变的而是具有流变性,随着社会历史的发展,一个语词原有的被普遍认可的意义会发生变化,即使是同一时期的人们,由于个人不同的知识背景,对于同一法律语词也会有不同的理解。"语言的指称过程是人们通过符号中介将自身对外物的理解'还给'外物的过程。由于历史、文化传统和习惯的不同,人们对同一语言符号的理解可能有不同,因而使之具有不同的意义。"③ 对于这一点,学者在其论述中也有所提及,如波斯纳认为,语义可能存在着"内在含混"和"外在含混",前者是读者由于不熟悉语言的使用环境而不能排除文字中的内在矛盾和一词多义,因此对句子的意思感到不清楚;后者是指尽管对不

---

① 〔德〕汉斯-格奥尔格·伽达默尔:《哲学解释学》,夏镇平、宋建平译,上海译文出版社1994年版,第88页。
② 参见谢庆绵主编:《现代西方哲学评介》,厦门大学出版社1989年版,第297页。
③ 苟志效:《意义与指称》,载《学术研究》2000年第5期。

了解句子背景的普通读者来说句子的意思是清楚的,但对确实知道其背景的人来说这句子的意思就会不清楚。而哈特也认为,构成法律规则的日常语言既具有"意思中心"(语言的外延涵盖具有明确的中心区域),又具有"开放结构"(语言的外延涵盖具有不确定的边缘区域)。

语言的不精确性会造成法律理解上的不确定性和适用上的多种结果可能性。为消解这一现象和矛盾,往往需要通过法律的注解和解释使法律的文本具有明确的指向,即文本和所应用事实之间产生必要的关联。这一工作虽然在理论上可以由一切涉法主体进行,但实践上总是由立法者或司法者(而后者可能是更为主要的)来完成的。在这一条件下,法律推理、法律解释、法律续造作为运用法律的必要技术手段有其存在的必要性。

五、语言与解释

可以说,有语言就需要解释,反过来,只要进行解释,也就存在语言问题。就语言和解释的关系而言,如果将解释视做人的一种存在方式,那么,语言就是人的一种本质。伽达默尔就把人看做"语言的存在物",认为"整个理解过程乃是一种语言过程",西方哲学的发展大体经历了两次重要转向。第一次是17世纪以来的认识论转向(epistemological turn),以笛卡儿的哲学为转折点,即从对世界本原的本体论追问转向对"人何以知道"的认识论追问,从此,理性取得了在哲学中至尊的地位。第二次转向是在20世纪初发生的"语言学转向"(linguistic turn),即从人的认识问题转向语言问题,从思想、观念、人的认识能力转向语言和意义,从主体转向主体间性(intersubjectivity),从此,语言在哲学中具有了中心地位。这一转向的原因在于,认识和思想是借助于语言进行的,研究认识问题当首先弄明白语言问题,而在一定意义上语言和思想也是一回事。[1]

由于语言在哲学中地位的转换,对语言的研究导致了诠释学(解释学)的兴起和发达,"文字固定的文本提出了真正的诠释学任务"[2]。"这整个理解过程乃是一种语言过程。"[3]"语言就是理解本身得以进行的普遍媒介。理解的进行方式就是解释。"[4]"语言表达问题实际上已经是理解本身的问题。一切理解都是解释,而一切解释都是通过语言的媒介而进行的。这种语言媒介既要把对象表述出来,同时又是解释者自己的语言。"[5]"对我们来说,解释同样

---

[1] 参看胡水君、南溪:《法律与文学:文本、权力与语言》,载朱景文主编:《当代西方后现代法学》,法律出版社2002年版,第313—314页。
[2] 〔德〕汉斯-格奥尔格·伽达默尔:《真理与方法——哲学诠释学的基本特征》(下卷),洪汉鼎译,上海译文出版社1999年版,第499页。
[3] 同上。
[4] 同上书,第496页。
[5] 同上。

也不是一种教育行为,而是理解本身的实现,理解不仅仅对于我们正为之解释的对方来说,同样也对于解释者本人来说,只有在解释的语言表达性中才能实现。由于一切解释都具有语言性,因此在一切解释中也显然包括同他者的可能关系。"①

而正是由于诠释学对语言的理解、解释问题的探讨,也给法律解释问题带来了新的思考和视域意义。按照哲学诠释学的理论,语言、理解、解释实际上是同一过程,伽达默尔就认为"能够理解的存在就是语言",不过这一命题并不是说存在就是语言,而是说我们只能通过语言来理解存在。② 而"解释不是一种在理解之后的偶尔附加的行为,正相反,理解总是解释,因而解释是理解的表现形式",而且"我们不仅把理解和解释,而且也把应用认为是一个统一的过程的组成要素。……应用,正如理解和解释一样,同样是诠释学过程的一个不可或缺的组成部分"。③ 哲学诠释学的这些观点对于我们认识法律解释中的主体和方法有着深刻的意义。有关这一点我们将在有关法律解释问题的探讨中再进一步展开。

第二节 法律与文学

一、法律与文学的关系

当语言形成一定的文本(文字)形式,它必定是以一定的文学的方式存在的。语言在社会生活中存在两种形态,以言谈方式存在的谓之"对话",以书写固定下来的可称为"文本",而文本必然具有一定的文学的属性。有人甚至认为语言和文学具有直接的联系,海德格尔就认为"语言本身在根本意义上是诗";巴尔特则认为,语言和文学之间是可以互训的,"两者是同质的"。④ 法律作为一种国家用以满足规范社会需求的标准文本从一开始就有着文学上的性质。从这个意义上说,法律自产生的那一刻起就与文学有着千丝万缕的联系。法律文本尤其是其中经典的法律典范可以被作为文学作品加以解读和欣赏,而文学中必然能够反映和体现法律的意义和法律的事件。因此,法律与文学的关系可以说是法律与语言的关系中最为典型的一种关系。

---

① 〔德〕汉斯-格奥尔格·伽达默尔:《真理与方法——哲学诠释学的基本特征》(下卷),洪汉鼎译,上海译文出版社1999年版,第507页。
② 同上书,"译者序言"第11页。
③ 〔德〕汉斯-格奥尔格·伽达默尔:《哲学解释学》,夏镇平、宋建平译,上海译文出版社1994年版,第395页。
④ 参见胡水君、南溪:《法律与文学:文本、权力与语言》,载朱景文主编:《当代西方后现代法学》,法律出版社2002年版,第317页。

法律、文学与语言的联系表现于许多方面,法律和文学都由语言构成,都存在于语言之中;三者都与历史时代相联系,并反映时代,只是相比较而言,语言的这种联系和反映表现得较为隐蔽。伽达默尔曾说,语言具有"生活世界性","语言越是一个活生生的运用过程,我们就越难意识到它"①。正因为如此,对于语言的关注可以说是20世纪各个人文学科的普遍现象,并成为下文所说的法律与文学运动所挖掘的主要内容。马克思曾指出:"语言是思想的直接现实。正像哲学家们把思维变成一种独立的力量那样,他们也一定要把语言变成某种独立的特殊的王国。这就是哲学语言的秘密,在哲学语言里,思想通过词的形式具有自己本身的内容。从思想世界降到现实世界的问题,变成了从语言降到生活中的问题。"②巴尔特认为,权力寄寓于语言之中,语言具有伦理和历史性质,语言受着伦理、政治等的支配,包含着价值。③ 这都表明:"语言和意识形态的关系是很密切的,通过对语言的研究,可以帮助我们认识某种意识形态。"④伽达默尔说:"语言问题已经在20世纪的哲学中获得了一种中心地位。"⑤而利科尔也认为:"当今各种哲学研究都涉及一个共同的研究领域,这个领域就是语言。"⑥

虽然法律与文学从思维逻辑和表现形态上有着鲜明的差异:文学以情为本,具有模糊性、神秘性,法律则是明确的规范;文学较多地体现个体性和独特性,而法律则着重于普遍性和规则性。因此,正如有些学者所提到的,"法的理性本质和文学的感性气质,法律中充斥的是逻辑和算计,而文学则诉诸于形象和想象;法的现实性品质和文学追求完美与理想主义的倾向;法致力于利益的平衡和协调,不得已时就诉诸于压制,而文学则主要是激情和梦想的王国"⑦。但是两者之间仍然存在着契合的空间。这一契合的基础在于,法学和文学从根本上说都是一种人学,都是关注人,关注人的问题,关注社会生活,都具有认识人性、体现人性、尊重人性的价值取向。

从上面所说的法律与文学的关系可以得出,两者之间的关系可以概括为两个方面,即法律中的文学和文学中的法律。

---

① 转引自胡水君、南溪:《法律与文学:文本、权力与语言》,载朱景文主编:《当代西方后现代法学》,法律出版社2002年版,第312页。
② 《马克思恩格斯全集》第3卷,人民出版社1960年版,第525页。
③ 参见〔法〕巴尔特:《写作的零度》。转引自王潮:《后现代主义的突破》,敦煌文艺出版社1996年版,第196页。
④ 〔美〕弗·杰姆逊:《后现代主义与文化理论》,唐小兵译,北京大学出版社1997年版,第65页。
⑤ 转引自胡水君、南溪:《法律与文学:文本、权力与语言》,载朱景文主编:《当代西方后现代法学》,法律出版社2002年版,第313页。
⑥ 同上。
⑦ 吕世伦主编:《法的真善美:法美学初探》,法律出版社2004年版,第542页。

（一）法律中的文学

首先，由于法律文本自身的严谨、准确、简约以及反映一定历史时期的社会生活面貌等特点，本身可以被作为一种历史和文学文本加以阅读。例如，历史上的《汉穆拉比法典》、《摩奴法典》，近代的《拿破仑民法典》等等，都由于其历史和语言的原因得到人们的重视和赞美。

其次，在法律运用中所产生和流传下来的一些著名的判例和判词，由于写作者在运用语言的方法和技巧上十分精到，因此往往极具文学的审美价值。在这些文本中，一方面体现着写作者的文学素养，同时也反映出相应的人文情怀和哲学思维。① 因为"文字流传物并不是某个过去世界的残留物，它们总是超越这个世界进入到它们所陈述的意义领域。……流传物的承载者决不是那种以往时代的手书，而是记忆的持续。正是通过记忆的持续，流传物才成为我们世界的一部分，并使它所传介的内容直接地表达出来。凡我们取得文字流传物的地方，我们所认识的就不仅仅是些个别的事物，而是以普遍的世界关系展现给我们的以往的人性（ein invergangenes Menschentum）本身"②。

当然，这种文学上的素养并非仅仅存在于审美意义上，同时更重要的是一种方法和技术。正如苏力先生所指出的："对于法律家来说，这种艺术欣赏能力并不非常重要，最重要的可能还是判断力和权衡的能力。但是，对于文字的敏感，对于细节之意义的把握，仍然是法律家必备的能力之一。事实上，英美法先例制度中的'区分技术'，在很大程度上，需要的就是对细节的把握，对细节之意义的阐明；至于英美式判决书之写作，更要求对文字的驾驭。至少，具备艺术能力不是一件坏事；中国人说，'艺多不压身'。而现代的专业化的法律教育弄不好就会削弱这种能力的培养。"③

而法律中的文学其实质意义在于将法律视为同其他文学故事一样可以被理

---

① 《清朝名吏判牍选》中选摘了清代名吏于成龙（1617—1684年）所作的一则"婚姻不遂之妙判"。其文对仗工整，音韵协调，其中运用了众多典故和隐喻，但仍能清楚看出案情事实和断案者的理念和倾向："关雎咏好逑之什，周礼重嫁娶之仪。男欢女悦，原属恒情；夫唱妇随，堪称良偶。钱万青誉擅雕龙，才雄倚马；冯婉姑吟工柳絮，夙号针神。初则传情素简，频来问字之书；继则梦隐巫山，竟作偷香之客。以西席之嘉宾，作东床之快婿。方谓青天不老，琴瑟欢谐，谁知孽海无边，风波忽起。彼吕豹变者，本刁顽无耻，好色之徒；恃财势之通神，乃因缘而作合。婢女无知，中其狡计；冯父昏聩，竟听谗言。遂使彩凤而随鸦，乃使张冠而李戴。婉姑守贞不二，至死靡他。挥颈血以溅凶徒，志岂可夺；排众难而诉令长，智有难得。仍宜复尔前盟，偿尔素愿。明年三五，堪称凤世之欢；花烛一双，永缔百年之好。冯汝棠者，贪富嫌贫，弃良即丑；利欲熏其良知，儿女竟为奇货。须知令甲无私，本宜惩究；姑念缇萦泣请，暂免杖笞。吕豹变刁滑纨绔，市井淫徒，破人骨肉，败人伉俪，其情可诛，其罪难赦，应予杖责，儆彼冥顽。此判。"此类判牍在中国古代的司法活动的记载中随处可见，其采用的手法和当代学者的理论解说（如隐喻）竟然是不谋而合的。而且这些判词中虽然用韵文、诗化、典故来堆砌和表现，不乏夸张之处和主观主义色彩，但通过这些曼妙的文字，除了给人以美学上的欣赏之外，都具备相当多的说理性，让人读后心悦诚服。

② 〔德〕汉斯-格奥尔格·伽达默尔：《真理与方法——哲学诠释学的基本特征》（下卷），洪汉鼎译，上海译文出版社1999年版，第498页。

③ 苏力：《法律与文学——以中国传统戏剧为材料》，三联书店2006年版，第397页。

解和解释的故事,可以通过采用文学批评和文学理论来加以阅读和解释,从而使得解释法律成为文学解释的一个种类,并导致解释法学的方法论的形成。

(二) 文学中的法律

文学中的法律是研究和探讨存在于文学作品中的法律问题,其手段是将文学作品作为研究的媒介,从中发掘法律演化、法律意识、法律文化方面的信息,从而发现法律的价值和意义。维斯伯格就曾指出:"关于法律的小说,一如我们所提到的,特别是法律程序小说,是通往人类理解的道路。"此外,他还提出了"诗伦理学"的概念,他说:"文学是我们以一种伦理的方式了解法律的一种活生生的、可以接受的媒介",借助文学来理解法律向人们提供了一种"法律的诗学方法和阅读的诗伦理学"。① 其中一些文学的经典名著经常成为法学学者的研究对象和材料,如卡夫卡、托尔斯泰、陀斯妥耶夫斯基等著名作家的经典小说、寓言,也由此形成了研究方法上的所谓"名著方法"。②

(三) 文学与法律的相互影响

由于法律与文学之间存在这样深刻的联系,必然使得它们相互发生影响。文学由于其更为感性、具体、深刻、形象,更易使人理解和接受,从而不失为一种传播法律观念、提高人们法律意识的方式和途径,也可以从中反思法律的价值和意义。难怪有人曾这样说:"对一名被要求审核一个有关宪法的问题的法官来说,他除了要熟悉关于这个问题的专著,还需懂得一点阿克顿和梅特兰、修昔底德、吉本和卡莱尔、荷马、但丁、莎士比亚和弥尔顿、马基雅弗利、蒙田、拉伯雷、柏拉图、培根、休谟和康德。因为在这些知识中,每一种都全有助于解决摆在他面前的问题。"③文学的阅读解释方法也在法律的实际运用中对法律解释技术方法产生了方法论上的影响。"从方法论上来看,围绕故事进行分析研究问题的最大优点也许是故事的开放性、可解释性。与传统的理性思辨分析方法不同,故事提供了一个人们从不同视角考察问题、自由进入对话的场域,故事的解释是无法,至少是难以垄断的,是一个更具包容力的空间。因此,以文学艺术作品作为素材来进行法社会学研究不仅完全可能和可行,而且具有一些独到的优点。"④

而法律的存在和运用过程中所产生的各类文本及其风格又为文学提供了一种表现样式,并且进一步衍生出有关法律的文学作品,即所谓法治文学或者法律文学。

---

① 参见胡水君、南溪:《法律与文学:文本、权力与语言》,载朱景文主编:《当代西方后现代法学》,法律出版社 2002 年版,第 287 页。
② 卡夫卡的《城堡》、《在法的门前》,陀斯妥耶夫斯基的《罪与罚》、《卡拉玛佐夫兄弟》等作品一直是评论家和法学家分析法律与文学关系问题的典型样本。
③ 〔美〕亨利·J. 亚伯拉罕:《法官与总统———部任命最高法院法官的政治史》,刘泰星译,商务印书馆 1990 年版,第 42 页。
④ 苏力:《法治及其本土资源》,中国政法大学出版社 1996 年版,第 40 页。

二、法律与文学运动

虽然法律与文学的关系久已有之,但是将两者联系起来进行学术性的研究并成为一种学术思潮还是晚近的事情。"法律与文学"作为一个激进的法理学学派或运动滥觞于 20 世纪 70 年代的美国法学院。在美国法学界通常把密执安大学法学院教授詹姆斯·怀特(James B. White)在 1973 年出版《法律的想象:法律思想与法律表现性质之研究》一书作为法律与文学运动的发端[1],该书也被誉为这一运动的奠基之作。到了 80 年代,由于一系列相关著作的出现[2],"法律与文学"在美国法学界渐成气候,并在英国和其他国家得到传播和发展。法律与文学运动的缘起是继 20 世纪 70 年代的批判法学而起,其学术矛头主要指向当时在美国法理学界风头正健的法律经济学(也即通常所称的法律的经济分析),在学术路径上主要受到以德里达为代表的解构主义和以拉康为代表的心理分析学派等后现代主义思潮的影响。其学术主张在于,强调法律与文学之间的密切联系和相互影响;甚至主张将法律实践当做一种文学活动,将司法活动中的控辩双方的活动当做一种叙事或修辞。美国后现代法学思潮中法律与文学的代表人物古亚诺·宾德(Guyora Binder)教授和理查德·维斯伯格(Richard H. Weisberg)认为法律与文学运动"将法律视为生产各种式样的文学艺术产品的实践,包含解释、叙事、角色、修辞性的演示、语言符号、比喻和表白等,而这些活动的对象则是社会生活。它将法律视为'意义'的创作过程和现代文化生活的重要组成部分"[3]。法律与文学运动没有提出和形成统一的、被人们普遍接受的基本理论命题,对其解释、认识和侧重点都很不一致,较为零散。法律与文学运动努力使人们认识到法律有着各种空间,试图尝试回答诸如错误的必然性和可供选择的别的东西等概念、法律的确定性和不确定性、结果的不确定性还是过程的不确定性等问题。后现代主义思潮中所主张的碎片化、偶然性和个人感受等对定性化法律认识的批判在法律与文学运动的思想中也有所体现。

---

[1] 但也有人认为,法律与文学的结合研究的历史要更早远一些,著名法学大师卡多佐法官(Benjamin Cardozo)早在 1925 年就在《耶鲁评论》上就判决意见的文学风格发表过《法律与文学》一文,甚至更早可以推溯到 1907 年法学家威格摩尔(John H. Wigmore)发表于《伊利诺伊法律评论》第 2 辑上的《法律小说一览》一文,在文中作者提出法律家应当从文学名著中去理解人性。

[2] 这些著作有:Robert A. Ferguson, Law and Letter in the American Culture,1984; Richard H. Weisberg, The Failure of the Word:The Protagonist as Lawyer in Modern Fiction,1984; J. B. Whtite, When Words Lose Their Meaning:Constitution and Reconstitutions of Language, Character, and Community,1984; J. B. White, Heracles, Bow: Essays on the Rhetoric and Poetics of the law,1985;Brook Thomas, Cross-Examinations of Law and Literature:Cooper, Hawthorne,Stowe, and Melville,1987.

[3] Guyora Binder & Richard H. Weisberg, Literary Criticism of Law, Princeton University Press, 2000, Perface. 转引自高中:《后现代法学思潮》,法律出版社 2005 年版,第 149—150 页。

虽然法律与文学运动一开始就是以对抗法律经济学而形成的学术堡垒，"试图用文学的'想象'来抵抗经济学的'分析'"①，但时至今日，法律经济学已经占据了美国法学界难以撼动的主流地位，而法律与文学运动却仍处于边缘地位，并分化为女权研究、族裔研究，或者把视域扩展到视听艺术、大众传媒、性爱、身体等"问题化"（problematization）领域，以此反思西方本身的法治实践。可以说，"法律与文学是一个以研究领域或材料而勉强组合的法学学派，其内部其实一直没有一个统一的理论纲领，或核心命题，因此它也就不是一个严格意义上的'学派'……法律与文学作为一个理论来说，还是一个到处游荡的无家可归的人。它并非一个学派"②。而值得一提的是，当初被作为批判对象的主要靶子的理查德·A.波斯纳却接过了对手"批判的武器"，反客为主，成为法律与文学运动的主将。波斯纳于10年之后出版了《法律与文学》一书，该书是波斯纳于1988年发表的《法律与文学——一场误会》的修订版。他通过作为法律文本的文学文本、作为文学文本的法律文本、法律学术中的文学转变和法律对文学的规制四个方面的内容，厘清了法律与文学运动中争议的问题，疏解了法律与文学的关系，从而使得法律与文学运动形成了法律中（in）的文学、作为（as）文学的法律、通过（through）文学的法律以及有关（of）文学的法律这样四个分支。该书已成为美国各法学院开设法律与文学课程指定的教科书。

【本章阅读资料】

【法律语言】 语言只有在谈话中，也就是在相互理解的实行中才有其根本的存在。但这并不能理解成，似乎语言的目标已经由此而确定。相互理解（Verständigung）并不是纯粹的活动，不是实现目的的行动，有如造出某种我可以把自己的意见告知他人的符号。毋宁说，相互理解根本不需要真正词义上的工具。相互理解是一种生活过程（Lebensorgang），在这种生活过程中生活着的一个生命共同体。在这一点上可以说人类通过谈话达到的相互理解与动物相互照料的相互理解并没有区别。因此，人类的语言就"世界"可以在语言性的相互理解中显现出来而言，必须被认作一种特别的、独特的生活过程。语言性的相互理解把它的论题放到相互理解的人面前，就像党派之间的争论对象被置于它们之间一样。世界是这样一种共同性的东西，它不代表任何一方，只代表大家接受的共同基地，这种共同基地把所有相互说话的人联结在一起。一切人类生活共同

---

① 〔美〕理查德·A.波斯纳：《法律与文学》（增订版），李国庆译，中国政法大学出版社2002年版，"代译序"。
② 朱苏力：《可别成了"等待戈多"——关于中国"后现代主义法学研究"的一点感想或提醒》，载朱景文主编：《当代西方后现代法学》，法律出版社2002年版，第44—45页。

体的形式都是语言共同体的形式,甚至可以说:它构成了语言。因为语言按其本质乃是谈话的语言。它只有通过相互理解的过程才能构成自己的现实性。因此,语言决不仅仅是达到相互理解的手段。

因此,由人发明的人工理解系统根本不是语言。因为人工语言,例如秘密语言或数学符号语言都没有语言共同体和生活共同体作为它们的基础,而只是作为相互理解的手段和工具而被引入和使用。这就说明,人工语言总是以生动地进行的相互理解作为前提,而这正是语言性的。显然,某种人工语言据以成立的协议必然附属于另一种语言。与此相反,在一种真正的语言共同体中我们并不是尔后才达到一致,而是如同亚里士多德所指出的,已经存在着一致。在共同生活中向我们显现的、包容一切东西的并且我们的相互理解所指向的正是世界,而语言手段并不是语言的自为对象。对一种语言的相互理解并不是真正的相互理解情况,而是约定一种工具、一种符号系统的特殊情况,这种工具或符号系统并不在谈话中具有它的存在,而是作为报道目的的手段。人类世界经验的语言性给予我们关于诠释学经验的分析以一种扩展的视域。在翻译的例子以及超越自己语言界限而可能达到相互理解的例子中所指出的东西证明:人所生活于其中的真正的语言世界并不是一种阻碍对自在存在认识的栅栏,相反,它基本上包含了能使我们的观点得以扩展和提升的一切。在某个确定的语言和文化传统中成长起来的人看世界显然不同于属于另一种传统的人。因此,在历史过程中相互分离的历史"世界"显然互相不同,而且也与当今的世界不同。不过,在不管怎样的流传物中表现自己的却总是一种人类的世界,亦即一种语言构成的世界。每一个这样的世界由于作为语言构成的世界就从自身出发而对一切可能的观点并从而对其自己世界观的扩展保持开放并相应地向其他世界开放。

——〔德〕汉斯-格奥尔格·伽达默尔:《真理与方法》,洪汉鼎译,上海译文出版社2004年版,第578—580页。

【思考题】

1. 语言对法律的表现有什么影响?
2. 为什么法律语言有不精确性?
3. 法律与文学具有怎样的关系?
4. 如何评价法律与文学运动?

【参考文献】

1. 〔德〕伯恩·魏德士:《法理学》,丁小春、吴越译,法律出版社2003年版。

2. 〔美〕理查德·A. 波斯纳:《法律与文学》,李国庆译,中国政法大学出版社 2002 年版。

3. 苏力:《法律与文学》,三联书店 2006 年版。

4. 冯象:《木腿正义》,北京大学出版社 2007 年版。

第八章 法律推理论

【本章提要】 本章主要探讨法律推理的含义、特征、意义、种类以及法律推理的学说等内容。(1) 法律推理是西方各国法学家普遍重视的一个问题,并且将其视为法理学无法回避的问题,是法理学的基本问题。(2) 法律推理是人们从一个或几个已知的前提(法律事实、法律规范、法律原则、法律概念、判例等法律资料)得出某种法律结论的思维过程。法律推理有广泛的运用范围。(3) 司法公正和法律推理有着内在联系,法律推理是展示和实现司法公正的重要途径。(4) 法律推理可以划分为:形式法律推理和实质法律推理、简单法律推理和复杂法律推理、法律规范推理和个案适用推理。(5) 法律推理的理论主要有形式主义的法律推理理论、现实主义的法律推理理论、新实用主义的法律推理理论和新分析法学的法律推理理论四种。

第一节 法律推理概述

哈特说:"法律推理是法哲学的基本问题之一。"①因此,法律推理是西方各国法学家普遍重视的一个问题,并且将其视为法理学无法回避的问题,是法理学的基本问题。芬兰学者阿尔诺认为:"在法理学中大多数目前最激动人心的、最直接的争论问题是有关(或直接处理)法律推理本质的问题。"②在司法审判中,法律推理使审判者摆脱主观臆断,增强了判决的一致性和正当性,从而为法律问题提供健全的、经过充分论证的答案,使法律成为捍卫秩序和公正的重要手段。而我国法学界对于"法律推理"问题基本上还停留在对法律推理类型形式和对于法律活动意义的讨论之上。随着法治建设步伐的加快,法律实践活动的内容日渐丰富和复杂,近年来这一问题日益受到人们的关注。

一、法律推理的含义

(一)推理的概念

要了解法律推理的含义,必须先对"推理"一词进行考察。推理,即推断与

---

① The Encyclopedia of Philosophy, The Macmillan Company & the Free Press, 1967, p. 567.
② 转引自解兴权:《通向正义之路:法律推理的方法论研究》,中国政法大学出版社2000年版,第3页。

论理,是一种思维活动,属于逻辑学的范畴。

早在古希腊时期,亚里士多德就对"推理"作了深入研究。他认为"推理"是一种论证,其中有些判断被设定为前提,另外的判断则必然由它们引起。同时,亚氏将推理划分为证明的推理、论辩的推理以及争执的推理。当推理由以出发的前提是真实和原初的,或者当我们对它们的最初知识是来自于某些原初的和真实的前提时,这种推理就是证明的。从普遍接受的意见出发进行的推理是辩证的推理。从似乎是被普遍接受的意见出发所进行的推理就是争执的,因为并非一切似乎被接受的意见就真的是被普遍接受了。[①]

"推理"一词的英文表达为"reasoning",意即"推理、推论,论证、论据"等等。它的词根 reason 作动词使用时指"推理、推想、思考、辩论、讨论"等,而在作名词使用时主要指"理由"。著名的《韦氏新大学词典》(Webster's New Collegiate Dictionary)对"推理"(reason)一词作了较为详细的注释,它把"推理"的内容归结为以下两个方面:(1)按逻辑方法思维,或依论据或前提之理由而推考或按断;(2)以理由,解释以及辩论(argument)证明之、折服之,或感动之。因此,"推理"(reasoning)便指:(1)讨论者之行为或方法(process);(2)所列或所表之理由,或辩论之程序。[②] 我国《辞海》将"推理"解释为"由一个或几个已知判断(前提)推出另一未知判断(结论)的思维形式"[③]。而我国的权威辞书《现代汉语词典》对"推理"的解释是:"逻辑学指思维的基本形式之一,是由一个或几个已知的判断(前提)推出新判断(结论)的过程,有直接推理、间接推理等。"[④]通过上述对推理的中西方理解界定的比较得出,西语中"推理"的含义比汉语的语义更为宽泛,其中不仅包括逻辑的推导关系,还强调理由的列举与说明,突出了论证与论据的过程,追求折服与感动的效果,了解这一点对于我们分析法律推理问题有着重要的作用。

(二)关于法律推理的不同观点

由于目前还没有形成较为全面的法律推理理论,中外法学家对于法律推理的理解众说纷纭,综合来说,有以下五种观点:

1. 逻辑推导说。这种学说认为,法律推理是逻辑学中的推理理论在法学领域中的应用。对法律适用过程而言,法律推理是从已查证属实的事实和已确定适用的法律规定出发推论出判决或裁定的过程;对法律研究而言,力图提供法律推理研究建立系统的法律科学。例如,《牛津法律指南》中称:"法律推理(Legal

---

① 参见郑文辉:《欧美逻辑学说史》,中山大学出版社 1994 年版,第 29—30 页。
② See Webster's New Collegiate Dictionary, G. & C. Merriam Company, 1973, p. 962.
③ 《辞海》,上海辞书出版社 2000 年版,第 846 页。
④ 中国社会科学院语言研究所词典编辑室编:《现代汉语词典》,商务印书馆 2005 年版,第 1385 页。

Reasoning)大体是对法律命题运用一般逻辑推理的过程。"①逻辑推导说关注法律科学基础的思维方法,但由于在实践中法官被视为"自动售货机",常常会带来不正义的判决、裁定而被受到批判与谴责。

2. 司法工具说。这种学说把法律推理视为裁判的工具或手段。英国法哲学家麦考密克认为,法律推理是关于作为判决及向法庭提出的主张、辩护的正当理由中所提出的法律辩论的因素。② 美国法学家罗斯科·庞德明确指出:"法律推理是一种非常重要的工具,运用这工具,人们可以在日常的执法实践中调和法律的稳定需要和法律的变化需要。也就是说,通过运用这一工具,人们可以使旧的法律规则和法律制度满足新的需要,可以在将外部破坏和对既存法律的歪曲限制到最低限度的情形下,使之适应日益变化的情况。"③司法工具说强调法律推理的灵活性,但将法律推理的现象扩大到公民的推理,在一定程度上否认了法律推理的权威性,易导致人们陷入法律信仰的危机。

3. 权威论证说。这种学说将法律推理视做为特定的法律行为举出理由,以论证其合法性和权威性(证成)的法定手段。美国艾奥瓦大学的教授史蒂文·伯顿就将法律推理定义为在法律争辩中利用法律理由的过程(或方法)。④法律职业者需要承担"法律推理"的职责,使其行为和决定与较高合法性相结合。从这个意义上说,"法律推理也是为特定合法性所设计的标识,它表现出法官判决与规则本体或更高合法性权力之间的结合"⑤。

4. 综合说。这一学说认为法律推理既包括形式逻辑规则的适用,又包括其他一些解释方法,强调法律推理的实践性,其典型代表是美国法学家哈罗德·伯曼和博登海默。伯曼认为,英美等国家的法律推理常常相当于法官在断案中用以得出结论的智能过程,而在法德等法典化国家中,法律推理常常相当于维护和论证法律原则(doctrines)的合理性和一致性。他认为法律推理应包括以上两方面,除此之外,还应包括那些用于诸如立法、执法、司法等其他法律活动中的推理类型。法律推理不但有自身的逻辑形式,还应有自身的修辞和对话形式。⑥ 而博登海默亦认为法律推理包含分析推理、辩证推理和法律修辞。

5. 极端说。这一学说认为不存在法律推理,司法判决只是法官直觉的产物。批判法学运动的代表人物戴维·凯尔瑞斯直接表示:"司法判决最终依赖

---

① 〔英〕D. 沃克编:《牛津法律指南》,1980 年英文版,第 1039 页。
② See Neil MacCormick, Legal Reasoning and Legal Theory, Clarendon Press, 1978, preface.
③ 转引自徐国栋:《民法基本原则解释》,中国政法大学出版社 1992 年版,第 218 页。
④ 参见〔美〕史蒂文·M. 伯顿:《法律和法律推理导论》,张志铭、解兴权译,中国政法大学出版社 1998 年,第 1 页。
⑤ 〔美〕L. M. Friedman:《法律与社会》,吴锡堂、杨满郁译,巨流图书公司 1991 年版,第 120 页。
⑥ See Harold J. Berman, Legal Reasoning, David L. Sills, ed., International Encyclopedia of the Social Sciences, Vol. 9—10, The Macmillan Company & the Free Press, 1975, pp. 197—204.

于价值和倾向性而做出判断,而这种判断因法官不同而改变(甚至同一位法官因环境的不同也会改变)。司法判决是社会、政治、制度、经验和个人因素的组合体(导致)的结果。"①

(三) 法律推理的界定

由于对法律推理在学说定位上的不同理解,学者对法律推理所下的定义也是不同的,以下列举若干较为典型的定义加以分析。

定义 1 "推理通常是指人们逻辑思维的一种活动,即从一个或几个已知的判断(前提)得出另一个未知的判断(结论)。这种思维活动在法律领域中的运用就泛称法律推理,他大体上是对法律命题运用一般逻辑推理的过程。"②"法律推理在法律适用过程中是一个必不可少的组成部分,没有法律推理,就没有法律适用。"③这种定义在国内出现得比较早,充分反映了法律推理的思维活动的特点,不足之处便是没有真正反映法律推理的独特性。

定义 2 "法律推理可视为实践理性的一个分支,后者是人运用自己的理性决定在需要做出选择的情况下怎样合理地行为。"④这一定义强调了法律推理不同于逻辑推理的实践属性,但对于法律推理的本质属性,并没有予以科学的揭示。

定义 3 "法律推理就是在法律争辩中运用法律理由的过程。"⑤法律理由是法律推理理论中的一个重要概念,是法律推理过程中由法律事实和相关规定构成的推导和论证结论的根据,它既存在于规则之中,又存在于原则之中。法律推理是一个复杂的过程,其中包括法律解释、司法归类、法律理由的形成和运用、推理结果的评价和选择等几个方面。这一观点把法律推理仅仅认为是运用法律理由的过程,却忽视了法律推理还包括形成法律推理的过程。事实上,法律推理通过将大前提和小前提结合起来得出一个或几个法律理由,根据法律理由得出一个或几个法律结论,当存在多个法律理由时,还必须对这几个理由进行分析、评价,从中选择出一个相对合理的法律判决结果。可见,法律理由是法律推理过程中的一个重要内容,但并不是法律推理的全部。

定义 4 "法律推理是指以法律与事实两个已知的判断为前提运用科学的方法和规则为法律适用结论提供正当理由的一种逻辑思维活动。"⑥这一定义强调了法律推理在法律适用中的作用,但将其仅局限于"为法律适用结论提供正

---

① 〔美〕戴维·凯尔瑞斯:《法律推论》,王晨光译,载《中外法学》1990 年第 2 期。
② 沈宗灵主编:《法理学研究》,上海人民出版社 1990 年版,第 337 页。
③ 同上书,第 556 页。
④ 张保生:《法律推理的理论与方法》,中国政法大学出版社 2000 年版,第 80 页。
⑤ 〔美〕史蒂文·M.伯顿:《法律和法律推理导论》,张志铭、解兴权译,中国政法大学出版社 1998 年,第 1 页。
⑥ 张文显主编:《法理学》,法律出版社 1997 年版,第 382 页。

当理由"(司法推理)不够全面,因为法律推理属法理学范畴,是法学的普遍概念;而司法推理属于诉讼法学的范畴,是部门法学的特殊概念。司法推理是法律推理的一种,法律推理则在法律领域中运用十分广泛,并不限于司法推理。从主体活动的角度说,法律推理可以分为职业法律工作者"职事的"法律推理和普通国民"日常生活的"法律推理两大类。最典型的法律推理即是司法推理。但须承认,法官、律师、法学家、普通公民都可能是法律推理主体系统的构成要素。新分析实证主义法学派的代表人物拉兹用简洁的语言区分了法律推理和司法推理的不同,法律推理是关于法律的推理,即确定什么是可以适用的法律规范的推理;司法推理则是根据法律的推理,即根据既定的法律规范如何解决问题或纠纷的推理。[1]

基于以上分析,笔者认为,法律推理是人们从一个或几个已知的前提(法律事实、法律规范、法律原则、法律概念、判例等法律资料)得出某种法律结论的思维过程。法律推理运用的范围很广泛,可以包含在立法的过程中,这里主要是从司法场合加以分析。同时推理活动基本上是贯穿于整个法律适用的全过程的,这里仅从严格的逻辑意义上作区分。在法律适用过程中的法律推理主要表现为:从已知的事实推出未知的事实;从上位规则推出下位规则;从法律规定和个案事实推出判决。

二、法律推理的特征

要深入了解法律推理的属性,还应从它与其他推理(一般推理)的比较中加以分析,学界通说认为法律推理具有如下特点:

(一)法律推理是一种寻求正当性证明的推理

自然科学研究中的推理,是一种寻找和发现真相和真理的推理。而在法学领域,因为法律是一种社会规范,其内容为对人的行为的要求、禁止与允许,所以法律推理的核心主要是为行为规范或人的行为是否正确或妥当提供正当理由。法律推理所要回答的问题主要是:规则的正确含义及其有效性即是否正当的问题、行为是否合法或是否正当的问题及当事人是否拥有权利、是否应有义务、是否应负法律责任的问题等。

(二)法律推理具有不确定性

由于法律推理是一种寻求正当性证明的推理,因而法官往往会在几个不同的前提之间进行选择,而每个选择基本上都能为自己找寻到充分的理由,所以,法律推理就其结果而言,往往具有非确定性。法律推理的不确定性一般是因以下几个方面的原因造成的:(1)语言的不确定,一来是立法者在制定法律条文时

---

[1] See Joseph Raz, On the Autonomy of Legal Reasoning, Rotio Juris, Vol.6, No.1, 1993, pp.1—15.

不可避免有认识上的局限性,二来是立法者在立法时出于某种需要有意识地运用模糊含混的语言;(2)社会生活的变化使法律条文的实体过时;(3)法官等运用法律的人员基于其不同的知识水平和个人因素而对法律的不同理解;(4)其他诸如政策、意识形态、阶层、权力结构和利益冲突等社会因素对法律解释的影响。除此之外,法律推理所依据的事实需要通过一系列的取证、质证和认识活动来确认,由于这些也都是不确定的,因而也导致法律的不确定性。①

（三）法律推理受到现行法律的约束

现行法律是法律推理的前提和制约法律推理的条件。法律的正式渊源或非正式渊源都可成为法律推理中的"理由",成为行为的正当性根据。在我国,宪法、法律、行政法规、地方性法规都是法律推理的前提。在缺乏明确的法律规定的情况下,法律原则、政策、法理和习惯也都会成为法律推理的前提。当然,在普通法法系的国家,来自于判例中的法律规则也是法律推理的前提。

（四）法律推理的结果涉及当事人的利害关系

在许多情况下,法律推理的结论事关当事人是否拥有权利、是否应有义务、是否应负法律责任等,这些问题直接关系到当事人的利益。

（五）法律推理需运用多种科学的方法和规则进行

法律推理的方法中不单纯使用逻辑推理方法,特别是不单纯使用形式逻辑的方法,还存在非逻辑的分析与论证,如价值分析判断等,因此其规则也多样化。

三、法律推理的功能

由于不同学者对法律推理内涵的不同界定,因而对于法律推理功能的认识也有分歧。较为一致的理解是,法律推理具有以下功能:

（一）证成功能

"证成"(justification),是指具有正当理由、具有成立的合理性的意思。法律推理的证成作用指的是人们为其所主张的种种行为或判断在法律上提供正当的理由。J.W.哈里斯也说:"证成必须至少是法官推理的表面上的目的。他们并不是从事预测或劝说。"②可见,法律推理的功能是对法律行为做出正式的或权威的解释,并进行合理化论证。

（二）预测功能

在法律推理的过程中,无论是法律推理的参加者还是法律适用者以外的观察者都可以对各种可能发生的情况进行分析和推理,从而预测法律在不同情况下可能会做出的判决。在此基础上人们能够自主自觉地调整自己的行为以获得

---

① 参见王晨光:《法律运行中的不确定性和"错案追究制"的误区》,载《法学》1997年第3期。
② J.W. Harris, Legal Philosophies, Clarendon Press, 1980, p. 193.

法律上的支持,同时对于他人的合法行为予以肯定,对他人的违法行为予以抵制。

(三)法律推理具有解决纠纷的功能

虽然人们解决纠纷的方法有很多,但在法治社会中,人们主要依靠法律来解决纠纷,这也决定了人们需要依靠法律推理来为自己的行为提供正当的理由。"法律和法律推理能使法官得到终局的、和平的和可证明为正当的纠纷解决结构。"①

四、法律推理的意义

司法公正和法律推理有着内在联系,法律推理是展示和实现司法公正的重要途径。

(一)法律推理是法治国家的必然要求

法律推理与法治的实现密切相关。在非法治社会,法律的制定与适用,或依靠统治者的个人权威和魅力,或依靠传统社会的道德和习俗,并不需要追求合理性,特别是形式合理性的法律推理。而法治社会则是法律的制定和适用都应当具有合理性的社会。法律推理为法律制定和适用提供正当理由,是实现法治社会的必由之路。

(二)法律推理的目标与司法公正具有一致性

法律推理与司法公正的关系是一种形式与内容的关系,法律推理的过程也就是追求司法公正的要求。法律推理是一个正当性证成的过程,其目标是为法律规范和人们的行为提供理由。而公正是法律和行为正当的一个重要理由,是正当性得以证成的不可或缺的要件。

(三)法律推理的规则与司法公正的要求是一致的

司法公正包括实质公正和形式公正,形式公正更是其重点。法律推理对逻辑一致性、不矛盾性、同样案件同样处理的要求,同时也是形式公正的要求。依照法律根据推理的逻辑规则对法律命题进行推理的过程就是实现司法公正的过程。

(四)法律推理是通过职业自律实现司法公正的重要方法

法治社会的实现需要法律职业者的职业化努力。通过长期的、各种形式的法律教育,使法律职业者运用共同的法律语言、法律思维,形成一种符合法治社会要求的理性思维方式,这对于在法律职业内部弘扬正气、公正司法、公正执法具有长远的意义。在保证司法独立的前提下,以法律推理培养法律职业共同体

---

① 〔美〕史蒂文·J. 伯顿:《法律和法律推理导论》,张志铭、解兴权译,中国政法大学出版社1998年版,第8页。

的理性思维,避免司法腐败实现司法公正,通过先例约束法院和法官,一方面使下级法院受上级法院判例的约束,另一方面使上级法院受到自身所作判例的约束,从而在法律职业内部建立一种自律机制,保障司法公正的实现。

(五)法律推理是保证裁判公正的重要手段

法院是解决纠纷的场所,同时又是讲究理性的场所。它一方面为判决提供理由,另一方面说明理由与判决的合乎逻辑的联系,而法律推理就是这两方面的保证。美国法学家卡多佐就曾指出:"逻辑一致并不因为它并非至善就不再是一种善了。霍姆斯在一句现已成为经典的话中曾告诉我们:'法律的生命一直并非是逻辑,法律的生命一直是经验'。但是霍姆斯并没有告诉我们当经验沉默无语时应当忽视逻辑。"①

第二节 法律推理的种类

一、形式法律推理和实质法律推理

法律推理按照逻辑学的分类可分为形式法律推理和实质法律推理两类。但不同的学者对于这两类推理的名称表述有所不同。美国法学家哈罗德·J.伯尔曼(Harold J. Berman)将法律推理分为机械法律推理和道德法律推理。昂格尔(Roberto M. Unger)将法律推理分为形式主义的法律推理和目的性的法律推理。而博登海默则将法律推理分为分析推理和辩证推理。分析推理(analytical reasoning)意指"解决法律问题时所运用的演绎方法、归纳方法和类推方法"②;而"辩证推理乃是要寻求一种答案,以对在两种相互矛盾的陈述中应当接受何者的问题做出回答……当在两个或两个以上可能存在的前提或基本原则间进行选择成为必要时,那种认为解决一个问题只有一种正确答案的观点一定会使人产生疑问……由于不存在使结论具有确定性的无可辩驳的'首要原则',所以我们通常所能做的就只是通过提出有道理的有说服力的和合理的论辩去探索真理"③。事实上,这些所指的都是形式法律推理和实质法律推理。

(一)形式法律推理

形式推理是形式逻辑推理方法在法律推理中的运用,一般在法学著作中所讨论的法律推理都是形式法律推理,形式法律推理通常分为演绎推理、归纳推理、类比推理三种形式。

---

① 〔美〕杰本明·卡多佐:《司法中的推理》,苏力译,载《外国法译评》1998年第1期。
② 〔美〕博登海默:《法理学——法律哲学与法律方法》,邓正来译,中国政法大学出版社2004年版,第510页。
③ 同上书,第518—519页。

1. 演绎推理

演绎推理是由一般到特殊的推理,即根据一般性的知识推出关于特殊性的知识。其特点是结论寓于前提之中,或者说结论与前提具有蕴涵关系,所以它又是必然性的推理。只要前提为真,推理形式正确,结论就是必然真实的。

演绎推理主要表现为三段论推理,它是由三个直言判断组成的演绎推理,借助一个共同的概念把两个直言判断联结起来,从而推出一个直言判断的推理。三段论的逻辑形式是:所有 A 是 B,C 是 A;因此,C 是 B。在一个三段论中,第一段是大前提,通常表示一般原则;第二段是小前提,表示特殊情况;第三段是根据一般原则推定特殊情况所做出的结论。在法律适用中,法律规范是大前提,案件事实是小前提,判决或裁定是结论。比如:

重婚是犯罪(大前提),

张三重婚(小前提),

张三有罪(结论)。

演绎推理的基本过程分为三步。第一步是寻找和确定可以适用于案件的法律规则,从而作为演绎推理的大前提。第二步是认定和陈述作为演绎推理小前提的法律事实。事实是人们对于客观存在或发生的事物、现象和过程的真实表述。有些事实是可以用法律加以规范的,而有些则不需要或不适宜用法律加以规范。在所有事实中能够引起法律效果的事实就是所谓的法律事实。为了将这些事实适用于法律推理,需要将其根据规范目的加以陈述,将其中在规范方面无意义的部分剪除,然后再进一步评价其余部分的法律意义。对于这一过程,德国学者拉伦茨评价说:"为了能够将生活事实如其所发生般地进行规范上的评价,评价者首先必须以陈述的方式将它表现出来,并在该陈述中,把一切在规范之评价上有意义的部分不多不少地保留下来。至于那些事项在规范的评价上是有意义的,只能由对该生活事项可能有其适用性之法律规定探知。于是评价者必须以所闻之生活事实为出发点,去审酌哪些法条可能对它有适用性,然后取向于这些法条之构成要件,将该生活事实陈述出来。此际若不能顺利地将该生活事实涵摄到该构成要件中,则该评价者必须取向于该生活事实中之具体情况,将这些法条具体化。以陈述的形态存在之生活事实,必须取向于评价者所将据之为评价标准的法条,才能被终极地描述出来。反之,这些法条也必须取向于所将评价之生活事实,才能被选出,而且于必要时能被进行适当的具体化。"[①]演绎推理的最后一步便是根据大前提、小前提做出判断、推出结论。但这一步并不是一蹴而就的,因为对于法律规则而言,只有与具体案件有关的部分是重要的;而对于具体案件而言,只有与法律规则有关的部分才是重要的,这就需要将法律规则(大

---

① 转引自黄茂荣:《法学方法与现代民法》,中国政法大学出版社 2001 年版,第 190—191 页。

前提)和法律事实(小前提)加以对应、回馈、再对应,直至确立的法律规范之间和认定的法律事实之间存在相互依存、决定与被决定的关系。

演绎推理虽简单直接,但却是解决法律问题的一种有效方法。亚里士多德说:"三段论是一种论证,其中只要确定某些论断,某些异于它们的事物便可以必然地从如此确定的论断中推出。所谓'如此确定的论断',我的意思是指结论通过它们而得出的东西,就是说,不需要其他任何词项就可以得出必然的结论。"① 在法学上表现为,"法院可以适用的规则和原则(大前提),通过审理确定的、可以归入该规则或原则的案件事实(小前提),由此法院可以做出判决(结论)"②。此外演绎推理的使用有助于维护法律的稳定性和一致性,使判决更具客观性,从而维护法治的权威。"法官有责任按照某一明显应适用于一个诉讼案件的法律规则来审判该案件。在这种性质的情形中,形式逻辑是作为平等、公正执法的重要工具而起作用的。它要求法官始终如一地、不具偏见地执行法律命令。例如,如果有一条法规规定对政府官员行贿受贿加以惩罚,而且已经确定某个人已为了这种行贿受贿之行为,那么法官或陪审团便应当得出三段论逻辑所要求的必然结果,还应当制止用偏见或其他无关的考虑来解决该案件。"③

演绎推理并不是无懈可击的,它也有自身的局限性。第一个局限是演绎推理方法的简单操作性难以解决复杂的法律问题,只有在处理简单的案件中才能发挥其作用,在疑难案件中往往提供不了有效的帮助。作为一种必然推理方法,演绎推理的特点在于其结论是包含在前提中并从中必然被引申出来的。大小前提好像是一个箱子(所有 A 是 B,C 是 A),结论(C 是 B)是这个箱子里唯一所有的东西,因此当我们把结论从箱子里拿出来的时候,给人的感觉好像是"只不过拿出了我们先放进去的东西"④。但实际上,并不是所有的案件都能放入演绎推理的前提之箱的。在疑难案件中,或是由于规则是复数而产生需要选箱子的问题,需要法官借助于价值判断,或是由于法律规范模糊不清需要法官重新解释,这些情况单凭演绎推理是无法解决的。所以,正如博登海默所说:"形式逻辑解决法律问题时只起到了相对有限的作用。当一条成文法规则或法官制定的规则对审判案件的法院具有约束力时,它就起着演绎推理工具的作用。另一方面,当法官在解释法规的词语、承认其命令具有某些例外、扩大或限制法官制定的规则的适用范围、或废弃这种规则等具有某种程度的自由裁量权时,三段论逻辑方法

---

① 转引自苗力田主编:《亚里士多德全集》卷I,中国人民大学出版社1990年版,第84—85页。
② 张文显:《二十世纪西方法哲学思潮研究》,法律出版社1996年版,第16页。
③ 〔美〕博登海默:《法理学——法律哲学与法律方法》,邓正来译,中国政法大学出版社2004年版,第518页。
④ 〔美〕理查德·A. 波斯纳:《法理学问题》,苏力译,中国政法大学出版社1994年版,第49页。

在解决上述问题就不具有多大作用。"①

第二个局限是当大前提和小前提都是虚假或有一个是虚假时,结论却有可能是正确的。例如:

违法就是犯罪(大前提——错误),

故意杀人是违法的(小前提——正确),

故意杀人是犯罪(结论——正确)。

这种情况就使人们对结论和前提之间的必然联系产生质疑。事实上,"一个三段论表面上看起来多么具有逻辑性,实际上它不过是其大小前提及大小前提的逻辑关系而已。虽然有效性在法律推理中是必需的,但就法律推理本身而言,有效性的重要程度是微末的"②。对于一个三段论而言,其有效性取决于大小前提的真实性,而不是推理的逻辑形式。演绎推理的大小前提的真实性需要依靠推理者去发现,这两者并不是一个单纯的逻辑问题。

2. 归纳推理

归纳推理与演绎推理相反,是从特殊到一般的推理,即从个别事物或现象的知识推出该类事物或现象的一般原则的推理。归纳推理的基本逻辑形式是:A1 是 B,A2 是 B,A3 是 B……An 是 B;所以,一切 A 都是 B。

在严格意义上,只有演绎推理才是传统逻辑的推理方法。人们对法律的理解亦是如此,认为法律推理就是演绎推理。所以在很长的一段时间内,人们并不承认归纳推理是法律推理的一种有效方法,人们也普遍认为法律推理所需要的是证明的逻辑而不是发现的逻辑。事实上从发生学来说,发现的逻辑应该先于证明的逻辑而存在,归纳推理先于演绎推理而存在,因为演绎推理的大前提是由归纳推理发现并提供的。从适用法律的推理过程而言,归纳推理的运用也往往在演绎推理之前,如在英美法系先根据个案的习惯法判断、以归纳方式建立法律规则,再运用演绎推理将这些规则适用于待处理的案件中。

判例法法系主要运用归纳推理方法,由法官从个别案件中抽象归纳出一般性的原则,此原则可适用于将来的同类案件。较典型的归纳推理表现在,法官在没有法律规则作为他的审判依据时,可以从一系列以往的判决的比较中推理出有关的一般规则或者原则加以适用。我国虽然不实行判例法制度,在法律适用过程中运用的形式推理主要是演绎推理,但是归纳推理在我国的司法实践中同样适用。一方面,最高人民法院对下级法院处理类似案件的判决进行对比,归纳出一般的原则或规则,再以司法解释等形式公布,对下级法院的审判活动进行指

---

① 〔美〕博登海默:《法理学——法律哲学与法律方法》,邓正来译,中国政法大学出版社 2004 年版,第 517 页。

② 〔美〕史蒂文·J. 伯顿:《法律和法律推理导论》,张志铭、解兴权译,中国政法大学出版社 1998 年版,第 54 页。

导;另一方面,最高人民法院对下级法院处理类似案件的判决进行对比,选出个别可供其他法院借鉴的案例作为下级法院处理类似案件的参照。

归纳推理的优点在于:首先,可以使同样的案件得到同样的处理,符合人类心理中以相同方法处理相同情况的自然趋向,体现法律的公正性;其次,归纳推理有利于在实践过程中积累经验,在一定程度上弥补制定法的空隙,纠正制定法的缺陷。正如美国法学家史密斯所说:"每个案件都是一个实验。如果人们感到某个看上去可以适用的、已被接受的规则所产生的结果不公正,就会重新考虑这个规则。也许不是立刻就修改,因为试图使每个案件都达到绝对的公正就不可能发展和保持一般规则;但是如果一个规则不断造成不公正的结果,那么它就最终将被重新塑造。这些原则本身在不断地被重复检验;因为,如果从一个原则中推演出来的那些规则不大起作用,那么,这个原则本身最终就一定会受到重新考验。"①

很显然,归纳推理的结论包含了前提中所未给出的某些知识。诚如波斯纳所言,归纳方法可以挑出先前案件的共同点,"先前决定的案件为律师和法官应当如何决定一个新案件提供了大量有关的事实、理由和技巧。案例总是有共同点的"②。但是归纳法的致命弱点是它无法确立这种"共同点"不可缺少。归纳法在确定法律推理的大前提时常常遇到两大困境:一方面是在从许多判例中发现许多可能适用的一般规则时,不能确定哪种规则最好;另一方面是在从许多判例中发现一种普遍适用的一般规则时,仍然不能确定将这种规则适用于当前的案件是否最好,因为"十件案件都以一种方式定了案不能证明下一个案件也应当以同样的方式来决定,而且下一个案件肯定不会与任何先前案件在各个方面都完全相同"③。归纳推理不可能对某类事物或现象的全部对象进行考察,它进行的是一种或然推理,结论具有或多或少的可能性。英国哲学家科恩对此总结道:"就归纳推理而言,我们在哲学中或科学中都应该是可错论者。"④

在法律适用中,归纳推理往往是演绎推理的补充,因为演绎推理的大前提是既定的,而归纳推理中的大前提则有待于在特殊的案件中挖掘,所以法官只有在不能从一般规则中寻找到解决案件的依据时才转向有关的判例,发现判例中所包含的一般规则。

3. 类比推理

类比推理是根据两个或两类对象某些属性相同从而推出它们在另一些属性

---

① 转引自〔美〕杰本明·卡多佐:《司法中的推理》,苏力译,载《外国法译评》1998 年第 1 期。
② 〔美〕理查德·A. 波斯纳:《法理学问题》,苏力译,中国政法大学出版社 1994 年版,第 114 页。
③ 同上书,第 115 页。
④ 〔英〕L. 乔纳森·科恩:《理性的对话——分析哲学的分析》,邱仁宗译,社会科学文献出版社 1998 年版,第 119 页。

方面也可能存在相同点的演绎推理,在法律适用中称为类推推理,它的基本逻辑形式是:A事物具有属性a、b、c、d,B事物具有属性a、b、c;所以,B事物具有属性d。

类比推理既不是从部分到整体的推理,也不是从整体到部分的推理,而是一种由部分到部分的推理。在普通法法系中,类比推理可能是最为普遍的一种法律推理方法。庞德指出:"在普通法法律家富有特性的学说、思想和技术的背后,有一种重要的心态。这种心态是:习惯于具体地而不是抽象地观察事物,相信的是经验而不是抽象的概念,宁可在经验的基础上按照每个案件中似乎正义所要求的从一个案件到下一个案件谨慎地行进,而不是事事回头求助假设的一般概念,不指望从被一般公式化了的命题中演绎出面前案件的判决。……这种心态根源于那种根深蒂固的盎格鲁-撒克逊的习惯,即当情况发生时才处理,而不是用抽象的具有普遍性的公式去预想情况。"[①]值得一提的是,英美法系中的类比推理往往是与区别技术相结合使用的。而在大陆法系,由于法典所固有的缺陷和社会生活不断发展的特征,导致法律规定不清等情况屡见不鲜,这种情况下法官又不能以此为借口而拒绝裁判,适用类比推理也就在所难免了。

类比推理的特征在于:第一,它属于间接推理。第二,类比推理是从特殊推理到特殊,由个别推理到个别的一种推理。第三,类比推理是从法律的精神中推理出新的意思,它与单纯扩张法律文义的扩张解释不同。第四,类比推理的推理根据是不充分的,客观事物之间既有同一性,也存在差异性。类比是根据两个或者两类对象在一些属性方面的相同,就推出它们在另一些属性方面相同的结论。

类比推理的过程有三个步骤。第一步是通过考察判例,确定一个进行推理的基本点,即对于本案最具有权威的判例。一般而言,高级法院(尤其是最高法院)在过去所判决的案件,对于各自管辖范围内以后类似案件的判决是最具权威性的判例。但其他较有影响的案件也可能在类比推理中充当具有说服力的基点。第二步是对于所选基本点即判例中的事实情况与待决案件进行对比,找出它们之间的相同点和不同点。因为只有通过比较和对比识别出所有看似有理的相同点和不同点后,才能对是相同点还是不同点更为重要做出一个良好的判断。第三步是判断前一步描述的相同点和不同点哪个更为重要。在进行比较之后,当一个待决案件的事实与一个判例的事实相似到应得到同样的结果时,则会依照这个判决;而当一个待决案件的事实与一个判例的事实不同以至于要求不同的结果时,就会区别甚至于否决一个判例。

类比推理的使用有助于约束法官的主观专断,提高司法作业的效力,保障相同的事实和行为得到同样的处理,从而体现司法的统一性。但由于类比推理的

---

① 转引自〔德〕K. 茨威格特、H. 克茨:《比较法总论》,潘汉典等译,贵州人民出版社1992年版,第458页。

关键是确定当前案例与所选判例是否相似,而每个案件都与其他案件有所差别,绝对不可能存在任何两个案件在所有的方面都是一致的情形,从而就需要法律工作者进行判断,也就难免受到各种非理性因素的影响,造成了不确定性。这就是类比推理的缺陷所在。

(二) 实质法律推理

实质推理也称辩证推理,是指当推理的前提出现两个或两个以上相互矛盾的法律命题时,运用辩证思维从中择取较佳命题的过程,它是法律适用中的非形式推理方法,常在运用形式推理不能解决问题之时采用。"辩证"(dialectic)一词来源于希腊语中的"dialegesthai",原意是与他人讨论某事,并与之争论某一问题。运用这一方法往往是双方或更多的参与者力图通过对话或争论,通过一部分人提出论据,另一部分人为其反论提出辩护,最后获得真理。早在古希腊时,这种"对话的艺术"就已成为推理的一种方法。

根据亚里士多德的观点,三段论式的演绎推理与辩证推理的区别主要有以下三点:(1)大前提不同。前者的大前提是必然的论断;而后者的大前提是经常发生的或人们普遍接受的意见,因此需要在两者相矛盾的陈述中应接受哪一种做出选择。(2)推理过程不同。前者的推理过程是证明的;后者是辩证的或论证的,即通过辩论,运用论据来推理的过程。(3)结论的必然性程度不同。前者的结论具有必然性;后者由于前提缺少必然性,结果未必可靠。"一个辩论的问题就是一个探讨的题目,它或者引人选择和避免,或者引人得到真理和知识,或者它自身就能解决问题,或者有助于解决其他某个问题。并且,它涉及的问题或者是无人有意见,或者是多数人与贤哲的意见相反,或者是贤哲与多数人的意见相反,或者是这一切人中的每个人都意见各异。"[①]可见,法律适用中的实质推理具有如下特征:首先,实质推理是法官为了解决疑难问题而对法律规定和案件事实的实质内容进行价值评价的推理过程;其次,实质推理是建立在事物辩证法的客观基础之上的,并不是完全任意的;最后,实质推理的方法具有广泛性,既包括演绎、归纳和类比的形式推理方法,又包括对话、辩论等价值判断的方法。

一般来说,对于疑难案件,需要进行实质推理。但由于通常所说疑难案件的情况各有不同,并非所有的疑难案件都涉及法律适用过程中的法律推理问题,如单纯的有关案件事实的疑难案件就不在此范围内。这里所指的疑难案件是指有关法律规定的疑难案件或法律规定与案件事实结合在一起的疑难案件。具体而言,出现以下几种情况时,法官尤其需要进行实质推理:

第一,法律规定意义含糊不清,仅用文义解释不能确定,而需借助目的解释或价值解释,属于实质推理的范畴。例如,法律规定中的"公平"、"正当利益"等

---

① 苗力田主编:《亚里士多德全集》卷I,中国人民大学出版社1990年版,第366—367页。

概念的确定都涉及实质内容或价值观,就属于实质推理的范围。

第二,法律对某些问题没有直接明文规定,致使法律适用者无法从明确的法律规则中得出具体的处理结论,而此类案件又亟需解决,也就是出现了通常所说的"法律空隙"。产生这种情况的原因有很多,可能是由于本应作规定由于某种原因而未加规定,也可能是由于法律制定后出现了难以预料的新的情况、新的社会关系需要法律加以调整。如"安乐死"问题等。

第三,法律规定本身相互冲突,对于同一案件可以适用某一条款也可以适用另一条款,而法律适用者必须在它们之间做出一个选择。

第四,法律适用出现合理与合法的矛盾,即某一行为就法律而言是"合法"的,但就经济、政治、伦理等角度而言却是"不合理"的,或某一行为就法律而言是"不合法"的,但就其他角度而言却是"合理"的。

出现上述情形时,法律适用者不可能通过形式推理,即用演绎、归纳或类比等方法解决争议问题,因为在这些情况下,或是大前提含糊不清或是没有大前提或是有几个大前提又或是原有大前提不合适必须另外寻找,需要根据一定的价值观来加以判断,也就是需要进行实质推理。

从世界各国的实践看,在法律适用中进行实质推理方法主要有以下几种:

(1) 通过司法机关对法律的立法精神进行解释,单纯的文字解释不包括在内。法律在根本上是实现秩序和正义两大价值的工具,法律的精神也以秩序和正义为依归。因此,法官在适用法律时必须考虑法的精神实质,避免造成形式合法而实质不合法的现象。

(2) 根据公平、正义等法律价值进行评判。公平和正义是法的根本价值,法律的制定是基于这种价值,法律的实施是为了实现这种价值,这就给法官根据公平、正义等法律价值判断法律和事实进行法律推理提供了可靠的依据。

(3) 根据国家的政策或法律原则做出决定。国家政策是国家活动的准则,往往是法律的指导原则,而法律原则是可以作为法律规则的基础或本源的综合性、稳定性原理和准则,因此以它们指导法律推理和法律适用也是理所应当的。

(4) 通过衡平法来补充普通法,实现个别公平。根据亨利·梅利曼所作的定义,"衡平"是指"法官有权根据个别案件的具体情况避免因适用法律条款而使处罚过于严峻和公正地分配财产、或合理地确定当事人各自的责任"[①]。当法律的一般规定与案件的具体事实产生矛盾时,适用衡平原则可以使当事人获得正当的权利救济,保障判决符合法律目的。值得一提的是,衡平方法的运用有一定的限制,不能侵损法律规定。

(5) 根据习惯、法理做出判断。成文法、习惯和法理,曾并列为法律的三大

---

① 〔美〕约翰·亨利·梅利曼:《大陆法系》,顾培东等译,西南政法学院 1983 年版,第 54 页。

渊源。① 当法律规定出现空白或模糊时,往往可以利用习惯或法理进行确定或补充。关于这一点,我国台湾地区现行"民法典"第1条就是一个明证,该条规定:"民事法律所未规定者,依习惯。无习惯者,依法理。"而《瑞士民法典》第1条亦有此规定:"法律问题,在文字上及解释上,法律已有规定者,概适用法律;法律未规定者,依习惯法;无习惯者,法官应遵照立法者所拟制定之原则予以裁判;于此情形,法官务须恪遵稳妥之学说及判例"。

除了上述方法,还可以利用新判例来修改或推翻旧判例,根据事物的性质等方法进行实质推理。

二、简单法律推理和复杂法律推理

根据法律前提的难易程度,可以将法律推理分为简单法律推理和复杂法律推理。

简单法律推理是指根据明确一致的法律规定和简单清楚的案件事实,推导出待决案件结论的推理,通常运用在简易案件的审理过程。

复杂法律推理是指在疑难案件的法律适用中所运用的法律推理。疑难案件,或是案件事实复杂难以认定,或是法律规定不明确,要构建法律推理的前提相对困难,需要运用复杂法律推理。

三、法律规范推理和个案适用推理

根据法律推理所涉及具体案件的事实问题,可以将法律推理分为法律规范推理和个案适用推理。

法律规范推理,又称法律规范判断之间的推理,指的是由一个一般性的法律规范判断(制定法规范)推导出另一个一般性的法律规范判断(裁判规范)的推理。这种推理实际上是一种由规范到规范的推理。据波兰法学家齐姆宾斯基的研究,法律规范推理包括"以规范推导为基础的推理"、"以规范为工具推导为基础的推理"和"以立法者评价一贯性为基础的推理"三种。②

个案适用推理是以一般性法律规范判断和已经确认的某个具体案件事实而推导出待处案件结论的推理,是一种从一般到个别的推理,既涉及具体的法律规范又涉及具体的案件事实。个案适用推理的主体较为广泛,包括法官、检察官、律师,还有普通公民。

---

① 参见杨仁寿:《法学方法论》,三民书局1994年版,第247页。
② 参见〔波兰〕齐姆宾斯基:《法律应用逻辑》,刘圣恩等译,群众出版社1988年版,第324页。

第三节 法律推理学说

一、形式主义的法律推理理论

法律形式主义是一个对于逻辑方法有着最高信任的法学流派,凡是法律适用过程是一个严格演绎过程的观点都属于法律形式主义。

早在罗马法时代甚至更早,就出现了法律形式主义的倾向。到了近代,18世纪欧洲的法典化运动极大地促进了法律形式主义的发展。到了19世纪,分析法学的发展更是使法律形式主义获得了前所未有的发展。形式主义的法律推理是第一个制度形态的法律推理理论,以英国法学家 J. 奥斯丁所开创的分析法学派为代表,该理论认为法律推理应该仅仅依据客观事实、明确的规则以及逻辑方法决定一切法律所要求解决的具体行为。它既是一种法律推理实践,是对封建社会以前的法律决定的随意性、非理性的一种抑制或否定的制度实践,又是一种法律推理的理论、学说或方法。

形式主义的法律推理主要有三个特点①:

(1) 形式主义的法律推理以法治为基础,第一次确立了作为制度形态的法律推理的自主性。法治社会以法律权威的树立和对公民权利的尊重为前提,公正而合理的程序是法的核心。它在观念层次上是权利本位的,相应地在行为层次上强化了辩护的重要性。因此,形式主义法律推理以个人权利为价值取向,要求严守确定的标准和规则,在事实认定和法律解释方面强调当事人的自我主张,强调判决必须以辩护、论证为基础。在法治的土壤中,形式主义法律推理逐渐在自由资本主义社会制度中生根,从而获得了其自身独立存在的价值或"自主性"。

(2) 在法律推理的标准上,形式主义法律推理要求使用内容明确固定的规则,并将其法典化,裁判者根据纠纷中各方实质上的是非曲直而做出决定,追求形式正义和正当性。形式主义的法律推理产生于形式正义的理想,把一致地适用普遍的规则作为正义的基石,其推理结论才具有真正的有效性。但是这一理论墨守成规、严格遵守法律规则,却对社会现实生活中的不同原则和价值观念的冲突视而不见,常常导致实质上的不正义,为之后其他理论对其批判埋下隐患。

(3) 形式主义法律推理以逻辑推理,尤其是三段论的演绎推理作为法律推理方法。由于过分重视法律的确定性,认为法律规则是直接从立法、先例中演绎而来的,所有法律问题都可以通过明确地法律规定做出决定,而一切法律问题的

---

① 参见张保生:《法律推理的理论与方法》,中国政法大学出版社2000年版,第37—39页。

答案都在人们的意料之中,法院的司法作用仅仅在于运用逻辑推理将明确规定的法律适用于案件事实。

综上可见,在形式主义法律推理理论设计中,法律是一个由法律命题构成的无空隙(gapless)的体系,人类的所有社会行为或是对法律命题的适用,或是对法律命题的违反。每个具体案件中都可以利用逻辑的演绎三段论从抽象的法律命题中找到答案——法律规则是大前提,案件事实是小前提,法官只要通过演绎推理就能得出正确的法律判决结果。所有具体的法律决定都是某一抽象命题对于某一具体事实的适用。我国学者刘星对这一理论总结说:"在这种模式中,白纸黑字的法律规则是大前提,案件事实是小前提,判决则是结论。当然,无论是边沁还是奥斯丁都承认在某些情况下,法律规定无法提供明确的解决答案。只是法官只能运用自由裁量权解决问题。然而他们都默认这是一种极为少见的次要现象,在法律文化中,三段论推理模式仍然是基本模式。换言之,法官一般而言,仅仅应用演绎推理便可以解决实际问题,法官通常是在'查找和发现法律'。他们认为这不仅仅是实际观察得出的结论,而且是法治价值要求的结果。"[①]在形式推理理论中,法官就如同"自动售货机",投入案件事实,输出法律判决。但事实证明,这仅仅是一种幻想,是个不可能实现的"法律神话(legal myth)"。因为在法律适用的实践中,白纸黑字的法律条文很少与具体的案件事实一一对应,往往是一个案件面对几个似乎都可选择的法律规则,或是一个法律规则可以推出几个似乎都对的结论。这就需要法官采取其他法律推理方法,根据自己的价值判断推导出具体的结论。

二、现实主义的法律推理理论

由于形式主义法律推理理论暴露出越来越多的缺陷,受到人们的广泛质疑,以霍姆斯为代表的现实主义法学派看到了形式主义所造成的僵化,试图通过分析法律主体解决纠纷的具体活动认识"行动中的法律",以经验为武器对形式主义的法律推理理论进行了全面深刻的批判。该理论认为法律是法官的行为或是对法官行为的预测。"法律的生命不在于逻辑而在于经验"。这里的经验指的是:"可感知时代必要性、盛行的道德和政治理论、公共政策的直觉知识,甚至法官及其同胞所共有的偏见。"[②]

法律现实主义者并未将法律系统看成是一种抽象、理想的实体,而是一种为社会目的服务的实际实体。他们认为,法律原则和规则必须按照它们对人类的

---

① 刘星:《法律是什么》,广东旅游出版社1997年版,第60页。
② 〔美〕奥利弗·W.霍姆斯:《普通法》。转引自张保生:《法律推理的理论与方法》,中国政法大学出版社2000年版,第43页。

生活和行动的影响来理解。法和法的规则不是固定的、永恒的,而是发展的和持续增长的,尤其是它会随着司法决定的过程而变化。① 所以,在法律适用中不可避免地要赋予法官一定程度的自由裁量权。现实主义法律推理理论认为形式主义推理理论的基础——大前提法律规则和小前提法律事实都是不确定的,"对许多法律判决的细致分析表明,它们是基于不确定的事实、模糊的法律规则或者不充分的逻辑做出的,因此,'真正的'判决根据并不清楚。对不同官员在类似情况下所做出的判决的比较可以表明,官员的个性、政治因素或各种偏见对判决的影响比法律要大"②。在法律适用中,直觉优于逻辑,"公共政策的直觉在确定适用哪一规则的过程中比逻辑三段论的作用要大得多"③。

但是现实主义理论完全否认具有普遍性的一般法律规则的存在,认为法律只是针对具体案件的具体权利义务的活的规定,而不是一套规范的观点,走向了另一个极端。虽然它摆脱了形式主义的机械和僵化,使法官不再被要求过于机械地执行法律,强调法律推理的灵活性,但如果法律推理不遵循任何标准或因人而异,那么不仅是形式主义法律推理受到挑战,对于法律的权威性更是一个巨大的冲击,导致人们陷入法律信仰的危机。

三、新实用主义的法律推理理论

新实用主义的法律推理理论是建立在批判形式主义法律推理理论之上的,其代表人物主要是佩雷尔曼、波斯纳。

佩雷尔曼认为形式主义的法律推理建立在法律的明确性、一致性和完备性之上,当这三个条件有所欠缺时就需要弥补法律的空隙、消除法律中的矛盾冲突,而形式逻辑却不能解决这些问题。因此,他提出了被称为新修辞学(new rhetoric)的实践推理(practical reasoning),即新修辞学可以被理解为辩论学,使用语言文字对听众或读者进行说服的一种活动。对话是辩论过程的形式和灵魂,是一种说服人的手段或提出问题的技术。由于形式逻辑只是根据演绎等方法对问题加以说明或论证的技术,属于手段的逻辑;而新修辞学是关于目的的辩证逻辑,是推理讨论、辩论或选择根据的逻辑,它不仅可以使人们说明和证明他们的信念,而且可以论证其决定和选择,是进行价值判断的逻辑,能弥补形式逻辑的不足。而法律推理就是在法律领域中运用新修辞学的方法,通过对话、辩论等来说服听众或读者,得到他们的认同和支持。佩雷尔曼认为在三段论的法律思想的支配下,法学的任务是将全部法律系统化,使其在形式上完备,对于每一

---

① See Karl N. Llewellyn, The Common Law Tradition: Deciding Appeals, 1960, pp. 108—109, 154—157.
② 〔美〕史蒂文·J. 伯顿:《法律和法律推理导论》,张志铭、解兴权译,中国政法大学出版社1998年版,第4页。
③ Oliver Wendell Holmes, Jr., The Common Law, 1884, p. 1.

种情况都有明确无误的法律规则,不存在任何的相互矛盾或含糊不清。这就要求法律具有完备性、明确性和一致性,而法律不可能满足这三个要求,除非有无数的立法机关每天都在立法、释法。因此,法官在一定程度上就需要承担解释、完善法律的责任,法官必须掌握法律逻辑的智力手段,并不是简单的形式逻辑,在价值判断之下应用这种手段完成自己的任务。

美国法学家波斯纳在《法理学问题》一书中反对法律形式主义,尤其是反对机械论的法律推理,他针对形式逻辑的纯粹理性,提出了"实践理性"的推理方法。与现实主义法学不同,波斯纳没有对逻辑三段论进行全盘否定,他肯定了其对于维护法律的确定性和法治所起的作用,但他也指出形式主义的法律推理方法只有在简单的案件中才有用,对于一些疑难案件和关于伦理方面的案件作用非常有限,在法条辩论等场合,仅仅依靠逻辑演绎是不能决定对立的主张中哪一种是正确的,需要实践理性来承担这部分的工作。实践理性不同于实践感性或生活感情,它不是以僵化的法律规范为基础,而是以推理主体对法律条文和法律价值的内在联系的领悟为基础;它不是以刻板的形式逻辑为手段,而是以灵活的辩证逻辑为手段,成为帮助人们做出实际选择或是伦理选择而采用的方法,既体现法律的实践性又发挥了法律推理主体的能动性。

四、新分析法学的法律推理理论

虽然分析法学派的理论受到无情的批判,但是经过对于自身理论的修正和改造,在沉寂了一段时间之后又逐渐盛行起来,被称为新分析法学,代表人物是哈特、麦考密克等。

哈特首先对形式主义推理理论和现实主义推理理论进行了批判。他认为形式主义推理理论认定法律概念是一个固定的、封闭的系统是一个根本错误,法不可避免地会有法律漏洞,带有不确定性。而现实主义主张直觉是司法决定的真正基础,既没有清楚地描述一个法律系统的基础,也没有对审判实践提供一种有用的描述性说明,直觉在任何法律系统中都不是中心点。哈特把法律的载体——语言分为既有"意思中心"(core of meaning)又有"开放结构"(open texture)。"意思中心"是指语言的外延总是具有意思明确的中心区域,在这个区域范围内,人们一般很少会对语言的意义产生争议;而"开放结构"是指语言还存在一些易引起人们争议的、意思不明确的外延区域。语言的这种双重结构决定了由语言构成的法律规则既具有一定的明确性,又具有一定的模糊性。虽然语言本身的含义在不同的语境中会有不同的理解,但确定的语境中会有相同的理解,人们有必要遵循这些规则,法官在法律适用中也应尽可能遵循这些法律原则进行法律推理。可见,哈特认为法律适用的过程本质上是理性的,在很大程度上依赖于演绎推理,只在较少场合需要依靠直觉。

麦考密克承认逻辑演绎的推理方法在法律推理中有着重要地位，但还是存在着不足，因为形式逻辑本身不能够确认或保证前提的真实性，前提的真实性属于规范和经验领域考察的范围。他认为法律推理是通过理性的实践推理能力的基本原则而证明行为的正当理由，从而揭示了法律原则对于法律规则的基础作用。而纯粹的演绎推理不足以解决法律决定的正当性，且在出现"相关"问题（relevancy，即什么法律规则与案件相关）、法律解释问题（interpretation）和事实"分类"（classification）时不能适用演绎推理，均需要借助实践理性的推理。

需要指出的是，在新分析法学领域，许多人运用了20世纪逻辑科学的尖端工具，如德国的乌尔里克·克格卢和奥地利的伊尔玛·塔曼鲁，他们通过不懈的努力建构了一种以大量运用数学符号为特点的法律逻辑体系。这一理论虽然有助于我们对法律规则体系的逻辑结构以更清楚的把握，但这一成就的前提是将法学上的实质问题剔除出去，因它的纯粹而疏离了法律现实本身，以至于他们不得不从其他方面对其理论予以补充。例如，塔曼鲁就是通过仔细思考法律有序化的实质性问题，尤其是正义问题来增补他的逻辑法学研究的。[1]

【本章阅读材料】

法律推理是科学的吗？

我们首先简要地探讨一下法哲学和法律推理。按我以往的经验来说，许多刚涉足法律的学生（以及其他人）很难理解法律及法律推理，因为他们期望的东西是法律及法律推理不能也不应该提供的。尤其是，他们期望法律及法律推理像现代科学事业一样地运作。物理和数学的巨大成就激励着其他学科的人们遵循或采纳在他们看来是这些最为成功的学科所采用的推理方法，这一点可想而知。然而，这常常是科学推理的理想化形式，它支配着人们关于什么才是合理的思考。如果不应该像科学家适用自然法则那样去适用一个社会的法律，如果我们细心地区分科学推理和法律推理，我们就会让其他一些资源来帮助你们解决法律问题。

在法律的演绎推理和类比推理中似乎有可能暗含一种科学类型的推理。一般的科学推理观注重科学命题中词语或符号与经验领域中可以客观确定的（可观察的）事实之间的潜在的对应关系。这种命题应当表述自然事件发生的条件。例如，人们可以假设，如果把水加热到212℉——用温度计来测量，水就会从液态变为气态。经过大量这样的观察，人们就可以明确表达这样一个命题，即水加热到212℉总是会沸腾。要是某一次加热到212℉没有沸腾，人们就会说，温度计坏了，或者说，其他相关条件（比如说气压）改变了。在后一种情况下，人

---

[1] 参见〔美〕博登海默：《法理学——法律哲学与法律方法》，邓正来译，中国政法大学出版社1999年版，第127页。

们可以把命题重新表述为:当同一水平面上的气压相同时,水总会在212℉时沸腾。通过考察该命题中与两种条件相对应的两个可观察的事实,人们就更有信心做出预测。按照这种科学推理观,在一个完好的科学命题中,这两个条件应为水沸腾的必要条件,合在一起则构成充足条件。水要沸腾都要有两个共同的经验事实——温度和气压。

两种形式的法律推理看来都作了一种相同类型的推理。演绎的法律推理用一条规则作为大前提,陈述必要的和充足的事实条件,把任何案件纳入该规则所设的类别中。比如普通法的过失规则,如果满足以下条件,则要求被告向原告做出赔偿:(1) 被告负有合理注意的义务,(2) 被告未尽此义务,(3) 这是损害发生的事实原因,(4) 这是损害发生的法律原因及(5) 有损害之结果。这一规则的形式表明,在任何具备这5个经验事实的案件中,原告都将获得赔偿,缺一个或几个都不行——所有过失案件都包括这些事实。(但请注意,这5个条件只是阐述法律结论,而不是任何经验意义上的事实!)

类比的法律推理似乎也假设了一种类似于一般科学推理观的推理形式。如果两案实质性事实相同,你们就会认为两案是类似的,按遵循先例原则两案应作类似处理。假定一个先例案件包括事实a、b及c,但非d,法院裁定原告必须给被告以赔偿,那么,如果一个问题案件也包括事实a、b及c,但非d,你们也会说,原告应该给被告以赔偿。它们是同类案件应该同样对待。不过,你们可以轻而易举地说出一项规则,即如果有事实a、b和c,但没有d,则原告必须给被告以赔偿,因而这一类比推理暗含着该规则。

尽管有这些形式上的共同点,你们还是应该不受诱惑,以为法律推理应模仿那种科学推理观。下面我将为此提供两点理由。首先,科学推理和法律推理具有如此不同的功能,以至于形式上的相同点为它们的差异所压倒。其次,同一法律类别中的法律案件并不需要所有——甚至任何——事实相同。

——〔美〕史蒂文·J.伯顿:《法律和法律推理导论》,张志铭、解兴权译,中国政法大学出版社2000年版,第97—99页。

【思考题】

1. 是法律推理包含着法律解释,还是法律推理包含着法律解释?
2. 法律推理的特征是否能有效与一般的逻辑推理区分开来?
3. 不同法律推理方法在法律适用中有怎样的地位?
4. 单纯的法律推理是否能达到法律证立的效果?
5. 法律推理的目标和法律解释的目标是否一致?

【参考文献】

1. 〔美〕史蒂文·J.伯顿:《法律和法律推理导论》,张志铭、解兴权译,中国政法大学出版社 1998 年版。

2. 张保生:《法律推理的理论与方法》,中国政法大学出版社 2000 年版。

3.〔美〕杰本明·卡多佐:《司法中的推理》,苏力译,载《外国法译评》1998 年第 1 期。

4.〔美〕爱德华·H. 列维:《法律推理引论》,庄重译,中国政法大学出版社 2002 年版。

第九章 法律解释论

【本章提要】 本章主要探讨法律解释的概念、主体、对象、原则、目标、方法以及我国法律解释体制等内容。法律解释在本质上是在法律的运用过程中实现理解、释明法律的实际意义,而对于法律的理解、释明,其根本的意义全在于运用。法律解释是司法解释,即司法者在具体适用法律时对法律的规定所进行的旨在使法律文本与案件事实产生明确指向和关联的司法作业。基于法律解释的作用和意义,法律解释的主体限定为法官和法院,解释的范围包括具体应用法律、宪法、行政法规及国际条约。

第一节 法律解释概述

一、关于法律解释问题研究

20世纪90年代后半期,法学界对法律解释问题的关注渐成热点。1995年著名民法学家梁慧星教授的《民法解释学》(中国政法大学出版社1995年版)一书出版,该书虽名为《民法解释》,实则对法律解释作了体系化的铺垫。此后出版的各类著述大都未脱其框架,先后有:郭华成博士的《法律解释比较研究》(中国人民大学出版社1994年版)、李希慧博士的《刑法解释论》(中国人民公安大学出版社1995年版)、张志铭博士的《法律解释操作分析》(中国政法大学出版社1999年版)。这期间,梁治平所编的《法律解释问题》(法律出版社1998年版)一书是这一阶段学术研究成果的集大成者,书中所收录的文章代表了当时法理学界关于法律解释学及其相关问题研究的最高学术水准,但正如梁治平先生在这一文集的前言中所提到的以及朱苏力先生后来评价的那样,学者们在各自表述法律解释的时候事实上有着语词上的混淆,在论述国外的法律解释和中国的法律解释时采用的不是同一概念,也即是说,一个是论说法律的具体适用情境,一个则关注的是权力体制。此后,学者的研究逐渐深入并发生分流,其中陈金钊和谢晖各自出版了专著《法律解释的哲理》(山东人民出版社1999年版)和《法律的意义追问》(商务印书馆2003年版),也合著了《法律:诠释与应用——法律诠释学》(上海译文出版社2002年版),并主持出版多卷本的《法律方法》(山东人民出版社出版,目前已出至第5卷),其研究方向偏重于哲学意义和方法论的研究。而在这一领域研究中的最有代表性的文章当数谢晖教授的《法律解释与解释法律》，该文发表于《法学研究》2000年第5期，较好地将司法运用中的法律解释与哲学意义上的诠释法律作了区分，产生了较大的影响。着重从法律推理的角度研究法律解释问题的著作主要有：解兴权的《通向正义之路——法律推理的方法论研究》(中国政法大学出版社2000年版)和张保生的《法律推理的理论与方法》(中国政法大学出版社2000年版)。而直接以司法解释为研究对象的著作是董皞的《司法解释论》(中国政法大学出版社1999年版)，它是较为全面论述司法解释的作品。

进入21世纪之后，学者的研究角度渐变为通过实证的方法对法律解释的具体技术方法及其应用进行分析，梁慧星先生在出版《民法解释学》一书近十年后，出版了《裁判的方法》(法律出版社2003年版)一书，继续秉承并发展其前书中的思想，该书显然是在作者一系列讲演的记录稿基础上形成的，与前书不同的是，书中主要通过介绍我国立法及其应用中的实际案例对解释方法进行分析，对司法系统的法官群体有着深刻的影响。孔祥俊博士的《法律解释方法与判解研究：法律解释·法律适用·裁判风格》和《法律规范冲突的选择适用与漏洞填补》(人民法院出版社2004年版)对司法实践中的各种问题通过法律解释的方法与技术进行了解读。

近年来，虽然有分量的著述并不多，但值得关注的是，一系列的国外关于法律解释或与法律解释有关的法律方法论的译著的出版，对我国法学界研究法律解释及法学方法论产生了重要影响，其中主要有：〔美〕史蒂文·J.波顿的《法律和法律推理导论》(张志铭、解兴权译，中国政法大学出版社1998年版)、〔美〕艾德华·H.列维的《法律推理引论》(庄重译，中国政法大学出版社2002年版)、〔德〕卡尔·拉伦茨的《法学方法论》(陈爱娥译，商务印书馆2003年版)、〔美〕凯斯·R.孙斯坦的《法律推理与政治冲突》(金朝武、胡爱平、高建勋译，法律出版社2004年版)、〔德〕卡尔·恩吉施的《法律思维导论》(郑永流译，法律出版社2004年版)、〔英〕尼尔·麦考密克的《法律推理与法律理论》(姜峰译，法律出版社2005年版)、〔荷〕伊芙琳·T.菲特丽丝的《法律论证原理——司法裁决之证立理论概览》(张其山、焦宝乾、夏贞鹏译，戚渊校，商务印书馆2005年版)。

此外，我国台湾地区的法学学者的一些论著也在大陆得到出版，其中有杨仁寿的《法学方法论》(中国政法大学出版社1999年版)和黄茂荣的《法学方法与现代民法》(中国政法大学出版社2001年版)等。

2006年2月，陈金钊、焦宝乾、桑本谦、吴丙新、杨建军合著的《法律解释学》(中国政法大学出版社2006年版)一书出版，该书收录了近年来关于法律解释问题研究的最新成果。

从以上的综述分析也许我们可以对我国法律解释学界做出一个基本的学术研究倾向的分类：

(一) 实务倾向

以梁慧星教授、孔祥俊博士等为代表的一批学者,其研究更侧重于对实务性的法律解释的方法论和技术操作,试图通过将法律解释的方法论的探讨和司法实际判例的解决相结合,并借此推动我国司法实务部门尤其是法院、法官能够有意识地、自觉地运用法律解释的方法论解决实际审判工作中的复杂疑难问题。其中梁慧星教授更是通过一系列为法院、法官举办的专题讲演传播法律解释方法和裁判的技术,对司法实践产生了重大和深刻的影响。

(二) 哲理倾向

与实务倾向相反,以陈金钊教授、谢晖教授等为主的一些法学家越来越转向哲学诠释学意义上的本体论和方法论研究,深入探讨法律解释的本体范畴意义。他们主持进行的课题研究、举行的学术研讨会往往有著名的哲学家(如洪汉鼎教授)参与,显示了法律解释问题研究领域的另一种学术方向。

二、关于法律解释的概念

法律解释开始是作为一种实践技艺,与宗教解释、语法解释、历史解释等联系在一起的。① 解释学(hermeneutics)一词源自古希腊神话中的上帝的信使赫尔默斯(Hermes),他一方面向人们传递诸神的信息,另一方面还充当一位解释者,对神谕加以注解和阐发。在远古时代,法律作为神意,需要依靠牧师、祭司、僧侣等为世俗社会所知。"法之发见者,北欧古法称为 Rechtfinder,而此法律发见者,必非为其元首,即精通其民族之传说、惯习、先例、仪式等之长老、诗人或为神意启示之机关之祭司、僧侣、卜者、巫女是也。"② 一般认为,法律解释学"肇始于古罗马帝国时期"③。罗马人制定了大量的法律,设立了专门的法律组织和司法官员,从而为法律解释学的发展提供了良好的契机,以至于在欧洲中世纪出现了前、后注释法学派。13 世纪以前的注释法学派称为前注释法学派,主要是对查士丁尼时期编撰的各种罗马法文献,尤其是《学术汇纂》进行文字注释。13 世纪后至 15 世纪是后注释法学派,又可称为评论法学派,主要是在前注释法学派的基础上,提出法律原则和根据、建立法律分析的结构,从而促进罗马法与实际生活的融合。"但是自罗马的共和制以来,几乎有两千年的法学只是出于所谓法律解释学的史前阶段,真正意义的法律解释学直到近代才开始形成。"④

---

① 根据洪汉鼎先生的考证,ic(德语中是 ik)这个后缀在语言上主要是指"技艺、方法",而不是一般意义上的"学"。参见洪汉鼎主编:《理解与解释——诠释学经典文选》,东方出版社 2001 年版,"编者引言"第 4 页。
② 〔日〕穗积陈重:《法律进化论》,黄尊三等译,中国政法大学出版社 1997 年版,第 10 页。
③ 洪汉鼎:《诠释学——它的历史和当代发展》,人民出版社 2001 年版,第 37 页。
④ 潘念之主编:《法学总论》,知识出版社 1981 年版,第 54 页。

对于法律解释的定义,学界存在不同的见解,主要有以下几种:

(1)"阐明法律或国家政权的其他文件的意义和内容,即称为解释。在将法律或其他法律文件适用到具体的、实际的、需要根据法权进行判决的案件上时,就应该对这一法律或其他文件进行解释。"①

(2)"法律的解释是科学地阐明法律规定的内容和含义,确切地理解法律规范中所体现的统治阶级的意义,从而保证法律规范的准确适用。"②

(3)法律解释是"对法律规范的含义以及所使用的概念、术语、定义等所作的说明"③。

(4)"法律解释是指有权的国家机关依照一定的标准和原则,根据法定权限和程序,对法律的字义和目的所进行的阐释。"④

(5)"法律解释是指一定的人或组织对法律规定的含义的说明。法律解释既是人们日常法律实践的重要组成部分,又是法律实施的一个重要前提。"⑤

(6)"法律解释就是解释者将自己对法律文本意思的理解通过某种方式展示出来。"⑥

(7)法律解释是"以某种法律理论为前提,在法定权限内对法律文本的理解和说明"⑦。

我们认为,法律的生命在于运用,是实际生活中的运用的需求产生了社会对于法律的需求。法律解释在本质上是在法律的运用过程中实现理解、释明法律的实际意义,而对于法律的理解、释明又不是仅仅为理解而理解,为释明而释明,其根本的意义全在于运用。因此,有学者才说:"法律的意义只有在所有这些应用中才能成为具体的。"⑧就法律的具体运用而言,虽然可以通过国家的行政执法和司法活动进行,但是毫无疑问,现代法治国家都在法制运行中确立了这样一个原则——司法是社会纠纷的最终解决机制。法律作为具有定分止争作用的社会规范,其运用的最终结果主要是依靠司法活动得以体现的,因此,在这个意义上讲,无论一个国家在体制上如何立法、如何分解其解释权限,其立法的目的和相应的法律解释的目的,都是为最终的司法运用服务的。法律解释的重心最终会落实在司法解释上。从这一点来说,法律解释也就是司法解释,即司法者(法

---

① 苏联科学院法学研究所编著:《马克思列宁主义关于国家与法权理论教程》,中国人民大学马克思列宁主义关于国家与法权理论教研室译,中国人民大学出版社 1955 年版,第 505 页。
② 孙国华主编:《法学基础理论》,法律出版社 1982 年版,第 296 页。
③ 《中国大百科全书·法学卷》,中国大百科全书出版社 1984 年版,第 81 页。
④ 张文显主编:《法理学》,法律出版社 1997 年版,第 374 页。
⑤ 沈宗灵主编:《法理学》,北京大学出版社 2001 年版,第 364 页。
⑥ 张志铭:《法律解释操作分析》,中国政法大学出版社 1998 年版,第 16 页。
⑦ 付子堂主编:《法理学进阶》,法律出版社 2005 年版,第 203 页。
⑧ 〔德〕汉斯-格奥尔格·伽达默尔:《真理与方法——哲学诠释学的基本特征》(上卷),洪汉鼎译,上海译文出版社 1999 年版,第 418 页。

官或法院)在具体适用法律时对法律的规定所进行的旨在使法律文本与案件事实产生明确指向和关联的司法作业。

三、司法解释的概念

正如我们所指出的那样,司法解释这一概念本身是颇具中国特色的,作为一种特定的法律解释种类,它是由我国的法律解释体制所决定的(关于我国法律解释的体制及其评述我们将在后面展开分析)。但尽管如此,我国法学界对司法解释的概念及其内涵的界定并不统一,在此我们选取近年来在国内法学领域较有影响的几本专著和教科书对司法解释的概念作一分析。

张文显主编的《法理学》在我国法律解释体制分类中讲到,司法解释"是指由最高人民法院和最高人民检察院针对审判和检察工作中具体应用法律的问题所进行的解释。司法解释的主体只能是这两个最高司法机关。由此分为审判解释、检察解释、审判检察共同解释。它们与地方法院、检察院在具体案件中所作的个案解释在效力上是不同的"[①]。在这里,作者虽然只承认最高司法机关的解释才是司法解释,但从其在后面所提及的个案解释看,似乎地方司法机关做出的解释也有法律解释的权力,其差别只是在效力上有所不同。

董皞在其著作《司法解释论》中给司法解释所下的定义为:"司法解释是具有主观能动性的法官在面对实际案件时,根据案件的具体事实就所选择适用的法律进行的理解和说明。"[②]作者把司法解释限定为只有法官对法律的具体理解说明才是司法解释。

梁慧星先生在《裁判的方法》一书中,则明确直称司法解释仅指最高审判机关即最高法院所作的解释。他认为:"司法解释,既然是最高法院依据最高审判权,针对某一类社会关系,对法律法规所作的解释,当然要求各级法院在审判属于该类型社会关系的案件时必须遵循。因此,司法解释具有普遍的效力。它实际是针对一般关系的应普遍适用的行为规则,这与法律规则是相同的,差别仅在规则的制定者和所根据的权限性质不同。我们也可以说,司法解释相当于法律。"[③]但司法解释"它不是立法机关制定的,是最高法院制定的,最高法院没有立法权,它是根据最高审判权。因此,我们说,司法解释有准立法的性质"[④]。梁先生的定义的特别之处是排除了最高检察机关的解释是司法解释,并且把司法解释特指最高法院的抽象解释。同时,该书又在后面分出一种由审理案件的法官根据裁判权对法律法规进行的解释,称为裁判解释,这一分类是颇具新意的,

---

[①] 张文显主编:《法理学》,法律出版社 2004 年版,第 305 页。
[②] 董皞:《司法解释论》,中国政法大学出版社 1999 年版,第 3 页。
[③] 梁慧星:《裁判的方法》,法律出版社 2003 年版,第 66 页。
[④] 同上书,第 67 页。

至少表明学者认为无论是最高法院还是以下的各级法院在运用法律的过程中都具有解释的性质。

从以上列举的概念看,对于司法解释的主体(即谁能拥有解释权)、对象(即解释什么)、范围(哪些法律可以通过司法做出解释),以及权限效力上都尚未有统一的认识。

事实上,要准确地给司法解释下一个定义本身并不困难,难就难在原本属于纯粹对于法律理解和认识的诠释行为与一定体制及其体制规定下的各个不同解释主体间产生了不可能轻易分割的关系。

在这里,首先需要分清的问题大致在于:法律解释与司法解释是不是同一概念? 在确定了司法解释的某种主体范围之后,其解释的效力是不是同一的? 另外,司法解释在解释上是否应当存在形式上和内容上的分工,并做出其效力区分? 要搞清楚这些问题,无疑必须追根溯源,首先必须理解司法解释的性质,并且从根本上明确法律解释的基本性质是什么。

就权力的性质而论,法律解释并不是一种独立的权力,而是一种附随的权力。有立法权力,自然具有对自身立法进一步释明的权力,同时也具备依据自身立法权的地位推翻和否定与之发生抵触的其他低位阶立法以及其他解释的权力。这是立法解释之所以存在的天然理由。当然,立法解释究竟以什么样的形式出现,可能在不同的国家中会有不同的表现。同样道理,有司法权,必然会有相应的司法解释权,这是由司法权的职能和其运行的目的所决定的。司法权之所以存在,是为了将抽象的概括性的一般立法与社会上发生的形形色色的具体案件现象相对应并加以解决,在这一过程中,由于法律是标准的,而具体案件几乎都是非标准的,在司法实践中完全能与立法规定吻合的标准案件是较少存在的,这就需要司法人员将案件与法律加以连接,寻找到两者间的联系和对应之处,使问题和纠纷最终得到解决。① 寻找对应的过程,也即是对法律进行解释的过程。

由于司法活动是由待处理案件引起的寻找法律条文规定与案件事实对应关系的活动,在这种对应中除了立法规范之外,当然也会包括与立法的解释(如果

---

① 司法者进行法律活动时通常会发生三种情况:如果一个待处理的案件有着明确的法律规定,这时司法者的任务只是将该项法律规定与案件事实连接起来,使之发生关联,这一过程我们可以称之为法律推导。如果一个案件面对处理时,存在一项法律与之有所关联,但该项法律的含义有模糊、不清晰、歧义等问题,缺乏明确的指向,就需要司法者对它进行法律解释,以获得明确的意指,即司法作业的大前提。如果对于事实法律未作规定,在刑事法律领域,则不应予以处理,法无明文规定不为罪,不处罚;而在私法领域中,通常世界各国都确立了这样的原则,即除非是法律有意不予规定的情况,否则法官不能借口法律没有规定而拒绝审判,只要一个案件涉及的事实是可诉的纠纷都应当予以受理并做出裁决,在这种情况下司法者就需要按照一定的权限和规则来弥补法律的漏洞。当然我们在此完全是作一种理论性的划分,司法实践往往是一个整体的过程,法官在适用法律时实质上是一个试错的过程。

存在的话)的对应,所以司法解释不仅仅要对立法加以解释,同样也会对立法解释进行再解释。由此我们可以得出,只有司法解释才是真正意义上的解释。所以,有的学者否定我国法律解释体制中立法解释存在的必要性,在这个理由上也是成立的。

既然司法解释是寻求法律与案件事实对应性的活动,解释主体不可能是泛化的,解释者应当是司法者。虽然在学理上,任何参与案件活动的人都在对法律进行解释,但是法律解释的作用在于最终对案件处理产生影响。

综上所述,在我国特定的法制语境中讨论司法解释的概念,事实上存在学理上和体制上两种既有关联又有区分的解说。学理概念上,法律解释即司法解释。而在体制概念上,司法解释只是整个法律解释体制中的一个重要的环节。从主体上划分,文本意义上的法律解释可以有广狭二义,广义的法律解释既包括学理解释也包括法定解释,即任何人都可以对法律从学理上进行理解和解释,在这一点上解释主体应具有普遍性。狭义的法律解释仅指有权机关或个人所作的解释,也称为有效解释或有权解释。这里主要是从后一种意义上使用法律解释的概念。

法律解释是法律适用的前提。因为"法律不是摆在那儿供历史性地理解,而是要通过被解释而变得具体有效"①。从这个意义上说,法律的生命力存在于解释和适用之中,没有对法律的解释,也就无所谓法律的适用。所谓法律解释,是指在一定的法律适用场合,有权的国家机关或个人遵循法定的权限和程序,按照一定的原则和方法对法律文本所进行的阐释。这一概念包含着三层意思:其一是谁来解释(即法律解释的主体);其二是解释什么(即法律解释的对象);其三是怎么解释(即法律解释的原则和技术)。

第二节 法律解释的主体

一、司法职业与法律解释的主体

尽管生活在社会中的一切主体都是法律的使用者,但是一旦他们之间发生法律使用上的纠纷并且无法自行和解时,他们是无法自己成为自己的裁判者的,必然要求助于中立于纠纷之外的第三者。这一第三者的角色原先是由一般社会成员担任的,随着社会的发展及法律的日益广泛和复杂,在社会分工中分离出从事这一具有专门性、技术性工作的人员,并且人们也认识到由这样的一些人作为纠纷的裁断者所作的裁决远比一般社会成员更为可靠。法律职业就应运而生

---

① 转引自郑戈:《法律解释的社会构造》,载梁治平编:《法律解释问题》,法律出版社1998年版,第65页。

了。虽然在一般意义上,国家机构中所有涉法的成员都可以被视做法律职业或者法律共同体的一员,但是,任何社会成员的纠纷最终都将通过司法加以解决,司法成为一种最终的解决机制,因此法律职业事实上是围绕着司法活动来配置、形成并发展起来的。

司法职业一般包括:法官、检察官和律师。① 其中,法官是具有法定资格依照法律行使国家司法权的职业人员,通常被称为法律的守护神,是法律理念的塑造者、法律秩序的缔造者、法律运行的领航者和社会正义的完善者,因而具有崇高的社会地位。法官的主要工作职能是不偏不倚、客观中立地审理诉讼案件,做出公正的法律裁决(或调解)。法院是法官执行业务的法定组织机构和工作场所。检察官是代表国家行使国家公诉权或专职进行国家法律监督的职业人员。由于各国检察体制并不相同,检察官的职能也略有不同,但其核心的职能是追诉犯罪。在我国,除此之外,检察官还负有法律监督、预防犯罪、侦查贪污贿赂犯罪等职责。检察院是检察官的组织机构。但有些国家并不设立独立的检察院,检察官是作为政府工作人员或在法院中附设的检察官办公室履行职责,有些职能是由司法行政部门或者警察行使的。而律师是通过接受委托为社会提供法律服务的社会性法律职业。律师通过与委托人之间订立的合同,并根据约定的范围取得相应的权利义务进行工作,可以收取相应的费用,具有营利性的一面。另外,律师通过其工作为当事人实现其权利义务,保障了法律正义的实现,又具有社会公益性的一面。但是作为一种自由职业者,律师不是靠组织严密的国家机构来管理的,而是由从业者的自律并通过行会化的律师协会或者律师公会进行自身的管理和纪律操守约束。由于法律职业资格的同一性,律师往往有机会向法官或检察官的职位转换。

由于司法活动是由待处理案件引起的寻找法律条文规定与案件事实对应关系的活动,在这种对应中除了立法规范之外,当然也会包括与立法解释(如果存在的话)的对应,所以司法解释不仅仅要对立法加以解释,同样也会对立法解释进行再解释。由此我们可以得出,只有司法解释才是真正意义上的解释。既然司法解释是寻求法律与案件事实对应性的活动,解释主体就不可能是泛化的,解释者应当是司法职业者。虽然在学理上,任何参与案件活动的人都事实上在对法律进行解释,但是法律解释的作用在于最终对案件处理产生影响。

因此,就一般意义而言,所有的人只要涉及法律的活动,都需要对法律加以理解和解释,解释主体不但可以是司法职业者,还可以是一切想要弄清楚法律意义的人和机构,但其解释的效果意义不同。一般主体解释法律的活动可能会影响到他的法律观念、行为选择等等,但并不能起到决定法律适用结果的作用,虽

---

① 在这三个类别中还有一些辅助人员,包括书记员、执行员、法律助理、法警等。

然其中法学家的学理解释对法律适用活动有着重要的影响,但这种影响只有被有权解释者所接受并吸收为自己的理解而做出具有法律效力的解释和裁判时才获得实质意义。一般社会成员的理解和解释不具备法律效力,所谓学理解释只是在解释法律而不是法律解释,这两者是有本质的区别的。因此,我们在此不把他们视为一种主体。在体制上确认为有权解释的立法者和执法者,由于他们的解释不是与具体的案件相联系或者不具有最终的结果效力,也不是我们在此讨论的主体对象。基于在上面所述的理论前提,我们把法律解释的主体限定为法官和法院。

二、法官

法官是法律解释自觉的能动的主体。法官之所以是法官就在于他履行着国家的司法职责,而法律解释则是其行使职权和职责的必要手段和方式。因此,法官作为法律解释的主体进行法律解释是其法律工作的重要环节和组成部分。法院进行法律解释实质上是法官在进行法律解释,因为法律解释是一项思维性活动,只有有思想的人才能完成,法院只是法官的工作机构和发布法律解释的组织载体。

通过解释,法官得以顺利完成其工作职责,填补法律解释的漏洞,彰显社会公正和价值观念。

就现代法治国家结构的权力分工而言,法律是人民主权的体现和象征,立法权只能由人民选举出来的人员代表人民来行使,其他机关不得行使。司法造法是对立法权的侵入,有可能是不民主的,因此,司法造法只能是例外而不能是惯例,只能被限制在极小的范围之内,否则将影响到整个国家体制的有效运转并侵犯人民的权利。

而事实上,在法律解释的场合,法官之所以能够填补法律的缺漏甚至在有些国家体制中宣布某一项法律无效或者违宪,并非是因为司法具有特殊的权力,而是司法是人民意愿的执行者。如果立法机关的一项法令被判为无效,那并不是因为法官对立法权有所限制,而是因为这项法令为宪法所不容,也是因为宪法所宣布的人民的意愿高于体现在任何法律中的人民代表的意愿。同样,司法填补法律漏洞是国家通过宪法赋予了司法者以适用法律的权力,体现了宪法和法律的意图。

把法官确立为法律解释的主体确保了法律解释具有必要的合法性、权威性和统一性,在民主体制下的权力分工和制约也保证了法官作为司法者的解释受到必要的约束,而不致使人们面临"另一套暴政"。例如,强调"依法解释"、"遵循先例",都是为防止法院任意解释的重要制度和原则。司法机关在行使解释权时的"自我约束"与"自我抑制",也保证了司法解释权不致危及国家的政治原则。具体来说,法官在作法律解释时须注意:第一,解释过程中必须适用法律一般上下文中的文字的通常的或(在适当之处)专门的含义,只有在适用通常含义会导致荒谬的结果时,才允许采用其他方法。第二,尊重立法机关的意愿,只有在法律不明确或者法律存在空白的情况下,才能进行法律解释。一般来说,不允许对法律已有明确规定或并不产生歧义的条款进行解释。第三,制作意见书,即阐述解释理由的正式书面报告。同样,法官的解释是在一定的解释体制内进行的,不同法官之间不同解释意见通过一定解释规则的限定,在相互整合之后形成的法律解释也具备了必要的司法民主化的意义。

第三节 法律解释的对象

一、法律解释对象的界定

法律解释的对象,是为了解决"解释什么"所提出的范畴。解释必须针对一定的事项而进行,否则解释就成为一种无意义的活动。值得注意的是,解释的对象又不同于解释的目的,前者是解释本身所面对的材料,而后者则是解释所要达到的目的。

关于法律解释的对象,学术界有各种观点,如"法律规范说"、"法律条文说"、"法律意义说"和"法律文本说"等等。

《中国大百科全书·法学卷》将法律规范作为法律解释的对象。[①] 这是我国较早的关于法律解释对象的表述。在进行法律解释时,必然含有对法律规范的解释,但是,如果将"法律规范"界定为法律解释的唯一对象就有失偏颇了。首先,在法律的要素中,法律规范只是一个组成部分(虽然是最主要的部分),法律规范作为人们的行为规则,"通常是由原则证成的","在普通法制度中,法院的判决建立规则(先例),因而最好把原则想象为是适用于判决之规则的东西"。[②] 因此,只解释法律规范而不涉及法律原则,这在法律解释中是不可想象的。其次,法律规范从逻辑上说应当具有完整的结构,但这种结构有时并不同时体现在一个法律文件中,如宪法的有关规定,往往只设定了行为模式,其适用的前提条件或具体后果,都需要在其他法律文件中找寻。显然,将司法解释的对象界定为法律规范,容易导致司法解释的不确定性。

《新编法学词典》则径直将法律解释的对象界定为"法律条文"。[③] 从表面上看,法律的结构多以条文的形式出现,以条文来概括法律解释的对象似乎无所遗漏,但是,这种界定也同样存在着问题。法律条文可以说是一部法律的物质表

[①] 参见《中国大百科全书·法学卷》,中国大百科全书出版社1984年版,第81页。
[②] 参见〔美〕迈克尔·D.贝勒斯:《法律的原则——一个规范的分析》,张文显等译,中国大百科全书出版社1996年版,第13页。
[③] 参见《新编法学词典》,山东人民出版社1988年版,第246页。

现形式,但该法所蕴含的精神实质(如"立法意图"、"法律原则"等)却往往在条文中无法体现,片面强调法律解释的对象是法律条文,往往会在整体上忽视法律文件中至关重要的东西。

本书采取"法律文本说",这一观点是基于作为法律解释对象本身应具有的特征和条件来展开的。这些特征和条件具体可以参见徐永康主编的《法理学导论》(北京大学出版社2006年版)一书相关内容,这里不再重复。

二、法律文本

法律文本,简而言之,就是隐含着立法者意思表示的法律规定。"文本"一词,借用于哲学解释学,意为"任何用书写固定下来的话语"[①]。所谓话语,就是表达者对世人所说的内容。解释源于对话,是说者与听者之间的一种思想交流,其方式有两类:言谈形式的交流称为话语,被书写固定了的话语就是文本。对于法律来说,它是由一些人(或个人)所制定的,其中隐含着制定者对人们行为的某种期望,因而其表现为一种文本的形式,即如一部文学作品一样。

关于法律文本的外延,学者有不同的认识。有的认为包括"法律条文、立法文献和立法理由书、草案、争议记录"等,有的界定为"国家立法机关制定的成文法规范及习惯和判例规则"。对此,我们认为,法律文本不同于解释的辅助材料。解释的对象与解释的依据是两个不同的范畴。为准确理解法律规定的含义,引用其他文献资料来佐证解释的理由,是法官通常会予以选择的方法。然而,这些辅助资料本身不能成为司法解释的对象,否则法律解释就如考据学一样,法官在故纸堆里琢磨法律的含义,这不仅为法官所不屑采用,同时也与法律解释的效率性要求相背离。习惯能否作为法律解释的对象,不能一概而论。习惯凝聚着一个民族、群体、社区的生活方式、行为习惯及价值准则,是社会规范的重要组成内容,也是法律得以成立并发生效用的社会基础。当习惯作为一种使人们能够感知的相对固定的形式,经立法者确认后,就可以直接上升为法律的内容,即"习惯法",这时自然能作为法律解释的对象。但习惯如果未经立法确认上升为有固定形式的法律内容,就不能成为解释的对象。而判例主要是一种技术,解释则是基于制定法的一种方法,且判例属于司法创设,因而也不属解释对象。

同时需要指出的是,这里所称的法律文本,并非只指一种单独的法典或规范性文件,还应包括由此而产生的次级文件即相关法规群,如《劳动法》及相关的行政法规、地方性法规乃至行政规章。

[①] 〔法〕保罗·利科尔:《解释学与人文科学》,陶远华译,河北人民出版社1987年版,第148页。

第四节　法律解释的范围

一、法律解释的范围概述

法律解释的范围，是指法律解释究竟能解释哪些法律文本。也就是说，在解释权限上，法律解释在解释的文本上是否有所限制。首先必须明确，这个问题在我国比较值得研究，而在西方国家似无大争议。而且这个问题只存在正式有效的法律解释中，学理解释不存在解释的范围问题。这里仅取狭义的法律解释即司法解释。在我国现阶段，确定司法解释权限的法律文件为全国人大常委会《关于加强法律解释工作的决议》及1982年《宪法》。根据这两个法律文件，司法解释仅限于法院审判工作和检察院检察工作中"具体应用法律、法令的问题"。同时，根据上述两个法律文件的内容，可以明显推出：第一，宪法的解释权属于全国人大常委会，司法解释的范围不能及于宪法；第二，不属于审判和检察工作中的其他法律、法令，特别是行政法规如何具体应用的问题，由国务院及其主管部门进行解释。

什么叫"具体应用法律、法令"呢？有的学者认为："具体应用的解释就是在具体应用法律时所作的解释，即对具体案件的决定、裁决或者判决的法律依据所作的说明，或者对具体案件如何适用法律所作的答复。"[①]这一概念所涉及的仅是形式问题，而没有关注到具体应用法律、法令的范围问题。实际上，法律以调整权利义务关系为中心，任何法律的规定都有可能在实际生活中发生争执，因而诉诸法院，请求司法机关公断。这样，具体应用法律、法令并不限于法院诉讼中所涉及的民法、婚姻法、继承法、民事诉讼法、刑法、刑事诉讼法、行政诉讼法、合同法等法律，实际上还涉及其他类型的法律、法规。例如，在行政诉讼案件中，根据法律规定，人民法院在审理时应以法律、行政法规、地方性法规为依据，以部委规章及地方规章为参照，这就涉及不同类型、不同层次的行政法渊源，应当也是"具体应用法律、法令"的范围。然而，根据现行的法律规定，人民法院似乎对这类规范性法律文件没有解释的权力。[②]

在我国，宪法是法律渊源的类别之一。法律渊源能够作为法官审判时所适

[①] 陈斯喜：《论立法解释制度的是非及其他》，载《中国法学》1998年第3期，第66—67页。
[②] 《行政诉讼法》第12条规定：人民法院不受理公民、法人或者其他组织对"行政法规、规章或者行政机关制定、发布的具有普遍约束力的决定、命令"所提起的诉讼，即排除了人民法院对所谓"抽象行政行为"的审查权。第53条规定："人民法院认为地方人民政府制定、发布的规章与国务院部、委制定、发布的规章不一致的，以及国务院部、委制定、发布的规章之间不一致的，由最高人民法院送请国务院做出解释或者裁决。"这一条款实际上是明令人民法院不得进行行政法规的解释，并以牺牲效率为代价维护现行的法律解释体制。

用的不同层次的法律依据。任何法律渊源都存在适用的问题,法律的规定如果不能在法院适用,那就不是真正意义上的法律,而退化成一种静止的文献。在我国,宪法作为我国最主要的法律渊源,至今还没有成为法院判案的直接依据①。也就是说,法院从来不会依据宪法某一条款确定当事人的权利义务,公民个人也不能依据宪法具体条款向法院主张权利。这种做法本身实际上只是将宪法变为一种虚化的最高渊源,而没有真正发挥宪法的作用,必然会损害宪法的权威性。另外,从法理上说,一国与他国缔结或参加的国际条约必须转化为国内法,成为法院适用的法律渊源。由此,法院作为国家的政治机关之一,在对外政策方面也发挥着重要作用。

因此,司法解释除现有的范围②之外,还应当包括对宪法、行政法规及国际条约的解释,这既为发挥司法权的作用所必需,同时也是办理案件的实际需要。

二、法律解释的范围分述

(一) 宪法的解释

宪法是国家的根本大法,是一个国家政治、经济、社会、法律制度的集中体现,具有最高的法律效力。宪法与其他法律一样,本身也是需要解释的。宪法之所以需要解释,主要是由于:第一,宪法本身的问题,如文字含义不明、与社会情形背离等,因而需要充实其新的内容,以免修宪之累;第二,法律体系的问题,即根据法制统一原则,普通法律不得违背宪法规定,因而需要对法律、法规是否违宪进行解释,做出判断。

宪法虽与普通法律在性质上不同,但宪法毕竟是法律体系中的一个组成部分,可实施性是法律的共性;要实施宪法,就必须解释宪法,以使宪法适应时代的需要,并裁决法律、法规的违宪性问题;解释宪法则需要由专门的人员、专职的机构,以督促宪法在社会生活中的全面实施。

然而,宪法的解释机构又是一个与法律传统和具体国情紧密结合的问题,在世界各国,虽然大都建立了宪法解释、宪法监督制度,但模式却是多种多样的。总的来说,主要有三种模式:一种是立法解释制,即由国家立法机关解释宪法,以英国为典型。二是普通法院解释制,即以普通的各级法院作为解释宪法的机关,最后的决定权则属于国家最高法院,以美国为典型。三是专门机构解释制,即由宪法规定的专门监督宪法实施的机构解释宪法,审查违宪的法律文件和法律行

---

① 目前仅见一例,涉及公民受教育权。
② 最高人民法院原副院长林准将我国常用司法解释分为:综合性司法解释、刑事司法解释、刑事诉讼司法解释、民事司法解释、经济司法解释、民事诉讼司法解释、行政司法解释、有关律师公证制度的司法解释、其他常用司法解释共九大类,大致概括了我国现行司法解释的范围,但其中行政司法解释,实际上主要是有关行政诉讼法的司法解释。参见林准主编:《新编常用司法解释手册》,法律出版社 1996 年版。

为，就其中所涉及的相关宪法条文的含义进行释义，以德国为典型。

我国将解释宪法的权限赋予全国人大常委会，法院无权对宪法进行解释。这种体制固然与"议行合一"的政制原则相符合，但同时也存在着较为严重的问题。例如，全国人大及其常委会通过的法律如果部分或全部有违宪规定或与宪法不尽一致，由谁来进行解释呢？这样，势必会造成一个"死角"，使违宪的法律有可能得以施行。要克服这个"死角"，我们认为应赋予法院对宪法进行司法解释的权力，并由全国人大常委会进行监督。这是因为：

第一，有宪法，必然会有宪法审判。宪法是确定公民基本权利和义务的法律，虽然其原则性规定可以通过相关法律、法规的细化而在社会生活中得以实施，但当宪法中规定的权利尚无法律、法规细化的时候，要使宪法在社会生活中得以实施，成为人民主张权利、负担义务的根据，就必须由一个确定权利与义务归属的国家机构，通过国家权威与国家强制力来保证权利、义务的实现。这恰恰就是法院的职责。可见，以司法机关解释宪法，以诉讼程序解决宪法争议，符合国家设立司法机构的目的。

第二，相对于其他机关而言，司法机关或法官具有解释宪法、裁判宪法案件的优势。法院是专业性机关，法官是技术性人员，在人民的观念中，法官既是法律专家，同时又是公平与正义的保护神。

第三，由法院和法官对宪法进行解释，并不违背我国的政治体制。虽然在宪法中并未赋予法院以解释宪法的权力，但仅因宪法未作规定就否定这种权力也是不适当的。首先，《宪法》"序言"规定："全国各族人民、一切国家机关和武装力量、各政党和各社会团体、各企业事业组织，都必须以宪法为根本的活动准则，并且负有维护宪法尊严、保证宪法实施的职责。"法院作为国家机关的重要组成部分，如果遇有违宪的情形，依据宪法的规定对之加以处理，进行宪法解释以确认违宪行为的无效即为其中内容之一。其次，《宪法》第123条规定："中华人民共和国人民法院是国家的审判机关"，从法律上确认了法院的宪法地位。这就意味着一旦发生宪法案件，人民法院也同样有权进行审判，即所谓"宪法诉讼"，在审判过程中就必然要解释法律，因为这是适用宪法、法律的前提。再次，承认法院和法官有权对宪法做出解释，并未否定人民代表大会作为国家最高权力机关的地位。由最高人民法院充当专门的宪法解释机构，虽然会在适用宪法过程中产生一些问题，但全国人大可以通过宪法修正案推翻最高人民法院的宪法解释予以制约。因为按照我国的政治体制，一切国家机关的职权都应当受制于人民主权。

总之，鉴于司法机关的职能、优势与政治体制等各方面的原因，我们认为，法院在诉讼案件中解释宪法、监督宪法实施，无论在理论上还是实践上都有其必要性。至于这种性质的法院属于立法体制、普通法院体制还是专门监督体制，则可以根据国情加以构造。

(二) 行政法规的解释

这里所说的行政法规是从广义上而言的,即不仅包括国务院制定的条例、办法、规定,也包括全国人大及其常委会有关行政管理的法律(如《行政处罚法》)和国务院各部委及地方人民政府制定的行政规章和行政规范性法律文件。

全国人大常委会《关于加强法律解释工作的决议》中并没有关于行政法规解释的内容,《立法法》也未对行政法规解释做出规定。只是在国务院办公厅1993年3月发布的《关于行政法规解释权限和程序问题的通知》中,对行政法规的解释作了规定,将解释权赋予国务院和有关行政机关。[①] 但行政机关对行政法规拥有解释权,并不意味着法院就无权解释行政法规。在《关于加强法律解释工作的决议》中,"凡属于法院审判工作中具体应用法律、法令的问题,由最高人民法院进行解释"。行政法规在行政案件的审理中是否需要"具体应用"呢? 答案是肯定的。

"随着社会的发展,司法审判功能的不断扩张(一种以健全和完善为目标而非起点的扩张),事实上已经不可能用'属于'和'不属于'这样的措词,在平行的意义上划分不同法律实施者的解释权范围,尤其是不可能用'不属于'这样一种排他性的方式,去限定审判解释权的范围和划定行政解释权的范围。"[②] 既然行政法规属于行政诉讼中必需具体应用的"法律、法令",法院就有权对之进行解释,这显然是顺理成章,也是符合《关于加强法律解释工作的决议》精神的。而随着行政诉讼制度的建立与完善,行政机关的行政行为纳入了司法监督的范围。然而,法治社会又不允许法官擅自断案,而必须依法审判。这就必然牵涉到对适用的行政法规的解释问题,当法院和法官面对着具体的行政诉讼个案,首先就必须确定该法律、法规、规章的含义及适用范围,以期通过自己的理解或解释决定该规范性法律文件的取舍。在行政诉讼法中,对于行政规章,法律规定人民法院可以"参照"而不是必须适用,"参照"按照通常的意义理解,也就是人民法院对于合法的规章可以适用,对不合法的规章可以拒绝适用。实际上,这就包括对规章的解释问题。再者,行政诉讼的实践也已证明,不赋予法院对行政法规的审查

[①] 国务院办公厅1993年3月发布的《关于行政法规解释权限和程序问题的通知》,对行政法规解释做出以下规定:(1)凡属于行政法规条文本身需要进一步明确界限或作补充规定的问题,由国务院做出解释。(2)凡属于行政工作中具体应用行政法规的问题,按照现行做法,仍由有关行政主管部门负责解释;有关行政主管部门感到解释困难或者其他有关部门对其做出的解释有不同意见,提请国务院解释的,由国务院法制局提出答复意见,报国务院同意后,直接答复有关行政主管部门,同时抄送其他有关部门。(3)凡属国务院、国务院办公厅文件的解释问题,仍按现行做法,由国务院办公厅承办。涉及行政法规的问题,国务院办公厅可征求法制局的意见;涉及法律解释的,按全国人大常委会1981年的《关于加强法律解释工作的决议》办理。

[②] 张志铭:《中国的法律解释体制》,载梁治平编:《法律解释问题》,法律出版社1998年版,第193页。

权,行政诉讼就难以真正起到保护公民、法人或者其他组织合法权益,督促行政机关依法行政的作用。

(三) 国际条约的解释

从法理上说,国际条约是两个或两个以上的国家关于政治、经济、文化等方面规定其相互间权利和义务的各种协定的总称。在我国的法律渊源中,国际条约是重要的渊源之一,凡我国同外国缔结或我国加入的国际条约,经我国立法机关批准,或者我国政府承认参加后,在国内即具有法律效力。

国际条约一经缔结或者加入生效后,有关缔约方就应遵守条约的规定。"约定必须遵守"是一项古老的习惯法原则。国际条约一旦纳入国内法的范围,就必然会出现适用与解释的问题。我国三大诉讼法都分别规定了国际条约在国内的适用。适用法律的前提是解释法律,既然国际条约在国内具有法律效力(甚至优先于国内法适用),那么,就必须对条约未明确的内容或有争议的条款进行解释。

谁能解释国际条约?这在我国国内法中并无规定。一般认为,外交行为属于国家行为,人民法院不得对该行为的合法性进行审查。[①] 但这只是就缔结条约本身而言的,问题是,人民法院在处理涉外案件时,能否进行条约的解释呢?在一国执行国际条约处理具体案件时,既涉及涉外主体的权利与义务,也牵涉到国内法的法律效力问题,因而也应当允许法院对之进行解释。

第五节 法律解释的原则和目标

一、法律解释的原则

法律解释的原则可以分为基本原则和具体原则两个部分。在基本原则方面,总体而言应当是坚持法治和宪政原则。法律解释的具体原则可以归结为合法性和合理性两个方面。

(一) 合法性原则

合法性是法理学的一个重大命题。"议会的法案凭什么权力变成法令并由此变成法律?法官凭什么权力判人入狱十年?警察根据什么权力关押人并将其交由监狱当局,以及他们凭什么权力要求公民效忠并在犯有叛国罪时以可怕的刑罚威胁他们?此类问题通常被称为有关国家、法律秩序或法律合法性问题。

[①] 从狭义的角度说,国家行为是指"一国在处理与其他国家关系,包括该国与另一国国民的关系中,作为政策所执行的行政行为",对这种行为,"国内法院不能对其加以反对和控制,也不得怀疑其效力"。参见〔英〕戴维·M.沃克:《牛津法律大辞典》,北京社会与科技发展研究所译,光明日报出版社1988年版,第13页。

对于一些人来说,对合法性的探究非常重要。只有法律或得到合法授权行为的合法性才将警察的命令与暴徒的吼叫区分开来,将法官的判决与持枪歹徒的要求区分开来。"①

法治的建设更是离不开合法性,从法理学的角度而言,合法性一方面要求政府(广义上的)向社会发布的各项法律、判决、裁定等都是合法的;另一方面要求民众应遵守法律、信仰法律、维护法律的权威,而这两方面欠缺了任何一部分都不能建设成法治社会。虽然在封建社会,法律在某些情况下也能得到贯彻落实,但这是受皇权所迫,并不是出自于民众对法律的信仰,因而不是真正的法治。

法律解释作为连接法律规范和判决的司法作业,决定法律在什么情况下可以被适用更是需要合法性依据。"到了近代,要求裁判必须以法律为依据。对权利义务的纠纷即法律性质的纠纷,历来有许多解决的方式。裁判所采用的方法是,以法律规范为依据来确定权利关系。……可是裁判所依据的内容未必总是十分明确的。特别是当法律规范所使用的概念与日常用语分离的程度较低时,法律概念就会产生拥有多种含义,即它与日常用语的含义不分明的现象。……无论出现何种情况,由于近代法的原则十分明确,因此要使人们接受审判的结论,法院就必须证明自己的裁判是依据法律进行的。总之,由于近代法对'依法裁判'提出了强烈要求,为了使人们接受判决的结论,法院要不断地表明自己的裁判拥有'法律上的依据'"②,法律解释就是连接裁判与合法性之间的桥梁。

法律解释的合法性一般包括三方面的内容:

1. 法律解释的主体合法。法律解释必须是由拥有法律解释权的机关和个人进行的,而不应由其他任何机关或个人做出有效的法律解释。

2. 法律解释的程序合法。法律解释必须是有权的机关和个人在法定的权限之内,依照法律程序进行的。

3. 法律解释的内容合法。即法律解释不得超越法律,脱离法律,而应受法律文本的约束和限制。这是法律解释的首要原则,也是法治的原则要求。具体包括:

(1) 语词规则。解释法律语词、术语、概念首先应按日常生活最为通用的意义进行理解、解释,其次对专门用语应有特别的限定。同时在理解时应遵守语言本身的语法、逻辑规则。

(2) 整体规则。应把法律作为整体看待,解释法律应当协调一致,相互关联不能断章取义,孤立曲解。解释学理论有"解释循环"说,即整体只有通过理解

---

① 〔英〕P. S. 阿蒂亚:《法律与现代社会》,范悦等译,辽宁教育出版社、牛津大学出版社 1998 年版,第 153 页。
② 〔日〕川岛武宜:《现代化与法》,王志安等译,中国政法大学出版社 1994 年版,第 288—299 页。

它的部分才能得到理解,而对部分的理解又只能通过对整体的理解来实现,法律解释应受其制约。在法律解释中对法律用语、条文、规则的理解应通过整个法律制度、体系进行把握,而理解整体法律制度体系又以理解单个法律用语、条文、规则为条件。

（3）位阶规则。正如法律存在效力位阶一样,法律解释方法也应有一定的位阶,其一不能对低位阶的法律做出违反高位阶法律的解释;其二是各种法律解释方法之间亦存在位阶关系,不得随心所欲地选择采取某种解释方法,应遵循位阶体系。只有当上位阶解释方法不足以解释时方可采用下位阶解释方法。①

（4）例外、特权规则。对于法律的特殊规则规范（如刑法、税法等剥夺权利、附义务的规范）应从严解释,从而防止滥用解释,防止司法专横、扩张特权,侵犯人民的权利。

（二）合理性原则

论证法律合理性几乎是每个法学流派的任务之一。但究竟什么是合理性,国内法学界还没有定论。很多学者都将法律、理性与合理性联系起来进行探讨,认为法律是理性的产物。因此法律解释必须合理,不得作非理性的解释。值得注意的是,法律解释中的"合理",并不是单纯的合乎哲学上的理性——逻辑推理,还应包括合乎伦理、道德、法理等。所以当法律出现空白、失误、内在矛盾、适用结果明显不合理等情形时,法律解释者应本着理性、良心和社会公认的价值观念做出合乎情理的解释。实际上,法律解释本身与立法一样是理性的结果,有一定价值取向性,解释的过程就是一个价值判断、价值选择的过程。人们创设并实施法律的目的在于实现某些基本价值,而法律解释就是要探求这些价值意旨。

法律解释的合理性原则可以从法律解释的合理性和合理性的法律解释两方面加以分析理解。②

法律解释的合理性是对法律解释存在的必要性的回答。在资产阶级革命以后,欧洲大陆各国曾开展了一场声势浩大、规模宏大的法典编撰运动,从而制定出一批批条目众多的庞大法典,如1804年的《法国民法典》有2281条,1806年的《德国民法典》有2385条。当时认为这样的法律规定已经尽善尽美,包罗万象,法官无须再对任何法律进行解释,只需要将案件与法律规定对号入座即可。另外,权力分立的理论强调立法权、行政权和司法权三权分立。司法机关只能按照立法机关所制定的法律行事,对法律进行解释有着严格的限制,否则就是对立法权的侵犯。

---

① 当然,对法律解释方法是否存在位阶,在学术上仍有争议。
② 参见陈金钊:《法律解释的哲理》,山东人民出版社1999年版,第152—159页。

那么为什么法律需要解释呢？首先,法律规范是针对一般人或事所作的抽象的、概括的规定,而将抽象的规定适用于具体情况时,往往会产生不同的理解,需要进行法律解释。其次,法律不可能完美无缺、无一遗漏,不可能对所有社会现象都做出相应的规定,法律规定常常会出现模糊不明的现象,而法律规定之间也有矛盾出现,为了弥补法律自身的缺陷,需要求助于法律解释。再次,人们的认识水平有所差别,对于同一法律规定难免会有不同理解,从而需要进行法律解释。最后,从适应社会的角度看,为了协调法律的稳定性与日益变化的社会生活之间的矛盾,使法律既能适应客观发展的需要,又能维护法律的稳定性和权威,必须要进行法律解释。[①] 陈金钊先生认为,法律解释的合理性,作为一种必要性理论,基于上述理由还需要进行一定补充：第一,法律解释的合理性是法典(成文法)生命的延续。要使法典释放出意义,离不开解释者的理解和阐释。法典所体现的理性,应有解释者使用理性的方法使其生命延续。第二,对体现理性的成文法(法典)只能用理性的方法才能正确地解释。第三,法律研究经过人类几百年的积累,已为法律解释的合理性准备了较为充分的理性工具。逻辑学、语言学、哲学、社会学等学科的研究,总结了人类思维所必备的基本语言、逻辑和哲学思维方式的基本规律。这些规律为理性地解释法律提供了手段,而法学的深入发展也为人类解释法律积累了许多成功的方法。第四,法律解释的合理性还表现在法律解释活动是符合理性的。[②]

合理性的法律解释是关于法律解释行使合理的问题,涉及法律解释的主体、过程和内容的合理性问题。就法律解释主体的合理性而言,首先要合法,法律解释的主体是由法律规定的,拥有法律解释权的机关和个人；其次要合理,要合理地分配法律解释的权力,要妥善处理立法权和司法权以及上级解释主体和下级解释主体之间的关系。基于前文的论述,我们认为法律解释的主体应是法官和法院。就法律解释过程的合理性而言,法律解释应当按照法律规定的程序进行,按照一定的逻辑顺序使用各种法律解释的方法,最终确定法律规定的真意。法律解释内容的合理性是法律解释合理性所追求的目标,它要求法律解释的结果符合法律的基本价值,诸如公平、正义、自由、秩序等。

二、法律解释的目标

法律解释的目标是法律解释者通过法律解释所探求和阐明的法律意旨。对于这个法律意旨究竟是立法者制定法律时的主观意思还是存在于法律中的客观意思,法律解释学中有主观说、客观说、折衷说三种主张。

[①] 参见沈宗灵主编：《法理学》,北京大学出版社1995年版,第408—409页。
[②] 参见陈金钊：《法律解释的哲理》,山东人民出版社1999年版,第153—155页。

（一）主观说

主观说认为,法律解释的目标在于探求历史上的立法者事实上的意思,即立法者的看法、企图、价值观。

主观说的理由是:(1)立法者通过立法表达了他们的看法、企图和目的,法律解释应当表现这些目的;(2)立法者的意思通过立法文献资料是可以被发现的,只要探究这些意旨,就能清楚了解司法机关的审判,从而保障法的确定性;(3)根据分权原则,法律只能由立法者制定,司法者只能服从于立法意旨。

（二）客观说

客观说认为,法律颁布之时就有了自己的意旨,法律解释的目标是探求这一内在于法律的意旨。

其理由是:(1)所谓有意思能力的立法者并不存在。法律在起草制定过程中意思未必一致,而且模糊不清,难以确认谁是立法者以及什么是立法者的意思。(2)法律一经制定,便独立于立法者成为客观存在。立法者的立法期待,赋予法律的意义观念对后人并无约束力,具有约束力的是法律文本内在的合理性及其目的,并且这一合理目的也是发展的,法律解释就是寻找最合目的性的解释。(3)法律与立法者并非一体,审理案件是找寻法律,组合法律的过程。(4)法律制定以后,社会是不断发展的,人们难以寻求以往立法者的意思,只能按照现时的条件、观念加以理解,这样有助于法律的稳定性和确定性。

与主观说与客观说相对应,也就有两种不同的解释观念:一是严格解释。强调探求法律条文字面含义,要求精确地遵循某种既定规则,不考虑解释的结果,哪怕得到的结论不尽合理——这应是立法者考虑的问题。这种观念传统上为普通法系所采用。二是自由解释。强调通过解释应获得合乎社会道德愿望的结果,不必拘泥于规则和法律字面含义。这种主张传统上为民法法系所接受。就当代世界各国法律解释的具体运作的普遍情况而言,似乎都更倾向于采用自由解释。

（三）折衷说

由于主观说和客观说各执一词,有学者将两者综合,提出折衷说。

折衷说认为,法律解释的目的归根结底是为了解决现实中所发生的问题,而主观说和客观说各有不足。主观说只关注历史上立法者的立法意图,不能解决因社会发展所带来的新问题。而客观说漠视法律的历史意义,单纯追求解释者所希望的结果,轻视立法者的主张,易造成法律根本意旨的改变,危害法律的安定性。

按照折衷说,解释者首先应进行历史的解释,确定立法者的规律意图、目的和评价,然后,在立法者的"意思"无法认知或对现代情势所生问题未提供解决基准的场合,再考虑在法律条文可能的语义范围内,检讨可能的理由和基准(如

"自然的本性"及法秩序内在的"法的诸原理"),确认现在法律适用合乎目的的意义。依据这种历史的解释,明确了立法当时的利益状况、利益衡量、立法意图和立法目的,并通过确定在什么样的范围内发生了变动,为超越立法者"意思"的解释提供了实质的依据,①从而将主观说和客观说的观点结合起来。

第六节 法律解释的方法

一、法律解释的方法

所谓法律解释的方法是指在法律的适用过程中存在一个与案件有关联的法律,但该法律的含义因存在模糊、不清晰、歧义等问题而缺乏明确的指向,为了确定这一法律的适用范围、构成要件、法律效果等内容而采用的方法。值得一提的是,这里所说的法律解释的方法是狭义上的法律解释所采用的技术方法,广义上的法律适用的技术方法还包括法律续造中的漏洞补充、利益衡量、不确定概念的价值补充等等。通常使用的法律解释方法可以归纳为:文义解释、体系解释、原意解释、扩张解释、限缩解释、当然解释、目的解释、合宪性解释、比较法解释、社会学解释等。

(一) 文义解释

文义解释,一般又被称为语义解释、文理解释、文法解释等,是按照法律条文所使用的文字词句的文义和文法对法律条文进行解释的方法。在法律适用的过程中,文义解释的任务就是要将法律规定的内容化解为具体的判案标准。

法律是由语言和文字构成的,法律的含义通常是指其语法的或者字面的意义,所以解释法律必须要从解释文义入手,不应脱离法律条文的文义任意解释。"在法律解释方法中,文义解释是首先要考虑的解释方法。只有在具有排除文义解释的理由时,才可能放弃文义解释。文义解释具有优先性,即只要法律措辞的语义清晰明白,且这种语义不会产生荒谬的结果,就应当优先按照其语义进行解释。正如法谚所说,'文字之解释为先';'文字之意义,为法律之精神'。"②文义不仅是法律解释的起点,也是法律解释的终点。法律解释不能超过其可能的文义,否则即超越法律解释的范畴,进入另一种意义上的造法活动(法律续造),因而文义又是法律解释的界限。③

语言可以分为日常语言和专业术语。"法律的语言绝不可能等同于报纸的语言、书本的语言和交际的语言。它是一种简洁的语言,从不说过多的话;它是

---

① 参见梁慧星:《民法解释学》,中国政法大学出版社1995年版,第209页。
② 孔祥俊:《法律解释方法与判解研究》,人民法院出版社2004年版,第325页。
③ 参见王泽鉴:《法律思维与民法方法》,中国政法大学出版社2001年版,第220页。

一种刚硬的语言,只发命令而不作正义;它是一种冷静的语言,从不动用情绪。法的所有这些语言特点,就像其他任何风格形式一样有其存在的道理。"①所以法律语言比较特殊,它由日常用语和专业术语共同组成,甚至还可能成为两者之间桥梁。德国哲学家哈贝马斯曾深刻地指出:"从交往行动理论的角度来看,法律这个行为系统,作为一个已经具有反思性的合法秩序,属于生活世界的'社会'这个成分。法律代码不仅仅同生活世界的旨在社会性整合的理解功能借以实现的日常语言媒介相联系;它还赋予来自生活世界的信息以一种能为权力导控之行政系统和货币导控之经济的专业代码所理解的形式。就此而言,法律语言,不同于局限于生活世界领域的道德交往,可以起全社会范围内系统和生活世界之间交往循环之转换器的作用。"②日常语言来源于日常生活,是人们在日常生活中共同使用的语言规则系统。任何专门领域都有专门的术语,法学领域也不例外。法律专业术语是为法律规范或法律研究的特殊需要而在法律共同体内部设立的一套约定俗成的语言系统,对于法律共同体以外的人而言是较难理解的。由于法律是调整社会关系的准则,是为全体社会成员而设立的,所以,法律规范的语言往往取之于日常生活,对其一般按照普通人所理解的含义进行解释。一旦日常用语成为法律专门术语而具有特殊含义,与通常的意义不同,则要优先按照其在法律上的特殊含义进行解释。同一法律中所使用的同一用语或不同法律所使用的同一用语,在没有特殊理由的情况下,均应作相同的解释。

　　文义解释方法体现了民主的价值,限制了司法机关的主观臆断,有利于实现和维护法治。但是仅仅依靠文义解释方法解释法律,易导致误解或曲解法律,难以确定法律条文的真实含义。"对立法者所期望的规范内容(规范目的)而言,语义是具有歧义的、不确定的传达工具。虽然文义具有重要意义,但是对文字的过分服从(文义崇拜主义)便是一条歧途。"③"'解释'试图借助理性的工具查明立法者在作为规范总和的法律秩序中所放入的价值判断。对此,必须利用所有认识工具,也就是文义、逻辑、产生历史和体系。"④因此,除了文义解释以外,还要借助体系解释、立法解释、目的解释、合宪性解释等其他方法。对于文义解释与其他法律解释方法之间的关系,杨仁寿先生总结为两个方面:"其一,法律解释,应以文义解释为先,有复数解释之可能性时,始继以论理解释⑤或社会学的解释,就法文文义上可能之意义,加以限定之操作。其二,论理解释或社会学的

---

① 〔德〕古斯塔夫·拉德布鲁赫:《法律智慧警句集》,舒国滢译,中国法制出版社2001年版,第139页。
② 〔德〕尤根·哈贝马斯:《事实与规范之间》,童世骏译,三联书店2003年版,第97—98页。
③ 〔德〕伯恩·魏德士:《法理学》,丁小春等译,法律出版社2003年版,第328页。
④ 同上书,第326页。
⑤ 这里的"论理解释",根据杨仁寿先生的分类,指的是体系、法意、比较、目的及合宪五种解释。

解释结果,与文义解释结果相抵触时,如不超过文义或立法旨趣之'预测可能性'时,仍从论理解释或社会学的解释结果。换言之,在此场合,虽超出文义'字句',亦属无妨,但其极限,则须受文义或立法旨趣之'预测可能性'之限制。"①

(二) 体系解释

体系解释,又可称为整体解释或系统解释,是指从法律条文在法律体系上的位置出发,包括它所在的篇、章、节、条、项以及该法律条文前后的关联确定其意义、内容、适用范围、构成要件和法律效果的解释方法。体系解释中的"体系"包括"外部体系"和"内部体系"两个层次,前者是指对法律材料进行形式上的划分形成的秩序体系;后者是指从价值角度出发,按照人们所追求的价值结构所形成的秩序。

任何需要理解和解释的文本都不是孤立的,而是整体中的一部分,因此文本通常只能在上下文中才能获得具体的含义,被人们理解和接受,法律也不例外。"制定法就像一个有机生物一样,它的意义与存续源于其环境,若要将它与其环境分离,则非将它肢解了不可。像我们现在要处理的这种制定法尤其是这样,因为它们是一个有着自身历史与目的的立法过程的组成部分。面对这样一个制定法,那么仅仅查看它的前后左右、仅对它做平面化的而非立法化的解析,那是不足以确定其意义的。"②

法律是由众多个法律概念、法律原则、法律规范所构成的,这些法律概念、法律原则、法律规范不是任意的堆砌,而是依据一定的逻辑关系所构成的完整的法律体系,这种逻辑关系就构成体系解释的基础,如果解释时违背这种逻辑就是一种断章取义的解释,是不会正确的。

体系解释方法根据法律条文在法律体系上的关联确定其规范意义,促使法律条文之间相互协调,从而维护法律体系的统一性。但是体系解释存在一定的局限性,因为法律是人起草、制定的,发生错误在所难免,有时也会发生逻辑上的错误,所以就会出现某些条文的不合逻辑等问题,解释不通。因此在解释法律时,不应过分强调体系解释,将其作为唯一的方法,而需要同时参考、利用其他解释方法确定解释的结论。

(三) 立法解释

立法解释,又称沿革解释、历史解释、法意解释,是指对一个法律条文作解释时,依据法律起草、制定过程中的有关资料,包括立法理由书、草案、审议记录等,分析立法者制定法律时所作的价值判断和所要实现的目的,以推知法律条文制定者意思的解释方法。

---

① 杨仁寿:《法学方法论》,中国政法大学出版社 2004 年版,第 139 页。
② 〔美〕爱德华·H. 列维:《法律推理引论》,庄重译,中国政法大学出版社 2002 年版,第 94 页。

一个法律条文,经过文义解释或其他解释可能会有两个不同的解释意见,而每个意见都有其理由,难以区分哪个是对,哪个是错,这就需要采用立法解释的方法探究立法时立法者的意思,以他们的意思作为判断标准加以解释。

但是立法解释也有其局限性,因为社会是不断变化发展的,一个法律颁布后,经过几十年,这时再去探求当时立法者的意思是不能够公平、正义地裁决现在的案件的。因此,一般认为如果是比较新的法律,采用立法解释较为合理,若是比较古老的法律就不宜适用立法解释了。

(四)目的解释

目的解释是指以立法目的作为根据,用以解释法律的一种解释方法,即关于某个条文、某个制度,可能有两种解释,各有其理由,则应选择那个符合立法目的的解释。

在1877年德国法学家耶林所著的《法的目的》一书中,他认为法律作为人类意志的产物具有一定的目的,解释法律要从法律所要实现的目的出发加以解释。此后,目的解释逐渐成为法律解释的方法之一。

法律虽制定于现在却适用于将来,这一滞后性必然产生旧的法律该如何适应新社会现实的问题。目的解释正是针对这一问题的解决方法。对于如何探究法律目的,台湾学者杨仁寿先生作了如下总结:"法律目的,有于法律中予以明定者;有虽于法律目的中未规定,唯可直接从法律名称中,觅其目的者;有法律未明目的,亦无从于法律名称中觅其目的者,则必以'逆推法'予以探求,盖法律个别规定或多数规定所欲实现之'基本价值判断',较为具体,易于觅致,以加以分析、整合,不难理出多数个别规定所欲实现目的,斯即规范目的。而分析、整合之法,或为归纳法之研究,或为历史的研究,或为社会学的研究均无不可。先综合各个个别规定间之关联性,觅出共通的原理原则,而后以之探求其所形成之目的,即系法律目的。"①

立法解释和目的解释都是在阐明法律的意旨,但是立法解释是向后的,强调忠于立法时的意图,而目的解释则是向前的,旨在适应未来,强调法律在现实中所具有的合理含义。

(五)扩张解释

扩张解释是指某个法律条文所使用的文字、词句的文义过分狭窄,从而将本应适用该条的案件排除在它的适用范围之外,于是需要扩张其文义,将符合立法本意的案件纳入其适用范围的法律解释方法。扩张解释往往是由于立法者在起草某法律条文时,按照其本意是将所设想的某类案件包括在内的,但是由于使用了不恰当的文字、词语使得该条文范围过于狭窄,结果使所设想的该类案件被排

---

① 杨仁寿:《法学方法论》,中国政法大学出版社2004年版,第168—169页。

除在外,需要通过扩张解释扩张其文义以便符合立法本意。

但是扩张解释不能无限扩张,必须有一个限度,这个限度就是法律条文文义的最大范围,超过这个最大范围就不是扩张解释了。

(六)限缩解释

限缩解释与扩张解释正好相反,是指某个法律条文所使用的文字、词句的文义太宽泛了,超过了该法律条文、法律制度的立法本意,从而将本不应适用该条的案件包括在它的适用范围之内,于是应该把它的文义范围缩小到立法本意,将不适用的案件排除出去的法律解释方法。这种法律条文的文义超出立法本意的情况通常是因立法者所使用的文字、词句不准确造成的,文义太宽导致法律条文的文义所决定的案件超出了立法者所设想的适用范围,将不应适用该条的案件也包括在内了。这种情况下就必须利用限缩解释,限缩其文义范围,把不应适用的案件排除出去,以符合立法本意。

(七)当然解释

当然解释是指虽然某个法律条文虽没有明文规定适用于该类型案件,但是从该法律条文的立法本意看,该类型案件比法律条文明文规定者更有适用的理由,因此适用该法律条文于该类型案件的一种解释方法。其法理依据是"举重以明轻,举轻以明重",正如社会中所存在的一种"不言自明"、"理所当然"的逻辑关系一样,只要提到其中一个,另一个则自然而然地也包含在内。

由于立法者在制定法律时为了简洁等因素的需要,不可能将法律所有的适用事项毫无遗漏地一一列出,所以当法律条文所未规定的事项更符合其立法理由时,显然不能排除其适用,而应直接将其纳入该法律的调整范围之内。但是需要指出的是,当然解释并不等同于类推适用,原因主要有两方面:一方面,当然解释是狭义的法律解释方法之一,而类推适用则是法律漏洞补充的方法;另一方面,当然解释是根据立法本意所进行的直接推理,而类推适用则是对于法律规定的事项,本着"类似案件相同处理"的原则所作的间接推理。

(八)合宪性解释

合宪性解释是以宪法及位阶较高的法律规范解释位阶较低的法律规范的一种法律解释方法。

一个国家中的全部法律规则构成一个法律体系,在这一法律体系中,位于最上层的是宪法,其次是基本法,再次是各个单行法,以下是众多的法规,这也就决定了整个法律体系的基本原则、基本价值判断都是由宪法决定的,进行法律解释时也可利用宪法的规定解释其他法律的规定。

当需要解释的法律发生歧义时,可以依靠宪法或其他上位法确定其具体含义,但如果法律的文义或立法原意与宪法发生抵触时,则已经超越了解释的范围,应当认定该法律无效。

合宪性解释体现了这样的一种规则,即"一个法律文本应当尽可能通过解释让其能够生效(有效)",或者说"尽量让事情得以更好地进行"。其理论基础是,文本必然有某种真正的合理之处,也即包含某种有意义的、目的适当的规定。解释者有责任找到这样理解文本的途径。这也是法律解释之中"诚信"的要求。①

有学者对于合宪性解释、目的解释和立法(法意)解释作了区分。"合宪性解释,乃以高阶位之规范阐释低阶位规范之含义;目的解释乃以某一规范之目的或整个法律之目的阐释各个规范的含义;法意解释则从立法资料及立法中探求法律规定的立法意旨以阐释个别条文法律规范的含义。三者层次不同,方法各异。其应用时,先应为法意解释,其次为目的解释,再其次方可用合宪性解释。"②

(九)比较法解释

比较法解释是指用某个外国的某个制度、某个规定或者某个判例解释本国的某个法律条文的一种解释方法,其依据在于各国的法律在一定程度上是可相互借鉴的。

比较法解释不同于比较法,后者是研究不同国家和地区法律制度的一种方法,古来有之,其目的在于对各国的法律制度做出客观评价,为本国完善法律制度提供参考。早在古希腊时期,柏拉图的《法律论》就是在对希腊各城邦法律制度研究的基础上构思了理想国的形象。随着国际交往的日益频繁,经济社会全球化的不断深入,比较法成为一门独立的学科已经得到广泛的认同。与之不同,比较法解释则没有如此悠久的历史,在19世纪以前,人们普遍崇尚理性,认为依靠人类的理性可以制定出完美无缺、无懈可击的法律体系,而不需要研究其他国家和地区的法律,比较法解释自然就没有生存空间。直到19世纪后期,理性主义受到来自理论、实践的各方面诘难,比较法解释才逐渐进入人们的视野而被广泛接受。

比较法解释主要应用于民法领域,而在刑法领域受"罪刑法定原则"的限制运用的空间较小。在进行比较法解释时,为了保障法律的权威,以下四个方面值得注意:"第一,不得局限于法律条文之比较,应扩及于判例学说及交易习惯,尽可能对于外国法之真意及现时作用有充分了解,并将所引资料及参考理由说明。第二,比较法解释系将外国立法例及判例学说引为解释资料,因此不可因外国立法例较佳,即径为援引采用,以取代本国法律规定。外国法律之斟酌,常可导致对本国法律规定之扩张或限缩解释,但不得超出法律文义之可能范围。第三,外

---

① 参见孔祥俊:《法律解释方法与判解研究》,人民法院出版社2004年版,第382—383页。
② 梁慧星:《民法解释学》,中国政法大学出版社1995年版,第232页。

国立法例虽有重大参考价值,但是可否援引以解释本国法律规定或补充法律漏洞,应以不违法本国法律之整体精神及社会情况为度。第四,应经由解释途径,将立法所继受之外国法例,纳入本国立法体系,使之融为一体。"①

（十）社会学解释

社会学解释是随着社会法学派的兴起而出现的,它把社会学上的研究方法运用到法律解释上来,用社会学的研究方法解释法律。

当一个法律条文有两种解释,而两种解释结果不相上下,都有其理由,难以判断哪种对、哪种错时,就可以采用社会学解释方法。首先,假定按照第一种解释进行判决,并预测将在社会上产生的结果是好还是坏的。然后,再假定按照第二种解释进行判决,并预测将产生的结果是好还是坏的。对两种结果进行对比、评价,最后采纳所预测结果较好的那种解释,而放弃预测结果不好的那种解释。

社会学解释不同于目的解释,社会学解释以社会目的作为衡量标准并对于社会效果进行预测;而目的解释则以法律目的作为唯一的衡量标准。

二、法律解释方法的适用

在进行法律解释时不应该事先将某一种解释方法排除,而是均可以尝试适用,如果不同的解释方法有着相同的法律结果,那么这一结论的正确性、可信度是最高的。但对于同一案件适用不同的解释方法时,往往会产生不同的结果,这时解释方法之间就发生了冲突,法律适用者必须在这些方法中进行取舍。而法律解释方法的确定受多种因素的影响,德国法学家卡尔·恩吉施在其著作《法律思维导论》中直接指出:"在法律适用上,何种方法是正确的,取决于解释的法律功能,取决于解释者对制定法各自的立场,甚至是根据法律秩序结构的情况,取决于实证法律的规则。"②

对法律进行解释,首先应采用文义解释。如果运用文义解释后,被解释的法律条文只存在一种含义,无其他解释结果存在的可能性时,就无须运用其他解释方法,可直接采用文义解释的结果,否则将继续借助于其他解释方法进一步解释。一般应先运用体系解释和立法解释的方法,辅之以扩张、限缩、目的、合宪性解释,如果采用上述方法后仍不能确定解释的结论时,可再作比较法解释或社会学解释。但是无论采取何种解释方法,都不能置文义解释于不顾,在法律文义可能包含的范围之内,以其他解释方法所得的结果为准。对于做出与文义解释相反的结论时,一般不予采纳,但有些情况之下,可以例外。梁慧星先生总结为四种情形:"(1)法条文义与法律之真义及立法目的相冲突;(2)法条文义反于法

---

① 梁慧星:《民法解释学》,中国政法大学出版社 1995 年版,第 235 页。
② 〔德〕卡尔·恩吉施:《法律思维导论》,郑永流译,法律出版社 2004 年版,第 112 页。

学、经济学及社会学之基本原理;(3) 法条文义反于法治国及民主思想;(4) 依法条文义将使社会经济地位之弱者较之强者遭受更为不利之结果。"①

第七节 我国的法律解释体制评述

一、我国法制语境中的司法解释

"司法解释"这一概念本身就是一个颇具中国本土特性的用语。

纵览世界各国的法制,论及法律解释,通常而言,主要就是指司法者(法官或法院)在具体适用法律时对法律规定所进行的旨在使法律文本与案件事实产生明确指向和关联的司法作业,以及由此而形成的一系列原则、规则、技术和方法。由于这些技术和方法在方法论上具有语言、逻辑、理解、分析、诠释、本体等哲学意味,因此与西方哲学中的一个分支或流派——解释学(诠释学)相结合产生了学科中的一个新的门类——法律解释学。所以,在西方的法制语境中法律解释即是司法解释,并不存在一个独立的司法解释分类。与此相反,在中国语境下的所谓司法解释则是特指在中国现行法律体制中通过国家统一立法权和司法权的权限划分分解而出的由国家最高司法机关为了在司法活动中具体应用法律所作的抽象法律解释。这种解释仅仅是整个国家法律解释制度中的一种类别,虽然在事实上它是国家法律活动中最大量、最主要的一种形式。纵观世界各国法律解释制度,这一解释模式也是相当具有特色的方式和类型。

二、司法解释在我国现行法律制度中的地位

理解中国语境下的司法解释,首先要对我国的法律解释制度进行考察。我国现行的法律解释体制的框架源于 1981 年第五届全国人大常委会第十九次会议通过的《关于加强法律解释工作的决议》和 2000 年第九届全国人大第三次会议通过的《立法法》②。这两个法律文件所构成了我国法律解释基本体制的结构和内容。

三、司法解释"立法化"现象滋生的原因

司法解释"立法化"现象的出现和泛化,并非始于一日,而是在新中国法制发展的特殊历史条件下衍生的必然产物。

---

① 梁慧星:《民法解释学》,中国政法大学出版社 1995 年版,第 246 页。
② 《立法法》制定的初衷原在于改变和取代原先的立法体制和法律解释体制,并厘清其中的相互关系,但体制上的固有矛盾,尤其是关于司法解释权力配置的内在冲突一时不能得到简单解决,所以最后通过的《立法法》在关于法律解释问题上只涉及了立法解释,理顺司法解释体制关系的设想只能留待今后的立法加以完善。

首先,立法的粗陋和过于原则的特点从根本上决定了司法解释"立法化"现象的必然产生。虽然我国在1978年以后开始逐渐恢复并重视立法建设,但由于缺乏法制建设的历史积累,在应对经济社会各方面需求面前,只能采取"宜粗不宜细"、"先制定后修改"的权宜策略,导致在立法的内容规制上表现为较为原则的形态。经过二十多年的法制建设和发展之后,我国在21世纪之初宣布已经初步建立起了中国特色的社会主义法律体系,但是在总体上立法始终表现得原则化、简单化、粗劣化。

而与立法不同,司法活动需要处理的是社会生活中的具体矛盾和实际纷争,需要直接面对个案,因此就需要获取具体明确的法律规范,于是,在立法的原则化和司法的具体化之间就产生了难以解决的矛盾。当立法本身无法提供明确规范时,司法不可能以等待立法完善或立法解释出台为由而拒绝审判,必然只能凭借自身的理解对原则化的立法加以具体化、明确化。由于在体制上司法解释权被限制于只有最高司法机关可以行使,因而这种法律解释的方式和形式只能通过抽象的、一般的、规范的方式加以表现和发布,进而为司法解释"立法化"现象的滋生奠定了形式基础。

其次,社会生活的情势变化促成了司法解释"立法化"。近几十年来,我国社会正处于急剧转型时期,社会经济、政治、文化等各个方面都在发生着巨大的变革。而由于我国立法技术的落后,成文的法律总是缺乏必要的预见性和发展空间,使得立法与社会生活之间的关系表现得尤为紧张。立法是相对稳定的社会规范,不可能在较短时间内得到快速的修改,需要通过司法解释加以扩展和弥补,从而保持法律的稳定和平衡,并以此发挥法律对社会的调控作用。但如果这种法律解释的功能是通过法院在具体个案中表现的,则符合了法律解释的内在规律,然而由于体制方面的制约因素,使得这类解释以最高司法机构的统一解释的面目出现,导致了规范化、立法化的现象出现。

再次,司法机关的权力扩张是司法解释"立法化"的逻辑前因。在我国,就体制而论,立法处于整个国家法制环节的中心,具体到法律解释领域也是如此,即司法解释必须符合立法和立法解释,因此在理论上,司法并无突破立法的权力。但从上述两点所阐述的理由看,由于立法本身所存在的问题和客观情势变迁的需求,使得司法解释"立法化"现象的出现有其逻辑必然性。当司法解释发生"立法化"现象,即突破原典的情况和倾向时,立法机关缺乏有效手段和方式对其加以相应的制约,权力扩张的本性势必会促使这一情况愈演愈烈。

最后,由于我国立法的具体操作在事实上存在着一种"立法—司法一体化"的情况,即许多法律的立法起草小组的成员组成中通常除了高校法学院和法学研究机构的教授专家之外,有相当大比例的成员来自最高人民法院(有时也包括最高人民检察院)。这易造成在立法过程中立法机关和司法机关事实上形成了高度的同构性和一致性,那么司法机关在参与立法之后对法律作进一步的阐释也是顺理成章的事,只不过是将其当初在原立法文本中未明确记载的立法意图、起草中的讨论理由和细节性安排进一步反映出来而已。

四、司法解释"立法化"的解构

需要明确的是,司法解释作为中国特色的法律解释形式,虽然在表现形式上有可讨论之处,但总体上仍是值得肯定的,其在我国近几十年的法制建设中,对保障国家法制统一、促进司法公正、提高执法水平、培养司法人员的素质等方面起到了积极的作用,简单地取消或改变现有的模式恐怕未必能立竿见影地有助于我国的司法实践和体制建设,因此对司法解释"立法化"问题的探讨并非直接提出取消司法解释(当然,司法解释这个概念本身也是有可讨论之处的),而是着重讨论如何避免司法解释"立法化"而损害法治原则的现象和倾向。

一方面,必须把司法解释和司法解释中的"立法化"现象和表现区分开来,在承认司法解释是我国法律解释中的一种重要形式的前提下,否认和纠正其越权和滥用的部分。

虽然司法解释"立法化"现象的出现与司法机关扩张或滥用其权力不无关系,但在很大程度上也是由于立法机关怠于行使或无力充分及时行使其解释权,致使立法粗陋难以适用,导致了社会现实客观上存在这样的迫切需求。所以,立法机关应当切实履行其立法职责,并且应当提供优质明确的法律规范和相应的立法解释。要实现这一点,就需要立法机关在其组成和人员结构、素质较理想的前提之下,加强立法,完善立法技术,改变目前的立法模式和风格,增强立法的强度、细度,为司法机关的日常司法作业提供充分、有效、完整的立法产品,并及时针对因情势变化出现的新问题和法律疑难不明确之处作好立法解释工作。

而司法机关在具体司法实践中应当充分尊重立法权,做到自我谦抑、自我约束,在其司法活动中服从立法权,必须严格按照法律和立法解释进行解释,不得超越权限,尤其不可突破原有法典文本,遇有立法中无法应用的场合应当依照《立法法》的相关规定提请立法机关加以解释,如此,立法和司法各司其职,如西谚所云:"上帝的事情归上帝,恺撒的事情归恺撒",以杜绝滥用司法解释权、侵害立法权力、损害法治原则的现象。当然,要做到这一点,就必须大幅度地提高和改善我国现有法官的素质和水平。

当司法解释和其"立法化"部分分离之后,通过对现有司法解释进行清理,将原有的"立法化"部分真正立法化,即从司法解释"立法化"转化到"司法解释"立法化。事实上,在以往的立法过程中已经有着相当多的立法化的成功经验和成果,例如,在1997年修改《刑法》时就大量吸收了原有司法解释中超越原刑法典相关解释的内容,通过这种清理活动就可以有效地去除司法解释中的

"立法化"成分。

另一方面,需要完善现行司法解释制度,将现有的司法解释由最高司法机关独家行使分解为由各级司法机关(法院)分别行使。因为从解释学的基本逻辑看,理解、解释和适用三者是一体的,是同一个过程,不是相分离的不同阶段。司法解释作为法律解释必须是面对具体个案做出的,是法律文本意图和具体司法活动相连接的过程和环节。因此,赋予各级司法机关以法律解释权不仅是权限的合理分配问题,更是一个如何符合理论规律和法制规律的问题。

此外,还可以将统一、规范的司法解释与针对个案的司法解释或者判例加以区分,并赋予其不同的效力地位,对相关司法活动进行调控,这种调控既可以通过立法进行,也可以通过司法解释加以宏观地调适,当然还可以通过相关判例得到体现。事实证明,即使在严格地不承认判例的法律效力,即实行成文法体制的国家,由于审级制度、司法管理制度等因素的影响,判例仍然会以不同的方式影响着司法实践活动。这一点从我国最高人民法院乃至上级法院的案例都会在实践中影响到下级法院裁决的事实中可以得到证明。

总之,"司法解释"立法化正像司法解释"立法化"现象的形成是一个历史过程一样,也是一个较为长期而复杂的工作,需要通过不断努力成就各种必要的前提条件才能切实解决。

【本章阅读材料】

【法律解释】 法学诠释学可能性的本质条件是,法律对于法律共同体的一切成员都具有同样的约束力。凡在不是这种情况的地方,例如在一个专制统治者的意志高于法律的专制主义国家,就不可能存在任何诠释学,"因为专制统治者可以违反一般解释规则去解释他的话"。因为在这里,任务根本不是这样来解释法律,以使具体的事例能按照法律的法权意义得到公正的判定。情况正相反,君主那种并不受法律约束的意志能够无需考虑法律——也就是不受解释的影响——而实现任何他认为是公正的事情。只有在某物是这样被制定,以致它作为被制定的东西是不可取消的并有约束力的地方,才能存在理解和解释的任务。

解释的任务就是使法律具体化于每一种特殊情况,这也就是应用的任务。这里所包含的创造性的法律补充行为无疑是保留给法官的任务,但是法官正如法律共同体里的每一个其他成员一样,他也要服从法律。一个法治国家的观念包含着,法官的判决决不是产生于某个任意的无预见的决定,而是产生于对整个情况的公正的权衡。任何一个深入到全部具体情况里的人都能够承担这种公正的权衡。正因为如此,在一个法治国家里存在法律保障。人们在思想上都能知道他们所涉及的真正问题应当是什么。任何一个律师和法律顾问在原则上都能给出正确的建议,也就是说,他们能够根据现存的法律正确地预告法官的判决。

当然,具体化的任务并不在于单纯地认识法律条文,如果我们想从法律上判断某个具体事例,那么我们理所应当地还必须了解司法实践以及规定这种实践的各种要素。但是,这里所要求的对于法律的隶属性唯一在于:承认法律制度对每一个人都有效,并且没有任何人可以例外。因此在原则上我们总是有可能把握这样的现存法律制度,这就是说,我们有可能在理论上吸收过去对法律的任何一次补充。因此,在法学诠释学和法学独断论之间存在一种本质联系,正是这种本质联系使诠释学具有更大重要性。一种完美无缺的法学理论的观念——这种观念将使每一个判断成为单纯的归属行动——是站不住脚的。

——〔德〕汉斯-格奥尔格·伽达默尔:《真理与方法——哲学诠释学的基本特征》,洪汉鼎译,上海译文出版社2004年版,第425—428页。

【思考题】

1. 法律解释应当就是司法解释这样的观点是否成立?
2. 法律解释的各个方法之间有没有位阶关系?
3. 法律解释的原则和法律解释的方法之间是什么关系?
4. 法律解释是否存在一个目标?这个目标是客观的还是主观的?
5. 不同的法系之中,法律解释的目标是否一致?
6. 法律解释有没有范围的限制?
7. 法律解释的对象应当依据什么标准加以确定?
8. 法律解释和判例运用是什么关系?
9. 如何寻求法律解释的确定性?
10. 在现代法治国家中,法律解释有何意义?

【参考文献】

1. 张志铭:《法律解释操作分析》,中国政法大学出版社1998年版。
2. 梁慧星:《民法解释学》,中国政法大学出版社1995年版。
3. 梁治平编:《法律解释问题》,法律出版社1998年版。
4. 〔德〕卡尔·恩吉施:《法律思维导论》,郑永流译,法律出版社2004年版。
5. 〔德〕汉斯-格奥尔格·伽达默尔:《真理与方法——哲学诠释学的基本特征》,洪汉鼎译,上海译文出版社2004年版。
6. 杨仁寿:《法学方法论》,中国政法大学出版社2004年版。
7. 〔德〕卡尔·拉伦茨:《法学方法论》,陈爱娥译,商务印书馆2003年版。
8. 解兴权:《通向正义之路》,中国政法大学出版社2000年版。

第十章　法律注释论

【本章提要】　本章主要探讨法律注释方面的内容。(1) 法律注释是对法律规定的文字的概念、含义、意义、内容及其某些隐含的意思所作的说明和解释,使之更为清晰、明确。法律注释和法律解释在对象、方法、应用以及效果上存在不同。(2) 法律注释的范围包括法律文献、法律观念和法律文本,对象主要是法律文本格式、法条的中心内容和法律规则的逻辑结构三方面。(3) 法律注释的技术规则。

第一节　法律注释概述

一、法律注释的概念

西方语言中的"注释"一词源自于希腊文"Glossa",原意是指语言或不常用的词,后世一般意谓对晦涩、不准确、含混或其他需要明确的语言文字所作的说明和诠释。因此,所谓法律注释,是指对法律规定的文字的概念、含义、意义、内容及其某些隐含的意思所作的说明和解释,使之更为清晰、明确。有时法律注释也被称为法律注解。

社会形成和制定产生出法律规范,自然是用来供人们理解和使用的。人们理解法律规范,首先是从理解法律条文的意义开始的,而法律能成为调整人们行为的普遍规则的基础也正是在于其基本含义能为人们明白、理解。如果一个法律规则,无法被社会上的人按照公认的语言规则理解、接受,那它根本无法起到规范人们行为的作用。而对于法律职业者而言,能够按照职业共同体的准则理解法律的意义是成为法律职业者的先决条件。"从原则上说,一个称职的律师能够根据现行法律大体正确地预见法官的判决。"[①]之所以能如此,在于法律规范中存在能为人们所共同感知理解的法律意义。若将法律文本作为人们法律生活中需要解读的对象,那么,我们可以大致将之区别为两个过程:一是注释;二是解释。虽然"注释"与"解释"往往被人们不加区别地应用,但是适当地将两者加以区别,既可以有效地防止"解释"词义的泛化,又可以明确"注释"在法律理解和法律适用中的意义。

---

① 梁治平:《解释学法学与法律解释的方法论——当代中国法治图景中的法解释学》,载梁治平编:《法律解释问题》,法律出版社 1998 年版,第 97 页。

所谓"解释"词义的泛化,是源自于我们日常用语中对"法律解释"一词所作的不严谨的界定。按照普遍意义上理解,任何法律条款,无论是内容上的法律规则、法律原则,抑或是形式上的法律概念、字、词、句,甚至于标点符号都需要解释,不进行解释就难以呈现法律的意义。然而事实并非如此,解释并不是每时每刻都存在的。美国著名法官卡多佐其著作《司法过程的性质》一书中就指出,在对宪法和制定法解释中,法官的工作难以避免地会遇到一些难题,而这些困难主要出现在"法律沉默"时:"只是在宪法和制定法都沉默时,我们才踏上这块神秘的土地,这时,法官必须从普通法中寻找适合案件的规则。"①也就是说,只有当表述法律规范的字、词、句都模糊不清时,才需要法官进行解释,根据一定规则诠释其真实含义。德国学者拉伦茨也言道:"解释乃是一种媒介行为,藉此,解释者将他认为有疑义文字的意义,变得可以理解。对于适用者而言,恰恰就是在讨论该规范对此类案件事实得否适用时,规范文字变得有疑义。"②所以,如果法律规范中的"文字"并无疑义,那就只是个注释的过程而非解释的过程。

二、法律注释的历史考察

从考察法律注释历史的角度出发,不得不提及著名的注释法学派,这两者有着深厚的渊源。注释法学派是中世纪法学家的一个派别,它源自 11 世纪在意大利波伦亚重新恢复对罗马法的研究时,借用注释或文字解释来研究法学的一个方法论学派。③ 一般认为,注释法学派起源的标志是伊尔内留司在波伦亚城开始讲授查士丁尼法(即罗马法),后来这一学派从意大利发展到法国,并由法国经院哲学家进行了第一次的综合性工作。其后,1240 年前后,阿库修对这个学派的理论成果作了总结,写出了名著《注释大全》、《常规注释》,从而成为中世纪著名的法学学派。④

注释法学派依据其发展可以分为前期和后期两个阶段。

前期注释法学派的特点在于对他们所研究的书籍文章进行注解说明,所以也被称为注解法学派。注释者将罗马法视为"成文的理性"和"社会生活中行为规范上与圣经在思想信仰上有同样绝对的权威"⑤,"任何超出对这些法律文本纯粹的解释活动均为不可接受的狂妄。法学家的工作应该是一种小心翼翼而又

---

① 〔美〕本杰明·卡多佐:《司法过程的性质》,苏力译,商务印书馆 1998 年版,第 7 页。
② 〔德〕卡尔·拉伦茨:《法学方法论》,陈爱娥译,台湾五南图书出版公司 1996 年版,第 217 页。
③ 参见〔英〕戴维·M.沃克:《牛津法律大辞典》,北京社会与科技发展研究所译,光明日报出版社 1988 年版,第 378 页。
④ 参见〔葡〕叶士朋:《欧洲法学史导论》,吕义平、苏健译,中国政法大学出版社 1998 年版,第 90 页。
⑤ 郭华成:《法律解释比较研究》,中国人民大学出版社 1993 年版,第 15 页。

谦卑恭敬的注释,目的在于澄清词句的含义并且得出这些词句所蕴涵的真义"①。所以,前期的注释法学派注重于罗马法文献中的文字。随着注释的发展,文字的解释逐渐转变为对具体问题知识性的概述,包括对各种原稿材料、平行段落或冲突段落的批评性注释,最后成为一种包括总结、解说性实例、一般原则推论和讨论现实问题的全面注释。在技术上,这个时期最为重要的成果是发展了注释法学的"区别技术"与"鉴别技术":所谓区别,就是解决法律渊源矛盾或进行事实论证的一种技术。具体方法是,当法典出现一个上位概念时,法学家们根据语义逻辑列出其许多下位概念,从而建立一个上下有序的逻辑体系。所谓鉴别,则是用上述方法对法律构成要素或法律效果进行逻辑分析工作。②

后期注释法学派,又称为评论法学派,它是13世纪中期继承前注释法学派而出现的一个意大利法学派,其代表和核心人物为巴尔多鲁,因而这一学派也常被称为"巴尔多鲁学派"。③ 与前期注释法学派不同,后期注释法学派的注释对象更为广泛,除了前期注释法学派所研究的罗马法大全及相应法律渊源,还包括皇帝敕谕、伦巴第民族法典等法律渊源,其工作注重法律实务,以其自身职业原因而具备的充分丰富的法律实务经验为基础,通过研究大量与现实有关的或是从现实中产生的法律问题,使罗马法与当时的法律相协调,能适用于现代社会,为社会服务。至于注释技术方面,有学者归纳了后期注释法学派常用的八种研究方法:(1)对所考察文本的分析作引导,作文字上的初步解释;(2)将文本分解成逻辑性段落,借助种、属等辩证概念,给每个段落下定义并找出其逻辑关联;(3)在这种逻辑守法的基础上,对文本重新进行系统整理;(4)说明平行性案例、例证和先前法律的情况;(5)"完整"阅读本文,即在逻辑和制度的背景关联下对文本进行解读;(6)指出法律文本的性质、不同的特点、存在的原因及其目的;(7)外部考察,指出一般性规则(格言)和著名法学家的意见;(8)对提出的解释做出反诘,指出有关法律问题的意义的辩证法,并广泛使用亚里士多德——经院哲学的辩证工具以对问题做出解答。④ 可见,当时注释技术已经发展到相当高的水平,而且这些方法不仅为后期注释法学派所用在逻辑上对法律进行解读,同时也成为哲学意义上的理论建构。

注释法学派无论在法学发展史上还是法律制度史上都意义重大,就法律注释而言,其通过对罗马法的精深研究,形成了系统的、实用的法律注释技术,直接促进了法律注释技术,尤其是欧洲大陆的法律注释技术的进一步发展,从而为法

---

① 〔葡〕叶士朋:《欧洲法学史导论》,吕义平、苏健译,中国政法大学出版社1998年版,第91页。
② 参见郭华成:《法律解释比较研究》,中国人民大学出版社1993年版,第17页。
③ 参见何勤华:《西方法学史》,中国政法大学出版社1996年版,第75页。
④ 参见〔葡〕叶士朋:《欧洲法学史导论》,吕义平、苏健译,中国政法大学出版社1998年版,第116页。

典化运动奠定了至关重要的理论基础。

三、法律注释与法律解释的区别

从广泛意义上说,法律注释也是法律解释学的一部分,法学流派中也有注释法学一派,但细化地讲,法律解释与法律注释还是存在着如下区别:

第一,主体不同。法律注释的主体具有普遍性。"理解"意义上的法律注释是一般社会大众都有权进行的活动,由于法律的公开性,任何人都可以自由地对法律规定加以注释和诠释,除了历史上只允许官方做出注释的时代外,任何机构或个人不能将其视为自己垄断的权力。从这个意义上讲,法律注释相当接近我们通常所讲的学理解释。而狭义的法律解释则不同,它是由特定的有权机关(往往是司法者)在运用法律过程中对法律所作的理解、解释和适用。法官在解释中处于最为重要的地位,因为无论是检察官或是律师,他们所作的解释最终都是为了使法官做出有利于自己这一方的判断,而法官处于这一地位与他们所拥有的知识背景、专业素养是分不开的。美国学者赞恩指出:"有一种势力始终支持司法解释说明法律的职能,这就是法庭上的专家意见的力量。没有立场的变节分子没有做到这一点,但是来自法庭的巨大的道义力量从来没有减少过,因为每一位优秀的律师都知道,司法权是我们整个宪法体制的根基。"[①]因此可以说,法官解释是法律本身的重要组成部分,是法律适用不可或缺的关键部分。

第二,对象不同。法律注释对象的范围比法律解释对象广泛。法律注释既包括对历史上法律文献的解读,也包括对现代法律的理解。例如,著名的"罗马法复兴"运动就是由法学家对罗马法的注释而形成的。法学家们"运用了艰巨卓绝、精研细致的分析方法,在罗马法的典据旁和字里行间进行了大量注释工作,他们的解释技术与具体解释内容,成为近代法制史上的重要篇章"[②]。而对于法律进行注释也是社会上的普通民众理解现行法律的一种有效的方式。在立法理论上,可以合理地假定,立法者制定法律"会运用一般的语言,因为他是针对国民而立法,希望他们可以了解"[③]。法律解释的对象则仅限于现行法律,是对于现行法律意义的阐明。就狭义的法律解释而言,它是法律职业者立足于解决案件的角度,就该法中适用的法律条款所呈现的不同意蕴、内涵进行分析,从而找到解决案件最为恰当的法律依据。虽然在这一过程中不乏对历史资料的运用,但这种引用仅仅是为了证成自己所作的解释的准确性与完整性。

第三,应用不同。法律注释一般是针对文字意义上的法律规定做出的诠释

---

① 〔美〕约翰·麦·赞恩:《法律的故事》,刘昕、胡凝译,江苏人民出版社1998年版,第384页。
② 郭华成:《法律解释比较研究》,中国人民大学出版社1993年版,第14—15页。
③ 〔德〕卡尔·拉伦茨:《法学方法论》,陈爱娥译,台湾五南图书出版公司1996年版,第225页。

和详解,以便于人们认识、学习和理解,为人们的实际运用作准备。而法律解释则是法律的运用者在实际运用过程中所作的阐释,解释过程本身即是实际运用过程。按照施莱尔马赫的看法,理解和解释是一件事。正如伽达默尔所言:"解释不是一种在理解之后的偶尔附加的行为,正相反,理解总是解释,因而解释是理解的表现形式。"法律"应当通过解释使自身具体化于法律有效性中","理解在这里总已经是一种应用。"①理解、解释、适用三者是合而为一的。

第四,方法不同。法律注释主要偏重于法律规定的字面意义,从这层意义上说相当接近于法律解释中的字义解释、文理解释。而法律解释则需运用各种方法对法律作全方位的理解说明,使之更能体现立法者的意图、目的。在此过程中需要有社会学的方法、目的方法,而在这些方法的运用上还存在一种位阶效力体系。

第五,效果不同。法律注释的活动效果是一种文化意义上的,即能够帮助其他人更好地理解法律的内容、界限以及相关条款之间的关系。这种功能更为主要地体现在两类人身上:一是法学家;二是法学教育家。前者通过对法律的研究,包括对法律文献的解读,能够使人们看到法律中主要条款的沿革、意义脉络及在历史上所起的作用;而后者则通过对法律文献的讲解,培养学生的法律观念与法律意识。英国著名法学家梅因曾以《十二铜表法》为例对此进行了说明。他指出,在开始的时候,法学家们只是对该法进行解释、阐明,并引申其全部含义,然而结果是:"通过把原文凑合在一起,通过把法律加以调整使适应于确实发生的事实状态以及通过推测其可能适用于或许要发生的其他事实状态,通过介绍他们从其他文件注释中看到的解释原则,他们引申出来大量的、多种多样的法律准则,为《十二铜表法》的编撰者所梦想不到的,并且在实际上很难或者不能在其中找到的。"②相对于法律注释而言,法律解释则要实际得多,其根本目的在于通过解释得出判决的结论。

虽然法律注释和法律解释存在种种不同,但两者也有着千丝万缕的联系。法律注释是法律解释的基础。一个真正拥有法律职业素质的法律职业者,首先就必须熟谙法律注释的基本原理,能够对历史的法律文献与现行的法律文本加以理解、诠释,没有这一理论基础,法律活动将难以进行。而法律文本中出现通常意义、原理和技术规则所无法处理的问题时,就必须做出"进一步"解释。正如拉伦茨所言,司法裁判及法学以如下的方法来分配各自的解释任务:"后者指出解释上的问题,并提出解决之道,借此为司法裁判作好准备;前者则将法学上

---

① 〔德〕汉斯-格奥尔格·伽达默尔:《真理与方法——哲学诠释学的基本特征》,洪汉鼎译,上海译文出版社 1999 年版,第 395、396 页。
② 〔英〕梅因:《古代法》,沈景一译,商务印书馆 1959 年版,第 20 页。

的结论拿来面对个别案件的问题,借此来检验这些结论,并促使法学对之重新审查。待判事件促请法官超越目前的程度,对特定用语或法条作进一步的解释。"[1]由此可见,法律注释的水准促成了法律解释规范化程度的提高,反过来,法律解释又在很大程度上印证着相关的注释规则能否适用。

四、法律注释的意义

(一) 法律注释的历史意义

法律注释在历史上曾经有过不可抹杀的功绩。在历史上注释方法是一种极为广泛的法学研究手段。

一般认为,西方法律最重要的渊源之一是经过中世纪注释法学发展了的罗马法,因而注释法学在西方法史上具有举足轻重的地位。西方学术界甚至认为,现代西方法学的直接渊源是中世纪意大利的注释法学派,是它沟通了古代罗马法向现代法发展和演化。通过注释法学根据现代商品经济原则对古代罗马法的重新解释,使古老的罗马法在湮灭了数世纪之后重新大放异彩,成为欧洲大陆民法法系和普通法法系的共同立法基础,适应了现代商品生产发展的需要,形成了西方法律制度的传统性因素。现代西方的法律观念、法律制度、法学教育、法学职业的形成和发展无不与罗马法的复兴有关,其中注释法学派可谓是功不可没。

在中国法律史上,法律注释一直非常发达,且具有重要的地位。历代统治者都非常重视法律的注释,汉有"章句"、晋有"集解"、唐有"疏议"、宋有"书判"、明有"笺释"、清有"辑注",这些官方的法律注释在实际法律运用中都发挥过举足轻重的作用。难怪有学者在评价我国古代法律发展的历史时指出,中国古代有着发达的律学,而没有发达的法学。

(二) 法律注释的现实意义

正确认识法律注释在现实法治社会中的作用、地位,就我国目前来说同样存在重要的意义,这一点应该从正反两方面加以理解。

在积极意义上讲,法律注释可以进一步深化人们对法律的认识理解,对于我们这样一个法律意识薄弱、法治环境还不够完善的社会来说,通过注释方法的普及运用,帮助人们提高法律意识,对统一立法、执法司法观念,培养司法人员和运用法律群体的法律素质,无疑是极为重要的。我国向来有注律的传统,现实往往是传统的投射,两者之间易沟通传承。

从消极的一面来说,注释由于主要是针对现行法律的疏解,在价值倾向上较易偏向于维护现行法律的意义和权威,这样相对来说就缺乏批判精神,一个国家

---

[1] 〔德〕卡尔·拉伦茨:《法学方法论》,陈爱娥译,商务印书馆2003年版,第195页。

如果法律注释过于发达就有可能会影响到法律的发展。

但就现实而言,在我国这样一个法治意识和法制积累较弱的国家,法律注释有助于在国家内部形成统一的法律观念、法律思想及法律精神,有助于法治的建设及其推进。

第二节 法律注释的范围与对象

一、法律注释的范围

法律注释的范围是指法律注释应针对哪些事物来进行。具体而言,主要包括以下几个方面:

(一) 法律文献

法律文献是指历史上存在的或者国外历史上的、现行的法律资料。从法律文化的角度考虑,通过对古今中外法律文献进行现代性的解读,有助于其更好地为当今的法学研究和法学实践服务。对法律文献进行研究、比较和注释在某种意义上可以归入比较法的范畴,但是两者的范围有所不同,前者所关注的对象是具有重大影响的法律经典文献,而后者则着眼于某一个国家整体性的法律制度的比较。一般而言,对法律文献进行注释一方面要真实地诠释法条的意蕴、生存的历史背景、立法目的以及条款的意义或缺陷,另一方面还要与本国现行的法律制度相结合,否则这仅是一种文化意义上的解读而非法学意义上的注释。日本学者大木雅夫指出,应然的法学包括法解释学,至少应该是超越国境的;尤其是在同一法系内,做出相同解释的可能性肯定很大:"不言而喻,如果说现代的法律继受是折衷性的继受,那么,向着超越母国法律解释的普遍性解释方法而进化应是理所当然的。此外,如果是对相互抵触的法律规范进行解释的话,没有比较法也无法做出适当的解释。"[①]换言之,只有通过比较式的阅读、注释,才可以在不同国家的法律之间进行比较,从而为本国法律的改进提供有益的借鉴资料。

(二) 法律观念

法律观念主要指影响本国法律史乃至世界法制史的重要观念。例如,中国古话所言"杀人偿命,欠债还钱",就深刻体现了报应刑主义和契约必须信守的人类法制的愿望。但随着时间的推移,历史的积淀,这种观念实际上已经演化成为一种人们内心根深蒂固的理念,它是维系法律得以存在的强大的社会基础和心理力量。可以说,如果人们没有相应的法律观念作为理解法律的前提,那么,对于法律秩序所期望的尊重、信仰就只能成为一句空话。我国著名刑法学家张

[①] 〔日〕大木雅夫:《比较法》,范愉译,法律出版社1999年版,第76—77页。

明楷先生在讨论法律格言的意义时就指出,法律格言是法律文化遗产的精华,虽然其中许多法律格言现在已无从考证其出自何时、源自何处,但这些格言却依然有着强大的生命力,"不仅成为现代法学家们阐述自己观点的论据,而且作为立法的理由乃至成为法源"①。《简明大不列颠百科全书》也指出,把世界各地的格言进行比较,可以发现在不同的语言与文化条件下,智慧的核心是一样的。例如,《圣经》里的"以眼还眼,以牙还牙",在东非的南迪人当中类似的说法是"羊皮换羊皮,葫芦换葫芦"。这两者均构成行为的准则,并例证了格言的用处是传达部族人的智慧和行为的规范。② 通过对于法律观念的注释,有助于人们了解法律的基本底蕴,从而真正认识法律所依赖的民众基础。

(三)法律文本

法律文本主要指本国现行有效的法律文件。从法学研究的常态上看,一国的法学都是以本国的、现行的法律制度为重点的,因而对现行法律文本的注释也就成为法学界所关注的焦点。以往我们对"注释法学"大加鞭笞,但实际上,没有对现行法律的注释,特别是就其立法背景、法律沿革、适用对象、主要缺陷的分析,就无法给社会提供完整的法律知识,法学教育也因此而无法进行。

二、法律注释的对象

就法律文件而言,注释的对象大致可以包括以下几个主要方面:

(一)法律文本格式

"格式"指的是具体法律文本的总体布局,表明该法律文本的结构和框架。对法律文本的格式进行注释理解,能准确了解法律的立法目的、篇章结构等问题,进而可以对法律文本有整体性的、宏观的把握。在法律文本的格式中,一般会涉及以下几个主要部分:

1. 标题

就立法体例而言,每一个法律文件都有一个标题,如《反不正当竞争法》。从法律注释的角度看,标题是反映该法律文件所调整的社会关系及其主要内容的综合性概括,也是该法区别于其他法律的外在标志。在通常情况下,标题就告知了我们该法的立法目的和主要内容。例如,《反不正当竞争法》这一标题就明确地告诉我们:第一,这部法律的立法目的是反不正当竞争;第二,这部法律体现了国家对不正当竞争所持的否定态度;第三,这部法律的内容即在于明确什么是不正当竞争,以及如何对不正当竞争加以处理。

---

① 张明楷:《刑法格言的展开》,法律出版社1999年版,第15页。
② 参见《简明不列颠百科全书》第3卷,中国大百科全书出版社1985年版,第402页。转引自张明楷:《刑法格言的展开》,法律出版社1999年版,第15页。

2. 序言

序言是在法律正文之前的叙述性和论述性文字,其内容一般是就该法制定的历史背景、制定目的及指导思想进行说明,以帮助人们认识该法制定的意义和作用。通过对序言的阐释,可以大致了解为什么有序言这样一种结构①,以及序言的法律效力问题。

3. 总则

总则是用以明确法律对某一社会关系进行调整的总规划,多为一种原则性的规定,其内容主要包括目的条款(阐述该法律文件制定的目的)、法源条款(叙述该法以什么上位法而制定)、原则条款(规定法律的基本原则)、执法体制(阐述该法实施中的管理机构、职责等)、适用条款(包括施行的时间、空间、对象,以及有关行为、客体的适用条款)。但值得一提的是,并不是每部法律都有总则。

4. 分则

分则是一部立法文件中对某一社会关系因涉及的主体、客体、行为、行为结果不同而进行分别规定的那一部分内容。对分则的注释是法律注释的重心,因为法律在何时适用、如何适用,一般都只有在分则中才有明确而具体的规定。

5. 附则

附则是法律文本的附属规定部分,主要包括委任条款(即授权其他机关制定从属性规范文件的法律规定)以及本法与其他法律的关系条款等内容。尤其是后一部分的内容,在注释中是个非常重要的问题。例如,《税收征收管理法》第92条规定:"本法施行前颁布的税收法律与本法有不同规定的,适用本法规定。"从法理角度而言,这实际上就是一种"统括力"的规定,它昭示着《税收征收管理法》在税收征收管理事项的调整中起着总则、通则式的作用。

6. 附录、附件、附表、图表等

这一部分主要是有关该法执行时必须参照的资料,对于法律的实际执行而言具有重要意义。

(二)法条的中心内容

法条,即表述法律规范的条文。在立法上,法律的规定都是从第1条开始直至最后一条,每一个单独的条款即可称为"法条"。虽然就结构上而言,法条不外乎是"词语与词语的组合"②,但法条并不同于日常叙事中的词语组合,它具有规范性,并通过词语与语词的分布,形成一个有机的意义脉络整体。因此,要理解法律规定的内容,就必须从每个具体的法条究竟规定了什么内容开始进行分

---

① 序言是不是法律的必备结构,这在法学上存在着争论。一般来说,就我国的立法体例而言,如果立法的主题具有非常重要的意义,如宪法;或者立法试图解决复杂而具例外性、地方性的问题,如《民族区域自治法》、《香港特别行政区基本法》等,需要通过序言加以说明。

② 〔德〕卡尔·拉伦茨:《法学方法论》,陈爱娥译,台湾五南图书出版公司1996年版,第150页。

析。有的国家为了有利于立法者对整个法律文件结构的安排、帮助人们正确理解法律规定的内容,特意在法律条文条数之后和该条具体规定之前,用概括性词语规定该条的中心内容,这在法学上被称为"条标"或"条旨"。例如,《德国民法典》第 226 条的规定是:"权利的行使不得以损害他人为目的"。立法者在此条上确定的条标是"禁止恶意",①就非常简洁明快地表明了该法条的中心内容。对于我国的法律文件而言,虽然也不乏条标的规定,但极不普遍,②尤其是中央一级的立法基本上就未设条标,因而需要法学家以及法学教育、研究工作者为该条"设置"条标。例如,在我国《刑法》分则的规定当中,刑法学者就是通过"抢劫罪"、"盗窃罪"、"诈骗罪"等条标的拟定,来概括分则各条的规定。可以设想,如果没有这些"条标"的确定,那么公民理解法律将会存在极大的困难。

(三)法律规则的逻辑结构

法律规则的逻辑结构,是指作为法律规则必须具备的必要成分,这些成分以逻辑关系构成一个整体。就逻辑结构而言,法律规则必须包括假定、处理和法律后果三部分,以此体现法律对于人们行为的规制和后果的拟定。对于法律规则的逻辑结构进行分析,一方面可以使对于法律条款的分析不再停留在静态的角度,而是对法条与法条之间、法律文本与法律文本之间的规则进行综合分析。另一方面,还可以发现法律规则的漏洞,当法律规则只有假定而没有处理和法律后果时,相关的法律规定实际上就是一纸空文,对于社会生活没有丝毫的意义。

第三节 法律注释的技术规则

一、"字义"的确定

构成法条内容的最小单位,可以说是字和词。因此,法律注释技术规则所指涉的范围,首先就是"字义"的确定问题。与法律解释不同,法律注释关于"字义"内容的界定,主要是通过字面含义来进行的。这就清楚地表明"注释"与"解释"的最大不同。美国著名法官马歇尔就曾表示:"无视法律的明确规定,竭力从外部条件中推测应予规避的情况是很可怕的。如果不改变文字本来和通常的含义,法律文字便会互相冲突,不同条款便会相互矛盾和互不协调,解释才成为必需,悖离文字明确的含义才无可非议。"③因此,常人均可理解的文字,或者社会上有公认的释疑的词语,是不需要使用解释规则的。这在法律注释学上也称

---

① 参见《德国民法典》,郑冲、贾红梅译,法律出版社 1999 年版,第 45 页。
② 我国现行法律、法规的条标设置始于《上海市人民政府规章制定程序规定》,但这种做法并未推广。
③ 转引自〔美〕詹姆斯·安修:《美国宪法解释与判例》,黎建飞译,中国政法大学出版社 1994 年版,第 1 页。

为"普通含义论点",意指如果法律规定所用的是普通语词或词组,而且在普通语言中是明白的,那么除非有充分理由做出其他不同解释,就应当以普通说话者的理解为标准做出解释;如果可供选择的普通含义不止一个,那么在解释中应该优先考虑和采用相对比较明显的普通含义。① 当然,有时法律上使用的是专业用语,如"故意"、"过失"、"不可抗力"等,但由于法律职业者业已对这些词组的含义有着共同的理解,因而也只需要按一般的理解即可。

美国学者安修以宪法为例,对"字义"确定的规则进行了如下梳理,值得我们借鉴,以下就将涉及"字义"注释的部分,胪列于后:②

1. 对本来的、规范的、常见的、一般的、公认的、普遍的和通用的含义的法律文字显然应作一般理解,而不作专业解释。当然,这不意味着对法律可以做出不合乎情理的解释,如果随着时间变化,法律的文字含义业已发生了变化,可以通过解释来赋予文字新的含义。

2. 专业术语按专业含义解释。对既有专业又有常用含义的法律文字,法院一般按通常含义解释,除非所规定的事项的性质或上下文表明它用于专业含义。这意味着,在术语含义方面,普通含义优先于专业含义。

3. 不得忽略任一文字、词组、短语和句子。即对法律的字义解释要全面,每一个字、词、短语和句子均为有效,不应被忽略、遗漏、舍弃或闲置。简单地说,这是对立法者理性的一种推定,即认为立法者在制定法律时,不会将无关的词语置于法律文件内。

4. 对法律文本中不同部分的同一文字或词组作同一解释。在一般情况下,可以合理地假定,立法者是在同样一个意义上使用该文字或者词组,除非有明显的反例,不得对法律文本中的文字或词组做出互为矛盾的理解。

5. 关注语法结构和标点符号。语法结构和标点符号代表着立法者对法律文本的语序的安排,在注释过程中,不得随意改变法条的语法结构和标点符号,以期实现对法律文本的准确理解。

二、法条的位置

对于法条而言,它处于法律文本中哪一个位置,在许多情况下也是法律注释技术所要考虑的关键问题。一般而言,在注释上的通行规则是"后条优于与之冲突的前条"③,即在法律文本内,如果后面的条款所规定的内容与规定类似情

---

① 参见张志铭:《法律解释操作分析》,中国政法大学出版社1999年版,第108页。
② 参见〔美〕詹姆斯·安修:《美国宪法解释与判例》,黎建飞译,中国政法大学出版社1994年版,第5—24页。
③ 同上书,第22页。

况的在前的条款之间发生冲突,则应当认定后条的规定优先适用。但是,这并非意味着前条就是无效的,因为法律中不可能存在两个完全一致的条款,而只是在规定的内容上存在交叉而已。

我国《行政诉讼法》就提供了一个极好的"后条优于与之冲突的前条"的例子。《行政诉讼法》第 30 条规定:"代理诉讼的律师,可以依照规定查阅本案有关材料,可以向有关组织和公民调查、收集证据。……"根据这一条的规定,可以明显地看出,这里的"代理诉讼的律师",既指代理原告的律师,也指代理被告的律师,他们都可以根据该条规定查阅有关材料并调查取证。然而,《行政诉讼法》第 33 条又规定:"在诉讼过程中,被告不得自行向原告和证人收集证据。"这里就产生一个问题——如果被告不能在诉讼过程中调查取证,那么被告的诉讼代理律师能否在诉讼过程中调查取证呢?按照诉讼代理的一般原理,被告只能将自己的诉讼权限代理给律师,而不能将自己并不拥有的权限委托给律师行使。由此可见,《行政诉讼法》第 33 条的规定实际上是对于第 30 条的限制,因而第 30 条所言的"代理诉讼的律师",仅指原告的代理律师,而不包括被告的代理律师。

三、特别条款的效力

在法律文本中,还存在着许多特别条款,需要在注释中加以正确对待。

(一) 列举式条款

所谓列举式条款,即"为了预防法规在适用时发生疑义,特把具体的事物,以项款一一列举出来,用以说明某一上位概念的意义或该列举事物之总效果的法条"①。例如,我国《民法通则》第 37 条规定:"法人应当具备下列条件:(一)依法成立;(二)有必要的财产或者经费;(三)有自己的名称、组织机构和场所;(四)能够独立承担民事责任。"在该条款中,四个条件各用分号隔开,意味着处于平行、并列的位置。对这一条款进行注释时,就应当明确,以上四个条件均属于"法人"这一上位概念所必须具备的条件,其中任一条件的缺乏,就无法成为"法人"。实际上,这种注释也可以使我们发现立法中存在的许多弊端。例如,《行政诉讼法》第 11 条第 1 款以列举方式明示行政诉讼的受案范围,其中第 1 至 7 项均为明确规定,但第 8 项却是"认为行政机关侵犯其他人身权、财产权的",即在列举式规定中混入概括式规定(或者称为"兜底条款"),显得极为不伦不类。

(二) 但书条款

"但书"是在法律条文中,以"但"或者"但是"引出的一段文字。这段文字

---

① 罗传贤、蔡明钦:《立法技术》。转引自周旺生、张建华主编:《立法技术手册》,中国法制出版社 1999 年版,第 375 页。

是对其前文所作的转折、例外、限制或补充。例如,《行政诉讼法》第45条规定:"人民法院公开审理行政案件,但涉及国家秘密、个人隐私和法律另有规定的除外。"在这里,"国家秘密"、"个人隐私"和"法律另有规定"即属于但书条款,它是对"人民法院公开审理行政案件"这一法条主文的限制。必须注意的是,在对但书条款进行注释时,"但书不得与其所限制的先行条文分离"①。也就是说,对但书条款不能孤立地进行解释,如果与法条的主文相脱离的话,但书本身就失去了意义。

(三)"明示其一即排斥其余"的规则应用问题

在法条与法条的关系上,或者法条与其他相关事项上,这项规则有着重要的意义。这一规则的含义是:"提及某特定种类的一种或多种事物,可以视为通过默示的方法,排除了该种类中的其他事物"②。例如,《行政诉讼法》第47条第2款就回避问题做出了规定,审判人员如果与本案有利害关系或者其他关系,应当申请回避;该条第3款规定:"前两款规定,适用于书记员、翻译人员、鉴定人、勘验人。"也就是说,根据法律的规定,审判人员、书记员、翻译人员、鉴定人、勘验人属于回避的对象。该条并未提及法院的其他工作人员,如司法警察和执行官,因而可以合理地推定,这两类人员不属于回避的对象。

(四)总则与分则的关系

总则与分则的关系问题,也是必须在注释中加以明确的问题。就两者的一般关系而言,总则是规定立法目的、基本原则等重要条款的部分,因而其所作规定均可适用于分则。例如,《刑法》总则部分规定了刑事责任能力,而这些内容在分则中并未出现,因而可以推定,分则中所规定的犯罪,都是以具备总则所规定的刑事责任能力为基础的。但是,分则有时也会做出与总则不同的规定,在这时,应适用分则的特别规则而不是总则的一般规则。这一原则早在我国唐律中就已作为一项基本规则而加以确定,《唐律疏议》规定:"诸本条别有制,与例不同者,依本条。""诸条"即指《卫禁》以下各篇的具体条款,"例"即《名例》,是《唐律疏议》的总则部分。该条的意思是,与总则部分规定不同的,可依分则中的具体条款执行。现行法律也都沿用了此一规则。

【本章阅读材料】

【注释解说的研究方法】 律学研究的重要方法之一,便是对律文的解说,这一方法,至唐时发展到顶端。著名的《唐律疏议》便是这种研究方法的结果。

---

① 〔美〕詹姆斯·安修:《美国宪法解释与判例》,黎建飞译,中国政法大学出版社1994年版,第27页。
② 李国如:《罪刑法定原则视野中的刑法解释》,中国方正出版社2001年版,第208页。

这种"我注六经"的治学方法,在律学本身的完善、法律内部机制的协调、词语的运用等诸多方面,皆达到了完美的境地。但是,又不能不看到,这种注释方法又严重阻碍了律学研究的向前发展。用现代眼光看,"解释是用来对某一法则说明原因",按美籍学者成中英的文明层次划分看,它仅属知识层,而缺乏对"意义的发挥和理解的掌握"。因此,"我注六经"的方法对现代法学研究的深入和发展,特别是法学理论自身的完善并用以指导法律实践,不可不说是来自传统文化心理的一个极大的障碍。

律学传统尽管有其"弊",但就律学内容来看,它曾确实推动了中国古代法律从粗陋向精致、由模糊向简明的发展,在思想领域留下了许多不可磨灭的功绩。有学者便将此与西方注释法学相提并论。为更客观、科学地评价律学的地位与作用,在此,将律学与注释法学作一简单的比较不无必要。

首先,从它们产生的前提看,注释法学产生于11世纪末,是为了适用资本主义商品经济发展的需要,阐发罗马法内容。注释法学的出现,意味着西方法学已从中世纪的神学中分离出来,所以说,它是与神学相对立的产物。中国的律学产生于公元前2世纪,要早西方注释法学一千多年,至于西汉律学,可以说是经学的产物,而经学在中国古代是法定国教,在实践领域是不容怀疑的,由此看,产生的前提与目的不相一致。

其次,从其发展阶段看,注释法学前期是对律文的解释,以强化法律适用的准确性,后期注重罗马法与实际生活相结合,从法律的解释转为提出法律原则和依据,建立法律的分析结构,有现代法社会学的意味;中国的律学,如果说前提未能从伦理政治中解脱出来,只是以经释律的话,那么,即使魏晋律学从伦理政治中分离出来,其对法律的注释仍然侧重于实证法意义上的阐释,其后的《唐律疏议》便是例证。

最后,从其发展趋势来看,尽管注释形式相似,最终仍然分道扬镳。注释法学为文义复兴和法学的复兴奠定了基础,形成了法学家阶层;律学发展的趋势,是学术界对律学的消瘠,非但未形成律学家或法学家阶层,即使原有的律学家阶层也消灭殆尽,唐以后,无律学家矣!

——何勤华编:《律学考》,商务印书馆2004年版,第526—527页。

【思考题】

1. 如何认识法律注释的规则?
2. 法律注释的发展对于法学有什么影响?
3. 法律注释的效力和法律解释的效力有什么联系和区别?
4. 法律注释的意义是什么?
5. 如何看待历史上的法律注释和当代的法律注释?

【参考文献】

1. 〔德〕卡尔·拉伦茨:《法学方法论》,陈爱娥译,商务印书馆2003年版。
2. 张志铭:《法律解释操作分析》,中国政法大学出版社1999年版。
3. 解兴权:《通向正义之路》,中国政法大学出版社2000年版。

第十一章 法律续造论

【本章提要】 本章主要探讨法律续造方面的内容。包括：法律续造是法律出现不敷使用的状况而相对事实又存在适用的必要时，由司法者对法律进行的补充和发展。法律漏洞的补充、利益衡量、不确定概念的价值补充，是司法者进行法律续造活动的主要技术方法。

第一节 法律续造概述

一、法律续造概念的界定

法律续造是法学家创造的一个概念。它意指在法律出现不敷使用的状况而相对事实又存在适用的必要时，由司法者对法律进行的补充和发展。法律续造之所以出现，在于法律作为一种规范体系不可能达到完美无缺的程度，必然存在一定的瑕疵或缺漏，这种瑕疵或缺漏是由于法律自身的不圆满或者社会生活的丰富多彩和发展引起的。在这种情形下，弥补法律的不足并且发展法律就成为必要。①

对于法律续造的性质，有两种不同的观点。一种观点认为，法律的续造属于一种立法活动，是法官在法律出现缺位的情形之下，假设自己居于立法者的地位，按照立法者在这种情况下可能会制定的法律来加以补充适用，在这种观点下，法律续造是由法官制定的法律，即通常所说的"法官立法"、"司法立法"。另一种观点则认为，法律续造仍是一种法律解释范围内的活动，被视为与法律解释同一思考过程的不同阶段。按照拉伦茨的说法，只要是对法律规定首次做出一种法律解释或者偏离变更了原先的法律解释，这种法律解释就是一种法律续造行为。而超越法官的法律解释的界限所作的解释，仍属法律解释的活动。他认为，最狭义的法律解释的范围界限是法律的字义范围，超越这个界限，只要仍在立法者所计划和目的之内的法律续造，在性质上仍然是法律之内的法律续造，即

---

① 法院和法官作为法治社会的组成部分和重要成员，同时也担负着发展法律的使命。现代社会将法治认可为共同的价值发展理念，法治社会则以民主为标榜，而民主的最本质的含义即在于每一个人平等参与国家的管理。虽然相对于立法而言，司法活动承担的民主化职责较轻一点，但同样是建设和发展法治与民主的重要成分。法律的制定是一个连续性的过程，既反映着立法者的智慧，也蕴含了司法者（以及其他一切社会成员）的参与和创造性的劳动。所以，由司法者对法律进行完善性的运用和发展应当是与法治和民主相吻合的逻辑必然。

法律漏洞的补充,即使进一步突破并逾越这一界限,只要仍然在整个法律所规制秩序的基本原则范围之内,也还是属于超越法律的法律续造。但是他也承认,在实践中要区分这三种情形并不容易。有一点是可以明确的,即仅在法律存在漏洞的情形下,法官具有弥补漏洞解释法律的义务,而只有在有重大事由的情况下,法官才会决定进行超越法律的法律续造。①

虽然一般认为法律续造广义上是一种法律解释的方法,但是由于这一方法存在着超越法律的倾向,司法者是否具有这方面的权力是法律发展历史上值得关注的问题。在相当长的时间里,尤其是"在把法与法律,法律与立法者的意志等视同观,在对法采工具性的见解,或者在认为法的安定性及司法裁判的可预见性较实现正义重要的时代,倾向于将法官的职务限制在法解释上,否定法官得为超越法律之法的续造"②。直到19世纪,法律漏洞的概念才被广泛承认。"漏洞概念的重要性在于:只有当法律有'漏洞'存在时,才承认法官有法的续造之权限。"③

二、法律续造的方法类型

法律续造既然被视为法律解释范围中的内容,那么,法律续造的结果必须与现行法律相一致,符合现行法律的精神实质,否则,就意味着法官和法院超越或僭取了不属于它的权力。要实现这一要求,法律的续造就必须遵循一定的方法。而方法决定和形成了法律续造的种类。

就方法而言,法学界通常认为,法律漏洞的补充(或称法律漏洞的填补、弥补、补救等)、利益衡量(或称法益平衡)、不确定概念的价值补充,是司法者进行法律续造活动的主要技术方法。其中又以法律漏洞的补充为最主要的方式,可以作为法律漏洞补充依据的有:习惯、判例、国外法例、法律原则、类推规则等。

第二节　法律漏洞及其补充

一、法律漏洞的概念

要了解什么是"法律漏洞",首先要对"漏洞"一词进行解析。汉语中的"漏洞"指的是"孔洞"、"空隙"。用于表述事物时则意味着事物存在某种不完满性而影响其原有的功能。可见,"漏洞"一词表示所描述的对象在品质上有影响其功能的缺陷,且这种缺陷是不受欢迎的。

---

① 参见〔德〕卡尔·拉伦茨:《法学方法论》,陈爱娥译,商务印书馆2003年版,第246—247页。
② 同上书,第247页。
③ 同上。

将"漏洞"一词借鉴到法律语境中来,即所谓"法律漏洞",是指现行法律体系中存在着非立法者有意不加规定的空缺,使得应予调整处理的社会矛盾纠纷处于无据可循的状态。这一概念可以从三方面加以理解:首先是现行法律体系上存在缺陷,这里的法律体系特指制定法体系。因为如果对法律作最广义上的理解,即包含了各种法律规则、判例、习惯、法律学说、法理原则,那么法律应当是不存在漏洞的,因此法律漏洞主要是针对制定法而言的,制定法是法律漏洞的存在的基础。其次,法律体系存在的缺陷使得法律对于现有的社会关系无法及时做出调整,从而阻碍了法律调控社会功能的实现。最后,法律体系存在缺陷是有悖于立法意图的。制定法律是为了将社会生活纳入法律的框架中予以规制,法律漏洞的出现则预示立法目的并未完全实现。但是,法律漏洞并不包括立法者有意不作规定的情况,由于某些社会关系尚未定型或是对于有些方面不适合法律来加以调整,立法者有意不做出某种规定的情形是法律空缺。例如,不将人们思想意识方面的问题纳入法律调整的范围就是法律空缺而非法律漏洞。

二、法律漏洞存在的原因

法律是否存在漏洞,学术界有过完全对立的两种学说。

第一种是否定说,即否定法律有漏洞,主要是以自然法学、纯粹法学和概念法学为代表。自然法学认为在实在法之上存在一种具有永恒不变性质的自然法,法律只是通过发现而来,因此法律不存在所谓的漏洞。纯粹法学认为法律没有漏洞,如果出现缺乏某种法律规定的情形,只能说存在一个"法外空间"。而概念法学则认为法律概念的上下层属关系构成一个法律体系,该体系具有逻辑自足性,当缺乏某个下位阶概念时可以求助于上位阶更抽象的概念,用上位阶的概念演绎推理出案件所需的具体概念,因此法律不存在漏洞。

第二种是肯定说,即肯定法律存在漏洞,以自由法学、科学学派、利益法学、现实主义法学为代表。

事实上,"法律是否存在漏洞"这一问题的答案很大程度上由"法律"概念的外延界定所决定。如果认为法律包括各种法律规范、法律原则,甚至于行政官员、法官的行为或做出裁决的"个别规范"都包括在法律的概念之内,那么无疑法律是没有漏洞的。但是,仅就制定法而言,20世纪以来的法学家几乎没有人不承认法律漏洞的存在。

在承认法律漏洞存在的学术前提下,针对法律何以会有漏洞这一问题,学者有不同的见解。利益法学派代表赫克认为,其一,因为立法者观察能力有限,不可能预见将来的一切问题;其二,因为立法者表现手段有限,即使预见了将来的一切问题,也不可能在立法上完全表现。① 而我国台湾地区学者黄茂荣则认为法律漏洞产生的原因有三方面:(1) 立法者考虑不周。这又分为两种情况:一是根本就没考虑到该案件类型;二是虽曾考虑到,但规定上很不周详。(2) 在法律上有意义之情况的变更,如高科技时代所带来的人工授精、网络隐私权问题,都与原有的社会生活样态不同。(3) 立法者自觉对于规范的案件类型的了解还不够,而不加以规范。②

概括来说,法律存在漏洞的原因主要可以从法律本身、立法者与立法技术、社会环境这三个角度加以分析。

从法律本身考虑,法律是通过语言加以表述的,但是任何语言都难以达到高度的精确,有些用语或概念往往有不同的理解或难以确定,所以在立法中我们常会看见"情节显著轻微"、"滥用职权"等等不确定的法律概念。

从立法者和立法技术考虑,立法者由于认识能力和立法水平上的局限性,不可能对人们千差万别的行为做出面面俱到的规定,令法律把一切应该规定的行为尽收其中,因而出现了一些应该由法律加以规定的行为却没有被纳入法律的调整范围的情况。另外,立法者也是人,并非圣贤,也是会犯错误的。同时,立法技术所固有的缺陷也会造成法律漏洞的出现。例如,采用列举方式对某类行为加以规定时,很难穷尽所有现象而导致立法出现漏洞。

从整个社会考虑,法律是对于社会关系的调整,需要立足于当时的社会环境制定适用未来社会的规范,但从开始立法到法律的实施有一个时间段,而社会生活的不断发展,使得原有的法律规定难以适应社会的变化,因而造成了法律漏洞。例如,网络社会带来的种种问题,同性婚姻及其财产纠纷问题等。

三、法律漏洞的种类

对于中外学者而言,法律漏洞的分类是一个仁者见仁、智者见智的问题。

德国学者卡尔·拉伦茨将法律漏洞分为三类③:第一,"法漏洞"和"制定法漏洞"。"法漏洞"不是指个别法律本身(以其规整计划为准)的不圆满性,而是指整体法秩序的不圆满性,这或者源于法律对整个应予规整的范围未加规整,或者其欠缺某种——依不可反驳的交易需要,或一般法意识认可的法原则——确属必要的法制度。但是法秩序是一个开放的、发展的体系,不可能存在一个统一的综合构想,也就不可能存在所谓的构想的不圆满性。因此,拉伦茨主张不再适用"法漏洞"这一概念,凡法律漏洞均指"制定法漏洞"。第二,"开放的漏洞"和

---

① 参见〔德〕赫克:《利益法学》,津田利治译,庆应大学法学研究会丛书,1985 年版,第 13 页。
② 参见黄茂荣:《法学方法与现代民法》,中国政法大学出版社 2001 年版,第 335 页。
③ 参见〔德〕卡尔·拉伦茨:《法学方法论》,陈爱娥译,商务印书馆 2003 年版,第 252—256 页。

"隐藏的漏洞"。前者是指法律欠缺依其目的所应包含的适用规则;后者是指法律虽然有适用的规则,但依其意义和目的对某类案件并不适宜。第三,"自始的漏洞"和"嗣后的漏洞"。"自始的漏洞"包括法律制定时立法者已经意识到的漏洞和立法者并未意识到的漏洞。如果立法者明知有漏洞存在而不规整,交由司法裁判及法学来决定,属于立法者已经意识到的漏洞。如果立法者对于应予规整的问题忽略了或误以为已经规整过了,则属于立法并未意识到的漏洞。"嗣后的漏洞"是指因技术、经济的演变而发生的新的需要被法律规整的问题,但立法者在立法时还尚未发现。

德国学者 Zittelmann 将法律漏洞分为"真正的漏洞"和"不真正的漏洞"。[①] "真正的漏洞"是指法律对应予规范之案型根本未加规范。而"不真正的漏洞"是指法律对应予规范之案型,未为异于一般规定之特别规定的情形。亦即在不真正的漏洞的情形,是因缺少对一般规定之限制规定而构成的漏洞。

而德国学者 Glaus-Wilhelm Canaris 在其著作《法律漏洞之认定》中,将法律漏洞区分为"禁止拒绝审判式漏洞"、"目的漏洞"和"原则的或价值的漏洞"。[②] 根据他的见解,"禁止拒绝审判式漏洞"是指法律提出一个法律问题,但却未给予答案,其特征在于导出拒绝审判之禁止。"目的漏洞"是指禁止拒绝审判式漏洞以外,其他基于法律的目的需要通过类推适用、目的地扩张、目的地限缩等予以填补的漏洞。"原则的或价值的漏洞"是指某一法律原则或法律价值等已被证明为现行法秩序的一部分,但在实证法中尚未获得足够的具体化。

日本学者石田穰依据法律漏洞与法律所使用词语意义的关系,将法律漏洞划分为"明显漏洞"和"隐含漏洞"两大类。[③] 所谓"明显漏洞",是指某种事件依法律所使用词语的意义和依立法者意义或准立法者意思均不能涵盖。明显漏洞又可进一步划分为:(1)"授权性漏洞",是指立法者或准立法者,关于某种事件任由解释者进行价值判断,而不设任何规定的情形;(2)"消极性漏洞",是指关于某种事件,法律未设任何规定,但立法者或准立法者已有消极的价值判断的情形;(3)"预想外型明显漏洞",是指立法者或准立法者由于对某种事态不知,因而未设任何规定的情形。而所谓"隐含漏洞",是指某事件依法律所使用词语的意义,已被法律所涵盖,但依立法者及准立法者意思,本不应该被法律所涵盖。隐含漏洞可进一步被划分为:(1)"白地规定型漏洞",是指立法者只规定一个原则或标准而未加以具体规定的情形,如诚实信用原则;(2)"预想外型隐含漏洞",是指依法律条文所用词语的意义,涵盖了本不应被涵盖的某种事件,而此

---

① 参见黄茂荣:《法学方法与现代民法》,中国政法大学出版社 2001 年版,第 340 页。
② 同上书,第 345 页。
③ 参见梁慧星:《民法解释学》,中国政法大学出版社 1995 年版,第 260—263 页。

隐含漏洞之产生是由于该种事件超出立法者或准立法者预想之外;(3)"冲突型漏洞",是指关于某一事实有不同的法律规定,这些不同法律规定的立法者意思或准立法者意思相互矛盾,而不能依"后法废止前法"或"特别法优于普通法"等原则处理的情形;(4)"立法趣旨不适合型漏洞",是指法律规定的立法者意思或准立法者意思,反于自己设定的立法趣旨的情形。

四、法律漏洞的补救方法

法律漏洞的补充也可称为法律漏洞的补救,是广义的法律解释方法,法官在案件的裁决过程中,不可能因为法律无明文规定而不予裁决,在这种情况下,只能通过国家所认可的法律漏洞的补救方法,即法律解释弥补立法所造成的空隙。被广泛承认的法律漏洞补充的具体方法有:

(一) 依照习惯的漏洞补充

立法和判例一般来说都是通过创立一定的原则和规则形成法律规范的,只不过主体不同,立法是由法定的立法机关进行,而判例是由司法机关做出的。但是在法律的形成中还有可能存在通过对社会中现有规范的认可和确认形成法律的方式。这些可能被认可的规范就是习惯。习惯是社会上现实存在的、实际起着调整社会关系作用的习俗、惯例、传统等规范,它一旦通过国家权力的认可就获得了法律上的效力,成为一种法律,法学中经常使用的习惯法一语事实上主要就是指称通过某些途径被认可的习惯。虽然判例和习惯都是通过国家的认可和确定才具备法律的效力,都是国家生成法律的方式和手段,但是,判例是国家对法官在司法裁决中所确立的原则的认可,所认可的是法官创制法律的权力,法官确立的原则或规则是其创制的;而习惯被赋予法律效力既可以通过司法,也可以通过立法来实现,并且习惯之所以能够被赋予法律的效力是因为它本身是在社会中已经存在着的,而不是人为创建的。国家通过认可习惯,赋之以法律的效力地位主要有以下三种情况[①]:

其一,直接认可。这是在立法过程中,把某些习惯直接吸收结合在法律之中,明确规定为法律规范,这种情形下,习惯已经转化为法律,成为法律规则的一部分。

其二,原则认可。这是指在法律中作了较为笼统原则的表述,确认某些类型或范围的习惯可以具有法律效力,应当允许在司法实践中遵守和采用。例如,《宪法》中对少数民族习惯的认可,《合同法》中对商业惯例的认可。

其三,司法认可。这主要发生在法律没有规定,出现了空缺或漏洞,而司法

---

① 前两种属于立法认可,广义上可以归入立法范畴;后一种属于司法认可,狭义上可以被认定为一种法律漏洞的补充方法。

中又有应当予以处理的情形,法官可以确认某些习惯作为处理案件的习惯法依据。这一方式通常在国家法律中会有总体的规定,如《瑞士民法典》。在我国没有对制定法和习惯适用的次序规则的明确规定,仅在《宪法》第4条规定:各民族都有使用和发展自己语言文字的自由,都有保持或者改革自己的风俗习惯的自由。这说明在一定程度上我国也认可习惯的地位。事实上,司法实践中也允许法院法官对习惯加以运用。

在这三种情况中,第一种事实上习惯已经转化为明确的法律规范,在司法运用中无须再加以辨识。而在后两种情况,尤其是在第三种情况下,存在一个难点,即如何确定每一个习惯是否具备通用的习惯的特性,也就是说是否属于社会公认的习惯规范。一般来说,要能够成为法律认可的习惯,至少应当具备可找性、历久性、公认性、广泛性、道德性,有时还有地域性等要求。

可找性,是指在实践的运用中,这些习惯是显而易见的,较为容易被人们记忆、叙述、寻找到,并有例可循。历久性,是指习惯是具有较长的历史延续积淀下来,相当稳定的。而广泛性和公认性,则是指在一定的地域范围内被人们广泛接受认可,并且被一直有效地加以遵守和援用。道德性,要求能够得到认可和运用的习惯必须符合一定地域、一定民族的人们所一致公认的道德准则。地域性,是考虑到在一个幅员辽阔的国家之中,不同地区的习惯有可能是不一致的,需要明确其特定的使用范围即特定的地域和民族属性。

由于习惯总是在历史发展中传承运行的,本身并无固定的记载形态,所以确定认可社会习惯规范并赋予其法律效力,尤其是在司法环节中加以适用,需要有一个较为慎重、严格的甄别、审查、确定的过程。因为,在判例法国家,习惯一旦得到适用就形成了新的法律规范,即习惯法;即使在非判例法国家,习惯被适用的结果也势必强化了这一习惯的社会效力。

法官面对待处理案件找不到可适用的法律规则时,首先要考虑的方法是依据习惯弥补法律漏洞,包括交易习惯、行业习惯和地方习惯。如果当事人之间或者当地有习惯规则,只要这个习惯不违背法律的基本原则和基本精神,可以由法官加以甄别适用以弥补法律漏洞。依习惯补充法律漏洞,在各国或地区法律中都由明文规定,从而在一定条件下赋予习惯与法律具有同一效力。例如,《瑞士民法典》第1条规定:"法律问题,在文字上及解释上,法律已有规定者,概适用法律;法律未规定者,依习惯法;无习惯者,法官应遵照立法者所拟制定之原则予以裁判;于此情形,法官务须恪遵稳妥之学说及判例";《日本裁判事务须知》第3条规定:"民事之裁判,有成文法者依成文法;无成文法者,依习惯;无习惯者,应推考条理裁判之";我国台湾地区"民法典"第1条规定,民事,法律所未规定者依习惯;无习惯者,依法理。

（二）类推适用的漏洞补充

法律的类推适用是适用法律的机关在处理案件时,由于出现了法律没有明文规定的情况,比照最接近、最相似的法律条文或者依据现行法律的基本精神、原则以及国家政策对案件做出处理的过程。

类推适用是一项有着悠久历史的法律传统。由于社会生活是极其纷繁复杂的,任何国家的现行法律既不可能把各种各样的生活现象——罗列进来,也不可能将一切现在还未曾发生但将来可能发生的案件规定得无一遗漏,采用类推适用,能够弥补法律的漏洞,保持法律的相对稳定,适应不断变化的社会关系,避免影响法律权威的可能性。现在类推制度在各国的法律中依然适用,除了刑事法律中多数国家实行罪刑法定原则外,在民事、行政等法律部门中类推制度还是具有广泛的应用价值。

法律的类推适用不同于法律的类推解释。类推适用需要依据逻辑中的三段论推论,而类推解释则不需要经过三段论的推演。类推适用是间接推论,其推论过程是:凡 M 是 P,S 类似于 M,则 S 是 P。由于类推适用并不是直接推论,因而其得出的结论具有某种程度的概然性和妥当性,并非绝对正确。

类推适用基于"相类似之案件,应为相同之处理"的理念,为法院普遍适用。法律秩序应具有统一性,法律就某事件所确定的规范,对于其他相类似的事件,也应规定同一的规范,进行相同的处理,只有这样才能符合社会的共同要求,体现法律公平正义的价值,维护社会的稳定。若法律没有对此做出规定,则应当援引类似的规定加以适用。

进行法律的类推适用时不能随心所欲,需要遵循一定的条件。首先,需要对法律没有设定的规范进行分析,确定是立法者的疏忽而非有意不加规定;其次,需要深入探究法律规范的意旨,找出被类推和类推的法律规范两者间的相似之处,建立起可供比附援引的共通原则,然后将某一类型的法律效果适用于另一类型;最后,类推适用的法律漏洞是原应规定却未加规定的公开漏洞。

除了遵循上述条件外,还需要注意以下几个问题:

第一,只有在完全没有或法律规范不完整时,允许类推适用;

第二,类推分析的情况与已有规范规定的情况相类似应是在具有同等法律意义上的特定的相似;

第三,如果法律明令禁止或法律将法律后果的发生与具体的规范联系在一起,则不允许依据类推做出结论;

第四,普遍法律工作中的特殊规范和例外,只能在被审理的情况也特殊时才能适用;

第五,在适用类推过程中制定的法律规定不应违反任何现行的法律规定;

第六,类推判决要以在某一法律部门查找法律规范为前提,并且只有在没有该规范时才可以借助其他法律部门或整个立法。

类推适用的具体操作过程如下:(1)明确法律某项规定订立之际,立法者或准立法者预想事件的利益状况;(2)解明立法者或准立法者最重视其中的什么利益要素,而赋予其法律效果;(3)分析待处理案件的利益状况,将其与上述法律规定中立法者或准立法者预想事件的利益状况作对比;(4)如待处理案件的利益状况,包含了立法者或准立法者预想事件最重要的利益要素,则准用该法律规定处理待处理案件。须加注意的是,假如立法者或准立法者预想事件最重要的利益为复数,则只在待处理案件的利益状况全部包含此最重要利益的情形时,始得进行类推适用。①

(三)目的性限缩与目的性扩张的漏洞补充

目的性限缩与目的性扩张是两种针对立法技术瑕疵而出现的法律漏洞的补救方法。这种立法技术瑕疵是指由于立法时的疏漏或后来环境的变化而造成法律的漏洞,与立法原有意图或适当目的不符,因而是一种立法目的瑕疵。纠正立法瑕疵,原应是立法机关的职责,但因立法具有周期性,不可能即时立法或修改纠正,司法实践无法等待立法机关填补漏洞后再做出判决,因此需要通过司法机关运用技术方法加以补救。

1. 目的性限缩

目的性限缩是指由于立法者的疏忽,没有将本应排除的事项排除在外,以至于立法条文的文义过宽,因而出现了在司法实践过程中,为了贯彻法律的真实意图,需要将该事项排除在外以弥补法律漏洞的方法。

目的性限缩是间接推论的一种,其推论过程是:凡 M 是 P,M1 非 M,则 M1 非 P。由此可见,目的性限缩是一种由一般到特殊的推论,属于演绎推理。

目的性限缩与限缩解释不同。限缩解释是指因法律用语文义过于宽泛,不符合立法原意,需要对文字的含义加以限制以符合法律意义的解释方法。目的性限缩与限缩解释的区别在于:首先,限缩解释是法律解释方法的一种,而目的性限缩则是弥补法律漏洞的方法之一;其次,限缩解释的依据是条文的立法本意即本来所设想的适用范围,而目的性限缩所依据的是立法目的;最后,限缩解释是一种消极方法,其只是消极地将法律用语局限于其核心部分,而目的性限缩是一种积极方法,其运用过程是积极地将不符合法律意旨的部分予以剔除。

2. 目的性扩张

目的性扩张是指由于立法者疏忽未将本应涵盖的事项涵盖在内,为了贯彻立法者目的,将应涵盖之事项予以涵盖的弥补法律漏洞的方法。我国《民法通

---

① 参见〔日〕石田穰:《法解释学的方法》。转引自梁慧星:《民法解释学》,中国政法大学出版社1995年版,第273页。

则》中的精神损害赔偿就是一种典型的目的性扩张。而解释方法中的扩张解释是条文本身具有立法本意,只是因使用不适当的语词导致文义过窄从而将案件排除在外,需要扩张其本意将案件纳入该条文的适用范围。

目的性扩张的推理过程是:凡 M 是 P,M1 为 M,故 M1 是 P。它和目的性限缩一样,都是间接推理的一种,均有由一般到特殊进行推论,属于演绎而非归纳推理。目的性扩张与目的性限缩两种方法恰好相反,目的性扩张是将文义范围以外的案件包括进去;目的性限缩是将文义范围以内的案件排除出去,两者依据的都是法律的目的。

目的性扩张与扩张解释不同。扩张解释是指因法律条文文义过于狭窄,不能充分反映立法原意,需要对文字的含义加以扩张,以符合法律意义的解释方法。目的性扩张与扩张解释的区别在于:首先,扩张解释是法律解释方法的一种,而目的性扩张则是弥补法律漏洞的方法之一;其次,扩张解释着重将法律条文和立法原意进行比较,对于文义过于狭窄的法律条文扩张其意义,以达到正确适用的目的,而目的性扩张则是从法律目的出发,将没有被法律文义所涵盖的事项包括在该法条的适用范围之内;最后,扩张解释的结果在法条文义的"预测可能性"之内,而目的性扩张的结果则超出法条文义"预测可能性"范围之外。

(四)依照判决先例的漏洞补充

无论实行或不实行判例法,一般国家均存在这样一个司法事实,即任何一个法院的裁决都针对个案而进行,其中不论只涉及法律解释抑或有所续造,也都是只对所裁决的案件发生法律效力,然而,在任一裁决中法院都认为自己的裁决解释是适切的,如果其中对法律有所续造也是具有必要性的,由此它都必须有所说理,"借其说理的内容,反映的裁判常能超越其所判断的个案,对其他事件产生间接的影响。假使其系正确地裁判之主张确实,那么对未来涉及同样法律问题的裁判而言,它就是一个标准的范例"[①]。可见,判决先例既能成为裁判的依据,[②]自也能成为法律续造的漏洞补充的准据。

判决先例之所以被遵守并对法律续造具有意义,是由于对先例的认可和运用被认为有几方面的优点:平等——诉讼平等原则,同样情况同样对待,参与诉讼的人会受到与以前同样案件判决相同的待遇,对今后将出现的情况也是一样,

---

[①] 〔德〕卡尔·拉伦茨:《法学方法论》,陈爱娥译,商务印书馆 2003 年版,第 300 页。
[②] 判决先例之所以能够成为裁判依据,是因为在司法运行中的所谓遵循先例原则的确立。遵循先例原则是判例制度形成和运行的核心。"遵循先例"(stare decisis)一词是拉丁语"stare decisis et non quieta movere"的简称,意谓"循守先例,不应扰乱已定问题"。遵循先例原则的基本含义是:法官在审理案件时应考虑上级法院甚至本法院在以前类似案件的裁决中所包含的法律原则或规则,并以此作为处理案件的依据。其核心意思就是先例具有约束力。遵循先例原则是判例法作为一种法律渊源和制度得以存在的基础。需要强调的是,判例法并非指某个案件的整个判决,而是指某一判决中所包含的某种法律原则或规则。而这种原则或规则与判决涉及的案件事实是密切联系的。

正是判决先例之所以发生效力的最基础条件和理由；可预见性——对于未来的纠纷案件，人们可从判决先例中获取预知；经济——由于先例标准的存在，可节省法官的时间和精力；尊敬——遵循先例表现了处理案件的法官对前辈法官的智慧和经验的适当尊重；自我约束——遵守先例体现了法官在司法活动中的某种自我约束性，具有适当限制法官自由裁量权的意义；自我保护——由于判决先例的效力的存在，法官可以利用判决先例作为抵挡来自其他权威压力的借口和理由。

判决先例由于在不同的国家其法律地位有所不同，因此它作为漏洞补充的效力也相应地有所不同。

在许多国家判决先例被赋予法律的效力，从而构成了判例法。判例法在法学研究中往往被称为"法官创造的法律"、"法官立法"或简称"法官法"（judge-made law）。因此在判例法国家，由于判决先例本身具备法律上的地位，遵守判例是基本规则和要求，而非例外。① 只有在特别限定的条件下，才允许推翻判例。因此，对于判例法国家而言，判决先例并非作为漏洞补充的必要依据。

而在非判例法国家，从理论上或在法律上说，不承认判例的效力，法官仅有权就具体案件适用立法机关制定的法律，而无权创制法律。《法国民法典》第5条明确规定，"审判员对于其审理的案件，不得用确立一般规则的方式进行判决"，否则就有篡夺立法权之嫌。因此，在司法过程中，法官无须受以前的判例约束，理论上有权做出与之相背离的判决，即使法官以判例为基础做出的裁决，上级法院也可以缺乏法律根据为由废除原判。

但是，在理论上缺乏约束力的判例，在实践上并非没有说服力。从司法实践看，判例在民法法系国家的法律发展中仍具有重要的作用。第一，尽管法律上并无确认遵循先例原则，但各级法院在审判实践上仍有遵循先例的强烈倾向，尤其是上级法院的判例。这一倾向基于的理由是：法律的平等适用原则、法官可集中精力钻研没有判例的案件、符合当事人基于判例而产生的期望、减少诉讼和冗长

---

① 遵循先例原则从根本上说是判例法赖以产生和发展的基础和前提，因而是普通法法系中最重要的原则。遵循先例原则是在英国普通法发展过程中逐步确立的，但真正得以确立则是19世纪司法改革和判例汇编质量改进的最终结果。普通法法系中遵循先例原则分别表现为：在英国：第一，上议院的判决对其他一切法院均有约束力；第二，上诉法院的判决，对除上议院以外的所有法院（包括上诉法院自身）均有约束力；第三，高等法院的一个法官的判决，下级法院必须遵从，但对该法院其他法官或刑事法院法官并无绝对的约束力，而仅有重要的说服力。需要指出的是，遵循先例原则，一般来讲，法院同时也受到自身所作判例的约束，即所谓自缚力。但法院能否改变自身以前的判决，即放弃先例的约束力尚存争议。在美国：第一，州下级法院在法律问题上受州上诉法院（其顶端为州最高法院）判决的约束；在联邦法问题上应受联邦法院，特别是联邦最高法院判决的约束。第二，联邦法院在涉及联邦法案件中受联邦上级法院判决的约束，但在州法律问题上，则受州法院的有关判决（前提是不违反联邦宪法）的约束。但在先例的约束力问题上，美国联邦和州的最高法院并不认为自己必须严格受到本院以前判决的约束，常可推翻自己以前的判决，但新的判例对被推翻的先例并无溯及力。

的诉讼时间等。客观上由于上诉制度的存在,一般法院在审理案件过程中不会不考虑上级法院可能会采取的态度。第二,尽管不存在判例法,但民法法系各国都出版有官方和民间主持修订的判例汇编。第三,行政法院在审判实践中更多地依靠判例,学者认为,现代行政法主要是依靠行政判例发展起来的。所以,民法法系国家没有判例法,先例没有约束力但仍有说服力。①

基于这样的情形,判决先例在非判例法国家中就势必存在一个可以弥补法律出现疏漏的基础。

要运用判决先例弥补法律漏洞,根据法律适用的基本性质,需要事实和法律两个方面有所关联。下面的分析虽然是针对判例法国家运用判例做出的,但是可以说,即使在非判例法国家进行漏洞补充时也总是基于同样的思维逻辑。

法官在审理案件的过程中如何适用以前的判例、遵循先例中的哪些内容,以及该案如果与先例有矛盾应如何处理,势必涉及判例与适用之间在事实和法律上的关联问题。这一问题在英美法系称为区别技术,相当于大陆法系的司法解释。其核心问题就是要把案件的具体情况和法律(制定法或判例法)所规定的一般性情况联系起来。

1. 事实上的关联

判决之所以成为先例,无非是说放在法官面前的待处案件与先前发生过并被裁决过的案件在事实上是相似的,从而产生了法官考虑先例的适用性和先例的判决理由的问题。这从法律的安定性和法治平等原则出发,即是"同样情况同样处理"原理的来由。因此,判例与待处理案件之间事实上的关联是判决先例发生影响的前提条件。正如美国法学家博登海默所指出的那样:"如果一个日后发生的案件所具有的事实与一个早期案件中所呈现的那些事实相同,那么一般来讲,对日后发生的案件的裁定就应当同对该早期案件的裁定相一致,只要这两个案例都受构成该早期判例之基础的公共政策原则或正义原则的支配。"②

相反,如果待处理案件的事实与判例事实之间不存在相同之处,则不存在关联性。判例的法律理由对它不产生约束力,也不具备遵循先例的条件,同时也不存在以先例弥补漏洞的问题。这在司法认识论上经常遇到,而实际上司法是一个试错过程。

---

① 我国的法律体系在传统上也是带有浓厚民法法系色彩的。为保证国家法制的统一,处理具体案件的唯一依据是国家制定的法律和法规,而且由于法律解释的集权化,各级法院(除最高法院之外)并无实际的司法解释权,在审判实践中不能解释规则,因而判例并不是法定的法律渊源。近年来不断有学者提出应重视判例在司法实践中的地位和作用,但在立法层面上尚无反映。我国不存在判例法,在理论上也不存在遵循先例原则,一切都是以事实为根据,以法律为准绳,先例没有既定的约束力、说服力。但判例(或者精确地说上级法院或本院判决的先例)仍会以不同的方式对下级法院的审判实践产生影响。

② 〔美〕博登海默:《法理学——法律哲学与法律方法》,邓正来译,中国政法大学出版社1999年版,第552页。

需要指出的是,案件事实的关联性并非指所有事实相同或类似。事实分为三部分:(1)必要事实(necessary Fact);(2)非必要事实(unneccessary Fact);(3)假设事实(hypothetical Fact)。所谓必要事实,是指对判例结论的产生有关键作用的基础事实,只有必要事实相同或类似,判例才对待决案件有约束力。如果案件的必要事实之间存在差异,就不可能构成法官推翻先例的适用条件,更不可能成为漏洞补充的依据。

至于如何才能确认案件事实与判例必要事实之间有类似之处,或简言之,怎么才算相同,则取决于法官的主观裁量判定。当然我们已经说过,判例法的一大优点就是法官须详尽地阐释判决理由,并公之于众,这就有了外部的监督和评判,可以有效地制约了法官的恣意枉为。

2. 法律上的关联

先例之所以有约束力和支配力,并非仅仅因为判例事实与待处理案件事实之间具备相似点或类似之处的关联,而在于人们通过辨识两个案件的事实可以合理地联系涵括这两种情形的法律原则,发现其间的判决理由。这就是待处理案件与判例之间法律上的关联。

依照判例法国家的习惯做法,其法院判决一般由两部分构成。一部分为判决的必要根据即决定的理由;另一部分为法官陈述的意见,对判决并非绝对必要,一般可称为"附带意见"。前者构成判例规范,即成为先例原则,提供日后遵循;后者无权威约束力,仅仅具有说服力或劝导力。但实践中两部分并未在判例中被明确区分,而是由待处理案件的法官进行区分。

在确定判例事实与待处案件的事实之间的关联性之后,法官在决定法律上的关联时通常采取下列三种方式:

(1)先例提供了一项相当明确合理的准则,则必须适用,即严格意义上的遵循先例。

(2)关联程度较弱,先例并不完全适用于待决案件,此时,法官将采用区别技术,缩小先例判决理由中"决定的理由"的适用范围,把某些"决定的理由"视为做出判例法官的"附带意见",即认为这些理由不具有关联性,不是必须遵循的。相反,也可以把某些附带意见作为具有普遍约束力的"决定的理由"加以适用。

(3)认为无关联性,即法官认为先例在当时就是错误的或者现时看来业已过时,更或者由于适用该先例会导致明显不公,因而拒绝适用该先例。推翻、否定以前的判决,被称为取消判决,这是区别技术中的最极端形式。

由于区别技术规则的存在,法官在考虑判例同待决案件的事实与法律上的关联过程中,可以适用先例,可以扩大或缩小适用范围,甚或可以推翻先例,造成审判结果的不确定性,也导致了法律规范的不确定性。

(五) 依国外法例补充

依国外法例补充是一种比较法的方法。即在案件发生法律漏洞的情形时援引国外的法律和判例将之视为一项法理规则加以适用的方式。这种比较法方法与前面法律解释中的比较法解释有所不同，依照国外法例补充是国内对此没有法律规定，而比较法解释是国内有法律规定，且这一规定本身就是参照国外立法制定的，因此在解释时可以引用国外该项法律规定中的资料、观点、解释依据作为司法解释的依据。

(六) 依法律原则补充

如果上述方法不足以填补法律漏洞，法官也可以依照法律原则进行适用和漏洞补充。例如，在民事法律关系中直接适用诚实信用原则。

(七) 直接创设法律规则

如果穷尽了所有补充方法还不能有效地解决案件问题，法官因为不能拒绝裁判，必然需要创设规则予以适用。这涉及司法和立法权力的分界问题，虽然在法理上颇有疑义，但是在实践中也不乏实例。

第三节 利益衡量

一、利益衡量的概念

通常认为，利益衡量论的提倡者为加藤一朗和星野英一。利益衡量是在批判概念法学的基础上所提出来的一种法律解释的方法论，首先倡导这种方法的是日本的加藤一朗教授，他在1966年发表的《法解释学的伦理和利益衡量》一文中提出了关于利益衡量的主张，认为仅从法律条文中就能得出唯一正确的答案的观点是一种幻想，对于判决真正起作用的是实质的判断，针对具体的案件，究竟应更注重哪一方的利益，需要在进行各种利益衡量之后再综合判断，在得出初步结论之后再结合条文，从论理上使结论正当化或合理化。两年后，星野英一教授发表了题为《民法解释论序说》的文章，提出了和加藤一朗教授相似的主张，认为法的解释、适用最终取决于价值判断。

利益衡量是法律所确认的利益之间发生相互冲突时，法官对冲突的利益依据社会环境、经济状况、价值观念进行权衡和取舍，通过实质判断确定需要保护的利益并选择适用法律规则的活动。

人类社会中存在的利益既有合法的，又有非法的，合法的利益受到法律保护，但当法律保护的多种利益发生冲突，而这多种利益之间也不存在何者优先时，司法机关不得不进行相关的利益衡量，对于利益进行立法后的第二次调整。可见，利益衡量发生的前提是，待决案件中存在不同的法律确认并保护的利益，但法律未对此规定利益的优先位阶,因而需要司法者根据各种条件做出衡量和分配,进行价值判断,确定保护何种利益。

利益衡量并非法律没有规定,而是法律存在规定,但不同的规则所保护的利益是不同的,需要司法者确定保护的利益之后加以选择适用。利益衡量的运用不会对法律的确定性造成损害,只是在法律秩序范围内对法律进行平衡和调节,没有突破现有的法律体系框架,创制出新的规则。所以,利益衡量并不是创造法律规则。在广义上,它仍属法律的解释方法。

问题的难点在于,在立法过程中的利益分配和利益衡量是由人民选举的代表通过立法反映人民的共同意志进行的,而在法律适用阶段的利益衡量则是由法官一个人或几个人完成的,法律并没有明确的规则可供依据,如何能体现利益衡量的正当性呢?除了我们对法官作公正的化身的理想假设之外,还必须有评价的依据和衡量的指标。

二、利益衡量的依据

利益衡量是在一定的社会中进行的,因此利益衡量的依据限定在一定的社会需求上,包括社会舆论、社会价值、社会效果等主要方面,同时以实质判断加上法律依据作为其操作规则,即首先通过实质判断确定需要保护的利益,然后寻找法律依据进行推导得出裁判结论,如无法找到法律依据则需重新进行实质判断。

(一) 社会舆论

"顾名思义,舆论就是群众已经公开表示出来的意见。……确切地说,舆论是群众对国家的政治、政府决策、公告问题,和对负责处理这些政策和问题的人所公开表示的意见。"[1]"公众舆论背后是人类的欲望、希望和要求,它们通过人类本身使人类感到它们的存在,并使它们在司法中、在撰写法律著作和立法史中有所作用。"[2]法院通过舆论可以了解社会公众对于某种利益的看法,从而有助于其决定取舍,不至于处于社会矛盾的中心。正如美国政治学家希尔斯曼所论证的:"任何法官都明白,他的意见,无论是多数意见、赞同意见或反对意见,都是一种传达信息的途径。一致的、有说服力的意见会争取到大众媒介、知识界和各种团体的头面人物、国会议员,以及一般公众的支持,而公众支持与否关系到判决得以顺利执行或遭到强烈的反对。判决意见也是一种与下级法官和执行机关沟通的手段,使他们明白为什么要执行和如何执行这一判决。这还会吸引利益集团向法院提出其他案件。它还能要求国会纠正某项不好的立法或提出新的

---

[1] 李道揆:《美国政府和美国政治》(上册),商务印书馆1999年版,第73页。
[2] 〔美〕罗斯科·庞德:《法律史解释》,曹玉堂、杨知译,华夏出版社1989年版,第115页。

立法以弥补其不足。"①

　　看到了舆论的积极作用,并不意味着法院要去迎合它。舆论不是理性的产物,存在着不确定性,易受外界因素的干扰而发生变化。所以,法院对于舆论要重视,但不能盲从。

　　(二) 社会价值观念

　　社会价值观念是社会经过对社会流行的各种评价进行反省而得出的价值观念。一种正确的价值观念,不仅为建构一个合理社会提供了思想基础,而且为一个民族的团结一致提供了凝聚力。②

　　社会价值观念是一种流动性的观念,不同时期、不同地域以及不同的阶层会有不同的价值观念,这些价值观念中有的是落后腐朽的,有些则是正当的、先进的,而作为利益衡量依据之一的社会价值观念必须是正当的、先进的且是被大多数人所接受的具有普适性的价值观念。法官在利益衡量时,需要考虑社会价值观念,不能"以它们自己的关于理性和正义的观点来替代它们所服务的普通人的观点。在这些问题上,真正作数的并不是那些我认为是正确的东西,而是那些我有理由认为其他有正常智力和良心的人都可能会合乎情理地认为是正确的东西"③。

　　(三) 社会效果

　　社会效果是法官在进行利益衡量时对可能出现的效果的评估,或对以往判例中"衡量效果"的估价和检讨。社会效果主要是通过具体的个案所体现出来的,对于个案的权衡实质上就是关于社会效果的评价与分析。一个司法判决不是只对于这个案件有影响,还会对经济、社会产生不同程度的影响。"无论做出决定的法律论据多么振振有词,但这一裁决可能使汽车制造、钢铁、石油等主要工业停摆时,大多数法官是会踌躇的。"④但是在注重个案社会效果时不能脱离法律的整体效果,要注意协调两者的关系。

第四节　不确定概念的价值补充

一、不确定概念的价值补充的含义

　　按照法律概念的确定性程度,可以将法律概念分为确定的法律概念和不确定的法律概念。确定的法律概念是法律有规定且具有明确意义的概念,这种概

---

① 〔美〕罗杰·希尔斯曼:《美国是如何治理的》,曹大鹏译,商务印书馆1986年版,第181页。
② 参见王守昌:《西方社会哲学》,东方出版社1996年版,第207页。
③ 〔美〕本杰明·卡多佐:《司法过程的性质》,苏力译,商务印书馆1998年版,第54页。
④ 〔美〕罗杰·希尔斯曼:《美国是如何治理的》,曹大鹏译,商务印书馆1986年版,第189页。

念已涵盖所描述对象的一切有意义的特征,在适用时没有多种理解,可单依逻辑推理操作,一般不需要进行解释和补充其含义,如"配偶";不确定的法律概念是因为立法时无法穷尽所有现象,所以采用了较为含混的语词,是一种含义较为广泛,可以在适用时综合各种情形加以分析和价值补充的概念,如"重大误解"、"显失公平"、"必要费用"。

不确定的法律概念,根据不确定的程度的不同,又可以分为封闭的不确定概念和开放的不确定概念。前者内涵不确定但是外延封闭,因此在概念的确定程度上接近于确定的法律概念;后者内涵、外延均不确定,往往成为法律适用中的问题,在具体适用时需要加以分析、补充,使其具体化。

不确定概念与法律漏洞不同,法律漏洞属于法律未作规定,而不确定概念是法律有规定但规定不具体、构成要件适用范围不明确,需要在适用时结合案件事实确定其构成要件和适用范围,这称为不确定概念的价值补充。例如,法律中规定的"社会公德"、"不合理危险"等这类概念,无具体构成要件的表述,需要结合案件的具体情况加以判断、限定和价值补充。

二、不确定概念的价值补充的性质

对于不确定概念的价值补充究竟是属于法律解释还是漏洞补充,理论界存在不同的见解。①

第一种见解认为不确定概念的价值补充属于法律解释,德国学者 Canaris 认为,在不确定概念和一般条项下,不管法律是多么的一般和不确定,但它总算作了规定,从而与完全未作规定不同。因此,有时虽可说它未作足够的法律上的评价,但不能说它未作法律上的指令。而法律上指令的有无,应是法律漏洞之范围的划分标准,即无它,才算是法律漏洞。更何况,在这里也不具备法律漏洞概念的第二个特征:违反计划性。这不管是依主观说或客观说都是成立的。违反计划性的概念,主要是依法秩序之内在目的来界定的。在整个法秩序内,不确定的、需要评价并予以补充的法律概念和一般条项彻头彻尾负担着有意义的任务:主要地,它们是使个案之特别情形的考虑成为可能,亦即照顾到个别的正义意义下之衡平(die Billigkeit im Sinne der individuellen Gerechtigkeit);附随地,它们同时也作为引入法律外,如社会的或伦理的价值的媒介。基于以上理由,不能说它们在整个法体系内是违反计划的。因此,它们的存在并不构成法律漏洞,法官就不确定概念和一般条项所进行的操作,当然不属于漏洞补充,而属于法律解释。我国台湾地区学者杨仁寿也赞同这一观点。他认为:"价值补充,介乎狭义的法律解释与漏洞补充之间,乃系对不确定法律概念及概括条款之一种解释方法。

---

① 参见黄茂荣:《法学方法和现代民法》,中国政法大学出版社 2001 年版,第 297—306 页。

民法上有些概念,赋予法官斟酌一切情事予以确定者,谓之不确定法律概念。盖此等概念,于法律本身未予确定也。举其著者,如民事法上之重大事由、显失公平、相当期间或相当数额,以及刑事法上'或其他非法之方法''或以他法''居于类似''或其他麻痹方法'等是。又有些条款,仅就原则概括的规定,赋予法官就具体案件公平裁量,妥善运用者,称为概括条款,如诚实信用原则、权利不得滥用原则等皆属之。此种不确定法律概念或概括条款,法律本身极为抽象,须于具体的个案中予以价值判断,使之具体化,而后其法律功能始能充分发挥。此种透过法官予以价值判断,使其规范意旨具体化,而后其法律功能始能充分发挥。此种透过法官予以价值判断,使其规范意旨具体化之解释方法,谓之价值补充。"[①]

第二种见解认为不确定概念的价值补充属于漏洞补充。针对 Canaris 的观点,这一见解认为,首先,立法者授权之有无,与法律之"不圆满性"在理论上缺乏关联。立法者授权即指令之有无,涉及法院是否为补充的问题,而不是法律不圆满性的存在问题。以对法律不圆满性之补充权限的授予,作为无法律漏洞,即法律不圆满性之论据,在理论上显然缺乏说服力。其次,以需要评价并予以补充的法律概念和一般条项在法律体系内的功能来证明由它们引起的"不圆满性"之"无违反计划性",也有商榷余地。不可否认,不确定概念和一般条项的存在,有照顾个案上的衡平及引起法律外的新价值的功能;同时,不确定概念和一般条项存在之必要,乃是人类在规范的设计上的力不从心的体现。立法者尚不能完全知道,哪些是应加以规范的,以及已认为应加以规范者,应如何准确地加以规范。于是,不得已求助于开放型概念,期能弹性地、演变地对生活事实加以规范,而不致挂一漏万。因为立法者认识到自己能力有限,从而采取"将就性"的补救措施,充其量只能使这种因其能力不足所造成的法律不圆满状态,被评价为预见的、认知的法律漏洞,而不应将该不圆满性评价为不存在的或不违反立法计划的。因此,这种由开放性不确定性概念和一般条项所引起的不圆满状态,亦应属于法律漏洞。它与其他法律漏洞的区别只在于,法律已授权法院补充这种漏洞。学者称为"授权补充的漏洞"或"法内漏洞"。

第三种见解认为对于不确定概念无须作属于法律解释或漏洞补充的划分,可作为一类独立案型处理。

在这三种见解中,第二种观点即认为不确定概念的价值补充具有法律漏洞补充的性质,值得赞同。

【本章阅读材料】

【法官的法的续造——解释的赓续】 法律必然"有漏洞"。长久以来,大家

[①] 杨仁寿:《法学方法论》,三民书局1987年版,第121页。

也承认法院有填补法律漏洞的权限。因此,提供法官一些——可以适宜事理,并且他人可以理解的——完成此项任务的方法,也是法学的重要志愿之一。法官的法的续造,有时不仅在填补法律漏洞,毋宁在采纳乃至发展一些——在法律中至多只是隐约提及的——新的法律思想,于此,司法裁判已超越法律原本的计划,而对之作或多或少的修正。这种"超越法律的法的续造"当然也必须符合整体法秩序的基本原则,实际上常是为了使这些原则能(相较于法律所规定者)更普遍适用,才有法的续造的努力。

然而,法律解释与法官的法的续造并非本质截然不同之事,毋宁应视其为同一思考过程的不同阶段。此意谓:如果是首度,或偏离之前解释的情形,则法院单纯的法律解释已经是一种法的续造,虽然法官多未意识及此;另一方面,超越解释界限之法官的法的续造,广义而言亦运用"解释性"的方法。狭义的解释界限是可能的字义范围。超越此等界限,而仍在立法者原本的计划、目的范围内之法的续造,性质上乃是漏洞填补=法律内的法的续造,假使法的续造更逾越此等界限,唯仍在整体法秩序的基本原则范围内者,则属超越法律的法的续造。虽然这三个阶段之间不能划出清楚的界限,然而其各自有其典型的方法,因而仍有必要区分三者。此外,不能拒绝裁判的法官有为法解释的义务,如法律有漏洞,亦有填补漏洞的义务,反之,只在有重大事由的情况,法官才会决定从事超越法律的法的续造。

——〔德〕卡尔·拉伦茨:《法学方法论》,陈爱娥译,商务印书馆2003年版,第246—247页。

【思考题】

1. 法律续造和法律推理、法律注释、法律解释的关系是怎样的?
2. 法律续造是否有界限?如果有的话,界限是什么?
3. 为什么法律会有漏洞?
4. 如何从众多社会需求中甄别出可以作为利益衡量的依据?
5. 不确定概念的产生原因是什么?
6. 法律续造在法律解释体制中处于什么地位?

【参考文献】

1. 〔德〕卡尔·拉伦茨:《法学方法论》,陈爱娥译,商务印书馆2003年版。
2. 黄茂荣:《法学方法和现代民法》,中国政法大学出版社2001年版。
3. 杨仁寿:《法学方法论》,中国政法大学出版社2004年版。
4. 梁慧星:《民法解释学》,中国政法大学出版社1995年版。

第十二章 法律的历史演化论

【本章提要】 就法律的一般理论来说,法律的起源是与法律的本质和作用密切联系的重要问题。通过对法律产生的根源和动因、法律产生的过程和共同规律的学习,进一步认识法律的本质和社会价值。对人类历史上存在的各种法,除了马克思主义法理学依据法所赖以存在的经济基础及法所体现的阶级意志的不同而归纳的几种法的历史类型外,西方学者特别是比较法学家还提出了法系的概念。了解这些理论,分析法律的历史演变情况,有助于我们进一步认识各种法律制度的特点及相互之间的关系,更好地把握法律的历史发展进程及其规律。

第一节 法的起源

一、探究法的起源的意义

关于起源,《说文解字》解释:"起,能立也,从走。"这说明,"起",是事物和现象发展过程中的起点。《辞海》解释:"源,水泉之本也。"源,即水流之本。起源,喻指事物和现象的过程及其根由。在我国法学界,法的起源是指法律规范体系的起始和本源。例如,法产生的根源和动因、法产生的过程和方式、各民族和国家法律产生的共同规律及其差异等等。

我国法学家郭道晖先生为了将表示法的内容来源的"法的起源"与表示法的存在形式的"法的渊源"相区别,主张以法的"形式渊源"或"法律形式的效力渊源"来指称具有法律效力的法的各种存在形式,将"法的渊源"一词专指法的起源与根源,统称为"本源",以避免与形式渊源相混淆。同时他还认为:"法的本源中,法的起源和法的根源二者还有细微的区别:'起源'是研究法从无到有的历史发展过程;'根源'则是说明法产生与存立的根由。二者又是紧密关联的。"①

研究法的起源的核心问题是为了搞清楚法究竟产生于何时:它是随着人类的产生而产生,还是在人类产生以前就已经产生,抑或是在人类社会发展到一定阶段才产生的?探究法的起源的意义在于:

---

① 郭道晖:《法理学精义》,湖南人民出版社2005年版,第42页。

首先,历史探源法是人类认识一切事物和现象的基本方法。马克思主义认为,自然和社会中的一切现象和事物"从沙粒到太阳,从原生生物到人,到处在永恒地产生和消灭中"①,都是在不断地运动、变化和发展之中,在研究任何事物时,都要考察它的历史起源和前提,"考察每个问题都要看某种现象在历史上怎样产生"②的。社会的法律现实和法律现象也有其自身的生命和运动,既生生不息又有始有终。对此,人们要探究深藏、蕴涵于法律现象中的内在联系和规律,都会自觉或不自觉地、不同程度地循着历史之路,追溯法律的源流。通过探寻法的来源,来认识法的实质,了解其走向,推断其未来。

其次,探究法律起源是为了准确把握法律的本质和概念。英国历史法学派代表梅因在论及探究法律起源的意义时指出:"如果我们能通过任何方法,断定法律概念的早期形式,这将对我们有无限的价值。这些基本观念对于法学家,真像原始地壳对于地质学家一样的可贵。这些观念中,可能含有法律在后来表现其自己的一切形式。"③因为一切事物和现象的产生及其条件都将以胚胎的形式凝结在该事物和现象的本质里,并影响其今后的发展,所以只有揭示法的起源,才能准确把握法的本质。此外,当我们在接触与理解制定法和非制定法、自然法和人定法、应然法和实然法等概念时,也需要对法的起源有一个比较清楚的认识。

最后,人们通过对法律溯源的认知转换为现实中一定的价值追求,尤其是当前我国在发展社会主义市场经济时,为何急需建立以及如何建立与市场经济相适应的法制,不仅是重要的理论问题,也是重要的实践问题。我国法制建设无论是总结和继承还是借鉴和创新,一个不可缺少的环节就是必须研究法律的历史与现状,弄清商品交换、市场经济和法制内在的必然联系。文明社会的法律是社会运作的规范性和连续性的必然要求。沿着人类文明起源的足迹探索前行,显现人类物质生产活动与法律起源的历史渊源关系,正是对我国法制建设的理性思考,从而更好地构筑和完善与社会主义市场经济相适应的法律体系,以保障市场经济有序运行。

二、法的起源的不同理论

法的起源问题的研究和法律本质的研究同样古老。从纵向而言,这种研究大致可以分为:早期的哲理研究和20世纪以来实证主义的法人类学研究。前者如古希腊的智者学派、17—19世纪的古典自然法学派和哲理法学派以及历史法学派等,对法的起源都作过哲学上的推论,都有各自的法律起源假设;后者则注

---

① 〔德〕恩格斯:《自然辩证法》,中共中央马克思恩格斯列宁斯大林著作编译局译,人民出版社1971年版,第16页。
② 《列宁选集》第4卷,人民出版社1995年版,第26页。
③ 〔英〕梅因:《古代法》,沈景一译,商务印书馆1959年版,第2页。

重对原始人群的法律的实证描述,从19世纪下半叶起,人们对人类早期社会的研究,逐渐从依靠史料、文献和考古向"人类活化石"考察转移,开始对仍然存在的一些原始部落的制度、习俗进行广泛深入的考察,试图从对尚存于世的原始社会规则的研究中推论出法律起源的一般规律。

由于法律产生的最初情景早已消失在人类文明历史大道幽深的尽头,法的起源离我们今天已十分遥远。人们探究法律的起源,也只是基于不同的利益和立场做出不同的回答。从横向而言,各派的理论和学说不外乎两大类,其中又各包含几种不同的观点。

一类观点认为,法律是从来就有的,是与人类社会共始终的社会现象,其最典型的观点是"神意说"。这一学说认为法是人格化的超人类力量的创造物,各种各样的神为人类创造法,这是历史上出现最早、传播时间最长,也是在古代文明中占据主导地位的观点。美国法哲学家博登海默在论述古希腊的法律理论时说道:"我们是通过荷马的史诗和海希奥德(Hesiod)的诗歌了解古希腊人的法律思想的。当时,法律被认为是由神颁布的,而人则是通过神意的启示才得知法律的。……奥林匹斯山众神之首宙斯把法律作为他最伟大的礼物赐予了人类。"①古希腊哲学家赫拉克利特曾明确指出:"人类的一切法律都因那唯一的神的法律而存在,神的法律随心所欲地支配着一切,满足一切,也超过一切。"②在古希腊,法律的神源本体观不仅作为一种理念而存在,它还直接影响到当时的立法和司法活动。"在古希腊的早期阶段,法律和宗教在很大程度上是合一的,人们经常援引的是特耳非(Delphi)的圣理名言——他的名言被认为是阐明神意的一种权威性意见。宗教仪式渗透在立法和司法的形式之中,祭司在司法中也起着至为重要的作用。国王作为最高法官,其职责和权力也被认为是宙斯亲自赐予的。"③在古希腊奴隶制形成和巩固时期,法律观的基本特点就是把法视为一种神意,神法先于人类存在。

在古罗马,法律同样被视为神的意志的体现。罗马法学家西塞罗认为:作为最高理性的自然法来源于"上帝的一贯意志",人定法是自然法在世俗社会中的体现。自然法先于人定法、高于人定法,人定法体现自然法、源于自然法,"法律是最高的理性,从自然生出来的"。这种理性"起源于宇宙的天性,它驱使人们从错误的行为转向正当的行为,所以这种理性尚未写成文字时,尚未成为法,它

---

① 〔美〕博登海默:《法理学——法律哲学与法律方法》,邓正来译,中国政法大学出版社1999年版,第3页。
② 转引自北京大学哲学系外国哲学史教研室编译:《古希腊罗马哲学》,商务印书馆1961年版,第29页。
③ 〔美〕博登海默:《法理学——法律哲学与法律方法》,邓正来译,中国政法大学出版社1999年版,第4页。

先于法而存在,并与神的理智同时并存"。① 他同时认为:"罗马和雅典将不会有不同的法律,也不会有现在与将来不同的法律,而只有一种永恒不变并将对一切民族和一切时代有效的法律;对我们一切人来说,将只有一位主人或统治者,这就是上帝,因为他是这种法律的创造者、宣告者和执行法官。"②"法是上帝贯彻始终的意志,上帝的理性依靠强制或者依靠约束支配一切事物。为此,上帝把赞美过的那个法赋予人类;由于法是制定者应用于支配和禁止方面的理性和意志,……因此,真正的和原始的应用于支配和禁止的法,就是最高的朱庇特(译者按:罗马主神)的正当理性。……因为神的理智就是至高无上的法。"③可见,在西方早期的法文化中,神成为法律的一种根源性本体,法律只不过是神意的体现或者是由神直接向人类颁布的规诫。

到了近代,一些思想家也有类似的观点。比如在孟德斯鸠看来,最广义的法适用于一切存在物,是由事物产生出来的必然关系。"上帝有他的法;物质世界有它的法;高于人类的'智灵们'有他们的法;兽类有它们的法;人类有他们的法。"④社会法学派的代表狄骥认为,社会与社会规范是不可分离的,社会必然存在的社会连带关系产生了三种社会规范,即经济规范、道德规范、法律规范。总之,"无社会便无法律产生,无法律之社会亦不成其为社会"⑤。当然,这个"法律"不是人们制定、认可的,而是指"自然法"、"神法"或客观规律。

另一类观点则以人类社会发展进程中的各种现象和因素作为法律起源的原因。例如,"暴力说"认为法是暴力斗争的结果,是掌握权力者以暴力作为统治工具的伴生物,这一观点以中国战国时期的韩非为代表。《韩非子·五蠹》篇说:"人民众而财货寡,事力劳而供养薄,故民争",认为有了暴力和斗争以后才有了解决冲突的规则。"契约说"认为人类在进入政治社会之前处于自然状态,后来为了安全,为了生产发展,为了社会安定和发展等原因,相互间开始缔结契约,通过缔结契约,人们放弃、让渡部分自然权利,然后组成了政府,这最初的契约就是法律。因此,法律是人类缔结契约放弃与让渡部分自然权利以组成政府的结果。古典自然法学者持此说。"发展说"认为,随着社会的进化,人的能力有了发展,财富有了增加,社会关系开始复杂,因而需要法;或者在自然界产生之前就已存在的绝对精神不断发展,到了自然界阶段,才有了人类、人类精神的发展,并最终产生法。"合理管理说"认为,一个群体的法律秩序,是基于合理性管理的需要而发展起来的。如此等等。

---

① 参见《西方法律思想史资料选编》,北京大学出版社1983年版,第77页。
② 〔古罗马〕西塞罗:《国家篇 法律篇》,沈叔平、苏力译,商务印书馆1999年版,第101页。
③ 同上书,第180页。
④ 〔法〕孟德斯鸠:《论法的精神》(上册),张雁深译,商务印书馆1961年版,第1页。
⑤ 潘维和主编:《法学论集》,台湾中国文化大学出版社1981年版,第6页。

中国古代思想家对法律的起源也有各种各样的观点和学说。一般认为,以黄帝为初祖的中国文明发展的最初阶段至夏以前的五帝时期是实行禅让制的"公天下"的"大同"时代,在这一"天下为公"的时期并没有法律,而且也不需要法律。《礼记·礼运》这样描述当时的社会政治生活:"大道之行也,天下为公,选贤与能,讲信修睦。故人不独亲其亲,不独子其子,使老有所终,壮有所用,幼有所长,矜寡孤独废疾者皆有所养,男有分,女有归。货恶其弃于地也,不必藏于己,力恶其不出于身也,不必为己。是故谋闭而不兴,盗窃乱贼而不作,故外户而不闭,是谓大同。"而关于法的产生,古人也作了各自不同的理解和解释。其中比较有代表性的,是道家的"法自然"和"自然法"思想,荀子的"明分使群"、"化性起伪"说,以及法家的"定分止争"说等。

在道家的创始人老子看来,宇宙的生发具有一定的规律性,"天下万物生于有,有生于无"①。这个"无"即是"道","道生一,一生二,二生三,三生万物"②。在这里,"道"并不是一个实体,而是所有事物"分有"(柏拉图语)并借以生成的逻辑规律。"有物混成,先天地生,寂兮寥兮,独立而不改,周行而不殆,可以为天下母。吾不知其名,字之曰道。"③同时,从历时性看,"道"最初也是以一定的实体为其载体的,这一载体即是"自然"。"人法地,地法天,天法道,道法自然。"④自然与"道"是先于天、地而存在的。随着时间的推移,"道"逐渐成为渗透于万物的普遍性法则。"故道大,天大,地大,人亦大。域中有四大,而人居其一焉。"⑤这样,在"人道"与"天道"之间就形成了一种对立统一关系,而作为自然规律的"道"则是宇宙产生的本体。

早期道家认为,在人类社会的最初时期,人们过着一种受"道"所支配的最美好、最和谐生活。在这种状态中,道之本即是自然无为。但这种类似于西方自然状态的社会却不断地受到破坏,仁义道德的出现就是这一破坏的结果。"故失道而后德,失德而后仁,失仁而后义,失义而后礼。夫礼者,忠信之薄,而乱之首。"⑥"大道废,有仁义;智慧出,有大伪;六亲不和,有孝慈;国家昏乱,有忠臣。"⑦因此,人类要想回复到美好的状态,唯有摈弃末世象征的仁义道德和法令刑条,效法自然,道本无为。"道常无为而无不为。侯王若能守之,万物将自

---

① 《老子·四十章》。
② 《老子·四十二章》。
③ 《老子·二十五章》。
④ 同上。
⑤ 同上。
⑥ 《老子·三十八章》。
⑦ 《老子·十八章》。

化。"①"我无为,而民自化;我好静,而民自正;我无事,而民自富;我无欲,而民自朴。"②庄子进一步发展了老子的"无为而治"思想,猛烈抨击儒家、法家及名家。"赏罚利害,五刑之辟,教之末也;礼法度数,刑(形)名比详,治之末也。"③早期道家的这一自然逻辑观念也为后来儒道合流之后的新儒家所继承。

先秦儒家代表人物之一的荀子认为,人类为了生存,战胜自然,就必须"明分使群",即组织社会,区分职业和等级。没有"群",个人便无法生存;没有"分",社会便无法维持。实现"明分使群"的关键在于发挥"人君"的作用,依靠君主创制礼义组织社会,治平天下。荀子从社会物质生活的需要以及财产和权利的再分配的角度论证了礼的起源。他说:"人生而有欲,欲而不得,则不能无求;求而无度量分界,则不能不争。争则乱,乱则穷。先王恶其乱也,故制礼义以分之,以养人之欲,给人之求。使欲必不穷乎物,物必不屈乎欲,两者相持相长,是礼之所起也。"④因为礼是分配物质财富的"度量分界",荀子所说礼的起源实际上也就是法的起源。荀子还从"人性恶"的角度阐释了礼、法的另一个起源。他认为人的本性是恶的。人生来就有各种欲望,如果放纵这些欲望,人们就会你争我夺,从而造成了社会的混乱。因此必须对人性进行改造,即"化性起伪"。"伪"是指人为的后天作用。礼义、国家和法律就是为了"化性起伪",改造恶性而产生的。

法家则十分精辟地论述了国家和法律的起源在于"定分止争",提出了与传统的天命神权、"法权神授"不同的起源论。商鞅认为人类社会最初并没有国家和法律,后来由于出现了"亲亲而爱私"⑤和"以强胜弱,以众暴寡"⑥的争夺混乱局面,"是以圣人列贵贱,制爵位,立名号,以别君臣上下之义。……民众而奸邪生,故立法制、为度量以禁之"⑦。韩非认为,国家与法律源于"禁暴"、"止乱",为了适应"人民众而财货寡"的变化,必须要有国家和法律来维持社会秩序。

此外,中国历史上还有法律起源于"势"(唐代的柳宗元)、法律起源于"公利"(明末清初的黄宗羲)、法律起源于"农"(清末的龚自珍)等多种说法。

按照马克思主义的观点,国家和法是人类社会发展到一定历史阶段的产物。随着生产力的发展,私有制的出现,出现了阶级对立和利益的冲突。在社会上居于统治地位的阶级,为了维护自己的特权和对自己有利的社会秩序,就将原始社会有利于自己的氏族习惯,用法律的形式固定下来。马克思主义的法律起源学

---

① 《老子·三十七章》。
② 《老子·五十七章》。
③ 《庄子·天地》。
④ 《荀子·礼论》。
⑤ 《商君书·开塞》。
⑥ 《商君书·画策》。
⑦ 《商君书·君臣》。

说认为:原始社会没有法律,法律和国家密不可分,法律的产生和国家的产生是同一历史发展进程中相互联系的两个方面。19 世纪 40 年代,随着马克思、恩格斯科学世界观的创立,一个在法律起源研究领域将引起巨大变革的崭新思想——"私法和私有制是从自然形成的共同体形式的解体过程中同时发展起来的"①学说已经形成。马克思、恩格斯历来认为法律和国家是相伴孪生的,无论是从《德意志意识形态》到《论住宅问题》,还是从《摩尔根〈古代社会〉一书摘要》到《家庭、私有制和国家的起源》,都论证了法律和国家相伴孪生的必然性:二者是在私有制和阶级对抗温床里共同孕育而生的,产生于"经济利益互相冲突的阶级,不致在无谓的斗争中把自己和社会消灭,需要有一个表面凌驾于社会之上的力量"这一经济和政治的动因。"官吏既然掌握着公共权与征税权,他们就作为社会机关而凌驾于社会之上。……他们作为日益同社会脱离的权力的代表,一定要用特别的法律来取得尊敬。"②所以,原始社会没有监狱、诉讼和法律,文明社会的法律是在有了经济强制之后才产生的,法律和国家是同步产生的,而且是个渐进的过程。马克思主义法学思想是我国法学研究的理论基础,因此其法律起源学说在我国法律起源理论中居于主导地位。

但由于马克思和恩格斯的这些论述并不都是针对法律起源问题的专门和具体的研究,涉及法的起源的一些具体内容也很难像讨论现实的法律问题那样有明确的描述,因此马克思和恩格斯的论述以及今人对他们论述的理解也就会产生某些不同的观点。

比如法律产生的时间问题,一般都会引用上述一些文字来证明马克思主义有关法律和国家是同步产生的观点,然而经常被用来说明马克思主义关于法律起源观点的还有恩格斯的一段话:"在社会发展某个很早的阶段,产生了这样的一种需要:把每天重复着的生产、分配和交换产品的行为用一个共同规则概括起来,设法使个人服从生产和交换的一般条件。这个规则首先表现为习惯,后来便成了法律。随着法律的产生,就必然产生出以维护法律为职责的机关——公共权力,即国家。在社会进一步发展的进程中,法律便发展成或多或少广泛的立法。……随着立法发展为复杂和广泛的整体,出现了新的社会分工的必要性:一个职业法学者阶层形成起来了,同时也就产生了法学。"③这段话被演绎为以下几层意思:法是随着人类社会的发展而历史地形成的;法产生的根源是生产、交换和分配的需要;法的产生是在国家出现之前;法的存在形式经历了由原始社会的习惯到经社会公共权力确认的习惯法,再到国家立法,到最后产生法学家和法

---

① 《马克思恩格斯全集》第 3 卷,人民出版社 1990 年版,第 71 页。
② 恩格斯:《家庭、私有制和国家的起源》,中共中央马克思恩格斯列宁斯大林著作编译局译,人民出版社 1972 年版,第 169 页。
③ 《马克思恩格斯全集》第 18 卷,人民出版社 1964 年版,第 309 页。

学这一历史发展过程。可见,究竟是法律产生于国家出现之前还是两者同步产生,也是没有明确说法的一个问题。其实,纠缠于这些细枝末节并没有多少意义,有时候甚至于如同在做文字游戏,我们探究法的起源,关键还是要找出"法"这个事物产生的原因和出现的标志,确定法的所有特征出现和形成的时间和阶段。我国法学家沈宗灵先生曾经说:"研究法的起源就在于要认识:在人类历史上在什么时候什么条件下,由于什么原因产生了法?目的是通过历史考察来看什么是法。"①这句话对我们应该是有启示的。

三、我国关于法的起源的学术争论

在我国,法学界在中共十一届三中全会解放思想实事求是路线鼓舞下,在对法的阶级性进行反思的同时,对传统的法律起源观提出了质疑。1980—1990年的10年中,有过两次较为集中的争议(1980年和1986年前后)。争论的焦点是:原始社会有没有法律?法律发生的原因及过程如何?综观各种不同的学说和理论,不外乎两大类观点:

一种是坚持传统的法律起源论,认为法律起源于私有制、阶级和国家的形成。例如,郭宇昭在分析了恩格斯《家庭、私有制和国家的起源》中有关法律的基本观点后明确指出:"法这种特殊的行为规则并非人类社会发展的一切阶段都需要的,而只是在存在着阶级、阶级斗争的社会才是必需的。"②

另一种则是对法律起源于阶级斗争的传统观念提出了质疑,认为法律是从来就有的。例如,周凤举指出:"早在没有阶级、没有阶级斗争、没有国家的原始共产制的氏族社会里法这种东西就出现了。"③倪正茂也认为:"法律早在原始社会就已出现……它不仅仅是阶级社会的现象。"④李吉宝也主张:"原始社会有它自己的法,习惯法即法,这是一种有强制力的以社会报复惩罚为后盾的社会成员普遍的社会行为规范,决不同于无强制力的一般习惯舆论伦理道德。法是一种社会现象,无法不成其为社会。"⑤陈守一也表示:"说法是阶级社会特有的现象,恐怕不科学。""马克思恩格斯从来没有讲过法是在国家、阶级出现以后才有的,也从来没有讲过法律是阶级斗争的特有产物,相反,恩格斯在《家庭、私有制和国家的起源》一书中,倒是多次论及原始社会的法权关系。"⑥周永坤也撰文指出:"我们认为,传统的法律起源理论有许多合理之处,但是'原始社会没有法

---

① 沈宗灵等编:《法理学与比较法学论集——沈宗灵学术思想暨当代中国法理学的改革与发展》(上册),北京大学出版社、广东高等教育出版社2000年版,第160页。
② 郭宇昭:《法不是从来就有的》,载《法学研究》1983年第4期。
③ 周凤举:《论单纯是阶级斗争工具吗?——兼论法的社会性》,载《法学研究》1980年第1期。
④ 倪正茂:《论法律的起源》,载《上海社会科学》1981年第2期。
⑤ 李吉宝:《社会的法律选择》,中国政法大学出版社1989年版,第12页。
⑥ 陈守一:《关于法学理论更新的几个问题》,载《法学杂志》1986年第4期。

律'的主论点却是站不住脚的。其主要不足在于:(1)缺乏足够的实证材料的支撑,不符合人类学研究揭示的原始社会实际状况。法人类学研究的成果早已证明许多高级的无国家的原始社会存在法律……(2)从'阶级斗争为纲'的定势思维出发误解了经典著作中关于原始社会的理论。马克思恩格斯关于原始社会理论的主要文献依据是摩尔根的《古代社会》,而该书明确指出'审问罪犯的法庭和规定刑法的法律……在政治社会建立以前便已出现'。……(3)对史料的应用有错。有些教材在讲述原始社会时,指的是'采集和狩猎'时代。采集和狩猎时代确实没有法律,但那是原始社会的早期,而不是全部原始时代。'采集和狩猎'时代没有法律并不等于所有原始社会均没有法律。"①

我国法学界围绕"原始社会是否存在法律"的争论并无实质上的分歧。因为持原始社会就有法律的观点一般也承认原始社会的法律与阶级社会的法律在本质上是不同的,原始法律没有国家强制力;坚持原始社会没有法律、法律是阶级社会产物的观点的,同样也认为原始社会有自己的行为规范,但这种行为规范不具有阶级社会法的性质,因而不能称之为法。

郭道晖先生对法源论这一问题有不少独到的见解,他在《法理学精义》一书中对我国法学界以往流行的观点作了如此评述:"我国法学界过去在苏联法学影响下,对马克思主义创始人的法源论,其中特别是关于原始社会有没有法,到共产主义法是否消亡,多有误释。把'原始社会没有法'和'共产主义社会法消亡'的论断,说成是马克思主义的法律观;而对持相反论断者则批为'反马克思主义'。这种观点的理论基础是出于对马克思主义的阶级斗争理论和国家学说的教条主义理解,固守所谓'法是阶级斗争的工具'和'法律是统治阶级意志的体现'这两个教条,从而推导出'阶级和国家产生以前和二者消亡以后不会有法'的逻辑结论。其实,这种观点既不符合历史事实和未来发展趋势,也不符合马、恩的原意。"②

第二节 法的历史类型和法系

一、关于法的历史类型的理论

从社会运动的角度看,世界上一切事物和现象都处在不断运动、变化和发展中,法律现象也不例外。人们对法律发展的解释本身是一个运动的过程。对推动法律发展的社会动力,不同的学者有着不同解释。例如,神学法律观为法律的发展找到各种各样的神,认为法律发展是神的推动;哲理法学派则为法律的发展

---

① 周永坤:《法理学——全球视野》,法律出版社2000年版,第474—476页。
② 郭道晖:《法理学精义》,湖南人民出版社2005年版,第45页。

找到了伦理的动力;历史法学派认为法律与民族精神、民族气质共存,一个民族发展了,该民族的法律就会发展,如果民族衰落其法律也将随之衰落等。而马克思主义法学则认为,法律的发展是社会各种因素综合作用的结果,而经济发展水平、经济交往方式以及作为阶级关系的经济关系,对法律发展起着决定性作用。至于法律发展的动力的来源,可以来自社会内部,比如法律与社会现实之间的矛盾、社会公权力的更迭、社会法律观念的进步等;也可能是外来力量的推动,比如武力侵犯或经济强力的制约、殖民统治、外来法律文化的影响等。

自人类社会出现法律以来,在不同的国家和地区,在社会发展的不同阶段,曾经出现过形形色色、各种各样的法律制度,为了对这些法律制度进行分析研究,了解其不同的性质和特征,就需要按照一定的标准对它们进行适当的分类。而法的分类历来是个比较复杂的问题,依据不同的标准划分,自然会得出不同的结果。

如同下文所要介绍的,西方法学家往往根据各国法的特点及其历史传统,把法分成若干法系。而苏联法学则采用了一个独特的概念——法的历史类型,认为确定法的分类亦即法的历史类型,最科学的标准和依据是法的经济基础和阶级本质。中国法学界据此在很长一段时间也接受并沿袭使用了法的历史类型这一概念,把这一概念定义为:按照一定的经济基础和阶级本质来划分的法的基本分类。根据这一定义,法被分为四种类型:奴隶制法、封建制法、资本主义法和社会主义法。前三者又合称为剥削阶级的法。因此,从大的范围讲,法也可说是分成两大类型。这也是过去很长一段时间我国法学理论学界的主流观点。

这一概念强调了如下几层意思:第一,法律不是从来就有的,它是人类进入阶级社会后的产物。第二,法律的发展经历了由奴隶制法、封建制法、资本主义法最终走向社会主义法的不断更替,并断言这是法律发展的基本规律。第三,法的历史类型的划分标准是法律赖以存在的阶级本质和经济基础。法的历史类型的概念直接源自法律的阶级性,但它又在概括描述法律现象方面超过了阶级性的涵盖范围,具有更强的统合以阶级性为代表的法学概念的能力。这一概念强调任何法律的本质属性是它的阶级性,而这种阶级性的具体内容是由该社会的物质生活条件(也称为经济基础)所决定的。这一概念实际上包括了过去一段时间我国法学特别是法理学的核心范畴,大部分法学理论教材的编排体系就是由这一概念支撑的。

尤其要紧的是,受苏联法理学的影响,自20世纪50年代至80年代,我国法学一直把"阶级性"作为法学的最重要观点,甚至将其上升为政治立场的问题,使法学实际上成了阶级斗争学。而且在法的阶级性本身不能成为法学的核心范畴的情况下,在阶级性基础上经过法学家抽象演变而来的法的历史类型却挑起了这副担子。法的历史类型成了法的阶级性在法学领域的"完美"体现。这样,也使一种本来有一定合理成分的概念范畴出现了泛阶级分析的倾向,忽略了法学自身的特殊性。用这种方法来指导研究法学,不能解决法学自身的问题。其主要问题是,以法的历史类型构建的法学体系否认法律有自己独立的历史,并进而否认法学学科的独立性。① 就如张文显教授评价的:"把阶级性置于法学基石范畴的位置,作为法学的参照系或观念模式,必然使法学丧失其作为一门独立学科的资格和地位。"②

如上所述,我国法学理论学界的这一观点主要是受苏联法学理论的影响,但即便如此,对这一观点的表述还是略有区别的。苏联法学界一般认为,所谓法的历史类型就是同一社会经济形态范围内各国的法所具有的各个法律制度的基本特征和特点的总和。把这一定义和我国公认的定义相比,不难看出两者的异同。我国的定义在内涵上少了"国内"或"各国"一词的限制,更强调普遍性。两相对比,孰优孰劣不言自明。法的历史类型之说,在国内法中尚可算一家之言,因为只有"国内"的法才依赖于一国的经济基础。而国际法所依赖的国际关系(最基本的是国际经济关系),则不能称为全部生产关系的总和即经济基础,否则,如果全世界只有一个经济基础,也就没有必要去研究什么法的历史类型了。实际上,不加限制地、直接地把国际法分为社会主义国际法和剥削阶级国际法是不科学的,是不符合国际社会实际情况的。过去苏联国际法学界的某些学者是这样直接划分的,现在这种观点遭到了否定。我国当代国际法学界也认为这种划分不科学。

有学者指出:现代以来,随着生产力发展和各国交往的增多,国际法具有极大的普遍性,越来越多的规范如《联合国宪章》的基本原则几乎为各国公认。当代国际社会主要由意识形态、经济制度、文化背景不同的私有制国家(主要是资本主义国家)和社会主义国家组成,因此很难断言国际法的经济基础是资本主义生产关系的总和还是社会主义生产关系的总和。同时,国际法即使有阶级性,但因其被视为各国统治阶级意志的协调(或视之为共同同意),并不直接表现出明显的、尖锐的阶级对立。所以,按照中国法学理论学界给法的历史类型这一概念下的定义,是无法笼统地、没有任何限制地把国际法归于剥削阶级类型的法或是社会主义法的。况且,当代国际法中有一部分规范也不是由国家直接参与制定的,而是国际组织内部制定或是国际组织间相互签订的协议,这些规范的出现,就更难为国际法划分历史类型了,因为它并不直接地、当然地构成国内法的一部分。③ 如果我们承认国际法的法律性和独特的法律地位,如果我们承认国

---

① 参见陈金钊:《论法学的核心范畴》,载《法学评论》2000 年第 2 期。
② 张文显:《法学基本范畴研究》,中国政法大学出版社 1993 年版,第 12 页。
③ 参见宋连斌:《法的历史类型与国际法》,载《合肥联合大学学报》2002 年第 2 期。

际法所具有的相对独立的体系,那么上述分类的理论显然是不敷使用了。

不唯如是,即使是按照奴隶制法、封建制法、资本主义法和社会主义法这四种法的历史类型去区分,由于各国各地区发展的历史情况不同,所经历过的历史阶段有异,也是不能大而化之地一概而论的。撇开其他国家的情况不谈,光就中国的情况而言,就有许多特殊性。例如,按照一般的观点,中国并没有经历过资本主义社会这个阶段,而是在西方国家用火炮兵舰强行轰开中国的大门后,出现了历时百年左右的半殖民地半封建社会。因此,在这一阶段,就出现了一批半殖民地半封建社会性质的法律。近年来有一些学者提出,中国有过2000年封建社会史的提法也值得商榷,因为中国并没有像欧洲那样,存在过马克思所说的五种社会类型中的封建社会。中国在秦始皇统一后,就没有类似西方封君封臣制或西周封邦建国制那样的封建制度了。也有学者承认,西方学者使用封建一词是有严格界限的,①但也有与土地制度、农民生产、社会生活联系在一起的广义的封建主义,并非马克思主义者的布洛赫也使用封建社会一词。在研究封建主义的过程中,它的内容越来越广泛,地区也越来越扩大,封建一词的意义也越来越宽泛。近代以来,我们从西方史学、马克思主义史学中接受了封建社会的概念,现在可以说已是约定俗成,社会上也时常拿封建来形容落后的、过时的东西,因此没有必要放弃它。② 这些争论其实都在提醒我们,切不可把一种理论当做唯一的经典而排斥其他观点学说,随着社会的发展,各种学说理论本身也是在不断发展完善的。

另外,除了上述马克思主义法学关于法的历史类型的划分外,还有其他学者从不同的角度对法的历史发展阶段作过各种不同的划分。例如,英国的梅因把法律分为"身份"的法和"契约"的法;美国的庞德将法律分为原始的法、严格的法、17—18世纪的衡平法和自然法、成熟的法、社会化的法五部分;法国社会学家涂尔干将法律发展界定为由机械团结的社会(压制型法)向有机团结的社会(恢复型法)的转变;美国的昂格尔提出了关于习惯法、官僚法、法秩序(法治)的分类;日本的田中成明将法律的历史类型分为自治型法、普遍主义型法、管理型法等。我国法学家也有其他不同的分类方法,如把法律分为自然经济类型的法与商品经济(市场经济)类型的法;人治的法与法治的法;专制的法与民主的法;义务本位的法与权利本位的法等等。③ 可见,有关法的历史类型的分类,目的是

---

① 西方历史学界的主流思想仍把封建当做一个政治、法律制度,所以他们把封建局限于西欧。西方马克思主义史学家安德森虽然使用了马克思的生产方式的概念,可是仍然坚决反对把封建应用于欧洲以外的地区。在坚持五种生产方式说的苏联学界,中世纪学也是不包括东方各国,而另设东方各国中世纪史。他们实际上的封建概念,仍然是西方的。
② 参见马克垚:《中国有没有封建社会?》,载《史学理论研究》2004年第4期。
③ 参见高其才主编:《法理学》,中国民主法制出版社2005年版,第47页。

为了使我们更加深刻地认识不同法律制度的本质和特点,如果所用的标准或者观察的角度不同,是可以有不同的结果的。其原因就在于,法的历史类型的变更是通过人们有意识地进行革命才能实现的,社会革命一般是废除旧法、实现法的历史类型变更的动力,但如果是本身具有特殊性或者受到外来的影响,也会有不同的表现,而且法的发展也不全是通过法的历史类型变更的形式表现出来的。

二、法系的学说及分类

"法系"的概念由日本近代著名法学家穗积陈重博士在 1884 年(明治 17 年)率先提出,他在《法学协会杂志》第 1 卷第 5 号《法律五大族之说》一文中,分世界之法系为"印度法族、中国法族、回回法族、英国法族和罗马法族"五种。[①]

此端一开,后来有不少学者纷纷效仿,也借用法系这一概念研究历史上各种不同类型的法律制度。德国学者柯勒尔(Josef Kohler)和温格尔(Leopold Wenger)两人于 1914 年刊行《综合法制史》,将世界法系分为原始民族法、东洋民族法、希腊民族法三种。美国学者威格摩尔(John Henry Wigmore)于 1923 年发表《世界诸法系之发生消灭及传播》一文,后于 1928 年又出版了三卷本的《世界法系概览》(1936 年再版,出了合订本),将世界法系分为十六种,即古代埃及法、古代美索不达米亚法(巴比伦法或楔形文字法)、希伯来法、中华法、印度法、古希腊法、古罗马法、日本法、伊斯兰法、凯尔特法、斯拉夫法、日耳曼法、海事法、教会法、大陆法、英美法,并对其发展演变的历程及其内在规律进行了系统的论述。其他学者也有各种不同的划分方法和结果,直到 20 世纪 60 年代以后,学界仍然没有停止对这一问题的探讨。1968 年法国著名的比较法学家勒内·达维德出版了被西方法学家称为当代比较法学的权威著作《当代主要法律体系》,在书中,他认为当时全世界的主要法系有三个:一为罗马日耳曼法系,二为普通法,三为社会主义各国法。除此之外,伊斯兰法、印度法、远东(日本与中国)法、非洲与马达加斯加法等也被列为有特色的法律制度。而随着 20 世纪 80 年代末以来该书中所列举的苏联、东欧与中欧等社会主义各国的法律先后发生了改变,当今世界存在余下的两大法系的事实也已获得公认。

在中国,也很早就有接受了这一新的概念和方法、援"法系"以为研究手段的学者,而且在时间上还要早于欧美学者。据现在所掌握的资料,在中国学者中,最早使用"法系"一词,对中国传统法律进行分析研究的可能是梁启超。在 1904 年刊行的《中国法理学发达史论》一文中,梁启超谈到了世界各法系,还论析了法系与法理的关系。"近世法学者称世界四法系,而吾国与居一焉。其余诸法系,或发生蚤于我,而久已中绝;或今方盛行,而导源甚近。然则我之法系,

---

[①] 参见杨鸿烈:《中国法律在东亚诸国之影响》,中国政法大学出版社 1999 年版,第 2 页。

其最足以自豪于世界也。夫深山大泽,龙蛇生焉。我以数万万神圣之国民,建数千年绵延之帝国,其能有独立伟大之法系,宜也。然人有恒言,学说者事实之母也。既有法系,则必有法理以为之原。"又说:"逮于今日,万国比邻,物竞逾剧,非于内部有整齐严肃之治,万不能壹其力以对外。法治主义,为今日救时唯一之主义。……自今以往,实我国法系一大革新之时代也。"以后在他的多部论著中,也使用了"法系"的概念。

1949年以后,有一段时间,我们一方面也接受中国历史上曾经存在过陈陈相因、独树一帜的中华法系的观点,另一方面则更多的是用法的历史类型的理论去区分和研究人类历史上的各种法律制度,排斥法系的概念,甚至把法系看成资产阶级法学家的用语。而在重建法制的过程中,特别是在香港和澳门回归后,我们已经认识到,法系这一概念,作为对由于历史的原因而在不同的国家或地区之间形成一定亲缘关系的法律的一种称谓,在研究各种法律制度的发展和特点时显然是有其作用的,对当下不同的法律文化的交流也有益处。

在《法理学导论》一书中,我们已经分析了民法法系(大陆法系)和普通法法系(英美法系)各自的形成过程,以及西方这两大法系在法律渊源、法律分类、法典化的情况、法律概念与术语、适用法律技术、法律发展方式和诉讼程序等方面的差异。其实,采用这两大法系的国家在其他方面还有许多不同。

例如,在两大法系国家,律师的作用和审判方式也不同。律师为刑事案件进行辩护以及为民事案件进行代理的制度,在西方国家已实行了几百年,当今在西方法学著作中看到的法律职业一词主要是指法官和律师,尤指律师。普通法法系国家的律师业十分发达,如在美国这个当今世界上律师业最发达的国家,人口虽只占世界人口的不到10%,但是律师人数却占世界律师人数的70%。通过律师资格考试的人大部分都是私人开业律师,律师在政治舞台上极为活跃,在现实生活中起的作用也很大。相对而言,民法法系国家的律师业不那么发达,律师发挥的作用也要弱一些,他们的主要任务是为当事人提供法律咨询或其他法律帮助,也作为当事人的辩护人或代理人出庭。

两大法系国家在法学教育的入学资格和教学方法上也有不同。在普通法法系国家,法学院必须是在大学毕业取得文科或理科学士学位后才能报考,因此,法学院学生的年龄要比其他专业大学生偏大,法学院的学生到毕业时已相当于民法法系的法律硕士了。而民法法系国家法学院的学生就是一般的大学本科生。两大法系对学生的教学方法也不同。普通法法系的法学教育在教学方法上采取的是案例教学法,通过联系实际的判例向学生讲解法律规则,学习方式生动活泼,有利于培养学生分析、推理和表达能力。课程设置也有职业教育的特点,教学内容重实践性而轻理论性,部门法的课程多为必修课,理论法学的课程都可自选。与此相反,民法法系的法律教育采取的是学科教育,开设的课程大多为法律专业课程,课程内容是抽象的理论,教学目的是提供理论基础,学生在法律职业方面的训练或通过实习或大学毕业后在实际工作中进行。

除了不同的历史传统外,两大法系存在明显差异性的原因还有很多。首先是两大法系立法的目的不同。民法法系的法是以规定人们的行为准则为目的,由于行为准则都是以假设的方式为将来的行为提供模式,所以能够事先规定于法典中,便于人们使用和查询;而且行为准则多是权利和义务规范,因此它更加重视实体法。普通法法系国家的法律则以判例法为主,它是基于案例而来的,不能在案件发生前制定出来,它只能针对现在而不能针对将来,再加上现实生活的复杂性,所以系统化和法典化很欠缺。另外,以解决诉讼为目的的普通法法系的法律由于重在如何尽快解决案件,所以更重视程序法。

其次,法律权威性和主权性的不同。按照国家主权的学说,制定和颁布法律是国家权力的象征,只有最能代表国家权力的机关才能行使。制定法的目的就是为人们提供一种行为模式,让人们普遍遵守。民法法系的法以提供行为准则为目的,可以追溯到其起源,12、13 世纪西欧城市与商业的复兴,社会上普遍承认只有法才能保证秩序和安全,随着罗马帝国对外的征服,其法律制度也被其他国家所接受,形成了当今的以制定法为主、以提供一种行为准则为主的法律体系。而普通法法系国家承认判例法效力的原因在于确保法律的稳定性,注重实际的经验主义,把制定法看做是危险和不自然的事情,追根溯源,11 世纪以后最早在英国皇家法院出现的"令状登记册"就是判例法的雏形。由于这个原因,两大法系法学家的心态也很不相同,普通法法系的法学家习惯于具体地而不是抽象地观察事物,相信经验甚于抽象的概念,而民法法系的法学家则习惯于事事回头求助假设的一般概念。

最后,两大法系法律教育的目的不同。普通法法系国家法律教育的主要目的是培养律师,它们的法官大都是从具有开业经验的出庭律师中选拔出来的,以此确保那些非常有能力而又富有实践经验的法官能够赢得整个法律职业界的尊重。相反,民法法系法律教育的目的是综合性的,但主要是培养法官。法官大多来源于法律院校的毕业生,从律师队伍中选拔法官极为罕见。由于培养目的不同,在学校对学生实施的教育方法不同也就能理解了。

三、法系趋同与欧盟法的形成

(一)两大法系的趋同

众所周知,在当今世界法律体系发展的过程中,法系的趋同与融合已成为必然趋势与潮流。例如,两大法系在法律渊源上出现越来越明显的融合趋势。在普通法法系,法官越来越倾向利用立法以便使法律统一、合理化和简单化。在欧洲大陆,从法院实践看,判例在法律发展中也开始发挥重大的作用,尤其在行政法方面,因为没有像民法那样完备的法典,所以行政法院在实践中必须更多依靠判例,实际上,行政法主要是通过行政法院的判例发展起来的。在这一过程中,每个法系的独特的法律渊源以及与其联系的法律手段都丧失了它们的中心地位。不仅如此,在官方或民间的国际统一法律文件中,也出现了成功地把二者融合在一起的先例,如国际私法统一协会制定的《国际商事合同通则》,就把两大法系中有关合同的法律规范以取长补短的办法结合起来,这种融合以民商事规则为主,原因在于经济的迅速国际化必然要求法律的国际化,同时各国法学家之间的交流也促进了二者的相互影响。

两大法系的沟通交流与世界政治、经济以及文化的逐渐融合密不可分,而两大法系各自长短利弊互现也促使彼此取长补短、相互借鉴与吸收,并且日趋接近。以成文法与判例法为例,成文法必然地在条文编撰上要求抽象性与概括性,而现实生活的复杂性与多样性显然无法在一部法律里得到完全涵盖,因此,在这个抽象与具体的矛盾之间,法官个人的专业修养与职业素质往往容易造成判决的宽严不一;相反在判例法制度中,这种弊病却可以避免,当法官无法准确适用法律条文时,一个好的判例往往会提供一定的借鉴与示范作用,从而使法律的适用更为公平与准确。再比如,法律必须具有一定的稳定性,以避免朝令夕改而带来效力上的模糊与摇摆不定,而实际生活的飞速发展又使法律几乎在制定之时就先天地具有了一种无法摆脱的滞后性。更为重要的是,当新的法律尚未出台而新的形势又急切需要一种新的规范来调整实际生活中的利益关系时,成文法便显然因为不具备判例的灵活性而留下了大片真空,进而为法律规避提供了机会,这样的情况在判例法国家明显不(至少是很少)具备可能性。

再从另外一个方面看,由于判例法是在适用时创立的,并且主要面向过往的案件与判决,因此常常被冠以"保守"和"落后"的头衔,而成文法尽管无法避免它的滞后性,但在制定之初它总是面向未来的,总是以未来的生活为法律的规制对象,相比之下,判例法就要略逊一筹了。另外,判例法一般是由法官自己创立的,就如同任何缺少监督的权力一样,这其间法官的个人能力以及素质就成了判例法能否体现公平与正义的巨大风险来源。同时,判例一般仅仅针对个别的或某一类的特殊案件,在此基础上建立的判例法便带有一定程度的片面性,缺乏对社会现实的总体认识。而成文法则更多的是依靠集体的力量与智慧,能够集思广益,并针对社会的一般现状,显然比判例法占据了更大的优势。①

既存的事实都有其存在的理由,想得出孰优孰劣的结论并无多少实际意义,而两大法系之间的这种优势互补内在地催生了两者相互学习、借鉴与采纳,这正

---

① 参见马可:《在演绎与归纳之间——比较法视野中的两大法系》,载《湘潭大学学报》(哲学社会科学版)2005年第S1期。

是当今世界两大法系日益趋同的最为主要的原因。

但两大法系的区别还是会长期存在的,因为就其实质而言,目前两大法系的趋同与融合,主要还只是制度建设与机构设置等具体层面上的某种同化,两大法系所固有的法律性格却并没有改变,许多年形成的制度基础和思维方式上的巨大鸿沟光靠表面的革新也是不可能跨越的。

(二) 欧盟法的形成对法系的影响

除了两大法系的融合,近年来另外一个值得注意的现象是欧盟法的崛起。欧盟法是一个非常复杂的法律体系,它凌驾于各成员国法律之上,但并不完全同各成员国的法律相一致。

欧盟为欧洲联盟的简称,它是目前世界上最大的区域性的国家一体化组织,最初由15个成员国签约成立,后成员国不断增加。在欧洲统一的过程中,开始主要集中在经济领域,最早实现的是煤炭、钢铁以及原子能生产、经营和研究方面的合作与统一,而后又成立欧洲经济共同体,建立了人员、货物、服务和资本流动方面的自由体制。① 但是自从1992年正式签订了(次年生效)建立欧盟的《马斯特里赫特条约》以后,欧盟已经在向着政治、社会政策、福利、社会治安以至军事的共同体的方向发展。②

欧盟的创建与发展是建立在欧洲一体化的基础之上的,是欧洲一体化进程中划时代的成果。而欧洲一体化的进程又是以法律的一体化为基础条件的,正是这些趋于一体化的法律构成了欧盟法的主要内容,这使得法律在全球范围内的统一化首先在欧洲区域成为可能,因此,欧盟法律的发展趋势不仅会给我们观察两大法系的融合提供新的视角,而且毫无疑问必将为法律的全球化起到投石问路的作用。

伴随着欧洲各大共同体的发展及欧洲联盟的产生,欧盟拥有了一整套独特的法律体系,为其内部和各成员国的活动提供了可靠的保障机制。2003年6月中旬,欧盟出台了《欧洲宪法草案条约》,这是欧盟发展史上的一个里程碑。欧盟试图通过宪法形式,设定一个总统和一个外交部长。这有利于推动欧洲一体化的深化和加强欧盟在国际上的地位,在世界多极化发展进程中具有重要意义。虽然欧盟制宪过程跌宕起伏,道路十分曲折,但其势头值得关注。就法律渊源而言,欧盟法的渊源按效力、地位不同可以分为两级。第一级法律渊源也称基础渊源,表现为各成员国之间通过多边谈判、协商而达成的关于欧洲共同体和欧盟的

---

① 1951年至1957年,德国、法国、意大利、比利时、荷兰、卢森堡6国先后签订了《欧洲煤钢共同体条约》、《欧洲经济共同体条约》和《欧洲原子能共同体条约》,开始了欧洲一体化的进程。

② 经过几十年的发展,欧盟现在已经发展成拥有20多个成员国,从大西洋延伸到地中海的区域性组织,其人口有4.55亿,国内生产总值10万多亿美元,拥有统一货币欧元,成为包括欧盟理事会、欧洲委员会、欧盟议会以及欧盟法院在内的经济政治实体。

基础条约和后续条约,包括《欧洲煤钢共同体条约》、《欧洲经济共同体条约》、《欧洲原子能共同体条约》以及建立欧盟的《马斯特里赫特条约》和修改欧盟条约的《阿姆斯特丹条约》。上述条约被称为宪章性条约,发挥着犹如国内法中宪法的作用,具有毫无限制的绝对优先适用的效力。第二级法律渊源也称派生渊源,是指根据基础条约所赋予的权限,由欧盟的主要机构(主要是欧盟委员会和欧盟理事会)制定的各种规范性的法律文件,主要包括条例、指令、决定、建议与意见等,它们被赋予了派生的法律约束力。

此外,欧盟还有自己的司法机构,即设在卢森堡的欧洲法院。欧洲法院经《尼斯条约》生效后运行,共有 15 名法官,其受案范围一是控告欧共体规则合法性(条例、指令、决定)的案件,欧洲法院对欧共体法律的内容、意义有最终解释权,各成员国的政府、法院和公民必须遵守欧洲法院对欧共体法律含义所作的任何裁决;二是控告欧洲机构应该作为而未作为的案件,欧洲机构在执行公务过程中造成侵权的案件。

需要指出的是,欧盟在处理欧盟与成员国关系问题上遵循的是"从属性原则"。从属性原则本来是大陆法系行政法中的一个原则,即国家在处理国家机关与公民、社会团体之间的关系时所应遵循的最小干预的原则,凡是公民和社会团体能够自己处理的问题,国家机关均不干预,由其自行处理,只有当他们自己无法处理时,国家机关才加以干预。欧盟将这一原则适用于处理欧盟与成员国之间的关系问题上,即凡是成员国能够自己处理的问题,欧盟不加干预,只有当成员国自己不能处理时,欧盟才加以干预。1993 年生效的作为欧盟建立标志的《马斯特里赫特条约》把从属性原则表述为:"只有在成员国采取措施的目的不能充分实现,而共同体采取措施由于范围和效果的原因目的能更好地实现的情况下,共同体将根据辅助性原则采取措施。"1999 年的《阿姆斯特丹条约》将共同体采取措施的范围进一步分为三种情况:第一,所考虑的问题具有跨国性,成员国的措施对它不能满意地加以调整;第二,只有成员国采取措施或缺少共同体的措施会与条约的要求相冲突或破坏成员国利益;第三,共同体层次上的措施由于规模或效果上的原因比成员国层次上的措施会产生明显的利益。在辅助性原则的指引下,成员国法之间的协调很少采取在欧盟层次上制定新法律的形式,而更多地采取相互承认国家标准和尽量协调好在欧盟层次上制定最低限度的规则,允许成员国制定更高标准的规则的形式。这表明即使像欧盟这样有着较高的一体化程度的共同体,主权国家仍然起着重要的作用。在处理参加国与国际组织、参加国之间规则的差异上,欧盟提出的"辅助性"原则和最低限度的协调也得到广泛的认同,是现存国际经济条件下协调各个国家之间的规则上的差异时经常使用的方法,得到主权国家的普遍欢迎。①

我国法学家沈宗灵在分析两大法系对欧盟法律的影响时指出,欧盟法律是在西方两大法系的强烈影响下建立起来的。在欧盟最初的 15 个成员国中,仅英国和爱尔兰两国属于普通法法系,其他国家都属于或基本上倾向于民法法系;欧共体最初 6 个创始国都是民法法系国家,加上民法法系富有理性、逻辑性、抽象化、学者型等特色,所有这些因素使民法法系在欧盟法律发展过程中具有主导地位,其影响远远大于普通法法系。英国于 1973 年加入欧共体,对欧共体法律以及英国法律都带来了重大影响。英国法律对欧共体法律的促进作用,主要体现在判例法和对抗制诉讼这种传统上。英国加入前,在欧共体法律或欧洲法院实践中,判例的作用就像它在法国行政法院中的作用一样。但在英国加入后,特别在 20 世纪 80 年代以后,判例法的作用逐渐显现。与此同时,欧洲法院的活动中也逐渐出现了对抗制诉讼方式的因素,如在诉讼中强调原被告双方的证词和辩论、鼓励法官与律师之间的对话以及重视诉讼程序等。不仅在法院审判中而且在欧共体的行政机关的工作中,也重视听取当事人的证言。

沈宗灵先生同时指出,除了对欧共体法律的某些促进作用外,英国法律与欧共体法律之间还存在很多矛盾,其实质上就是英国法律与法、德等国法律的矛盾。明显的例证有:第一,"欧共体法律的优先地位"与英国传统的"议会主权"原则之间的矛盾;第二,英国法院是否接受"司法审查制"的矛盾;第三,法律解释问题上的矛盾。其中第三个矛盾明显地体现了西方两大法系之间的差别。②

还有学者研究了欧盟法的形成对促进其他区域法律制度一体化的意义,以及对原有法系格局的影响,探讨这一模式能否复制到其他地区。例如,亚洲区域共同体的建立无论在规模还是性质上都要比欧盟晚得多。近年来虽然亚洲经济一体化也取得了积极的进展,东亚、南亚国家或地区已签署的自由贸易区协议有 14 个,③其中一体化程度最高的是东盟,到目前为止,东盟自由贸易区是在老东盟的成员国之间形成的,而对于新东盟的成员国直到 2010 年才能达到这一水平,从而完全取消内部关税。按照东盟和中国、日本以及印度自由贸易的协议,它们之间建立自由贸易区最早也要等到 2010 年以后。在欧盟成员国之间,早在 20 世纪 90 年代初期就实现了产品的零关税,不仅如此,在服务、人员和资本方面也实现了完全的自由流动。而由于二战的因素、"冷战"的影响和国家经济水平的差别等原因,加上地域广阔、人口众多、民族复杂、社会制度各异,有同样历

---

① 参见朱景文:《欧盟法对法律全球化的意义》,载《法学》2001 年第 12 期。
② 参见沈宗灵主编:《法理学》,北京大学出版社 2000 年版,第 200—203 页。
③ 包括 1967 年建立的由东南亚 10 国组成的东南亚国家联盟,1983 年建立的南亚 7 国区域合作联盟,近年以来东盟和中国、日本、韩国建立的 10+3 协议,东盟与中国、日本、印度分别签订的自由贸易协议,1996 年中国、俄罗斯、塔吉克斯坦、哈萨克斯坦、吉尔吉斯斯坦、乌兹别克斯坦建立的上海合作组织等。

史传统的东亚各国并没有像欧洲那样形成有广泛影响的区域性一体化的组织。

同时,区域共同体的建立不单纯是经济贸易问题,它必然涉及法律结构的变化。在形成地区共同体及其法律规范之后,如何处理共同体法与成员国法之间的关系,欧盟法也给东亚提供了有益的经验。"区域共同体的建立意味着成员国把一部分原来属于自己主权范围内的权力转交给区域共同体从而在成员国之上形成了一个新的权力体系。相应的在对国内某些问题的管辖上形成了双层治理机制,一层是国内法,另一层是区域共同体法。"①既然形成了共同体,共同体法是成员国协商制定的,各成员国就不能各行其是,自己的意志必须受到共同体法的限制,如果不是这样,就没有必要成立地区的共同体。而且随着一体化程度的加强,在地区一级法律规范调整的力度和密度都会进一步加强。这种区域共同体法律发展的结果,对原来两大法系国家的格局会造成什么样的影响,令人有无限的遐想。

【本章阅读材料】

【从原始法律到现代法律】 每一个氏族都有各自的社会控制系统。除了他们中极少数最贫穷的外,所有人都成为对复杂行为方式的控制系统以及我们也许称之为法律惯例的组成部分。因为,"从人类学角度考虑,法律只是我们文化的一个因素,它运用组织化的社会集团的力量来调整个人及团体的行为,防止、纠正并且惩罚任何偏离社会规范的情况。"②我们说的法律行为的领域,如果出现在尚无文字的人类文化中,我们就称之为原始法律;如果在刚跨进文明门槛的古代社会中被人们发现,就称之为古代法律;而当我们从经过文明发展的社会结构中找到它,就称之为现代法律。

但是,不论各种法律制度的内容和其独特的原动力如何,它们必定有某些相同的要素。因此我们需要首先勾画出这些基本要素。必须全面仔细地俯视社会和文化,以便发现法律在整个社会结构中的位置。我们必须先对社会如何运转有所认识,然后才可能对何为法律以及法律如何运转有一个完整的认识。埃利希曾为让大陆法学从不现实的抽象观念以及不适当的技术法则和方法中摆脱出来作过很大贡献,正如他所指出的:"一个法律行为决不是一个独立的事情,它是占主导地位的社会秩序的一部分。"③这就是说,法律必定有与之相适应的参照系。

——〔美〕E. 霍贝尔:《原始人的法》,严存生等译,贵州人民出版社1992年版,第4—5页。

---

① 朱景文:《欧盟法对东亚的意义》,载《新视野》2005年第1期。
② 〔美〕S. P. 辛普森、鲁恩·菲尔德:《法律与社会科学》,载《弗吉尼亚法律评论》1946年第32卷,第858页。
③ 〔奥〕尤金·埃利希:《法社会学的基本原理》,剑桥1936年版,第397页。

【法的多样性】 法的多样性并不仅仅取决于法所包含的规定的形形式式,千变万化,因为把法简单地看成准则的总体是种表面而错误的看法。当然,在某个时期,某个国家的法可具体化为若干条规定。但法律现象要复杂得多。每个法事实上是一个体系:它使用和一定概念相对应的一定词汇;它把规定分成一定的种类;它包含对提出规定的某些技术和解释这些规定的某些方法的运用;它和一定的社会秩序观念联系着,这种观念决定法的实施方式和法的职能本身。

——〔法〕勒内·达维德:《当代主要法律体系》,漆竹生译,上海译文出版社1984年版,第22页。

【法系的分类】 如果考察法律规定的内容,法的多样性确实是可观的;反之,如果考虑更基本、更稳定的要素,用这些要素可以发现规定,解释规定,明确予以评价,那么,它的多样性就小了。规定可以形形式式,千变万化;相反,用以说明规定的技术,将规定分类的方法,解释规定所用的推理方式,则可归结为数目有限的一些类型。因此,我们可以把法归类成"系",就像宗教方面(基督教、伊斯兰教、印度教等)、语言学方面(罗曼语、斯拉夫语、闪米特语、尼罗河流域语等)一样,可以忽略次要的区别不去管它,而确认"系"的存在。

法归类成系,简化为少数类型,可以便于对当代世界各国法的介绍与理解。但关于怎样进行归类,从而应该承认哪些不同的法系,并无统一意见。有些人根据法的概念结构或赋予各种法源的重要性来归类。另一些人则认为这些技术方面的区别是次要的,他们把下列本质性的考虑放在第一位:打算借助法建立的社会形态,或者给予作为社会秩序因素的法的地位。

——〔法〕勒内·达维德:《当代主要法律体系》,漆竹生译,上海译文出版社1984年版,第23—24页。

【法律的进化】 法律既为社会力,则社会变迁,法现象不能不与之俱变。然其社会力,一经具有成形法规之体制后,不论其为惯习法与成文法,其形体固定静止而不少变,社会之形态,既常推移变迁而无瞬时之停止,故法规形体与社会之实要之间,自不免发生间隙。此二者发生离远的倾向之原因,概言之,可谓为社会之变迁;然分解之,则其重要之离隔的原动力,实为:因政体之变革,民权思想之发达而生之政治的离远力,因家族制度之衰颓,商工农业之发达而生之社会的离远力,因新宗教、新学说、新思想之传播,个人主义或社会主义之发达而生之精神的离远力,因气候、地形、动植物等之环象变化,及其他生活必要之物质供给之状况而生之物质的离远力之四种。

——〔日〕穗积陈重:《法律进化论》,黄尊三等译,中国政法大学出版社1997年版,第53—54页。

【法的世界化】 要想对(联合国)整个结构有一个概念,必须考察组成它的各个机构:包括国家间的机构和"一体化"的机构。前者是指:全体大会、安理会、经社理事会;后者是指:秘书长、法官、秘书处工作人员和一些附属性机构(尤其是在人权领域)的"独立专家"。顺着对布鲁塞尔欧盟委员会作用的思考的延伸,可以推论,正是这些一体化的机构可能会组成一个独立于国家的世界行政权力和一种新的世界文化的框架。

比起欧盟层次上的规范权力来说,国际范围内的这种权力确实是有限得多:它只涉及联合国内部法的发展,或鼓励国际法的编纂,以及鼓励成员国通过对处在"由联合国支持"的条约,或在根据一般指导方向和没有约束力原则基础上,制定一种简单的"规划性"法律。

——〔法〕米海依尔·戴尔玛斯-马蒂:《世界法的三个挑战》,罗结珍等译,法律出版社2001年版,第130页。

【思考题】

1. 法的起源有哪些不同的理论?为什么会有这些不同的观点?
2. 法的历史类型是基于什么理论进行的区分?
3. 法系的概念是怎么流行起来的?大致有哪些分类?
4. 如何认识民法法系与普通法法系逐渐趋同的现象?
5. 欧盟法有什么特点?它对原来的两大法系有什么影响?

【参考文献】

1. 〔英〕季林诺夫斯基:《原始社会的犯罪与习俗》,原江译,法律出版社2007年版。
2. 〔美〕霍贝尔:《原始人的法》,严存生等译,法律出版社2006年版。
3. 〔法〕勒内·达维德:《当代主要法律体系》,漆竹生译,上海译文出版社1984年版。
4. 〔美〕约翰·H.威格摩尔:《世界法系概览》(上下册),何勤华、李秀清、郭光东等译,上海人民出版社2004年版。
5. 沈宗灵:《比较法研究》,北京大学出版社1998年版。

第十三章 法律的现代转型论

【本章提要】 本章概述了法的现代转型之思潮的兴起和发展,法的现代转型之分析工具及其运用,以及法的现代转型之目标、模式和道路。重点探讨了法的现代转型中的法律全球化问题和人权法问题,介绍了法的现代转型中的宪政问题和实质正义问题。

第一节 法律的现代转型概述

法的现代转型,指的是法从传统走向现代的变革过程,这种变革已经发生并且正在发生。从世界范围看,法的现代转型可以上溯至17、18世纪人们对法律变迁与发展的思考。随着近代工业文明对人类社会产生了深刻、巨大的影响,法律的发展在19世纪成为思想家尤其是欧洲学者们关注的重大课题。在20世纪后半叶的美国,法的现代转型之思潮兴起,随后影响及于世界各地。

一、法律的现代转型之思潮的兴起和发展

法的现代转型之思潮的兴起具有深刻的时代背景,它是第二次世界大战以后经济、政治、社会等诸因素共同作用的结果,是该时期出现的现代化理论在法学领域中的必然反映。随着殖民主义的崩溃,第三世界加快了民族经济的发展。但这并非纯粹的经济问题,它涉及政治、文化、社会结构、法律制度以及历史传统等诸多领域,[①]其在很大程度上取决于国家的整体制度性安排,甚至是社会成员的价值观念。该时期的很多学者试图用"现代化"的概念来统摄第三世界国家的发展问题。他们认为现代化理论的基本目标,是通过探求不同文化背景的传统社会向现代化转型的共同特征,从而揭示出现代化进程的普遍意义。在法学领域,较早用现代化的范式研究法的现代转型问题的是美国学者M. 格兰特。他在1966年《法律的现代化》一文中,以西方法律为参照系,寻求传统型法律与现代型法律之间的区别,从11个方面界定了现代法律的特征。他认为,这些特征在不同程度上构成了19世纪工业社会的法律制度特征,其基本精神在20世纪

[①] See Harry N. Scheiber, Law and Development in the Light of Dependency Theory, Law and Society Review, Vol. 14, No. 3, 1980, p. 725.

的法律发展中仍然得以延续。①

这股兴起于美国的法的现代转型之思潮,浸透着鲜明的"西方中心主义"色彩。这一时期的很多学者都是以该范式总揽对法律的研究,强调各国的法律发展存在确定的模式和必由之路;而西方的法律已达致人类发展的最高阶段,代表各国法律的最终走向。他们对第三世界国家法律体系和法律文化的非现代化方面进行论证,使其与现代法律形成鲜明对照,进而试图让他们仿效西方的法典和经验来完成法律现代化,并把这看做是移植西方法制并逐步"西化"的过程。但进入20世纪70年代以来,以美国为首的西方世界的社会矛盾日益尖锐,人们对其制度架构和价值观念亦随之产生了怀疑,加之先前全盘西化国家的法制改革相继走入困境,更加剧了人们对法制西化做法的反思。于是,部分学者开始对20世纪60年代以来法的现代转型之范式进行批判。他们认为,西方法制仅仅是错综复杂的历史进程中出现的某种特殊调节与安排,这些制度只有放在某些国家特定的历史条件下才能加以理解和评价,而绝不是所谓已经处于法律进化的最高阶段。第三世界国家移植西方法制,必须首先理解本国的条件、传统和需要,否则采用现代的西方法律制度固然可以满足对法典化的形式需要,但这种脱离本国文化土壤的移植仅仅是形式上的,也是很难获得成功的。

随着全球化进程的加快,有学者认为与经济全球化进程交织的新的法律现代转型运动正在到来。经济全球化益发在世界范围内形成单一的市场经济,它要求各国至少在涉及经济交往的法律制度方面趋向一致,而法律改革也现实地成为一些国家吸引外资的途径。因此,在权利方面实行人权保护和在市场方面促进经济运行效率的提高,就成为这场法的现代转型运动的强大助力。另外,信息技术革命使通讯获得了极大的便捷,这也为建立更具国际性的法律知识体系提供了可能。② 因此,全球化背景下的法的现代转型问题,就成为颇具研究价值的课题。

二、法律的现代转型之分析工具及其运用

研究法的现代转型问题,需要有特定的分析工具。法的现代转型属于法社会学发展论的范畴,后者研究的是社会发展与法制进步之间的互动关联结构,并以此确立起法律成长的一般模型。它最具典型意义的分析工具是类型学的分析范式,即选择能够代表某一类社会法律关系本质特征的因素,进行对比分析。其代表人物马克斯·韦伯建立了严密的类型学工具系统,构建了所谓的"理想类

---

① 参见朱景文:《比较法导论》,中国检察出版社1992年版,第149—150页。
② 参见〔美〕D.M.楚贝克:《法律与发展:过去与现在》,李力译,载公丕祥主编:《法制现代化研究》第4卷,南京师范大学出版社1998年版,第375—376页。

型"。他强调对个体社会行为分析的价值意义,并把个体社会行为划分为四种类型,即有目的的理性行为、有价值的理性行为、富有盛情的行为和习惯的行为。他认为近代社会的运动方向是现代化,而理性化的进程同有目的的理性行为相吻合。因此,他的理想型分析工具的关注焦点,是在从传统社会向现代社会转变这特定的过程中,选择两组相辅相成的要素类型概念加以比较分析。这种分析有助于把纷繁混然的经验事实纳入到有序的概念工具系统中,便于对处于两个不同时代的法律经验事实进行对比,从而确定它们之间的差异性或相似性,并给予因果性意义上的阐释。尽管这具有某种独断论色彩,但如果能运用历史唯物主义的工具对其予以批判继承,则从考察法律发展与社会进步之间的关联而言,它仍不失为探讨法的现代转型问题的有效的分析工具。由于"传统与现代"是该分析工具的主要概念工具之一,因此下文即以其为视角,对法的现代转型问题略作分析。

法律是历史性范畴,随着社会由传统转向现代,法律也经历着同样的变革。法的现代转型,意味着法律从传统的人治型模式向现代的法治型模式转变,也意味着法治本身无论是其理念还是实施都在不断向更高层次进化,它是连续性、变革性的动态过程。运用"传统与现代"的概念工具对法的现代转型进行分析,实际是围绕三个问题展开的:如何认识传统法律与现代法律的本质性区别,如何看待法的现代转型,如何估量法的现代转型的可能性及其条件。

第一,传统法律与现代法律的本质区别。马克斯·韦伯较早对传统法律与现代法律的历史性差异做出了经典分析。他以合法性为标准,把统治分为三种类型。一是传统型,它笃信自古存在的秩序和权力的神圣性,从而认为法律受到风俗习惯的制约。其典型代表是宗法家长制统治,它要求臣民效忠、服从于主人,个人的忠心是获得职务和晋阶的根据。它把人治作为价值的基本尺度,权力的行使以被统治者习惯上服从的程度以及心理上承受的程度为限。因此,法律在其中并无地位可言。二是魅力型,其基础是被统治者确信统治者具有的大自然、神和命运赐给的超凡品格。因此,统治的依据不是法律,而是统治者的超群品质与人格魅力。三是法理型,其以理性为基础,以法律管理社会活动,要求法律面前人人平等,任何人都要受到法律的制约,任何人对命令的服从也都仅限于法律所承认的范围。由于法律代表普遍的秩序,具有至高无上的地位,人们服从命令是出于对法律的信守,因此这是法治的社会。马克斯·韦伯在此分类的基础上,进而对传统法律与现代法律的历史性差异及功能表现进行探讨。[①]

实际上,法的现代转型是与法律文明的成长与跃进相伴随的过程,也是法权

---

① 参见〔德〕马克斯·韦伯:《论经济与社会中的法律》,张乃根译,中国大百科全书出版社1998年版,第225—244、304—305页。

关系的变革与转型过程。传统法律以义务为本位，以确认等级依附关系为基本价值目标。而现代法律要摆脱人对人的依赖，也要创造条件摆脱人对物的依赖，让社会生活"表现为自由结合、自觉活动并且控制自己的社会运动的人们的产物"①。它根除了那种表现为与个人自由隔离的虚幻共同体的传统权力，建立起尊重人的价值、维护人的尊严以及确认人的个性、社会成员的广泛自由和权利的价值机制。在现代法律中，一方面，法的程序合法性是其权威的确认与保障机制，它使形式合理性成为法的标志。例如，国家权力运行的法治化，司法裁判的程序化，法律的效益化，行政与司法相分离，法律规范具有严格性，以及法律体系具有完整和谐性。另一方面，由于法立足于深厚的价值基础，因此它使人们确信法律能够提供可靠的手段来保障公民自由、合法地行使权利，对权利本身的限制乃是为了防止权利遭受更大的侵害。它使人们确信法所建立的公正合理的程序机制能够实现分配正义，而当出现利益分配不均衡甚至严重失调时，其又能够通过恢复社会主体的应有权利从而实现社会正义。它还使人们确信社会主体应当充分发挥自身的自主独立性和能动性，从而去争取较大的选择自由。因此，传统法律与现代法律的根本区别就在于，前者既欠缺形式合理性及程序正义价值，也欠缺以自由、平等、权利和社会正义为要素的实质合理性；而后者却恰恰是形式合理性与价值合理性的有机统一，代表法律文明发展的必然趋势。

　　第二，法的现代转型必然具有多样性。传统法律与现代法律的价值取向固然有着显著不同，但法的现代转型并不应被简单地分解为传统与现代的二元对立以及前者向后者的变迁，因为不同的社会在发展过程中可以有多种选择，并没有固定的模式。在法的现代转型中，传统法律在一般情况下并不会因为是历史存在而发生断裂，它总在某种程度上以新的形式获得延续并发挥作用。法的现代转型的实践已经表明，由于法律具有"地方性知识"②的属性，因此现代法律的构建不可避免地要向传统进行某种回归，这有力地证明了法的现代转型必然具有多样性。例如，就西方的法的现代转型而言，近代的宪法文献却起源于中世纪的《大宪章》；作为封建象征的君主制竟与现代立宪制巧妙结合；分权与制衡体制早在古希腊、古罗马时期就有了雏形；构成现代英美法系基础的普通法和衡平法乃是中世纪的产物；现代西方民法体系的渊源恰恰是古罗马的私法制度，它被创造性地转换成反映资本主义商品经济法权要求的《法国民法典》和《德国民法典》。而就近现代中国的法的现代转型而言，虽然作为传统社会基础的家族制度及其宗法政治文化备受责难，但从清末修律到南京国民政府的立法活动都或

---

① 《马克思恩格斯全集》第 49 卷，人民出版社 1982 年版，第 195 页。
② 〔美〕克利福德·吉尔兹：《地方性知识——阐释人类学论文集》，王海龙、张家瑄译，中央编译出版社 2000 年版，第 277 页。

多或少地存留了家族制度。《大清民律草案》在广泛吸收大陆法系民法主要精神的同时,也保留了中国固有的礼教民俗作为厘定亲属编的主要依据。尔后的《中华民国民法》对家族制度予以改造,它通过规定"男女平等"之类的条款力图与现代亲属法制精神相契合,但同时又把亲属按血统及婚姻的标准分为配偶血亲和姻亲,以确认家长在家庭中的至尊地位;在遗产继承上,规定嫡亲子女有优先权,但亦不以宗祧继承为前提;还有亲属会议协调处理家庭内部的纠纷等规定,都是对传统家族制度的某种保留或回归。因此,法的现代转型既是对传统法律的历史性否定和时代超越,体现了法律发展的阶段性;也是对传统法律中的积极因素予以肯定和传承,体现了法律发展的历史连续性。而历史连续性所具有的向本国传统回归的外在形式,使得法的现代转型必然地具有了多样性。

第三,法的现代转型的可能性及其条件。传统法律以自然经济和身份社会为存在条件,因此其在现代法律中的保留毕竟有限,即使保留的部分也必须进行创造性转换。前述法律所具有的历史连续性,已经有力地证明了这种创造性转换存在着比较厚实的可能性基础。首先,传统法律本身具有可选择性。传统法律中的某些合理性因素,凝聚了该社会人们调整行为以及制度安排的丰富历史经验,它不仅为后人提供了各种历史选择的可能性,甚至其可能因为悠久的历史而成为崇敬的对象。[①] 其次,它是现代法律发展的客观需要。现代社会的剧变强化了法律传统性与现代性之间的冲突,它既对法律传统形成了压力,也同时凸现了法的现代转型的重要性。因为即使剧变的社会也不可能割裂其与历史的纽带,这种纽带关系反映了社会对某种秩序状态的要求。法律传统的内在价值,就在于它很大程度上能满足这种要求。法律传统尽管不是形成和巩固社会秩序的唯一机制,但却是重要的社会凝聚机制,这种功能是其他机制所无法替代的。无论社会秩序受到现代法律规则如何地强化,如果离散了特定的法律传统,失去了民族法律文化的认同,这种秩序都是脆弱的。因此,法的现代转型具有现实的历史可能性,这也正是传统法律在全球化时代仍不失其时代价值的原因所在。

法的现代转型需要具备某些条件,其中最重要的是革新传统法律,使其适应现代市场经济的要求。同时,它还需要社会主体自身在价值观念、行为模式、思维方式、情感意向以及人格特征等方面实现与法的现代转型的协调。因此,从这个意义上而言,法的现代转型也是人们的法律价值观和行为方式的现代转型。[②]

[①] 参见〔美〕E.希尔斯:《论传统》,傅铿、吕乐译,上海人民出版社1991年版,第275页。
[②] 参见公丕祥:《法制现代化的理论逻辑》,中国政法大学出版社1999年版,第346—360页。

第二节　法律的现代转型的目标、模式和道路

一、法律的现代转型的目标

法的现代转型的目标，是法律制度和法律文明要达到现代化所应实现的成果。它通常包括制度和观念两个层面的要求。

（一）法律制度的现代转型

首先，法律规范的逻辑要严谨。法律规范的构成三要素，即假定条件、行为模式和法律后果应当具有确定性和可操作性，形成有机的整体。其次，法律体系要完备、和谐。法律应当覆盖主要的社会关系领域，实现对社会的全面调整；法律规范、规范性法律文件、法律部门以及法的渊源之间应当相互协调；同位法之间对社会关系进行调整时亦应避免矛盾。再次，法律程序要规范公正。国家的立法、行政以及司法等各项权力都必须严格依照法定程序运行，不得恣意而为。最后，法律效益要不断提高。国家机关应当既切实履行职权，又不越权；公民不仅应当自觉守法、参与法律监督，而且应当积极维护自己的权利。

（二）法律观念的现代转型

首先，自由追求与理性自律的统一。自由是市场经济的基本要素，是主体推进社会进步的内在精神动力。但主体还应具有理性、自觉与自律，在追求自由权利的同时，承担起对社会的责任。其次，主张个人权利与维护社会利益的统一。正当的权利主张既受到伦理精神的支持，也受到国家法律的保护，但其必须以尊重他人的权利为条件，这是近现代市场经济与民主政治的必然要求。再次，人格平等与地位差别的统一。平等是市场经济的前提条件和价值基础，市场经济的平等品格必然要求主体之间具有平等的人格。但现实社会中，由于主体之间的体力与智力存在差别，平等竞争的结果又必然会形成不平等的经济和政治地位。这种不平等是平等得以展开的内在驱动力，因而是合理的不平等。最后，维护国家权力的权威与防止权力滥用的统一。法律以权力为基础，权力通过法律获得合法性保障。因此，应当理性地对待法律与权力，既要以法律控制权力可能产生的恣意，又不能过分夸大法律对权力的控制功能，避免否定全部政治权力存在的必要性从而陷入无政府主义法律观念的泥潭。[①]

二、法律的现代转型的模式

由于在比较时所使用的标准不同，法的现代转型模式也可以有不同的划分。

---

① 参见高其才主编：《法理学》，中国民主法制出版社 2005 年版，第 89—91 页。

例如，以法的逻辑起点和宗旨为标准，可以认为法的现代转型是从义务本位模式向权利本位模式的转变。以义务为法的逻辑起点和宗旨并以差别对待的原则安排权利义务关系的，是义务本位模式；以权利为法的逻辑起点和宗旨并以平等对待（无论是实质的还是形式的）的原则安排权利义务关系的，是权利本位模式。① 以依附理论为基础、以"中心—边缘"为主要范畴，可以把法的现代转型分为依附型与自主型两种模式。在全球法的现代转型中，西方国家基本是自主型模式，而非西方国家基本是依附型模式。② 有的学者则从"国家与社会"的纬度，对全球范围内法的现代转型进行分析。③ 也有学者建立起"冲击—反应"模式，对中国的法的现代转型进行分析。④

本节以法的现代转型的最初动力来源为尺度，把法的现代转型模式划分为内发型、外发型和混合型三种。

（一）内发型法的现代转型模式

内发型法的现代转型模式是指本国社会的内在现代化因素促使了法律由传统型向现代型的模式转换或类型更替。它以英国、法国等西欧国家为代表，其主要特点是：首先，它的动力来源，主要在于社会内部的经济、政治、文化诸方面条件的逐步变化发展，是自下而上的渐进变革的过程。其次，它的深厚基础，主要在于商品经济的产生和发展。自治城市的兴起、商业贸易的发达、新兴市民阶级的广泛活动等都促进了法律意识的转型与发展，从而为法的转型奠定基础。再次，它的现实法制基础和条件，主要在于代议制民主政治组织形式的发展。从古希腊的城邦民主制到古罗马的共和体制，再到中世纪城市共和国的发展，西欧民主拥有丰厚的历史资源。近代西欧的政治革命在加速国家与市民社会分立的同时，形成了近代民主代议制的政治模式，从而推动法的现代转型的持续性发展。最后，它的运作机理，主要在于法律的形式合理性与价值合理性的互动发展。启蒙运动所倡导的自由、法治和人权观念，促使近代法律普遍具有以宪法为主导、诸法分立的形式。这些价值观念在法律体系中得以充分体现的同时也决定着法的发展形式。

（二）外发型法的现代转型模式

外发型法的现代转型模式是指本国的法律因受到较为先进的法律系统的冲击而向进步方向转变的过程。它以日本、俄国为代表，其主要特点是：首先，强大

---

① 参见张文显主编：《马克思主义法理学——理论、方法和前沿》，高等教育出版社2003年版，第262—265页。
② 参见公丕祥：《法制现代化的分析工具》，载朱景文：《法理学研究》（上册），中国人民大学出版社2006年版，第407—416页。
③ 同上书，第416—426页。
④ 参见公丕祥：《法制现代化的理论逻辑》，中国政法大学出版社1999年版，第308—330页。

的外部因素的冲击是其生成动力。这些国家普遍具有落后性和较强的封闭与保守性,仅凭自身力量无法启动或实现本国的现代化。当外来的经济、军事、文化等力量,强大到足以摧毁本国的防线时,外来的先进法律系统就具有了入侵和渗透的路径,从而激发并推动该国的法的现代转型。其次,政治变革往往是其发生的先锋,政府是主要推动者。这些国家的工业化和商品化程度较低,自发的市民阶层并未形成。因此,政府作为超级力量,不仅直接介入而且直接组织,在法的现代转型中曾经或长期实施巨大的控制和领导作用。最后,法的形式合理性与价值合理性之间存在背离是其重要表征。本土法律文化根深蒂固,生命力顽强,它对外来法律文化进行有力排斥。虽然在法的现代转型中,法典化进程明显加快,法律在形式上有了较大发展,但传统法律精神与现代法律精神始终存在剧烈的冲突。这使法的现代转型显得错综复杂。

（三）混合型法的现代转型模式

混合型法的现代转型模式是指本国法律因各种内外因素的相互作用而向现代转型与变革的过程。它兼具内发型模式与外发型模式的某些特征,以中国为典型代表,其主要特点是:首先,它发生在具有悠久法律文化传统,且这种传统内部存在较多现代化因素和内在动力的国家或地区。由于传统社会的强大限制,这些现代化因素不能形成为打破固有框架的动力体系。于是,外来法律文化就起到"启动器"和"催化剂"的作用,成为该国法的现代化的外在条件。其次,本国社会内部的现代化力量是其重要动力。本国在现代化之前的商品经济和政治结构等方面的变化,已经为法的现代转型奠定了基础,提供了内部动力。当时机契合时,这些因素就会和外在条件相结合,共同推动法的现代转型。最后,西方法律文化的冲击在其过程中留下了明显的痕迹。例如,从戊戌变法到清末修律,从南京临时政府法制到南京国民政府法制,再到新中国法制,在中国法的现代转型过程的诸阶段中,西方法律文化对其的影响均显而易见。①

三、中国法的现代转型之路

从清末修律至今,中国法的现代转型已经持续一百多年,充满了艰难与曲折。它大致可以分为四个时期。

（一）清末修律时期

中国法的现代转型发端于此,有其深刻的历史动因。主要是:经济上,自给自足的自然经济已经解体,民族资本主义有了一定发展。政治上,晚清政府在革命起义和帝国主义列强之内忧外患的夹击下,被迫维新改制。思想上,西方的法治理念开始传播,奠定了相应的理论基础。清末修律使得资本主义的法律原则

---

① 参见高其才主编:《法理学》,中国民主法制出版社2005年版,第91—93页。

和制度开始引入中国,并在某种程度上实现了法的形式合理性要求。其中大陆法系对中国的影响尤其深远,基本奠定了中国法的现代化的发展方向。但是,清末修律的弊端也比较明显,它未能在价值合理性上有所建树,在法律制度与法律观念方面的现代转型上都极不彻底。法的现代转型中遗留下的如何实现形式合理性与价值合理性有机融合的问题,也成为此后困扰中国的棘手问题。①

(二) 1911 年辛亥革命后资产阶级法制建立时期和新民主主义法制创建时期

辛亥革命推翻了帝制,建立起了资产阶级性质的中华民国临时政府与相应的资产阶级法制。这一时期在法的形式与内容上所注入的平等、自由、人权等价值观念使法的内核产生了质的变化。此后的北洋政府和南京国民政府统治时期,资产阶级的法律体系更为完备,但其法律内容和价值理念上却仍然保留了较多的传统因素,甚至吸收了法西斯主义的某些成分,显得野蛮、残酷和非人道。这是中国之法的现代转型中的波折与发展的过程。

与此同时,中国共产党在马克思主义指导下建立起了新民主主义法制。它经历了第一次国内革命战争、第二次国内革命战争、抗日战争以及第三次国内革命战争等几个发展阶段,其中最主要的是苏维埃革命根据地时期和陕甘宁边区抗日政权两个发展阶段。新民主主义法制在形式上体现了在革命斗争中艰苦发展的时代特点,如法律体系的简约性、法律程序的局限性以及法律效力的地方性和局部性等;但它在法的价值上体现了现代法制的某些价值要求,如真正的平等性、广泛的民主性以及保护人权等。它是代表中国法的现代转型之方向的新型法制。

(三) 1949—1979 年法制现代转型的曲折发展时期

1949 年新中国成立,开始了中国法的现代转型的新阶段。从 1949 年 9 月至 1957 年间,共制定了法律、法规和规范性法律文件 126 件,②这标志着社会主义法制的初步建立。但在此后的二十多年间,由于指导思想的严重失误,法制的发展受到严重影响。尤其是"文化大革命"期间,法制不仅停滞不前,甚至大为后退。这种法制发展状况与新政权建立起的高度集中的经济、政治体制具有密切联系,这是中国法的现代转型中的曲折发展时期。

(四) 1979 年后法制现代化重新起步和全面发展时期

以 1978 年底的中共十一届三中全会为转折点,随着拨乱反正与改革开放的推进,党和国家的工作重点转移到以经济建设为中心上来,法制现代化也进入了新的历史发展阶段,进入中国历史上法制发展的辉煌时期。1992 年,中共十四

---

① 参见高其才主编:《法理学》,中国民主法制出版社 2005 年版,第 94 页。
② 参见蓝全普编:《三十年来我国法规沿革概况》,群众出版社 1980 年版,第 4—10 页。

大提出经济体制改革的目标是建立社会主义市场经济体制,政治体制改革的目标是建设有中国特色的社会主义民主政治,这就把与市场经济和民主政治有着天然联系的法制推向了重要的地位。1996年,中共中央进一步提出"依法治国,建设社会主义法制(法治)国家"的治国方略,并将此写入"九五"规划纲要和2010年远景发展目标纲要。1999年,九届全国人大二次会议又将"依法治国"写入宪法。中国之法的现代转型又面临着新的历史契机。[①]

第三节 法律的现代转型中之法律全球化问题

全球化是当代世界的重要特征,最明显的表现是经济全球化。但全球化进程本身是立体的、全方位的,从某种角度讲,它也包括法律的全球化。法律全球化的根本原因在于经济全球化的发展。又由于法律作为上层建筑具有相对独立性,各国在交流中会对他国先进法律"择其善者而从之",对本国落后的法律"择其不善者而改之";加之现代传媒的高度发达,因此,法律全球化在某种程度上就成为一种明显的趋势,它也成为近年来关于法的现代转型的探讨中长盛不衰的重点问题。

一、法律全球化之思想源流

法律全球化的现实进程始于近代,在第二次世界大战后得以全面展开。但它的思想源流却可以追溯至自然法的早期,并且其发展始终受到自然法观念之变迁的深刻影响。

自然法思想的理论基础在于认为国家和法律是自然的组成部分或延伸,法律是自然规律的体现并同时体现人的理性。斯多葛学派认为,理性寓于人的身心,它是跨越国别和种族的普世力量。这种基于理性法的自然法在整个宇宙都普遍有效,是法律和正义的基础,对任何人都具有约束力。该学派建立了以人人平等原则和自然法的普遍性为基础的世界主义哲学,终极理想是建立神圣理性指引下的和谐共处的世界国家。该学派的这种思想被后世称为"世界法"思想,它是法律全球化思想的源头。在古罗马时代,西塞罗又将上述思想进行了拓展,"真正的法律是与本性相合的正确的理性;它是普遍适用的、不变的和永恒的。对一切人来说,只有一位主人和统治者,这就是上帝,因为他是这种法律的创造者、宣告者和执行法官"[②],"那些接受了大自然理性馈赠的创造物也接受了正确

---

① 参见刘作翔:《法理学》,社会科学文献出版社2005年版,第551—554页。
② 〔古罗马〕西塞罗:《国家篇 法律篇》,沈叔平、苏力译,商务印书馆2005年版,第104页。

的理性,因此他们也接受了法律这一馈赠,即运用于指令和禁令的正确理性"①。此后,盖尤斯在《法学阶梯》中宣称:"凡依靠法律和习惯统治的国家,都部分地运用了他们自己的法律,部分地运用了整个人类公有的法律。任何民族为自己制定的任何法律都是该国所特有的法律,被称为市民法,因为它是这个国家特定的法律。而自然理性在整个人类中确立的东西,则是为全人类平等遵守的,被称为万民法,因为它是万国适用的法律。"②

中世纪的神学家对法律全球化思想进行了合乎宗教教义的改造。例如,奥古斯丁认为,在人类的黄金时代以及在人类堕落之前,人们生活在神圣、纯洁、正义的状态中,自然法的绝对理想已然实现。托马斯·阿奎那把法律作了永恒法、自然法、神法和人法的划分,认为永恒法是上帝创造的,反映了神的理性和智慧。但后来16世纪兴起的古典自然法哲学,由于受到个人主义和国家主义法律观的影响,自然法的全球法属性反而被淡化了。

近代的法律全球化思想,体现了对战争、革命以及文明冲突等时代特征的回应。例如,康德的国家共同体与世界公民的理论,其逻辑起点在于自然。他认为人类的历史是大自然的计划之实现,建立起完美的宪法是大自然得以在人类身上充分发展起完全禀赋的唯一状态。在经过多次改造性的革命后,作为大自然最高目标、蕴含人类物种全部原始禀赋的世界公民状态终将实现。③ 他确信"大地上各个民族之间普遍已占上风的共同性已经到了这样的地步,以至于在地球上的一个地方侵犯权利就会在所有的地方都被感觉到"④。同时代的格劳秀斯则在自然法的基础上提出了国际法的概念,认为国际法则由共同的社会契约组成,是自然法在国际交往中的应用和体现。⑤

当代新自然法学家罗尔斯遵循康德在《永久和平论》中的论述,⑥以政治自由为基础,用"万民法"表述全球性法律,意指作为国际法理论与实践之原则的权利、正义理念。⑦ 同为新自然法学家的马里旦则更进一步提出,自然法不仅是国家法律的基础,也是整个世界性法律的基础,具有全人类性;为了维护世界和平,避免人类被核武器毁灭,应当建立起全人类的世界政府。这种理念直接催生

---

① 〔古罗马〕西塞罗:《国家篇·法律篇》,沈叔平、苏力译,商务印书馆2005年版,第165页。
② 转引自〔美〕博登海默:《法理学——法律哲学和法律方法》,邓正来译,中国政法大学出版社1999年版,第16页。
③ 参见〔德〕康德:《历史理性批判文集》,何兆武译,商务印书馆1990年版,第15—18页。
④ 同上书,第118页。
⑤ 参见〔荷〕格劳秀斯:《战争与和平法》。转引自《西方法律思想史资料选编》,北京大学出版社1983年版,第142页。
⑥ 参见〔美〕罗尔斯:《万民法》,张晓辉等译,吉林人民出版2001年版,第3页。
⑦ 同上书,第10页。

和开辟了新近的全球化思想和"大欧洲"统一的实践。①

二、法律全球化的概念和形式

（一）关于法律全球化概念的探讨

法律全球化，是指在当今世界范围内的法律发展中所呈现出来的一种趋势，即调整相同类型社会关系的法律制度和法律规范逐渐趋向一致，这既包括不同国家的国内法趋向一致，也包括国内法与国际法的趋向一致。②

但事实上，学界对法律全球化的概念存在诸多争论。从总体上而言，可以分为"非法化"学派和"法治化"学派。前者将法律全球化描述成法律逐渐脱离其本来属性的过程，认为全球化的市民社会将不断产生由跨国公司、工会、新闻媒介联合体等实体所创设的、介于国内法与国际法之间的"无国家的全球法"，从而出现法律的"非国家化"。而后者将法律全球化看做法律在全球范围内更有效地实现其调整社会关系功能的过程，他们或者从法的作用的角度将法律全球化解释为法律解决全球性问题之作用的增强，或者从法律在国际社会中的地位的角度将法律全球化解释为法治进程的加快。两相比较，后者观点更接近国际法律变革的现状及近期发展趋势，我国学界比较倾向该观点。

不过有部分学者认为，即使将法律全球化表述为国际社会的法治化，也仍属过于乐观。他们更倾向于将法律全球化直接表述为法律的趋同化与法律的一体化。法律的趋同化，是指调整相同类型社会关系的法律制度和法律规范趋向一致，既包括不同国家的国内法趋向一致，也包括国内法与国际法的趋向一致。世界范围内的法律趋同首发于民商法领域，经济全球化在客观上需要建立跨国交易规则，这成为其主要动力；跨国商事机构订立的大量的商事惯例规则、各国国内商事立法的趋同以及大量商事国际公约的制定，这成为其主要表现。法律的一体化，是指全球范围内法律规范的相互联结。各国之间的法律规范互不隶属，国际法与国内法也被认为是两个不同的法律体系。但在法律实践中，各国法律的联结越来越紧密，国际法与国内法之间的界限也正变得模糊。例如，WTO规则得到各成员国的普遍遵守，国际法中的强行性规范普遍具有高于国内法的效力。而即使是其他的任意性规范，只要国家以明示或默示的方式予以承认，那么就要受其约束，履行同国内法规范一致的义务。可见，法律趋同化与法律一体化实际是硬币的两面。前者是后者的基础，因为如果法律规范之间的差异较大，那么它们就很难结为一体。后者是前者的高级表现形式和发展结果，当法律规范

---

① 参见冯玉军：《法律与全球化的一般理论》，载朱景文：《法理学研究》，中国人民大学出版社2006年版，第982页。

② 参见车丕照：《法律全球化——是现实？还是幻想？》，载《国际经济法论丛》第4卷，法律出版社2001年版，第32页。

间的差异逐渐缩小时,为了使国际关系的法律调整更具一致性和稳定性,就会产生将现有法律规范联结一体的客观要求和结果。①

由此,又有学者以国内法治为参照,提出了国际法治的命题。他们认为国际社会也是由特定社会成员(国家)组成的共同体,国际社会也需要以公平的法律(国际法)保障各成员的利益,因此实现国际法治具有可能性。但是,与立体型的国内社会不同,国际社会基本是平面型社会,尚未有真正意义上超越国际社会基本成员(国家)的机构;而且与国内法治侧重于限制公共权力的滥用不同,国际法治侧重于限制个别成员的优势滥用。因此,国际法治实质是国际社会接受公正的法律治理之状态。它主要包含国际社会生活的基本方面接受公正的国际法的治理,国际法高于个别国家的意志,各国在国际法面前一律平等以及各国的权利、自由和利益非经法定程序不得剥夺等方面的内在要求。可见,国际法治与法律全球化的关系是:法律全球化是实现国际法治的基本途径,没有世界范围内的法律趋同化和一体化,就不可能在国际社会中实现法的统一治理。但法律全球化不等同于国际法治,因为后者还包含有实质正义的内容;而且仅仅在世界范围内实现法的趋同甚至一体,并不表明国际社会已经受到公正法律的治理。国际法治促使人们在法律形式之外,更加关注法律的内容,这正是该命题的意义所在。②

(二) 法律全球化的形式

法律全球化主要有两种途径:国际法的国内化和国内法的国际化。

第一,国际法的国内化,也称地方化的全球主义,是指国际组织的条约和规章为成员国所接受,转变为对成员国具有法律拘束力的规则。现代国际组织的作用和影响越来越大,其制定的规则被众多的成员国所接受并转变为国内法。这些规则逐渐成为全球性的法律规则,成员国对其承担同国内法一致的义务,联合国、WTO、世界银行以及国际货币基金组织等制定的规则即属此类。还有一种是超国家组织,如欧盟,它是由各成员国共同转让出部分主权而成立的联合体。欧盟法的效力高于成员国的宪法和法律,其在成员国可以直接使用而不需另外的批准程序。欧盟已经在其自身范围内,在某些法律领域实现了法律的一体化。

第二,国内法的国际化,也称全球化的地方主义,是指在某国或某地区范围内通行的法律制度由于某种原因而在全球范围内流行。它往往与某国在经济或者政治中的主导地位密切相关。就接受国而言,其因处于依附地位或受到文化的影响而被动或主动地借鉴移植。近代以来,这种形式的法律全球化主要有:19

---

① 参见高鸿钧:《法治:理念与制度》,中国政法大学出版社2002年版,第793—795页。
② 同上书,第814—815页。

世纪中叶至20世纪,欧洲把以《法国民法典》和《德国民法典》为代表的法典编纂运动扩展到世界;第二次世界大战后,兴起于欧美并扩张到第三世界国家,以建立司法审查制度为标志的法律改革;20世纪50年代,发达国家以"援助第三世界国家"为名向发展中国家传播西方模式的法律运动;20世纪90年代,原苏东地区的国家以市场为导向的法律改革。

这两种法律全球化形式,既有区别又有联系。国际法的国内化是较强意义的法律全球化,国际规则往往凌驾于主权国家制定的法律之上,国内法必须据此做出相应调整。国内法的国际化则是较弱意义的法律全球化,它并非必定产生国际规则,而只是表现为源于某国法律制度的世界性潮流。但二者也存在某方面的密切联系,国际规则可能是以某国的法律制度为蓝本,该国的法律制度因此得以在全球推广。例如,联合国国际贸易法委员会制定的《国际贷记划拨示范法》就采纳了美国《统一商法典》中大部分的概念和规则。①

三、关于法律全球化的争论

西方学者普遍认为,法律全球化已经不再是人们赞成或反对的问题,而是不争的事实。不过,法的全球化还是局部的、时断时续的,而且通常是各式各样的危机引发了法的世界化进程。例如,第二次世界大战后,1948年联合国大会通过的《世界人权宣言》标志着法律全球化进程的开始,亚洲金融危机对经济法领域的全球化起到了推进作用,皮诺切特案②加速了常设国际刑事法院的诞生。而对于法律到底能在多大程度上趋于全球化,学界有着不同的观点。

(一)法律全球化的激进主义观点

这是西方学者所持的观点,其意旨是经济全球化必然带来法律全球化,法律理念、法律价值观、法律制度以及执法标准与原则的全球化是势所必然。它又分成两种研究进路:一是康德式的"世界联邦"进路。他认为主权国家一致服从以有约束力的国际协议为表现形式的法律原则,在共同的宪法下形成政治联邦,建立起以"永久和平"为外在标志的、公正对待全人类的法律秩序。这种"联邦国家扩张——生成新的全球法律秩序——最终达致世界永久和平"的理念之实质是,只有实在法(国家法)并通过实在法的全球法律秩序形成,法律全球化才是

---

① 参见舒国滢:《法理学阶梯》,清华大学出版社2006年版,第266—267页。
② 1973年9月11日皮诺切特发动军事政变,推翻民选总统阿连德,在智利建立起军人政权。翌年6月,皮诺切特出任智利国家元首。据非官方统计,在军政府17年统治期间,智利共有四万多人遭逮捕,三千多人失踪或被杀害,十余万人被迫流亡国外。皮诺切特卸任后,遭到了世界上诸多国家追诉,官司不断。1998年10月16日,英国地方法院应西班牙法官的请求下令拘捕了正在伦敦就医的智利前总统、终身参议员皮诺切特。1999年3月,作为英国最高司法机构的英国上议院最终裁定,智利前总统皮诺切特不享有豁免权。后由于身体状况不适宜引渡受审,2000年3月被英国当局释放回国。2006年12月10日,皮诺切特病逝于圣地亚哥军事医院。

可能的。欧盟一体化就是这种理念的典型实践。二是奥地利法学家、社会学法学派创始人之一埃利希提出的国际性"活法"秩序扩展的进路。他认为社会中被实际广泛遵循的规则,即"活法"构成了法律秩序的基础,也构成了法律全球化的基础。法律全球化的实质,是市民社会与经济交往的"活法"日益国际化和规范化发展的结果。因此,正是经济的多元性使得恰当的法律全球化理论,既不是法的政治理论,也不是自治法的制度理论,而是法律多元主义理论。这种"社会性'活法'秩序自发扩展——促进全球自由贸易和经济一体化——最终达致法律全球化"的理念之实质,就在于强调法的社会性基础。WTO组织以及全球新商人法的不断完善,是该理念的典型实践。

(二)法律全球化的怀疑主义观点

这是左翼西方学者和部分亚非拉国家学者对上述体现资本主义霸权的激进派法律全球化思想提出的质疑,其主要观点是:首先,经济全球化加剧了南北贫富分化,造成了中心与边缘、霸主国家和依附国家等不平等形式出现。第三世界国家如果简单接受西方的"全球化"或乞求获得"国际社会的体系准入",其结果只能是自取灭亡。因此,问题的关键不是笼统反对全球化,而是反对资本主义的全球化。其次,国家主权具有深刻的现实合理性,其在平等基础上的部分自愿让渡固然是某种程度的弱化,但它同时也加强了自身在国际制度方面对外部环境的影响和干预。而且主权在发展中国家,还总是与追求国家独立、民族复兴、反对各色霸权主义相联系,凝聚着特殊的政治情结。因此,即使法律全球化也并不意味主权的必然弱化,简单的"民族国家过时论"、"全球统一论"经不起理论与实践的推敲。最后,法律是"地方性知识",根植于特定的国家、民族以及时代的土壤,作为普适于全球和唯一最高真理的"世界法律"并不存在。当代法治建立于"西方中心论"的基础之上,但它显然已经引发了不同文明之间的激烈对抗,不断在现实中制造出流血冲突。

(三)法律全球化的折中主义观点

相对于激进主义观点,它更注重以多领域、全方位以及动态的视角对法律全球化进行实证分析。首先,它对国际法的国内化与国内法的国际化作了区分。其次,它还对法律全球化与法律国际化作了区分,前者是以实现人类共同利益为目标的政治、经济、社会行为的非国家化过程;后者是以国家和民族为单位,为实现国家利益而采取的补充性手段。而相对于怀疑主义观点而言,它对经济全球化所必然要求的法律规则之趋同具有更深刻的认同。它认为,从根本意义上说,这个时代的法律与法律文化会愈益相似,这种趋同是经济的相互依赖以及与世界文化融为一体的必然反映。当国际社会有相似的经历,呈现出交通和通讯的统一世界时,各国的法制将必然走到一起。① 因此,其虽不信奉霸权主义的全球化,但却对基于经济全球化而可能建立和生长的国际政策协调与秩序均衡充满希望。②

四、法律全球化带来的挑战及中国的应对

法律全球化带来的挑战,主要集中于国家主权方面,即它是否会导致国家主权的弱化。国家主权的理论与实践经历了从绝对主权向相对主权的演变。早期国际法反映欧洲政治社会的变迁,强调绝对领土主权,认为国家权威在其领土内至高无上。20世纪以来,国家的互动关系增加,相对领土主权理论逐步居于主导。对国家主权的限制主要有自我限制型与外来限制型两种。前者主要发生在经济领域,其目的是在国际经济关系中谋求更大的经济利益,其方式是制定国际条约和设立国际组织。后者主要发生在政治领域,又分为合法限制与非法限制两种形式。合法限制是对违反国际法国家的制裁;非法限制则没有国际法依据,属于国际侵权。冷战结束后,西方大国打着"人道主义干涉"旗号,绕开联合国及其安理会所采取的军事行动等单边干涉,均属非法限制。可见,如果某种限制不是基于某国的自由意志,那么它就不是自我限制;即使是外来限制,主权国家也可以对结果有所预见并予以避免。所以,对国家主权的限制,归根到底均是取决于国家本身。法律全球化只是世界范围内法律规范的趋同化和一体化,它并不改变法律的性质,法律仍然要由国家单独或集体制定。因此,法律全球化并不必然导致国家主权的弱化,相反却恰恰是国家行使主权的表现和结果。按照马克思主义经典作家的论述,国家与法将最终消亡。虽然现在无法预见这一结果何时会到来,但法律全球化和国家主权在内容、形式上的变化也许正是与这一总体趋势相一致的。③

在对待法律全球化的问题上,中国存在两种相互交错的情结。一方面,近代的国难屈辱史与中国共产党领导人民实现国家独立、民族复兴的抗争史、奋斗史,使得国人对法律全球化中杂糅的西方霸权主义、强权政治怀有深刻的警惕;另一方面,国人也正因是对近现代历史的反思,从而对长期的封闭心态、泛政治化思维以及狭隘的民族主义抱有深刻的警醒。人本身是开放的,人类社会因为开放而延展了自己的生存空间,从而通过组建国家去寻找生活的共同体。因此

---

① 参见〔美〕劳伦斯·弗里德曼:《存在一个现代法律文化吗?》,刘旺洪译,载公丕祥主编:《法制现代化研究》第4卷,南京师范大学出版社1998年版,第415—416页。
② 参见冯玉军:《法律与全球化的一般理论》,载朱景文:《法理学研究》,中国人民大学出版社2006年版,第984—990页。
③ 参见高鸿钧:《法治:理念与制度》,中国政法大学出版社2002年版,第819—823页。

有理由相信,随着技术和思想的进步,人类最终将形成全球性的共同体。① 法律全球化不会完美,但中国应该有勇气、也有实力积极地融入这股浪潮,在利用后发优势实现与全球先进规则体系接轨的同时,致力于创建"异而趋同、同而存异"的法治新格局。②

第四节 法律的现代转型之人权法问题

在当代,人权既备受推崇,也广遭责难。人权保障的法律化是文明进步的成果,是法治国家的现代标志,是寻求法律正义的重要途径,但它又往往是西方国家推行霸权主义与强权政治的工具。人权法常常在学术与政治的天平中摇摆,尽管如此,人权法的理论与实践仍然在多层次地逐步展开,它是探讨法的现代转型中的恒久问题。

除了在《法理学导论》中已经述及的人权的由来与发展、人权的概念和基本形态,以及基本人权的法律保护等问题外③,本节将在此基础上对人权法的有关基本问题作进一步展开分析。

一、人权法律思想的渊源及演进

人权法律思想的渊源在于自然法思想。人权作为道德原则被普遍接受,始于中世纪后期,其权利化、法律化经历了漫长的历程,而其走向国家化的进程则更晚。人权权利化的最初阶段是以贵族特权形式出现的。1118年,里昂议会从国王阿方索九世处获得了生存、财产等权利不可侵犯的确认;1215年,英国《大宪章》规定的"正当程序原则"成为人权的保障;1222年,匈牙利国王安德烈二世在金色训令中宣布,未经司法程序不被宣判有罪,不得逮捕任何贵族或使其丧失贵族头衔。近代意义的人权理论源于文艺复兴运动,以个人主义为核心的人文主义,以自由、平等为口号的人道主义,以唯心史观为基础的抽象人性论,成为资产阶级人权理论的思想渊源。④

在古典自然法学之初,并没有不可转让、不可剥夺的人权法律概念。格劳秀斯虽然认为存在自然状态下的权利,但认为在通过社会契约建立国家时,个人就将所有权利交给了国家,他明确反对人民有反抗君主的权利。⑤ 但霍布斯在赞

---

① 参见付子堂:《法理学进阶》,法律出版社2005年版,第338页。
② 参见冯玉军:《法律与全球化的一般理论》,载朱景文:《法理学研究》,中国人民大学出版社2006年版,第998页。
③ 具体内容可参见徐永康主编的《法理学导论》(北京大学出版社2006年版)相关章节。
④ 参见付子堂主编:《法理学进阶》,法律出版社2005年版,第144—145页。
⑤ 参见[荷]格劳秀斯:《战争与和平法》。转引自《西方法律思想史资料选编》,北京大学出版社1983年版,第145页。

成君主行使国家主权不受限制和约束的观点的同时,却认为自卫的权利不可放弃,人们不可能通过契约向主权者转让防卫自己身体的权利。此外,人们还对君主享有拒绝自证其罪的权利。① 这样,霍布斯创造性地提出臣民对国家享有未曾转让的权利之观念。斯宾诺莎进而明确提出,个人虽然通过契约将自己的自然权利转让给国家,但个人仍然保留了不能放弃的天赋之权,并且明确把这种天赋之权作为法律正义的标准和内容。此后,洛克关于人在自然状态下自由、平等的论述,卢梭关于"人生而自由"的断言,都对人权法律概念的形成起到了重要的催化作用。

在18世纪,人权法律思想得到了较大的发展。1776年,被马克思称为首部人权宣言的美国《独立宣言》宣布:"人人生而平等,他们都从'造物主'那里被赋予了某些不可转让的权利,其中包括生命权、自由权和追求幸福的权利。"同年的美国《弗吉尼亚州权利法案》又对此予以重申。1789年法国《人权与公民权利宣言》依据古典自然法学理论对自然权利的阐述,比较全面地总结了人权的内容。它宣布,人们生来并且始终是自由的,在权利上是平等的,一切政治联合体的目的都在于保存自然的和不可磨灭的人权。此后,美国学者潘恩更加系统地阐述了人权学说。他认为人权是一种人与人权利平等的原则,并把人权分成自然权利和公民权利。自然权利是人们能够加以充分行使的,其在进入社会后仍然保留且不应当被侵犯。公民权利虽然源于自然权利,但由于个人不具有充分行使的能力,所以必须将其转交给社会,由社会授予个人以权利。② 至此,人权法律思想已经从契约论和自然法论的光圈下走出,成为相对独立的法律正义标准理论:就其来源而言,人权被认为是由自然赋予、不证自明的权利;就其主体而言,人权是人人都应享有的权利;就其原则而言,人权被认为是平等的权利;就其性质而言,人权被认为是不能被国家剥夺、只能由政府或法律予以保护的权利。

在19世纪资产阶级取得政权后,人权法理论逐渐被官方所冷淡,但却为工人阶级和下层群众所推崇,这使人权法理论具有了进一步发展的社会基础。1919年,德国社会民主党人领导制定的《德意志联邦宪法》规定了许多经济领域、政治领域以及文化领域的权利,从而使人权法律概念由仅涉及传统的政治、人身、财产、精神等方面扩展到经济、社会、文化等方面。第二次世界大战结束后,基于对纳粹恶行的反思,人们认识到人权不能仅仅依赖各国政府的保护,国际社会应担负起更大的责任。1948年《世界人权宣言》以及后来一系列有关人权的国际法文件的制定,使得人权成为国际法规定的重要内容。由于各国政府在签订有关人权的国际公约后,必须通过本国立法履行相关义务,因此人权保护

---

① 参见〔英〕霍布斯:《利维坦》,黎思复、黎廷弼译,商务印书馆1985年版,第169页。
② 参见〔美〕潘恩:《潘恩选集》,吴运楠、武友任译,商务印书馆1981年版,第142—143页。

实际成为对各国立法和司法正义性的评价标准。

在当代人权法律理论实践的基础上,法国学者马里旦建立了以人权为标准的法律正义理论。他不赞同17世纪以来的世俗自然法学说和人权法律思想,主张回归到托马斯·阿奎那甚至古希腊的自然法中去,即把上帝作为自然法和人权法理论的来源和依据。他确信自然法永恒存在,自然法观念是人权哲学的依据。但他又认为人不能确切地阐明自然法规则,只可以确切地阐明人权的内容,于是他依托自然法对人权法律思想进行了详尽阐述。[①] 他将人权分为三类:一是人类个人的权利,它基于自然法的要求,主要包括存在的权利、自由的权利以及追求人生完善的权利等十项权利。二是市民个人的权利,它基于成文法的保护,主要包括参与政治的权利、建立国家并决定政府形式的权利等七项权利。三是社会个人的权利,它基于国家法律的保护,主要包括自由择业的权利、自由组成职业群体的权利等六项权利。[②] 这些权利由人自然地享有而不必由世俗社会授予,其先于并高于成文法和政府之间的协议,是在任何情况下都不能加以取消或轻视的普遍有效的权利。[③] 他还将法律作了自然法、国际法和实在法的区分,并认为国际法和实在法因体现着自然法而取得效力,表现正义。因此,马里旦实质上是在不能阐明自然法规则的前提下,将对人权法律思想的阐述作为评价实在法正义性的准则。

用人权来说明法律的正义固然有很大的优越性,比如这种解释比较明确,无含混之虞,但它的缺陷也很明显,大量罗列的人权名称可能因分属不同的价值而使整个体系显得凌乱,难以对正义进行总体把握。不仅如此,它最大的疑难之处还在于,如何解释人权的来源或依据,这就将对法律正义的论证导向了对人权依据的探究。但这个问题至今没有令人信服的回答。其实,这是自然法学理论天然的软肋,它们的理论原点通常既不能证实也难以证伪,而只能去信仰。因此,人权并不能真正从完全意义上说明法律的正义。[④]

二、解构和评析人权法律思想的几个视角

人权法律思想的体系颇为精深复杂,此处仅仅是提供几个理解的路径,以对深入学习相关知识起入门引导作用。

(一)人权法律思想中的自然性和社会性

如前所述,人权法律思想的发展受到自然法学的极大影响。因此,其存在先

---

① 参见〔法〕马里旦:《人和国家》。转引自《西方法律思想史汇编》,北京大学出版社1983年版,第673—684页。
② 参见〔法〕马里旦:《人的权利与自然法》,查理斯·斯克利伯勒父子出版公司1943年版,第111—114页。
③ 参见沈宗灵:《现代西方法理学》,北京大学出版社1992年版,第107页。
④ 参见张恒山:《法理要论》,北京大学出版社2002年版,第261—270页。

验性、神圣性、绝对性、自明性以及超越时空性等烙印。这种抽象的人性论具有朴素的道德感染力,在特定时期具有革命性。但该理论也明显具有逻辑上的粗陋甚至武断,其对人性特点的应然假定以及由此推论出实然权利的思路,已经受到诸多批评。例如,权利话语的社会基础在于可以为满足人的需要提供条件,但其本身却未必是人的自然需要。而哪些自然本性的需要可以成为人权主张的基础,也没有统一的认识。还有学者认为,人权并非来自人的生理本性,而是道德本性。① 这种道德本性的实质是超越人的自然本性的社会本性。人权具有浓厚的社会性,只有在历史文化传统和现实的社会结构中、在人所实际依存的社会体系中,人权法律思想才能获得真正的理解。从古希腊时代的城邦人,到神学时代上帝眷顾的普通人,到启蒙时代基于理性和抽象性基础的普通人,再到民族国家时代的人,到全球化时代的人,对人权法律思想从社会性进行解构,使其实现了从关注人到关注人格、从关注个人人格到关注集体人格,以及从抽象到现实的转变,从而使其整个体系得以不断拓展。承认人权法律思想的社会性,就应该承认其模式的多样性。人权法律思想应该超越以个体或神秘精神为核心的抽象人性论,但其如何在结构多元、价值多元的社会中得以实现,却有着诸多路径,因而部分西方学者所鼓吹的绝对标准之类的论调都是错误的。人权法律思想正是因为具有多样性,其普遍性和平等性才能得以在不同层面展开。不同的社会关系会产生不同的人权法律思想和实践模式,这正是马克思主义的人权法观念所反复强调的。当然,与此同时,我们也应当防止以人权法律思想的社会性来否认其自然性的偏向。社会性固然是主导元素,自然性会受社会性的影响而有所发展变化,但自然性却是前提,应当强调二者的统一。②

(二) 人权法律思想的理念性和制度性

人权法律思想是一种应然的理念,同时它在不断转变成具体的制度,并体现为现实的社会关系本身。人权法律思想是社会结构之内在逻辑的显现,是社会关系内在规律的凝结和提升,是时代精神的精华。它的核心价值是在特定的文化背景中孕育出理解社会和治理改造社会的方式。权力话语所具有的道德性、普遍性、固有性以及绝对性等特点,能够引起人们内心深处的"同类感",唤起人们争取利益的正义感,从而成为弱者对抗强者的有力武器。但是,这种理念表征必须现实化,其价值才能得以展现。人权法律思想经历了从理念到观念、从精英伦理到大众观念、从实践到观念、从观念到制度、从非正式制度到正式制度、从国内制度到各国都接受的制度等的流转过程。人权法律思想的制度化可以分成四个层面:首先是亚国家法层次,它主要表现为道德权利、习惯权利等由社会正义

---

① 参见〔美〕文森特:《人权与国际关系》,凌迪等译,知识出版社1998年版,第14页。
② 参见郭道晖:《人权的本性与价值位阶》,载《政法论坛》2004年第2期,第4页。

观所构建和保障的人权规范,这是非正式的制度化层面;其次是国家法层次,这是正式的制度化层面;再次是国际法层次,即现在出现的跨国家层面的事实;最后是可能的全球法层次,即人权法律的超国家化发展。在当代,人权法律思想正在越来越多的国家逐步现实性地转化为具体法律制度的构建。强调尊重和保护人权,使法治获得了更深厚的合法性基础。

(三)人权法律思想的基础性和理想性

人权法律思想之所以具有强大的感召力,很重要的一点就在于它既包含着不断召唤人们走向完善生活境界的理想,又具有逐步实现的可能性路径。人权法律思想的理想性,就是在现实社会结构许可的最大限度内,谋求权利在最大范围和最深程度上的实现。它一方面对统治者寄予节制权力、避免其滥用的期许;另一方面也期待大众具有不断自我革新和为权利而斗争的动力,以及忍受现实不完满的耐心。人权法律思想的基础性,是指它对特定社会中的人们所提供的最低限度的标准。[①] 这种基础性表明了人权的先于法律性,也使其在道德上获得肯定和正当性。由于道德深深根植于社会生活本身,它所具有的强烈的正义感召力,使人权法律思想的基础性具有了构成最基本的理想性要求的价值。因为这种基础性所表明的人权普遍化其本身就是一种理想。当权利由少数人享有到人人享有,由一国人享有到全人类普遍享有,这种平等性的拓展本身就是崇高的理想。事实上,人权法律思想总是在现实与理想的两极之间寻找平衡,以此作为生存的空间。基础性是理想性的支点,理想性又总是着眼于基础性的不完满和残缺进行表达。理想性热情地展示出活力,而基础性则冷静地呈现出现实。

(四)人权法律思想中的不干涉内政原则和国际人道主义干涉原则

人权法律思想既重视主权对人权的保护,又重视国家权力对人权可能侵害的防止。由此,在国际人权法中产生了人权和主权冲突的问题,即互不干涉内政原则和国际人道主义干涉原则的冲突。前者着眼的是国家主权独立,后者着眼的是维护国际社会正义。两者产生冲突的实质在于:首先,能否认为凡是国际社会关注的事项就不再是国内管辖的事项。其次,是否主权国家境内出现的所有侵犯人权的问题,国际社会都可以进行干涉。最后,国际社会保护某国人权的合适方式和限度是什么,这是问题的核心。中国政府的立场是,人权本质上属于国家内政,反对任何国家利用人权问题推行自己的价值观念、意识形态、政治标准和发展模式,反对借口人权问题干涉别国内政,侵害别国的主权和尊严。但是,人道主义干涉却是一种人权高于主权的论调。它是指当一个国家犯有对本国人民施行残暴或迫害的罪行之时,这种残暴或迫害是如此的野蛮和广泛,以至于否

[①] 参见〔英〕米尔恩:《人的权利与人的多样性》,夏勇、张志铭译,中国大百科全书出版社1995年版,第7页。

定了人民的基本人权并且震撼了人类的良知,那么承认某些国家为人道进行干涉而使用武力为合法。① 基于 20 世纪灾难史中的斑斑血迹,人道主义具有某种合理性和合法性。但是,人道主义同时具有的必要性与被滥用的可能性,也一直令人权国际保护陷入某种矛盾,人道主义干涉与不干涉内政之间的冲突始终未有突破性解决。有学者认为,问题的症结在于主权国家的并存同经济和信息的国际化之间、对普遍性人权价值的肯定与发展中国家的被害者意识之间、经济实力与知识霸权之间存在着深刻的矛盾。② 人道主义干涉的合理性和正当性本在于以国际合作的方式来保护人权,但在实践中它却往往成为武装干涉别国内政的借口,其结果恰恰是对人权造成了最严重的伤害。因此,应当警惕人权高于主权的论调,对人道主义干涉的消极甚至灾难性后果要保持深刻的警醒。③ 目前,在实际的运作中,人道主义干涉应当依循必要的程序,应当获得联合国或其他国际组织的授权是需要强调的。

三、中国人权法律思想的现代转型

中国传统儒家思想孕育的是不同于自由主义的人权理论,它既是超越个人主义、自由主义的,又包含着某种自由主义和个人主义的因素。④ 它强调个人与国家的亲和性以及个人对国家的依赖性,个人的这种从属性使得人权对于国家的制约性被削弱了。儒家人权观突出的是个人的义务意识而非权利意识;突出的是权利中的利益方面而不是自由选择方面;突出的是人与人之间的连带关系因素而不是相互竞争对抗的权利关系因素;突出的是个人德行向善的自由并视其为人的本质与社会的起点,而不是把个人与社会相隔离的孤独的行为自由视做社会之根基;突出的是集体权利和经济社会文化权利,而不是个人权利、公民权利和政治权利。这些特征集中表现为一种整体主义的人权观,其实质是不重视人权或者是超越西方模式的一种人权观。

鸦片战争后,中国国门洞开,西方的人权观也逐渐传入。从清末修律开始,到国民党在大陆统治的结束,虽然历届政府颁行的法律在纸面上不乏有公民权的字样,也罗列了不少属于人权范畴的权利,但基本都是装点门面的应景之作,鲜有真正切实执行。与此形成鲜明对照的,是中国共产党领导下的人民民主政权的人权法律思想及其实践。

---

① 参见〔英〕奥本海:《奥本海国际法》上卷第 1 分册,〔英〕赫希·劳斯派特修订,王铁崖、陈体强译,商务印书馆 1981 年版,第 235 页。
② 参见〔日〕大沼保昭:《人权、国家与文明》,王志安译,三联书店 2003 年版,第 78 页。
③ 参见叶传星:《人权法理论中的几个争论》,载朱景文:《法理学研究》,中国人民大学出版社 2006 年版,第 874—899 页。
④ 参见成中英:《道德自我与民主自由:人权的哲学基础》,载陈启智、张树骅主编:《儒家传统与人权、民主思想》,齐鲁书社 2004 年版,第 1—11 页。

早在 1923 年《中国共产党第二次对于时局的主张》中,中国共产党就明确提出了实现人民的集会、结社、言论、出版、罢工等自由权以及无限制的普遍选举权等要求,这可以视为党领导人民向反动政府争取人权的首篇重要宣言。1935 年,中国共产党驻共产国际代表团发布了《为抗日救国告全体同胞书》,号召全国人民"为人权自由而战"。抗日战争时期,各抗日民主政府的施政纲领几乎都把保障人权作为重要的法律内容。1948 年《哈尔滨特别市政府布告——为禁止非法拘捕、审讯及侵犯他人人权等行为事》指出:"保障人权为我民主政府的一贯政策……为巩固新民主主义国家经济基础……必须更进一步地建立民主秩序,保障人权。"可以说,中国共产党领导的人民民主革命就是领导人民争取人权的斗争。

新中国成立后,积极支持国际社会中维护与争取人权的斗争,政府重要的文件中有使用"人权"的提法。1955 年,周恩来总理在亚非万隆会议上指出"各族人民不分种族和肤色都应该享有基本人权"。但是从 1957 年"反右"运动到"文化大革命"结束,人权法律思想成为理论禁区,甚至宪法中的"法律面前人人平等"原则都被斥为资产阶级口号而受到批判。1978 年底,学术界展开了关于人权问题的大讨论,但最终的结果是不赞成提"人权"的观点占了上风。从 20 世纪 70 年代末到 80 年代末,政府在公开场合对人权问题基本采取回避的对策,这在国际交往中比较被动。与此相应的是,整个 20 世纪 80 年代,很少有学者敢于公开倡导人权,研究人权被视为冒险行径。在 1989 年春夏之交的政治风波之后,西方国家以人权为理由制裁中国,这促使党和国家开始对人权问题采取正视和重视的态度。

中国人权法律思想的转型与重新兴起始于 1991 年。当时出于政治的强烈需要,政府希望完成《中国社会主义人权保障报告》,用理论和事实向世界表明中国政府在人权问题上的立场、观点和成绩,建立起以马克思列宁主义为指导,既合乎国情又顺应文明发展潮流,并适合中华民族文化传统的人权理论体系。1991 年 11 月 1 日,《中国人权状况白皮书》问世。该书以大量事实介绍了新中国成立后中国人权状况发生的根本变化,指出中国人权具有广泛性、公平性和真实性的显著特点。它是首部系统阐明中国关于人权的基本观点、政策和实际状况的权威性文件,此后学界开始正式、深入地研究人权法律思想等相关理论问题。

2004 年,十届全国人大二次会议通过宪法修正案,将"国家尊重和保障人权"写入宪法,这成为中国人权法律实践中具有里程碑意义的事件,对人权的理论研究与实践都产生了重大影响。围绕如何贯彻落实宪法的人权原则,各界形成了两方面共识。一方面,要进一步提升观念,尤其要正确认识人权与和谐社会的关系。尊重和保障人权,体现了宪法的基本精神。科学发展观要求以人为本,维护人的尊严,建立和谐社会。保障人权,推动人的全面发展与社会的和谐进步,二者是相统一的。另一方面,要有更加完备、健全的法律制度支持,要提高立法、执法和司法的能力。对国家机关工作人员而言,尊重和保障人权的核心要求,就是依法行使权力,杜绝权力滥用。2005年,国务院新闻办公室发表《2004年中国人权事业的进展》白皮书,从七个方面全面介绍中国人权状况的新进展。这是自1991年以来,国务院新闻办第八次就中国人权状况发表白皮书。但国务院新闻办公室发表中国人权问题白皮书的时间并无规律,当代中国的人权法律思想以及实践正在新的模式下逐步完善,在不断解决面临的新问题的基础上稳步前行。

第五节 法的现代转型中的其他重要问题

围绕着法的现代转型,近年来学界进行了诸多方面的理论探讨,构建了立体的法的现代转型论体系。以下对其中出现的主要问题择要介绍讨论,以体现学界业已达成共识的研究成果和反映学界新近的研究动向。

一、法的现代转型之宪政问题

西方学者认为,宪政根基于基督教的信仰体系及其表述世俗秩序意识的政治思想,它的产生与最初的内容源于罪感文化,即人性恶理论。因此,宪政自始至终都是"设防"的学说。宪政的核心价值在于限制权力,它以建立有限政府和实现对权力的制衡为逻辑终点。[①] 一方面,建立有限政府的理念深受自然法学思想中社会契约论的影响。社会契约论认为,权源于民,政府"未经人民的同意,不得行使强制权力"[②]。法律作为公民与政府签订的契约,是授权契约,也是限权契约。但是,"每个人由于社会公约而转让出来自己的权力、财富、自由,仅仅是全部之中其用途对于集体有重要关系的那部分"[③],而非全部。因为国家就像"利维坦"[④]这种《圣经》中力大无穷的兽,其必要的强大可使公民生命与自由不受侵犯,但若其强大到无所束缚,则终将把权利吞噬殆尽,民主、自由亦面临灭顶之灾。所以,政府必须是法律授权方可为。1929年的经济大危机促使了政府"守夜人"时代的终结,"法律面前人人平等、契约自由、私有财产神圣不可侵犯等法律原则被打破"。尽管"国家拥有权力并负有义务对个人的权利行使加以一定的限制",但人们深切感到"个人的自治性是先于且高于国家的",权力对权

---

① 参见邓建华、刘雄飞:《宪政的理论基础探源》,载《时代法学》2004年第2期,第93—94页。
② 张文显:《二十世纪西方法哲学思潮研究》,法律出版社1996年版,第47页。
③ 〔法〕卢梭:《社会契约论》,何兆武译,商务印书馆1980年版,第42页。
④ 〔英〕霍布斯:《利维坦》,黎思复、黎廷弼译,商务印书馆1985年版,第132页。

利的限制"必须局限在为保障个人自由行使其权利所必需的程度"。① 因为"生产资料掌握在独立行动的人手里,才无人有控制的全权。如果都落到一个人手里,不管它在名义上是属于整个'社会'的,还是独裁者的,谁行使这个管理权,谁就有控制的全权"②,"如果把它集中起来作为政治权力的一个工具,所造成的依附性就与奴隶制度没有什么区别了"③。另一方面,因为权力的行使应囿于契约所允许的"有限"范围,所以实现对权力的制衡就成为客观需要。

"有限政府"既然要求政府的权力有限及权力制衡,那么它必然进而要求建立起相关的法律机制,在政府滥用权力时对其予以纠正。为此,许多国家建立了相应的制度,其中最重要的就是违宪审查制度,它成为近代宪政的关键问题。各国违宪审查的内容大致都包括两个方面,一是对政府采取的针对个人具体行为进行的监督监察;二是对政府的"抽象行为"即立法机关和行政机关的立法行为、制定政策的行为实施监督监察。但是,各国的违宪审查模式不尽相同,大体有四类:一是立法审查制,以英国和苏联为代表。英国奉行"议会至上"的宪政体制,因此其违宪审查实质是"自己监督自己",仿效的国家较少。二是司法审查制,以美国为代表,效仿的国家有六十多个。但大多数国家依据本国国情对其作了某些调整,如规定只有最高法院才享有审查是否违宪的权力,其程序与普通司法程序相区别。三是专门政治机关审查,以法国为代表。法国设立宪法委员会监督国家的选举,并在各组织法公布前以及议会两院规章施行前,对它们是否合宪做出裁决。宪法委员会具有很强的政治性和很高的权威性,各国完全效仿的不多,但很重视它的某些长处和经验。四是宪法法院审查,它由奥地利首创,后来很多国家相继效仿。④

中国实行的是类似英国式议会制的人民代表大会制,全国人民代表大会是最高国家权力机关。宪法赋予了全国人大及其常委会以违宪审查权,2001年《立法法》的颁布,成为中国违宪审查制度上具有标志性的事件。目前,中国的违宪审查权自上而下是由人民代表大会及其常务委员会行使的。全国人大是最高的违宪审查机构,它有权改变和撤销其常委会制定的不适当的法律,撤销其常委会批准的违背宪法和立法法规定的自治条例和单行条例。全国人大常委会是主要的违宪审查机构,它有权撤销同宪法和法律相抵触的行政法规,有权撤销同宪法、法律和行政法规相抵触的地方性法规,有权撤销省、自治区、直辖市的人大

---

① 参见〔法〕狄骥:《公法的变迁 法律与国家》,郑戈、冷静译,辽海出版社、春风文艺出版社1999年版,第231页。
② 〔英〕弗里德利希·冯·哈耶克:《通往奴役之路》,王明毅、冯兴元等译,中国社会科学出版社1997年版,第101页。
③ 同上书,第140页。
④ 参见李步云:《建立违宪审查制度刻不容缓》,载《法制日报》2001年12月2日。

常委会批准的违背宪法和立法法规定的自治条例和单行条例。全国人大及其常委会行使最终的违宪审查权。同时公民个人可以提出审查建议。2004年5月，全国人大设立法规审查备案室，这项工作原来由秘书局负责，现在交由专门成立的机构负责，表明对法规的违法违宪审查工作更加明确，力度加大。有专家认为，该机构的成立是我国启动违宪审查机制的一个信号，表达出我国最高权力机关对违宪违法的审查进入操作层面。接着，全国人大完成了对《法规备案审查工作程序》的修订，并通过了《司法解释备案审查工作程序》。

尽管中国现在已经初步建立了违宪审查制度，但似仍有可商榷的地方：第一，宪法尚不能成为诉讼的依据。实际上，宪法无法进入诉讼并没有宪法本身的任何条款作为依据，而仅仅是不知起于何时、何处的"习惯"。① 这与宪法是国家根本法、具有最高法律效力的母法之地位并不相称。第二，违宪审查的机构复杂，职权存在交叉和疏漏。例如，对省级人大常委会制定的地方性法规，全国人大常委会和省级人大，甚至国务院都有违宪审查权。再如，对行政规章的审查主体是国务院，这实际上只能算是行政机关内部对"抽象行政行为"的自我监督审查，并不是严格意义上的违宪审查。第三，对法律解释权主体的规定不严谨。依据宪法规定，全国人大有违宪审查权，但是宪法却把宪法和法律的解释权明确赋予了全国人大常委会。如果全国人大对其常委会制定的法律进行违宪审查时需要有相关的宪法解释，它难道要先让人大常委会做出宪法解释，然后再根据这一解释判断人大常委会制定的法律是否违宪吗？根据"法无授权即禁止"的法治原则，全国人大并不当然地享有宪法解释权，如此，则上述情况将是理论与实践都无法回应的问题。第四，违宪审查本意是审查法律、法规是否违宪，法律、法规本身是由立法机关制定的，但现在的违宪审查制度却恰恰是由立法机关主导，形

---

① 一般认为，我国法院长期以来在法律文书中拒绝直接引用宪法作为裁判案件的依据，可能与对两个司法解释的理解有关。一是1955年最高人民法院在给新疆维吾尔自治区（当时为新疆省）高级人民法院《关于在刑事判决中不宜援引宪法作论罪科刑的依据的复函》中指出："中华人民共和国宪法是我们国家的根本法，也是一切法律的'母法'。……对刑事方面，它并不规定如何论罪科刑的问题，……在刑事判决中，宪法不宜引为论罪科刑的依据。"二是1986年最高人民法院在给江苏省高级人民法院《关于人民法院制作法律文书如何引用法律规范性文件的批复》中规定："人民法院在依法审理民事和经济纠纷案件制作法律文书时，对于全国人民代表大会及其常务委员会制定的法律，国务院制定的行政法规，均可引用。各省、直辖市人民代表大会及其常务委员会制定的与宪法、法律和行政法规不相抵触的地方性法规，民族自治地方的人民代表大会依照当地政治、经济和文化特点制定的自治条例和单行条例，人民法院在依法审理当事人双方属于本行政区域内的民事和经济纠纷案件制作法律文书时，也可引用。国务院各部委发布的命令、指示和规章，各县、市人民代表大会通过和发布的决定、决议，地方各级人民政府发布的决定、命令和规章，凡与宪法、法律、行政法规不相抵触的，可在办案时参照执行，但不要引用。最高人民法院提出的贯彻执行各种法律的意见以及批复等，应当贯彻执行，但也不宜直接引用。"而2001年8月最高人民法院针对发生在山东省的齐玉苓案公布的《关于以侵犯姓名权的手段侵犯宪法保护的公民受教育的基本权利是否应承担民事责任的批复》指出："陈晓琪等以侵犯姓名权的手段，侵犯了齐玉苓依据宪法规定所享有的受教育的基本权利，并造成了具体的损害后果，应承担相应的民事责任。"此案曾被称为"宪法司法化第一案"。

成了利益冲突,有违"自己不能做自己法官"的法治原则。当然,违宪制度在实际运作中还有其他可待商榷之处。所有这些被质疑的问题都只是表象,其矛盾症结在于违宪审查仍然是被作为立法机关的职能。然而实际上,违宪审查本应当是特殊的司法活动,而且是最重要的司法活动,因为它"司"的是作为治国安邦总章程的宪法。违宪审查在理论上的不自洽与实践中的疲软乏力,应当促使人们对该制度构架进行反思,这是实现宪政的现代转型的必要任务。① 第五,目前的违宪审查制度只限于对全国人大及其常委会制定的法律以下位阶的行政法规、地方性法规等法律的审查,至于全国人大及其常委会制定的法律的违宪问题仍无所适从。同时,具体负责审查的机构到底应否定位为全国人大常委会法制工作委员会下设的法规审查备案室,还是应当设立宪法委员会或是宪法法院之类的机构,也需要继续论证。总之,我国的违宪审查制度还处于刚刚起步的阶段。

二、法律的现代转型之实质正义问题

法治是西方现代化进程的产物。它以理性主义和科学主义作为哲学基础,与市场经济、民主政治和多元文化密切相关,是现代西方国家之社会有序化的主要治道。从16至18世纪,西方启蒙思想家在探索具有正当性的社会秩序之过程中,提出了法治思想。但他们并没有对法治的概念及要素予以明确界定。直到19世纪后期,才有学者开始系统地论述法治的概念、原则和要素,形成了民主形式的法治。形式法治是西方自由资本主义时期的主导型式。

19世纪后期,英国法学家戴雪结合本国的宪政实践,提出了法治三原则:除非明确违反法院以惯常合法之方式确立的法律,任何人不受惩罚,人身或财产不受侵犯;任何人都要服从法律和法院的管辖权;个人权利由在法院提起的特定案件决定。② 在他看来,只要确保议会至上,那么所制定的法律就会是良法,因此他并不考虑恶法之治的可能性。

此后,法治问题愈益受到关注。在各种法治理论中,形式法治始终是主流观点。其代表人物是英国的拉兹,他提出了特别法的制定应受公开、稳定、明确的一般规则指导和公开审理、不得以偏见司法以遵守自然正义原则等八项法治原则。③ 他虽然认识到一般法可能含有宗教或种族歧视方面的规定,因此在法治原则中包括了特别法,但他强调特别法要受一般法原则的指导,从而最终维护了一般法的绝对权威。他所说的"自然正义",也并不是具有实质内涵的正义原

---

① 参见高鸿钧:《法治:理念与制度》,中国政法大学出版社2002年版,第529—579页。
② See A. V. Dicey, Introduction to the Study of the Law of the Constitution, Macmillan and Co. Ltd., 1926, pp. 183—201.
③ See J. Raz, The Authority of Law: Essays on Law and Morality, Clarendon Press, 1979, pp. 214—219.

则,而是指司法程序的公正。他所提倡保护的自由,是消极的个人自由,即免于非法干预的自由。哈耶克基于维护自由、放任市场经济的立场,所提出的法治原则主要包括一般且抽象的规则、稳定性、平等地适用于任何人等内容。他虽然承认形式法治有产生"恶法"的可能,但他明确反对立法采用"正义"等实质性标准。因为他认为,法的一般及抽象的特性会将恶法的危害减至最小程度。①

不仅拉兹等实证主义法学者主张形式法治,新自然法学的某些代表人物也主张形式法治。富勒所提出的八项法律原则虽然涉及自然法观念,但他认为与法治相关的是"程序自然法"而非"实体自然法"。② 他虽然关注法的道德性,认为违反最低限度道德的法律不是法律,反对以哈特为代表的法律实证主义者恶法亦法的主张,但他所主张的法治原则却"并不是道德性质的"③,而仍然是形式法治。芬尼斯虽然强调法的道德基础并重视实体自然法,提出了作为实体自然法的原则,但他提出的八项法治原则却与富勒的大体相同。④ 他主张自然法指导实在法,却又认为自然法并不动摇实在法的效力,即使对于不正义的法律,公民仍有服从的义务。⑤

形式法治的总体特征是,强调法律至上,依法统治;强调法律自治,要与道德和宗教相分离;强调形式平等,反对旨在追求结果平等或限制实际不平等的措施;坚持法律的一般性和普遍性,反对特别法律;主张司法独立,强调司法的程序公正,反对渗入具有价值意向的道义原则;维护个人自由,坚持市民社会与政治国家的区分,侧重维护消极自由,忽略形式自由所需的必要条件;主张法律的公开性、明确性和稳定性。

形式法治在历史上对反对专制特权、促进自由放任的资本主义经济发展以及维护公民实体权利方面都发挥了巨大作用,但是随着资本主义进入国家干预时期,特别是民主发展所要求对人权的突出保护,形式法治也弊端日显。一方面,就理论上而言,首先,形式法治将法律等同于"主权者的命令",其潜在的危险是,它可能容忍甚至放纵恶法,使自身蜕变成为专制独裁的工具;其次,它强调法律自治,排斥道德宗教等实质性价值,这使其自身失去自我批判机制和超越能力;再次,它对法律普遍性、一般性的强调,是在以形式平等掩盖实质上的不平等;复次,它注重对消极自由的保护,但这种保护对弱势群体而言是乏力的,它对强势阶层合法地剥削和压迫社会底层提供了可靠保护;最后,它强调明确的规则

---

① 参见〔英〕弗里德利希·冯·哈耶克:《自由秩序原理》(上册),邓正来译,三联书店 1997 年版,第 203—314 页。
② See Lon L. Fuller, The Morality of Law, Yale University Press, 1969, pp. 46—97.
③ Ibid., p. 200.
④ See J. Finnis, Natural Law and Natural Rights, Clarendon Press, 1980, pp. 270—273.
⑤ Ibid., pp. 361—362.

和正规的程序,但这种表面上的价值中立更有利于把持经济权力的阶层,因为他们更可能充分利用诉讼的程序。另一方面,就实践而言,形式法治也受到了严峻挑战,首先,目的导向的福利立法大量增加,打破了法律的一般性和普遍性,具有明显的道德关怀意旨;其次,公域与私域界限日益模糊,打破了市民社会与政治国家的界限以及公法与私法的二元划分,进而改变了形式法治所依赖的背景和环境;[①]再次,强调对人权的保护,成为消除恶法的重要机制,法治开始注重为实现基本法所保障的自由权提供社会条件;最后,行政立法与行政司法迅速发展,这对法院的司法垄断权以及司法自治构成了极大挑战。实际上,形式法治的完整形象已经不复存在,法治理论与实践在内容与价值上都发生了从形式法治向实质法治的转型。

最早对形式法治做出深刻批判的是马克思和恩格斯,他们明确指出资产阶级所确认的平等只是掩盖实际不平等的形式平等。稍后,马克斯·韦伯运用合理性的概念,亦指出作为形式合理性的形式法治可能导致实质不合理性。此后,法兰克福学派的代表人物纽曼,对资本主义自由竞争和国家垄断两个时期的法治历程进行了深入考察。他确认形式法治具有合理性,但也认为其具有欺骗性;他坚持法律的一般性,但也主张在垄断时期有必要制定特别法打破一般性;它对魏玛共和国时期保守的法官和法学家以自然法抵制民选议会实质正义导向的立法之行为表示不满,从而对伦理意旨的自然法复活抱有敌意,但又出于对纳粹恶法之治的恐惧,从而强调一般法中的伦理价值。他的这种矛盾,正是形式法治与实质法治在价值冲突上的反映。但无论如何,他把韦伯关于现代法发展中会出现反形式主义趋势的预见,向前推进了一大步。后来的 1959 年、1961 年、1962 年、1965 年以及 1966 年国际法学家大会,对实现法治条件的强调,都在一定程度上超越了形式法治的范畴,这对后来西方法治理论的发展产生了深远影响。实际上,自第二次世界大战以来,这种法治价值导向的明显变化也体现在正式的国际人权文件中。例如,《世界人权宣言》和《经济、社会和文化权利国际公约》都对公民的经济、社会与文化权利予以强调。自 20 世纪 70 年代以来,许多西方学者在关于法治的论述中已经包含有实质法治的价值取向。美国学者莫尔在他的法治原则中就提出,法律不应超出公民的合法期望;同时他提出了注重结果的原则,认为会产生好的结果的理论解释便是可取的。[②] 澳大利亚学者沃克对法律实证主义的法治观进行了批判。他认为,稳定性要依灵活性的需要进行权衡,否则法律将可能因远离公众舆论而成为进步的障碍;规则要有限度,否则完

---

① See W. Friedman, The State and the Rule of Law in a Mixed Economy, Stevens & Sons, 1971, pp. 31—35.

② See M. S. Moor, A Natural Law Theory of Interpretation, Southern California Law Review, Vol. 58, 1985, pp. 317—319.

全的预见性就等于停滞;法律面前平等也不能仅仅是形式原则,而应该是指法律在对待人们关系的性质上是平等的。其强调的是法律应与实践特别是民众的意识相协调,因为实践和大众意识通常是社会流行价值的体现,脱离它们可能导致法律不被尊重。①

在对实质正义的论述中,尤其要提到两位大师——罗尔斯和德沃金。罗尔斯在制度层面主张程序正义,但着眼于他的整个学说体系,可以发现其形式法治观背后之实质法治的意旨。他指出,法律制度在平等实施时可能包含着非正义;类似情况类似处理并不足以保证实质正义;形式正义所要求的力量或遵守制度的程度,都有赖于实质正义和改造它们的可能性。② 他的实质正义的价值取向主要体现在:首先,提出自由优先原则。他主张不管某些法律和制度的效率如何,只要违反了正义,就必须加以改造或废止;虽然自由并非绝对,但只有为了自由本身的缘故,限制自由才是正当的;社会制度的安排体现的是程序正义,但如果政治制度不能体现良心自由、思想自由、人身自由和平等的政治权利,那么这就不是正义的程序。其次,提出拒绝服从不正义的法律。他认为,当不正义的法律超出某种界限时,公民可以求助于社会的正义感,从而具有"良心拒绝"与"非暴力反抗"的权利;只要对不正义法律抵制的其他方式没有获得成功,非暴力反抗作为最后的手段,就是必不可少的。最后,提出自由应是平等的自由。他将"帕累托最优"引入分配正义中,反对以牺牲少数人利益为代价的功利主义效率观,提出了限制财富分配不平等的措施。

德沃金在他的学说体系中,把法治作为权利得以确认和发展的前提性社会构架,通过权利理论对形式主义法治进行了明确挑战。首先,提出道德权利超越法律权利。他认为道德权利为法律所不能剥夺,反对法律实证主义将法律等同于命令。鉴于多数人暴政存在的可能性,他主张个人有权利保护自己免受大多数人的侵犯,即使是以普遍利益为代价也是如此。③ 其次,反对形式平等。他支持对弱者采取具有优待性质的"补偿行动"和"反向歧视",认为这些并不违反平等保护的原则,因为它使社会上的全体更为平等。最后,捍卫法律原则。他认为,在疑难案件中法院应遵守法律原则处理案件。这里的法律原则,是指作为社会制度和法律基础的道德原则。因为它体现了公平、正义的要求,所以对违背这些原则的判决,个人有权拒绝。

---

① See G. de Q. Walker, The Rule of Law: Foundation of Constitutional Democracy, Melbourne University Press, 1988, pp. 26—27.
② 参见〔美〕约翰·罗尔斯:《正义论》,何怀宏、何包钢、廖申白译,中国社会科学出版社 1988 年版,第 54—55 页。
③ 参见〔美〕罗纳德·德沃金:《认真对待权利》,信春鹰、吴玉章译,中国大百科全书出版社 1988 年版,第 256 页。

可见,实质正义的总体特征是:强调防止恶法,主张以实在法之外的标准衡量和检测法律;试图对形式平等的缺陷从制度上予以弥补,主张为确保个人自由和尊严提供必要条件,使个人具有积极的自由;主张基本权利不可剥夺,反对以牺牲少数人的利益换取多数人的幸福;主张法律不是自我封闭的系统,法律实质合法性的终极源泉是法律背后的道义原则、道德权利以及民众的正义感;主张为了追求公正的结果,可以超越固定的程序规定做出衡平裁断。

然而,实质正义本身也面临着困境。首先,实质正义需要借助道义原则。而在当代西方社会,曾经作为终极性价值的宗教信仰和道德伦理,几乎被现代的理性主义、科学主义以及利益多元化的社会结构和复杂的各类互惠关系彻底解构了。因此,论证道义原则的终极性,面临着巨大困难。其次,如果缺乏较完善的民主参与和民主决策机制,目的导向的法律便会产生专断之危险;如果缺乏必要的控制机制,超越法律的一般性和中立性就可能成为实现政治目的的手段,甚至成为偏袒特殊利益的工具。再次,实质法治具有打破法律自治的趋向,这会导致法律与道德、政策和其他社会规范的界限产生模糊,使法律过多受到政治权宜之计的操纵,受到意识形态控制下之公共舆论的左右,以及受到情绪化的民众道德义愤的影响。同时,行政立法和行政司法的出现,也在某种程度上破坏了法治的分权制衡原则。复次,试图超越既有程序的限制,会有放纵随意性的危险。最后,社会福利立法及其施行的结果,可能会有违初衷,本意是为实现私人自治提供条件,但客观上却过分介入私权领域的事务。总之,实质法治的基点,就是立足在形式法治的基本框架内,通过输入某种新的精神或价值,以纠正形式法治的固有缺陷。

同时,自20世纪70年代后期起,西方还出现了一种新的法治思路,其特点是试图超越形式正义与实质正义的传统模式,致力于构建新型法治模式。例如,美国学者诺内特和塞尔兹尼克从法律与社会关系入手,以动态的类型划分研究法律的历史类型转换。他们按照历史顺序把社会组织分为前官僚型、官僚型和后官僚型,把法律相应分为压制型法、自治型法和回应型法。其中压制型法是指以屈从政治权力和推行强制道德为主要特征的前现代法律,而自治型法和回应型法则属于现代法的两种类型。①

同样在20世纪70年代,批判法学对传统的自由主义法学及其相关的形式法治进行了激烈批判。其代表人物昂格尔把法律分为三种类型:一是应然与实然不分、不具公共性、社会成员在互动交往中形成的习惯法;二是具有公共性与实在性的官僚法;三是近代以来的"法律秩序"。法律秩序除了具有公共性、实

---

① 参见〔美〕诺内特、塞尔兹尼克:《转变中的法律与社会:迈向回应型法》,张志铭译,中国政法大学出版社1994年版。

在性、普遍性的特征外，还具有自治性。它包括与宗教、道德及政治相区别的实体自治，司法独立的机构自治，具有独特推理与论证方式的方法自治，以及自律性律师业的职业自治。他认为，到了后资本主义时代，西方国家的法治已经彻底崩溃，其法律发展前景存在两种可能性：一是历史循环，复归习惯法；二是螺旋上升，通过自发秩序形成新型习惯法。①

在20世纪90年代，德国学者哈贝马斯从现代法的事实与规则二元性及其紧张关系出发，运用沟通和话语理论，把现代法划分为形式法范式、福利法范式和程序主义法范式。形式法与自由资本主义相适应，它所确认和保护的是消极自由，这种自由难以实现其保障私人自治的本来意旨。于是，福利法随之应运而生，但它本身存在悖论：其本意旨在为个人享有自由提供必要条件以保障私人自治，但是却以另一种方式破坏了私人自治。于是，程序主义法应运而生，旨在整合私人自治与公共自治的冲突。② 当然，上述三种新的研究思路也都有各自的局限性和缺陷，但它们确实拓展了对法的现代转型的理论视野和研究思路。

研究西方法治的现代转型，对中国的相关理论与实践颇有启示。首先，法治是理想，也是过程，这种理想存在于过程中。人们所能做的也许只是不断接近这种理想，但却未必真能完全实现。在这个意义上而言，法治是没有终点的行程。其次，要重视权力制衡。中国法治中的一个突出问题是某些权力实际不受法律约束，缺乏有效监督。然而，"权力导致腐败，绝对权力导致绝对腐败"③，道德教化固然重要，但根本的解决之道还在于制度。再次，要对中国当前的法治有准确定位。中国法治的成就主要表现在"有法可依、有法必依、执法必严、违法必究"，这其实就是形式法治在中国的经典表述。形式法治固然有缺陷，但中国不能逾越这个阶段，正如同不能逾越市场经济阶段一样。如果在形式法治没有充分发展的条件下，刻意超前追求实质法治，或者盲目追随西方后现代的解构思潮去急于对形式法治进行解构，那么经济史上的揠苗助长就可能在法治史上重演。最后，关注实质法治。中国的法治毕竟应该体现出后发优势，对某些形式法治的缺陷不必等到无法忍受甚至引起严重后果时，才去考虑通过实质法律的路径进行弥补。④

【本章阅读材料】

【法的现代转型】 法律朝反形式主义的方向发展，原因在于掌权者要求法

---

① 参见〔美〕昂格尔：《现代社会中的法律》，吴玉章、周汉华译，中国政法大学出版社1994年版。
② 参见〔德〕哈贝马斯：《在事实与规范之间》，童世骏译，三联书店2003年版。
③ 〔英〕阿克顿：《自由与权力——阿克顿勋爵论说文集》，侯健、范亚峰译，商务印书馆2001年版，第342页。
④ 参见高鸿钧：《法治：理念与制度》，中国政法大学出版社2002年版，第730—791页。

律成为协调利益冲突的工具。这种推动力包括了要求以某种社会阶级的利益和意识形态代替实体正义；还包括政治权力机关如何将法律纳入其思想轨道；还包括"门外汉"对司法制度的要求；最后，正如我们看到的，法律职业本身对权力的追求，这一意识形态也促进了反形式主义的趋势。

  不论法律形式和法律实践在这些影响之下会变成什么模样，有一点是不可避免的，即由于技术和经济的发展，外行对法律的模式会继续增加。陪审员和类似的外行法官将不会阻止法律中的技术要素的继续增加，也不会改变法律作为专家领域的特点。最终，人们的观念是：法律成了理性的技术手段，并且继续在便利原则和非神学化的基础上向前发展。现有法律的默认趋势可能会使这一发展前景模糊不清。法律的发展原因是多种多样的，但是不会停止不前。现代的社会学和哲学分析，不少具有很高的学术价值，只是加强这一印象，而不论这些理论是否涉及自然法和法律程序。

  ——〔德〕马克斯·韦伯：《论经济与社会中的法律》，张乃根译，中国大百科全书出版社1998年版，第317页。

  【法的全球化】 在我们这部分由于贸易而如此紧密地联系在一起的世界里，国家每动荡一次都会对所有其余的国家造成那样显著的影响，以致其余这些国家尽管自己并不具有合法的权威，但却由于其本身所受的危险的驱使而自愿充当仲裁者；并且它们大家就都这样在遥遥地准备着一个未来的、为此前的世界所从未显示过先例的、伟大的国家共同体。尽管这一国家共同体目前还只是处在很粗糙的轮廓里，可是每个成员却好像都已经受到一种感觉的震动，即他们每一个都依存于整体的保全；这就使人可以希望，在经过许多次改造性的革命之后，大自然以之为最高目标的东西，——那就是作为一个基地而使人类物种的全部原始禀赋都将在它那里面得到发展的一种普遍的世界公民状态，——终将有朝一日会成为现实。

  ——〔德〕康德：《历史理性批判文集》，何兆武译，商务印书馆1990年版，第17—18页。

  既然大地上各个民族之间普遍已占上风的共同性现在已经到了这样的地步，以致在地球上的一个地方侵犯权利就会在所有的地方都被感觉到；所以世界公民权利的观念就不是什么幻想的或夸诞的权利表现方式，而是为公开的一般人类权利，并且也是为永久和平而对国家权利与国际权利的不成文法典所做的一项必要的补充。唯有在这种条件之下，我们才可以自诩为在不断趋近于永久和平。

  ——〔德〕康德：《历史理性批判文集》，何兆武译，商务印书馆1990年版，第118页。

  【人权】 《人权和公民权利宣言》"鉴于上述理由，国民议会在上帝鉴临下，并祈求他的恩惠和赞许，确认并宣布下列神圣的人权和公民权：一、在权利方面，人生来是而且始终是自由平等的。因此，公民的荣誉只能建立在公共事业的基础上。二、一切政治结合的目的都在于保护人的天赋的和不可侵犯的权利；这些权利是：自由、财产、安全以及反抗压迫。三、国民是一切主权之源；任何个人或任何集团都不具有任何不是明确地从国民方面取得的权力。四、政治上的自由在于不做任何危害他人之事。每个人行使天赋的权利以必须让他人自由行使同样的权利为限。这些限制只能由法律规定。五、法律只可禁止有害于社会的行为。法律不禁止的事不应受到阻挠；也不应迫使任何人去做法律不要求做的事。六、法律是公共意志的体现。凡属公民都有权以个人的名义或通过他们的代表协助制定法律。不论是保护还是处罚，法律对全体公民应一视同仁；在法律面前，人人平等，公民可按他们各自的能力相应地获得一切荣誉、地位和工作，除他们的品德与才能造成的差别外，不应有任何其他差别。七、除依法判决和按法律规定的方式外，任何人都不应受到控告、逮捕和拘禁。凡提倡鼓吹、执行或唆使执行专横命令者应受惩处，凡公民被依法传讯或逮捕者应立即服从，违抗者应受处罚。八、法律只判处绝对而且明显地非判处不可的刑罚，除非依据一项犯罪前已公布在案的法律，并合法执行，任何人都不应受到处罚。九、任何人在未经判罪前均应假定其无罪，如非拘禁不可，法律应规定对他采取的严厉措施不得超过为防止他脱离而必须采取的措施。十、任何人都可发表自己的意见——即使是宗教上的意见——而不受打击，只要他的言论不扰乱法定的公共秩序。十一、无拘束地交流思想和意见是人类最宝贵的权利之一，每个公民都有言论、著述和出版的自由，只要他对滥用法律规定情况下的这种自由负责。十二、为了保障人权和公民权，必须有一支公共武装部队，建立这支部队是为了社会的利益而不是为了它的负责人的特殊利益。十三、为了维护这支公共部队和支付政府的其他费用，必须筹集一笔公款，此款应由社会成员按各自的能力平均分摊。十四、每一个公民都有权由他本人或他的代表，就决定公款的必要性、用途、数额、征收方式和期限等问题自由发表意见。十五、每一个公共团体都有权要求它的一切工作人员汇报他们的工作情况。十六、每一公共团体都必须制定章程以便分权和保障各种权利。十七、财产是神圣不可侵犯的权利，除非有明显的公共需要，经过合法手续，并事先给予公平的补偿，不得剥夺。"

——〔美〕潘恩：《潘恩选集》，吴运楠、武友任译，商务印书馆1981年版，第183—185页。

（国际）人权法领域出现了"模糊法的悖论"。不论是纳入宪法性法律的权利还是写进国际人权文书的权利，其新颖之处在于，人权变成了可以与立法者甚至国家相抗衡的东西。如果某个法律限制了权利，可以对它进行删改；如果国内的实践侵犯了人权，可以对它判决谴责。目的在于树立不可逾越的界石。但是，当那个某些法律，即使不算完全不可确定，至少也是没有明确的界定时，这就涉及"模糊"法。结果是要承认法官在运用这些概念时有一个"解释余地"。同样，当一个国家将人权包括进其国内法的时候,也要承认其"国家评判余地"。这些措施虽然是以预防专制为本意的,但也同样具有削弱某个制度的风险。

——〔法〕米海伊尔·戴尔玛斯-马蒂:《世界法的三个挑战》,罗结珍、郑爱青、赵海峰译,法律出版社 2001 年版,"中文版序言"第 4 页。

【宪政】 在不同的权力机构中进行分权,之所以能够始终减少其间任一机构所能行使的权力,其原因并不是人人都能理解的。首先,彼此分立的权力机构会通过彼此的妒忌而阻止对方僭越自己的权力;其次,更为重要的乃是这样一个事实,即实施某些类型的强制,需要对不同的权力予以共同的和协调一致的使用,或者要求对若干种手段加以共同的和协调一致的运用。因此,如果这些手段操握在彼此分立的机构的手里而得不到协调运用,那么任何机构都根本不可能实施上述类型的强制。就这一点而言,各种各样的经济管制措施为我们提供了最好的说明,因为这些经济管制措施只有在实施它们的权力机构也能控制跨越其管辖领域的人及货的运动时方能有效。如果该权力机构只具有控制其域内事务的权力而不具有控制跨越其管辖领域之事务的权力,那么它仅凭自身的有限权力,就不可能实施需要共同使用上述两项权力方能实施的政策。因此,所谓联邦政府是一有限政府,乃是在一极为明确的意义上讲的。

——〔英〕弗里德利希·冯·哈耶克:《自由秩序原理》(上册),邓正来译,三联书店 1997 年版,第 232—233 页。

西方民主社会的近代宪政主义通常都包含一种关于市民社会的思想,这种市民社会是根据一套成文"宪法"体系来组织和管理的。"民主的"宪法体现着公民基本权利和义务的观念,并设立一套司法程序来使权利请求得以诉诸法律。司法机构的职能是解释宪法并授权执行其裁决。从实效上看,它试图在"被治理者"的权利和自由与有效政府的迫切需要之间找到一种"微妙的平衡"。宪政逐渐引申出这样一种含义:以法律来约束与公民有关的政府正当权力。它蕴含的原则是:在基本法的架构内,政府对人民或者人民的合法代表负有责任,以更好地确保公民的权利。这项原则所依据的原理是:对于什么符合(或不符合)他们自己的利益,作为一个整体的人民是最好的裁断者。

——〔美〕阿兰·S. 罗森鲍姆:《宪政的哲学之维》,郑戈、刘茂林译,三联书店 2001 年版,第 4—5 页。

【法治】 只有社会其他成员的个人权利才是与公民享有的反对政府的权利相冲突的权利。我们必须区分多数人的权利和作为多数人的成员享有的个人权利,前者不能作为压制公民反对政府的权利的理由,而后者可以。我们必须运用这个检验标准。某人享有受到保护的权利,这个权利必须同一个人所享有的希望的权利相抗衡,因为二者是冲突的关系,如果这个人,根据他所享有的权利有权要求他的政府给与那种保护,难么,作为一个人,他不需要其他大多数公民的支持。

——[美]罗纳德·德沃金:《认真对待权利》,信春鹰、吴玉章译,中国大百科全书出版社1988年版,第256页。

【思考题】

1. 法的现代转型之思潮是如何兴起和发展的?
2. "传统与现代"分析工具主要是解决法的现代转型中的哪几个问题?分别是怎么展开的?
3. 法的现代转型的目标是什么?有哪几种模式?中国法的现代转型经历了怎样的历程?
4. 法律全球化思想是怎样演变的?什么叫法律全球化?法律全球化的形式有哪几种?法律全球化会带来什么挑战,中国应当如何应对?
5. 人权法律思想是怎样演变的?如何理解人权法律思想中的不干涉内政原则和国际人道主义干涉原则?中国人权法律思想的演变历程是怎样的?
6. 西方宪政思想是如何演变的?中国的宪政理论与实践有哪些不足?
7. 西方国家从形式法治到实质法治经历了怎样的发展过程?出现了哪些新型法治理论学说?他们的理论与实践对中国有何启示?

【参考书目】

1. 公丕祥:《中国的法制现代化》,中国政法大学出版社2004年版。
2. 信春鹰主编:《全球化与多元法律文化》,社会科学文献出版社2007年版。
3. 李步云、龚向和:《人权法的若干理论问题》,湖南人民出版社2007年版。
4. 季卫东:《宪政新论——全球化时代的法与社会变迁》,北京大学出版社2005年版。

后　　记

　　本书是华东政法大学法学理论学科组编写的与《法理学导论》配套使用的教学用书,《法理学导论》适用于大学本科一年级新生,《法理学专论》则主要适用于大学本科高年级学生,是为了让他们在经过了对主要的部门法学的学习后,进一步加深对法学理论的理解。

　　为了帮助学生扩展知识面,在每章后面我们选摘了一些辅助的阅读资料,并且列举了若干参考书,以便让有兴趣的学生在课后去阅读。

　　本书各章的编写人员为(以章节先后为序):

　　徐永康(绪论、第十二章、第十三章)

　　李桂林(第一章、第二章、第三章)

　　顾亚潞(第四章、第五章、第六章)

　　苏晓宏(第七章、第八章、第九章、第十章、第十一章)

　　在本书的编写过程中,我们参考了本校和国内外各种同类教科书以及法理学的论文与著作。谨向本校历年来参加法理学教材编写的老师和给我们以启发的各位作者致谢!

　　由于各种原因,本书难免存在错误、疏漏和其他不当之处,我们殷切期望读者对本书的问题提出批评指正,以便重印时纠正。